그가 남긴 흔적

함영달 著

옛날 환국이었고 환국 백성들은 환자를 사용하였습니다.
부족국가의 제천 의식은 환국의 제천 예배 의식에서
온 것으로 기독교의 원형 제배에서 유래된 예식입니다.
한자는 환자의 오류이며 기독교는 서양에서 온 외래 종교가
아니라 환국 백성이 지내온 우리 민족의 고유 종교입니다.

\- 본문 중에서

홍익출판사

머리말

까만 연탄이 하얗게 되고, 하얀 성냥개비가 까만 재로 변할 때 왜 그렇게 되는지 물어보았지만, 어느 누구도 시원스럽게 답변해 주는 사람이 없었다. 고체에너지가 열에너지로 변화되어 산화되었다는 정도의 과학적 지식과 원래 그런 것이라고 말하는 정도의, 그러나 시인은 말하였다. 한 어린이가 풀이 뭐냐고 묻자? 나도 잘 모르는데 창조주가 억지로라도 구석에 떨어 놓고선 우리로 하여금 누가 만든 솜씨냐? 라고 물어보라고 만든 향기로운 선물이 아닐까? 또 다른 시인은 무지개가 원래 그런 것이 아니라 신비로운 것인데, 어른이 되어 가면서 무감각해지기에 어린이는 어른의 아버지라고, 어릴 적 그 신비로움을 간직하지 못하고 사느니 차라리 죽음을 택할 것이라고……

인생을 과학으로만 설명할 수는 없다. 과학으로 설명할 수 없으니까 문학이 있는 것이고, 철학이 있는 것이고, 종교가 있는 것이다. 과학이 최고의 학문인 양 과학으로 증명할 수 없는 것은 믿을 수 없다 하여 무시해 버리는 오늘날, 필자가 앞서 시인의 시 속에서 과학이 밝히지 못하는 문제의 답을 찾았다. 인생이 무엇이고, 생로병사는 무엇이고, 죽음은 무엇인가? 원래 그런 것인가? 아니다. 신비로운 것이고, 무서운 공포의 대상이며, 우리 인생이 피할 수 없는 불가피한 것인데도 불구하고 우리 모두는 바쁘다는 이유로 그냥 그렇게 무감각하게 살아간다. 그러나 시인은 말한다. 어린이는 어른의 아버지라고, 풀잎이 신기

하고 무지개가 신비롭듯이 우리 인생도 그러하다고,

구하라기에 구했고, 찾으라기에 찾았고, 두드리라기에 두드렸다. 열렸다. 우리가 알 수 있는 것은 broken image(깨어진 현상)라 말했다. 어렴풋이 알았지만 온전한 것이 오면 거울을 보듯 밝히 안다고 함에 온전한 것이 온다는 확신을 깨달았다. 겨울이 오면 봄도 멀지 않으리라고 노래했듯이, 지금 비록 눈 내리고 암흑의 혼돈의 시대를 살아가지만, 봄이 오면 기록된 예언이 모두 이루어질 것을 확신함에 '**그가 남긴 흔적**'이라는 제목으로 그분의 발자취를 찾고자 하였다. 모쪼록 이 책에서 우리가 기존에 알고 있었던 지식과 진리에 진위를 분별해 인생에 올바른 진리를 찾아 절대 선을 만나시길 간절히 소망하는 바이다.

2019.

함 영 달

몰랐어요!

배고픔이 삶인 줄 만 알았는데
죽어서 조차 주고 싶은 사랑 있는 줄 몰랐어요!

울 할배 항거하다
육신이 네 동강나 선혈이 낭자할 때

모두들 살겠다고 침묵 속 비겁자 되고

울 아비 거지 되어
배고픔에 술 찌개로 배 채울 때

배고픔이 삶인 줄만 알았는데........

인색한 이 세상에
가슴 뭉클해지는 사랑이 있는 줄 난 정말 몰랐어요!

몰랐어요!

생로병사가 삶인 줄 알았어요!

죽으면 끝인 줄만 알았는데
죽어서 조차 죽을 수 없는 애틋한 사랑
이 세상에 있는 줄 난 정말 몰랐어요!

울 아베 가죽 옷 입혀
에덴동산 쫓아낼 때

여자의 후손을 기다리라며

역사를 시작하시고

생명나무 형틀 지고
십자가 그늘 아래 철철철 피 흘리며
역사를 나누심이

최후의 죽음 결코 끝이 아니기에
죽어서 조차 사랑할 수밖에 없는

말로 다 다함없는 부활의 환희였음을
난 정말 몰랐어요!

몰랐어요!

한자가 漢字인 줄 알았어요!

창세기 사건 알알이 새겨
말세 때 반듯이 구원받으라는
하나님의 눈물 어린 선물인 줄
난 정말 몰랐어요!

에덴동산
가죽옷 입혀 쫓아낼 때

哀요, 楚라

당내공하 한탄하심 공무도하가에 깊이 새겨
눈물 짓는 아리랑이었음을

난 정말 몰랐었어요!

차례

제1부 잃어버린 환한 님 나라 삼신 환국

제2부 잃어버린 환한 님 나라 삼한 조선

제3부 다시 찾은 환한 님 나라, 조선 대한

제1부
잃어버린 환한 님 나라 삼신 환국

하나님에 대한 정의이다. 한 분이라서 또는 큰 이란 '한'이란 것에서 왔다고도 하고 모 종교에서는 하느님이라고도 한다. 솔이 소나무가 되었듯이 하늘이라는 보통명사에 님을 붙여 대명사 화함에 'ㄹ'이 탈락하여 하느님이 된 것이다. 무소불위의 하나님이시다. 하늘에 국한한다는 것은 신의 전지전능성을 무시한 언어적 모순이다. 정확히 정의한다면 태초에 하나님은 말씀과 함께 계셨고 그 말씀은 "빛이 있으라." 였다. 그 말씀에 따라 우주가 창조되었다. 현대 과학에서 밝히는 우주 대 폭발, 즉 빅뱅이다.

- 본문 중에서 -

1. 나(我)는 누구이며 무엇인가?

광활한 밤하늘의 반짝이는 무수한 별들 중에 태양 주위를 끊임없이 돌아가는 지구라는 조그마한 별에 살아가는 '나' 란 존재는 도대체 누구이며 어디에서 와서, 어디로 가는 걸까?

현대 과학이 밝히고 있는 진화론에 근거한 자연 발생적 생명 기원론에 의하면 태초에 바다가 만들어진 후, 바닷속에서 여러 가지 원소들이 특별한 반응과 변화를 거쳐 생물체의 바탕이 되는 유기물을 만들어 냈고, 그 유기물이 변화에 변화를 거듭하여 오늘날과 같은 생물로 진화하였다고 하는데 그것이 '나'의 정체에 대해, 나아가 인류 존재의 정체성을 밝힐 수 있을까? 어떠한 이유와 목적도 없이 과연 우연히 그렇게 존재하게 된 것일까? 천만의 말씀이다. 존재하는 모든 것에는 이유와 목적이 분명히 있다. 들판의 하찮은 풀 한 포기조차 이유와 목적이 분명히 주어졌을 텐데, 하물며 만유의 영장이라는 인간에게 있어서 말해 무엇 할까? 과학만이 사실이고 과학으로 증명할 수 없는 것은 설명할 수 없으니까 그냥 "우연히"라 하며 무시해버리고 진화론이니, 유물론이니 하는 거창한 이론들이 사실은 다 그렇게 생겨난 것들이 아닌가? 더 나아가 "깨달음을 얻었다."라는 자 역시, 자연 발생적으로 "저절로", "그냥 그렇게........"라며 덮어버리는데 그러한 학문과 종교는 더 이상의 학문과 종교로서 가치가 없다는 것이 필자의 주장이다. 모름지기 참 학문과 참 종교라 하면 원인과 목적과 결과가 분명히 있어야 하며, 나아가 죽음까지 해명하여야 종교로서의 가치가 있다는 것이다. '나'라는 정체성에 대해 학문과 종교가 정의할 수 없는 것은 참 학문과 참 종교가 아니기에 거짓이고, 과학을 빙자한 미신 중 가장 저급한 샤머니즘과 다를 게 없다는 것이다.

오히려 "내가 아는 것은 아무것도 모른다는 사실이다."라며 "너 자신을 알라?"라고 말하였던 성인이나, "이승의 일도 제대로 모르면서 사후의 일을 알아 무엇 할까?"라며 반문하였던 성인이 더 솔직하고, 참이라 생각한다.

2. 신(神)은 존재하는가?

전파가 눈에 보이지 않는다고 존재하지 않는 것이 아닌 것 같이, 눈에 보이는 것만이 존재하는 것은 아니다. 사랑, 희망, 절망, 미움, 질투와 같은 것들은 눈으로 볼 수는 없지만 우리는 우리 가슴속 느낌으로 인지할 수 있기에, 없는 것이 아니라 무형으로써 존재하는 실체이며 그러한 것을 우리는 '추상명사'라고 정의하고 있다. 이러한 추상명사의 실체는 인간의 행위로 전개되어 더러는 결혼과 헌신과 봉사로, 또 다른 한편으로는 싸움과 전쟁이라는 실체의 보통명사로 나타나기에 추상명사의 실체를 부정할 사람은 아무도 없을 것이다. 그러나 이러한 추상적 개념이 현실로 전개되는 과정을 현대 과학이 완벽히 증명할 수 있을까? 오늘날의 과학이라는 학문이 한없이 주고 싶은 '사랑' 이라던가, 반대급부인 '증오'의 개념에 대해 그리고 그러한 내적 심적 심층세계에서 밖으로 전개되는 과정을 오류 없이 완벽히 설명하고 증명할 수 있을까? 없다. 증명할 수 없으니까 이성적이라는 이유로 "저절로, 우연히 그냥 그렇게"라고 덮어버리기도 하고, 더 나아가 설명할 수 없으니까, 정의할 수 없는 것이고 그러다 보니 "없다"라고 결론짓는 것이 오히려 문제를 최소화하기 위한 구실에 불과하다는 것이다. 그래도 없다고 정의하는 것이 불편한 진실이었던지 "더러는, 아마도"라는 가설을 만들어서 "그렇지 않을까?"라고 가정한 후 진리인 양 오도하고 있으니, 이 얼마나 미신적 행태라 하지 않을 수 있겠는가? 그러나 분명히 있다. 전파를 발견하지 못했던 때에도 전파는 존재했던 것과 같이 무형으로써 아니 없음으로써 존재한다. 자연수 '0'이 없으면서 존재하는 것 같이, 눈에 보이지 않는다고, 인지할 수 없고, 증명할 수 없기에 "없다"라고 말하는 그 학문이야말로 과학을 빙자한 가장 비 과학적 학문인 것이다.

3. 역사(歷史)와 인생은 무엇인가?

과학이라는 학문에 근거한 자연발생적 진화론에 입각하여 말한다면 역사란 "지구가 태양 주위를 돌면서 파생한 시간 속에 적자생존과 약육강식의 법칙 속에서 인류가 살아온 일련의 행적…… 정도"로 인식한다면 역사 속에서 우리가 배울 수 있는 것은 극히 한정돼 있다 하겠다. 그러나 인류는 유물적 존재 이전에 유심적 존재이며 그 이상의 것들이 있다. 고인돌이라던가, 이집트의 피라미드 같은 것은 인간이 유물적 존재 이전, 유심적 존재라는 것을 증명하는 유심 사상의 결과물들이다. 미켈란젤로의 최후의 만찬이라던가, 천지창조와 같은 예술 작품이 우연히 만들어진 것이 결코 아닌 것 같이, 우리 인생이 우연히 아니라 어떠한 목적과 이유에 의해 분명히 존재했음과 같이, 역사 역시 이유와 목적이 분명히 있는 것이다. 그러기에 그 역사는 그 목적을 달성하기 위해 끊임없이 성취되어 왔고, 그 목적을 달성하기 위해 역사는 반복되고 있는 것이고, 목적 달성이 완료되는 그 시점이 인류 역사의 종말인 것이다. 많은 학자들이 인생과 역사에 대해 연구하면서 인류의 역사가 왜 모순투성이며 인류에게 전쟁과 같은 잔인한 비극적, 비도덕적 사건들이 반복하여 나타나는지 나름대로 정의는 하고 있지만 "역사가 무엇인지?" "역사의 시작과 목적과 종말이 무엇인지?"에 대해 일부 종교에서 거론한 것 외에 정확히 정의하고 있는 학문과 종교는 이 세상에 없다. 그러기에 과학이라고 하는 학문을 빙자해 말도 되지 않는 "아마도, 혹시나"라는 가설을 설정해 놓고 자연 발생적 이론에 따라, 진화론이니 적자생존론이니 운운하고 있기에, 필자가 그런 것은 학문이 아니라 과학을 빙자한 샤머니즘과 같은 미신에 불과한 것이라 반복해서 말하는 이유이다. 필자는 본서에서 “역사가 무엇인지?” “역사의 목적이 무엇인지?” “역사의 종말은 무엇이고 언제인지?” “역사의 주관자는 누구인지?” “나는 누구이며 우리 인생은 무엇인지?” 인류가 처한 공통 문제를 밝히고자 한다.

4. 언어란 무엇인가?

언어학자에 따르면 '사회적 약속'이라고 하였고, 언어란 자음과 모음으로 구분할 수 있어야 언어로서 요건을 갖춘 것이라 하였다. 개 소리를 언어로 담을 수 없음은 바로 이러한 이유이다. 또한 사회적 약속이기에 나와 네가 나아가 제3자가 함께 그 언어에 대해 공감하는 보편성과 타당성이 있어야 언어로서 자격을 갖춘 것이다. 아무도 공감하지 않는데 나 혼자만 '하늘'을 '히늘'이라 한다면 그것은 언어로서 소통의 역할을 할 수 없기에 언어는 모두가 공감할 수 있어, 약속할 수 있는 보편성과 타당성을 갖추어야 한다.

5. 이 책의 저술 목적과 방법

There isn't probably God. So enjoy yourself.
(신은 아마도 없을지도 모른다. 그러니 즐겨라)

오늘날 대부분의 사람들이 그렇게 생각할지 모른다. 학생들이 진리라고 배우는 과학에서조차 진화론은 있지만 창조론은 없다. 그렇다고 그 진화론이 인과가 확실한 과학적 증거가 있는 것도 아닌데 기정사실인 양 "아마도"라는 "probably"를 사용하여 빠져나갈 구멍을 만들어 놓고 진리인 양 교육하고 있는 것이 현실이다. 그러나 있다면 어떡할 것인가?

There is surely God. Therefore listen to the His story. (신은 분명히 존재한다. 그러니 그의 이야기를 들어라)

오늘날 거짓으로 왜곡되고 위장된 학문이 진리인 양, 참의 행세를 하며 많은 사람들을 미혹함에

1) 언어를 통해 신의 존재를,
2) 역사와 예언 속에서, 그 예언을 성취하기 위해 인류와 함께한 그분의 발자취를 통해 그분이 존재하는지, 존재한다면 역사 속에서 어떻게 우리와 함께 하였는지를 밝히고

3) 성취되지 않은 앞으로 일어날 예언과 인류 역사의 종말을 재조명 함으로써 진리를 밝히고 져함에

첫째 詩를 통하여 주제를 도입하였고, 모두가 쉽게 인지할 수 있도록 가능한 간단명료히 기술하려고 노력하였다.

둘째 언어를 통하여, 언어가 가지는 언어의 보편, 타당성과 사회적 약속에 기초한 언어 중 우리 민족의 고어인 한문과

셋째 인류 역사를 기원전(B. C)과 기원후(A. D)로 나눈 성경을 기초로 하였다.

넷째 역사서에서는 우리 민족의 건국신화를 담은 삼국유사를 참고하였고

다섯째 "모든 길은 로마로 통한다."는 속담이 있듯이 진리가 하나라면 둘 중 하나는 가짜고, 셋이라면 셋 중 둘은 가짜라고 할 때 진화론이니 창조론이니 말하는데, 둘 중 하나는 가짜라는 가설 하에 진리를 밝히고 져 하였다. 만유가 한 체성이고 만법이 한 근원임에 창조주의 속성에 따라 만물에 그대로 전개되었다면 이럴 수도 저럴 수도 있는 것이 아니라, 진리는 하나이고 절대 불변인 까닭이고 그 법칙 또한 시공을 초월해서조차 유효하기 때문이다. 따라서 성경이 진리라면 인류 최초의 언어인 한문 역시 언어의 보편, 타당성과 사회적 약속의 원칙에 따라 성경과 일치하여야하기에 필자가 성경을 기초한 이유이기도 하며,

여섯째 가능한 필자의 주관적인 견해를 피하고, 성경과 역사적 사실에 충실하고 져 하였다. 대부분이 "성경에 이렇게 기록하고 있다"라고 하지만 가능한 본서에서는 "이것을 성경에서는 이렇게 기록하고 있다"라고 역으로 검증함으로써 성경의 말씀을 간

접적 증거로 채택하여 객관화하고 져 하였으나 이에 대한 진위 여부는 별도의 연구가 있어야 될 것이라 사료된다.

끝으로

현대인은 고도로 발달된 과학문명의 혜택으로 풍요한 물질 속, 범람하는 정보화 속에서 시비를 가름할 수 없을 정도의 불확실한 혼돈의 시대를 살아간다. 거짓 정보와 왜곡된 지식이 진실인 양 인간의 정신문명을 피폐화함에도 그것이 참인지 거짓인지조차 판단하기 어려운 혼동의 시대를 살아감에, 잠시 삶을 뒤돌아보고 지금까지 진리라고 여겨, 학습되어온 것들에 대해 오류를 제시함으로써 진위를 판가름함과 동시 새로운 참 학문과 참 종교관을 제시함으로써 다가오는 인류 종말의 역사에 대처하고 져 한다.

6. 한자로 풀어보는 창세기

풀 잎

한 어린이가
풀포기를 뽑아 들고 와 내게 물었다.

"이것이 무엇이죠?"

당황한 시인은

"어떻게 대답할까요?

나도 그 애보다는 더 알지 못하는데
꿈 어린 파란 재료로 짠 내 소망의 흔적
아니면
하나님이 고의로 떨어뜨린 향기 나는 손수건 선물.
어떠한 방법으로든 구석에 그분의 이름을 아로새겨
우리가 보고 궁금하여 누구의 솜씨냐고 물어보게 하려고……."

작가 번역

Walt Whitman「풀잎」시 중에서

"How could I answer the child ? I do not know
what it is any more than he."
"I guess it must be the flag of my disposition, out
of hopeful green stuff woven.
Or I guess it is the handkerchief of the Lord,
A scented gift and remembrancer designedly dropt,
Bearing the owner's name someway in the corners,
that we may see and remark, and say Whose."
- 생략 -

미국의 시인 Walt Whitman의 '풀잎'이라는 시다. 길가에 무심코 보이는 하찮은 풀잎 속에서조차 시인은 창조자에 대한 의문을 가지며 어린이가 내게 와 "이 풀이 무엇이죠?"라고 질문하였듯이 피조물인 우리 인류가 피조 세계에 대해 "누구의 작품이며 누구의 솜씨냐?"라고 물어보라고 천지를 창조하신 이가 우리 인류보고 당신의 존재를 인식시키려고 구석에 억지로라도 떨어트리고선 "누구의 작품이냐?"라고 물어보라고 "풀포기를 만든 것 아닌가?"라며 설의법을 쓰고 있는 것이다.

왜 하필 그 많은 서적 중 성경이냐? 그럼 이 시에 대해 답해 줄 종교와 서적이 이 지구상에 존재하는가? 없다. 그러나 성경에는 분명히 기록해 놓았다.

"창세로부터 그의 보이지 아니한 것들 곧 그의 영원하신 능력과 신성이 그가 만드신 만물에 분명히 보여 알려졌나니 그러므로 그들이 핑계하지 못할지니라."

(로마서 1장 20절)

만물에 분명히 그분의 심성을 심어 놓아 도무지 핑계 삼지 못할 것이라 기록하고 있다. 어떻게 그렇게 단호히 말할 수 있을까? 간단하다. 이 세상을 창조한 창조주만이 할 수 있는 유일한 말씀이다. 피조물이 말할 수 있는 말이 아니다. 그래도 아니라고 핑계를 대니 예언을 주셨고 그래도 또 핑계를 대니 말씀을 주셨고 그래도 또 핑계를 대니 역사와 언어와 글자를 주셨고 필자로 하여금 그것을 밝히라고 사명을 주셨다. 그리고 도저히 그분이 없다고 핑계 대지 못하도록 하여 마지막 날에 반드시 구원받으라고 마지막 예언을 주셨다.

7. 신의 이름과 정의

하나님

비치니까 빛나
빛나니까 밝아
밝(朴)으니까 환해(桓, 韓)

하늘에 계셔 하느님이 아니라
하나라서 둘님 아닌 하나님이 아니라

빛이니까 환한 님(桓, 韓, 朴, 칸, 檀......)

니은 연음 하난님
니은 탈락 하나님

하나님에 대한 정의다. 한 분이라서 또는 큰 이란 '한' 이란 것에서 왔다고도 하고 모 종교에서는 하느님이라고도 한다. 솔이 소나무가 되었듯이 하늘이라는 보통명사에 님을 붙여 대명사화함에 'ㄹ'이 탈락하여 하느님이 된 것이다. 무소불위의 하나님이시다. 하늘에 국한한다는 것은 신의 전지전능성을 무시한 언어적 모순이다. 정확히 정의한다면 태초에 하나님은 말씀과 함께 계셨고 그 말씀은 "빛이 있으라."였다. 그 말씀에 따라 우주가 창조되었다. 현대 과학에서 밝히는 우주 대 폭발, 즉 빅뱅이다. 공간과 빛은 동시에 창조되었다. 왜 창조하셨을까? 과학은 현상만을 말할 뿐이다. 사랑의 표현 방법을 과학이 모두 설명할 수 없는 이유와 같다. 그러니 "저절로, 우연히"라고 말하는데 그것처럼 미신적인 학문이 또 어디 있는가? 그러나 분명히 목적이 있었다. 그것은 바로 사랑이었다. 주체할 수 없어 잉태하지 않으면 안 되는 응축된 내심의 심층 세계의 발로에 대한 결과물이다. 그 사랑의 빛이 온 세상을 비추임에 밝았고 환했다. 보시기에 좋았다. 기뻤다. 빛을 창조하신 그분을 빛과 함께 있다 하여 우리 조상들은 밝고, 환하다 하여 환하신 분, 환한 님, 하나님이라 부르기 시작했다. 한자식으로는 **桓因**이고, 환한 님의 아들은 **桓雄**이라 하였고, 그 나라는 **桓國**이었고, 그 환한 나라의 글자는 **桓字**라 표기했다. 桓. 韓, 칸, 박(朴).박달, 배달, 檀 ……. 등의 어원은 밝고 환하다는 빛에서 유래되었다. 내가 말하는 것이 아니다. 삼국유사에서 말하고, 성경에서 말하고 있는 것이고 진리는 하나이기 때문에 일맥상통하기에 그러한 것이다. **漢字는 桓字 또는 韓字의 오류인 것이다.** 漢나라 이전 漢族 이전 밝고 환한 글자인 桓(韓)字는 밝고 환한 나라인 桓國 백성이 이미 사용하였기에 필자가 漢字가 아니라 桓字임을 밝히는 바이고 아울러, 이후 본서에서는 漢字라 아니하고 환(한)자(桓, 韓字)라고 표기함을 밝힌다.

하나님이 이르시되 빛이 있으라 하시니 빛이 있었고 (창세기 1장:3절)

태초에 말씀이 계시니라 이 말씀이 하나님과 함께 계셨으니 이 말씀은 곧 하나님이시니라. 그가 태초에 하나님과 함께 계셨고 만물이 그로 말미암아 지은 바 되었으니 지은 것이

하나도 그가 없이는 된 것이 없느니라. 그 안에 생명이 있었으니 이 생명은 사람들의 빛이라 빛이 어둠에 비춰되 어둠이 깨닫지 못하더라. (요한복음 1장 1절~5절)

8. 창조(創造)

다 윈

앞만
보고 달려온(進) 다윈.

흙(土)
빚고(口)
생기(丿) 불어
걷게 한 (辶)

환문의 비밀 알았더라면

진화(進)가 아니라
창조(造 = 土 +口+丿+辶)라는 것을........

피조 만물뿐만 아니라
환자에까지
그분의 비밀이 숨겨있다는 것
알았더라면

아니 지옥 갔을 텐데!

土는 땅을 형상화한 글자이다. 땅(一)은 평평하다. 그러나 그 땅은 생명을 솟게 하는 속성을 가지고 있다. 그 속성은 어디서 왔는가? 이유 없다. "빛이 있으라" 함에 빛이 있었던 것과 같이 땅에 내린 전지전능하신 창조주 하나님의 명령이다. 아니다. 이유 있다. 주체할 수 없는 사랑의 발로이다. 저절로, 우연히 아니라 하나님은 땅속의 생명에게 "솟아오르라"라고 명령하였고 땅속의 생물은 환하신 님인 빛을 사모하여, 그리고 그분의 말씀에 순종하여 땅속을 뚫고 나온 것이다. 그것이 생명이고 그 생명의 속성을 사랑의 발로라고 시인은 말하고 있는 것이다. 하나님은 그 땅의 속성에 대한 증거로 평평한 땅(一)에 솟아오르는 생물(十)을 착안하여 土라는 글자를 형상화하였다. 그 말씀이 창세기 1장 11절과 12절에 그대로 기록되어 있다. 영어에서는 땅에서 솟아오르는 것을 착안하여 'spring'이라 하였고 우리는 보이지 않던 것이 보인다 하여 '봄'이라 함에 앞서 언급한 언어의 보편, 타당성에 해당하는 일례라 하겠다.

口는 입을 나타내는 동시 사람의 몸을, 丿(별)은 생명을, 彳은 인간이 걷는 모양을 형상화한 글자다. **造**를 풀이하면

땅의 흙으로(土) 사람을 지으시고(口) 생기를(丿) 불어 넣었더니 사람이 생령이 되어 걷게 되었다(彳).

회자하면 '**造**'다. 진화가 아니라 창조라고 환자는 글자 유전자 속에 분명히 담아 증거하고 있는 것이다. 더하여 창세기 1장 26절에 인류 창조의 목적과 12절과 21절에는 모든 피조 생물에 대해 각각 지명하시며 매번 "그 종류대로"라며 네 번씩이나 말씀하심은 결코 진화할 수 없다는, 아니 후대에 창조론보다는 진화론이 학문의 대세를 이룰 것이라는 것을 이미 아셨기에 이를 경계하고 져 하려 하심이 아니었을까?

창세기 2장 7절에는 인류 창조 방법과 원리를 분명히 기록하시었고 핑계대지 말라고, 그것도 믿기지 않았던지 진화가 아니라 창조되었다고 환자 '**造**'자에까지 분명히 새겨 놓으셨다.

丿(별)은 사람이 사는 집인 戶와 죽음을 나타내는 尸에서, 나아가 흙(土)에서 솟구쳐(十) 나오는 생명 있는 生에서, 그리고 血과 같은 글자에서 丿이 생명을 형상화한 것임을 더 확실히 증명하고 있다.

무모한 비약이라 말하지 마라? 진화가 진리라면 아마도 그럴 것이라는 가설적 이론 말고 확실히 아니라고 할 수 있는 다른 이론과 증거 내놓아 보아라! 원숭이와 사람이 교배를 하면 생명이 탄생하느냐? 진화라면 가능하겠지만 성경은 그 종류대로 창조하였다고 분명히 기록하고 있고, 환문은 이를 더하여 분명히 증거하고 있는 것이다. 사람과 원숭이의 유전자가 다르듯이, 사람은 사람일 뿐이고, 원숭이는 원숭이일 뿐, 아무리 시간이 흐른다고 원숭이가 사람이 될 수는 없는 것이다. **種**을 파해 보아라! 변명하지 말라고, 나무(木)와 생명(丿)에, 重(중)은 음을 차용한 것이다.

생명(丿) 있는 나무(木)에게 각각 종류대로 땅에 명령하여 솟으라고 명령하였더니 그대로 되었다 고 더하여 기록하고 있고 그 말씀을 형상화한 문자이다.

환문은 표의문자이기도 하면서 표음문자이기도 하다. 이집트의 고대 문자가 소멸하였지만 환문이 소멸되지 않은 이유이기도 하지만, 하나님이 만들어 환국 백성이 사용한 환자이기에 더더욱 그러하다. 황제가 창힐에게 명하여 창힐이 새 발자국을 보고 창안해서 만들어질 문자가 아니다. 창세기의 사건을 그대로 담고 있고, 삼국유사에서 석유 환국이라 함에 그 나라 桓國 백성들이 그 문자를 사용하였기에 漢字가 아니라 桓(韓)字라고 필자가 주장하는 이유이다.

生 : 土에게 종류대로 생명(ノ)을 내라 함에 형상화한 문자이다.

하나님이 이르시되 땅은 풀과 씨 맺는 채소와 각기 종류대로 씨가진 열매 맺는 나무를 내라 하시니 그대로 되어 땅이 풀과 각기 종류대로 씨가진 열매 맺는 나무를 내니 하나님이 보시기에 좋았더라. (창세기 1장 11-12절)

하나님이 큰 바다짐승들과 물에서 번성하여 움직이는 모든 생물을 그 종류대로, 날개 있는 모든 새를 그 종류대로 창조하시니 보시기에 좋았더라. (창세기 1장 21절)

하나님이 이르시되 우리의 형상을 따라 우리의 모양대로 우리가 사람을 만들고 그들로 바다의 물고기와 하늘의 새와 가축과 온 땅과 땅에 기는 모든 것을 다스리게 하자 하시고 (창세기 1장 26절)

여호와 하나님이 땅의 흙으로(土) 사람을 지으시고(口) 생기를(ノ) 그 코에 불어 넣으시니 사람이 생령이 되니라(彳) (造=土+ノ+口+彳)(창세기 2장 7절)

9. 인류 창조

인류 창조(造) 1

타오르는 벅찬 가슴
멈출 수 없어

흙(土) 이겨 토기 굽 듯
흙(土) 빚어 심혈 적 신

애틋한 사랑 다함
아득하여라!

그토록
간절함 가눌 길 없어

"보시기에 좋았다"는
말 한마디 못내 아쉬워

그리움 더하고 져
혼(魂) 불어 생령 심은(酉)

가없는 사랑 다함

말로 다 다함없어
눈물겨워라!

왜 창조하셨을까?

창조의 방법에 대해서는 기록이 되어 있으나 왜 창조하셨는지에 대한 구체적인 기록한 것은 없다. 다만 창조를 거듭할 때마다 "보시기에 좋았다"라고 기록하고 있다. 기뻤다. 즐거웠다. 그러나 그것만으로 만족할 수 있는 하나님이 아니셨다. 사랑을 하지 않으면 안 되는 주체할 수 없는 타오르는 사랑의 속성이 하나님이시다. 그래서 하나님은 사랑이시고, 사랑은 하나님이신 것이다. 그러한 끝없는 사랑의 발로에 따라 사람을 만드시고 하나님의 혼을 사람의 몸속에 불어놓으시며 창조를 완성하셨을 때 "심히"라는 말을 덧붙이어 최고의 즐거움을 표현하심에

가없는 사랑 다함/ 말로 다 다함없어/ 눈물겨워라!

라고 시인은 노래하고 있는 것이다. 사랑이 눈에 보이지 않는다고 사랑이 없는 것이 아닌 것같이 저절로, 우연히 이루어진 것이 결코 아니다. 성경이 증명한다. 환자의 문자 유전자가 증명한다. 내 마음의 사랑이 증명한다.

儿(다시 태어날 인)은 글자 자체로 다시 태어났다는 뜻과 같이 생령으로 생기를 코에 불어넣으신 하나님의 '혼', 곧 '성령'을 형상화한 문자이다. 몸(口)에 성령(儿)을 불어 넣으신 최초의 인류는 酉이고 그의 갈비뼈로 지음 받은 또 다른 몸(己)인 여자, 곧 그의 배우자 하와는 配(아내 배)이고, 匹이다. 酉는 성령을 담은 사람,

아담을 나타내기도 하지만 인류가 타락한 후에 예수님을 나타내기도 한다. 하나님은 빛이시고 성령은 빛이 난다. 그래서 성령인 儿에 빛이 나기에 빛을 光이라 형상화하였고, 성령을 담은 아담의 몸은 빛이 나기에 사람을 나타내는 人에 빛을 더해 火라고 형상화하였다. 부활하신 예수님의 몸에서는 빛이 났다. 성자의 머리에 빛이 그려져 있는 이유와 같다. 진화론처럼 우연히 만들어진 것이 아니고 환자에서와 같이 분명한 이유가 있어 火와 光이 만들어진 것이다. 타오르는 불꽃을 형상화하여 火가 된 것이 아니라고, 光이 그것을 더하여 증명하고 있는 것이다. 그뿐만이 아니다. 그의 생명(丿) 되는 피(血) 역시 몸(口)에 하나님의 성령인 儿을 담아 파생한 문자이다. 확신할 수 있느냐? 확신한다. 성령이 없는 우리 몸은 죽은 것이다. 나중에 자세히 다루겠지만 우리는 죽지 않는 신으로 창조하였다. 그러나 인류의 타락으로, 인류의 죄악으로 더러워진 우리의 몸에 성령이 더 이상 머무를 수 없었다. 성령이 떠난 우리 몸은 빛을 잃었고, 몸이 상하게 되었고 생명과를 먹을 수 없어 흙으로 돌아간다고 말씀하셨다. 酉, 配, 匹은 몸(口)에 성령이 있다. 그러나 그 반대 글자는 凶, 亡, 兇이다. 몸에 하나님의 성령인 儿이 없다. 몸(凵, 匚)에 성령이 없기에 흉하고 망하여 죽어야 함을 형상화한 것이다.

하나님은 정반합의 법칙을 사용하시어 정의 반이 반을 증명하고, 다시 반이 반을 증명함으로써 정을 증명하도록 합을 도출해 낸다. 철학자의 법칙이 아니라, 하나님이 이미 창세 때 사용하신 하나님의 법칙이며, 이것이 그대로 피조 세계에 전개되었기에 이 또한 세상의 법칙인 것이다. 이는 3수이신 하나님의 속성에 기인한 것이다. 1이라는 하나님의 영이신 수가, 2와 3이라는 수로 전개되고, 다시 4라는 수로 전개된 것, 그 수가 역사 속에서 반복하는 이유기도 하다. 반과 반은 상호 보완적 관계이지 상호 투쟁적 관계는 아니다. 따라서 反이라기보다는 半으로 보는 것이 더 타당하다. 하나님의 성령이 半인 아담과, 또 다른 半인 하와로 전개됨이 이를 증명하고 있고, 환자 酉와 配가 더하여 증명하고 있다. 모든 것이 선하고 보기에 좋았지만, 아담이 홀로 있는 것이 보시기에 좋지 않았기에, 그를 도우라고 半을 쪼개어 하와를 창조하였다고 함이 이를 더하여 증명한다. 환문은 이를 한 치의 오차 없이 그대로 형상화하여 우리에게 보여주고 있는 것이다. 또 말씀하신다. 血에 하나님의 성령이 있기에 "**생명 되는 피채 먹지 말라**"라고 하셨고 우리의 몸을 "하나님의 성령이 거하는 성전이기에 사람을 죽이지 말라"라고 하신 이유이다. "**하나님이 우리 몸에 거하시니 내가 거룩한 것과 같이, 너희도 거룩해라**" 라고 말씀하신 이유이기도 하며 인류를 창조하신 이유이기도 하다. 그러나 儿이 없는 몸은 亡이고 凶이고 兇이다. 인류의 역사가 고난의 역사요, 오욕의 역사요, 도덕이 없는 악의 역사처럼 보이는 이유는 우리의 몸에 성령이 떠나 우리의 몸이 亡과 凶, 兇이 된 이유라고 桓字는 정반합의 법칙을 사용하여 추가로 증거하고 있는 것이고, 우리가 우리의 몸에 하나님의 성령인 儿을 다시 넣어야 함을 더하여 예수께서 "**거듭나야 한다.**"라고 말씀하신 이유이기도 하다.

❖ 환문 풀이

口, 匚 : 인간의 몸을 형상화

丿 : 살아있는 생명을 형상화(예 尸와 戶에서와 같이 몸(口)에 생명(丿)의 유무에 따라 구별됨

彳 : 조금 걸을 척, 걷는 것을 형상화

儿 : 성령으로 다시 태어난 사람, 하나님의 생령을 형상화함

光 : 성령으로 다시 태어난 사람은(儿) 빛이 남을 형상화

火 : 사람의 몸에(人) 빛이 남을 형상화

血 : 몸(口)에 인(儿)이 있는 살아있는丿인 피를 형상화

酉 :儿(하나님의 성령)을 담은 그릇 아담을 형상화하였으며 인류 타락 후 성 육신 하신 그리스도를 형상화함.

配 : 하나님의 생령儿을 담은 酉의 또 다른 몸(己). 그의 배필 匹 匹을 형상화

凶 : 하나님의 성령이 없는 죽은 몸. 즉 성령을 담을 수 없는 亡 몸은 죽은 몸임을 형상화

兇 : 하나님의 성령이 우리 몸을 흉악한 상태를 형상화.

半 : 酉를 반으로 나눠 配가 됨을 형상화

하나님이 지으신 그 모든 것을 보시니 보시기에 심히 좋았더라. (창세기 1장 31절)
하나님은 사랑이시라. (요한 1서 4장 16절)

그러나 고기를 그 생명 되는 피채 먹지 말 것이니라. (창세기 9장 4절)

너희는 신들이며 다 지존의 아들들이라. (시편 82장 6절)

너희는 너희가 하나님의 성전인 것과 하나님의 성령이 너희 안에 계시는 것을 알지 못하느냐. (고전 3장 16절)

기록하였으되 내가 거룩하니 너희도 거룩할지어다 하셨느니라. (벧전 1장 16절)

네가 거듭나야 하리라. (요 3장 7절)

인류 창조(造) 2

생명(生)
기원 밝히려고 달려온 다윈.

몸속에(口)
생기 담아 다시 태어난 이(儿)

첫 사람 아담(酉)

갈빗대 취해(甲) 덮고(冖)
살 붙인 후(骨)

돕는 자(配) 또 다른 몸
하와(匹,)

신비로움

더더욱 다 하고 져

피조
만물뿐만 아니라

글자까지 아로새겨

도무지
핑계 댈 수 없는 사실 알았더라면

鬼 되지 않았을 턴데!

창조된 모든 것이 보시기에 좋았다. 땅, 호랑이, 사자, 바다, 고래, 상어 강, 거북이, 메뚜기, 하늘, 구름, 별, 해, 달……. 아담이 부르는 그 소리가 그대로 이름이 되고 만물을 다스리는 것을 보니 심히 좋았다. 그러나 좋지 않은 것이 하나 딱 있었다. 아담은 창조된 모든 만물을 홀로 다스리려다 보니 바쁘고 힘에 벅찼다. 누군가의 도움이 필요했다. 피조물 모두가 암수로 이루어졌지만 사람만이 혼자이기에 홀로 사는 것이 좋지 않아 보였다. 아담을 마취시켜 깊이 잠들게 하고 잠자는 사이

그의 몸(口)을 개복하여 갈비뼈를 취한(冎) 후 몸을 다시 덮고(冖) 살(肉)을 덧붙였다. 라고 桓字는 한 치의 착오 없이 순서까지 맞추어 증거하고 있다.

인류 최초의 외과 수술이자 骨의 뜻이기도 하다. 회자하면 "骨(口

+甲+冖 +肉= 骨)"자이고 骨의 어원이다. 아담에게로부터 취하신 그 갈빗대로 여자를 만드시고 (配, 匹) 아담에게로 이끌고 왔다. 마취에서 깬 아담은 앞에 아름다운 여자가 있음에도 불구하고 기쁨보다는 수술한 가슴의 통증을 느끼며 가슴을 쓰담는다. 누가 가르쳐 주지도 않았는데 자신의 갈빗대가 하나 없어졌음을 직감으로 느끼며 쓰라린 가슴의 통증 중에서도 기쁨에 그 상황을 이렇게 표현한다.

"이는 네 뼈(骨) 중의 뼈(甲)요 살(肉) 중에 살이라. 이것을 남자(酉)에게서 취한즉 여자(配, 匹)라 부르리라."

최초의 남자가 최초의 여자에게 처음으로 한 최초의 한 마디다. 桓字는 순서에 맞추어 성경의 말씀에 따라 한 치의 오차도 없이 이를 더하여 그렇게 창조되었다고 증거하고 있는 것이다.

여호와 하나님이 이르시되 사람이 혼자 사는 것이 좋지 아니하니 내가 그를 위하여 돕는 배필을 지우리라 하시니라. (창세기 2장 18절)

여호와 하나님이 아담(酉)을 깊이 잠들게 하시니 잠들 매 그가 갈빗대(甲) 하나를 취하고 살로 대신 채우시고(冖 肉) 여호와 하나님이 아담에게 취하신 그 갈빗대로 여자를(配) 만드시고 그를 아담에게로 이끌어 오시니 아담이 이르되 이는……. (창세기 2장 21절~23절)

❖ 환문 풀이

造 : 짓다. 만들다, 흙(土)으로 사람(口)을 만들고 생기(丿)를 불어 넣어 걸어 다니는(辶) 사람을 형상화한 會意 환자(土+口+丿+辶=造)

兇, 凶, 亡……. : 성령인 儿이 몸 안에 없다.

骨 : 뼈 골, 골격, 몸통 (口+⺜+冖+肉= 骨) 남자의 몸(口)에 갈빗대를 취해(⺜) 덮고(冖) 살로 대신 채우셨던(肉) 남자, 아담의 몸통 골격(骨)을 형상화함.

甲 : 가질 압, 취하다 : 몸을 개복해 갈빗대를 취한 것을 형상화함.

冖 : 덮을 멱. 덮어 가리다 갈빗대를 취한 후 덮은 것을 형상화함.

肉 : 月은 祭에서와 같이 肉의 변형 문자이며 肉을 눕혀놓은 고기 육, 살을 형상화함.

10. 타락 그리고 歷史의 시작

선악과(果)

사탄(불甶)과 놀다(鬼)
저 홀로 먹곤
부끄러움에(媿) 홀로 죄진 두려움 겁나

미인계 신경질에
잠자리 안 한다고 삼손 찐 데리라 모양

바보 아담 꾀어 건넨 죽음의 禁斷 열매

뱀(甶)

세상에서 가장 긴 시
"배 ~ ㅁ"이라지만

여자와 하나 되어 (鬼, 媿)
길고 간교한 만큼이나

사연 많겠지만

아흐! 줄이고 조크리어
한 점 되어라!

왜 인류의 역사는 악하고 슬픈 비도덕적인 일들이 연속적으로 반복하여 나타나는 것일까?

결론부터 말하면, 인류는 선악나무(木)와 두 번째 나무인 생명나무(林)와의 사이에 "선악과를 먹느냐?" 아니면 "생명과를 먹느냐?"의 싸움이다. 인간의 몸(口)은 하나님의 성령(儿)을 담으려고(西, 配, 匹) 창조하였으나(造) 그들에게 선택권을 주었다. 동화 같은 이야기 같지만 얘기인즉, 하나님은 최초의 인류인 아담과 하와에게 하나님의 성령인 생기(儿)를 불어 넣어 사람(西, 配, 匹)을 만드시고 동방의 에덴동산에 그들을 두시었다. 각종 나무의 과일과 채소가 그들의 먹을거리였다. 땀 흘리는 수고도, 배고픔도, 아픔과 고통도 없었고, 죽음조차 없어 죽음의 개념조차 없었다. 하나님은 인류에게 만물의 주인으로서 만물을 통치할 수 있는 자격을 주시기 위해 인류에게 자율권을 주셨다. 생존과 같은 본능이라던가, 로봇과 같이 시키면 시키는 대로 하는 그런 시시한 존재가 아니라 스스로 사고하고, 스스로 판단하며 사랑할 수 있는 도덕성을 심어 놓고 저 자율성을 주신 것이다. 동물에게 선택권이 있는가? 없다. 그들은 본능에 따라 행동한다. 그들에게는 도덕성도 없지만 또한 죄악성도 없다. 그러나 우리 인간은 어떠한가? 성자같이 높은 도덕성이 있는가 하면 반대로 악마같이 악한 죄악성을 동시에 가지고 있다. 이를 일컬어 성선설이니 성악설이니 말하였지만 그 자율권은 죽음이라는 위험을 감수해야만 했다. 왜 죽음이라는 위험을 감수해 가면서까지 인류에게 자율권을 주셨을까? 앞서 이유를 말하였지만 피조만물 중 인류 외에 유일하게 자율권이 있는 존재는 하나님의 창조사역에 동참한 천사가 있었다. 그러나 그 천사 중 하나(루시퍼)가 자기 처소를 떠나 하나님을 대적하는 자가 되었다. 그 자를 성경, 창세기에서는 뱀이라 하였고 나아가 사탄, 마귀, 귀신이라 하며 거짓말로 온 세상을 꾀는 자라고 요한 계시록에는 기록하고 있다. 하나님은 우리 인류에게 그 자까지 통치할 수 있는 통치권을 부여하고 져 자율권을 주셨다. 그러나 거기에는 인간의 책임이 뒤따랐다. 인간에게 도덕성을 주시고 그 책임을 인간의 판단에 맡기신 것이다. 그것이 바로 에덴동산에 있는 각종 과일은 마음대로 먹을 수 있으나, 동산 중앙에 있는 생명나무(林)와 선악나무(木) 중 선악을 알게 하는 나무의 열매(果)를 먹지 말라는 인간이 반드시 지켜야 할 계명의 말씀을 주시고 그 말씀을 어길 시, 다시 말해 선악과를 먹는 날에는 반드시 죽는다는 자율성과 책임성을 동시에 주신 것이다. 동산 중앙에 두셨다 함은 인류가 사느냐, 죽느냐의 문제이기에 그만큼 중요하다는 의미이다. 선악과가 도대체 뭔가? 선악과를 먹은 후 그들은 눈이 밝아져 선과 악을 알게 되었고 수치심과 부끄러움을 알았다. 어린이같이 천진난만하던 그들이 눈이 밝아져 책임 전가의 핑계를 대는 비겁자로 전락하였고, 급기야는 시기와 질투로 동생까지 죽이는 살인이라는 무시무시한 죄를 저지르는 살인자에 "**내가 아우를 지키는 자입니까**?"라고 반문하며 거짓말까지 스스럼없이 말하는 거짓말쟁이로 전락하였다. 그것이 오늘날 우리들의 정체성이다. 밥만 먹으면 거짓말하는 정치인같이, 그것이 선악과를 먹은 타락한 우리의 참 모습이다. 성선설이니, 성악설이니 논하기 이전, 성경은 그것을 '타락'이라 하였고, 그러한 죄 성을 알았기에 하나님은 그들에게 반드시 죽는다고 경고하셨고, 선악과를 먹은 그들에게 너희는 흙이니 흙으로 돌아갈 것이라며 생명나무로 나아가는 길을 막으신 것이다. 그렇다면 상대적인 생명과는 무엇인가? 그것은 영생할 수 있는 과일이며, 그 열매를 먹으면 영생한다고 성경에 기록하고 있다. 그러나 하나님은 인류가 선악과를 먹은 후 영생할까 두려워 생명나무의 생명과를 먹을 수 없도록 생명나무로 나가는 길을 막으시고, 후일 여자의 후손을 기다리라고 원 복음의 말씀을 주심과 동시 에덴동산에서 쫓아내셨다. 그리고 창조 4천 년 후 그분께서 이 땅에 오셔서

"하나님이 세상을 이처럼 사랑하사 독생자를 주셨으니 이는 그를 믿는 자마다 멸망하지 않고 영생을 얻게 하려 하심이라"(요 3장 16절)"
"내가 곧 길이요 진리요 생명이니.(요 14장 6절)"

라고 말씀하셨다. 예수를 믿으면 멸망치 않고 영생을 한다고 하였고 또 생명이라고 말씀하심에 창세기에서 말하는 생명과는 예수님이라고 말씀하고 있는 것이 아닌가? 하나님의 말씀을 과일에 비유하여 그분의 말씀을 먹고 그분을 믿으면 영생한다는 것이다. 최후의 만찬에서 제자들에게 "**이 떡은 나의 살이요, 포도주는 나의 피라고 비유하시고, 내 살과 피를 먹어야 살 수 있다며 삼가 예식을 준행하라**"라고 말씀하시었다. 다시 말해 떡을 예수의 살에, 포도주를 예수의 피에 비유하였지만, 실제로 여기서의 비유는 물질이 아닌 말씀과 그 말씀의 믿음을 얘기하고 있는 것이다. 말씀과 믿음이라는 추상명사가 눈에 보이지 않기에 없다고 말할 수 있겠는가? 우리가 볼 수 있는 것이 아니지만 없는 것이 아니라 무형으로써 분명

히 존재하는 실체이다. 유물론적으로 해석할 수 없는 것이요, 과학으로 설명하고 이해할 수 있는 것이 아니다. 당시 인류의 지적 능력에 맞추어 비유로 이해할 수 있도록 쉽게 물질인 과일에 비유하신 것이고, 동시에 하늘의 비밀을 비사로 기록한 것이다. 그렇다면 상대적인 선악과는 뭘까? 하나님의 말씀이 아닌 사탄 곧 귀신(창세기서는 뱀)의 말씀인 것이다. 인류는 그 사탄의 말씀에 따라 선악과를 먹었고 결국 사탄의 하수인이 되어버린 것이다. 에덴동산에서는 죽음이라는 것이 없는 낙원이었지만, 인류에게 하나님과 사탄을 선택할 수 있는 자율권을 주신 것이다. 그러나 하나님의 말씀을 거역하고 사탄의 말씀에 순종함으로써 악이 인류를 지배하였고, 하나님은 사탄 곧 죄의 종이 된 타락한 인류에게 영생하는 것을 허락하지 않으셨다. 죄 된 몸으로 영생할까 두려워 생명과를 먹는 것을 허락하지 않으신 것이다. 그러나 예수 그리스도를 보내시어 십자가에서 우리의 모든 죄를 담당하시고 생명나무로 나가는 길을 허락하시었다. 그분을 믿으면 멸망치 않는다고 자율권 또한 주신 것이다. "예수를 믿느냐?, 믿지 않느냐?"의 차이는 생명나무로 나아가 "생명과를 먹느냐?, 먹지 않느냐?"의 차이를 나무에 비유하여 설명한 것이다. 이것이 바로 성경의 역사요, 인류의 역사인 것이다.

그 동화 같은 이야기가 정말 사실일까? 우리의 생과 사에 관한 중요한 문제이기에, 성경의 말씀이 사실인지? 사실이 아닌지? 인류의 역사와 그것을 기록한 환문 문자 유전인자를 통해 참인지, 거짓인지 시간 여행을 떠나보기로 하겠다.

하나님은 사람을 에덴동산에 두고 그곳을 경작하여 지키게 하셨다. 인류가 경작한 최초의 밭이고 그 밭을 형상화한 것이 田이며, 또한 나무에 열리는 열매 즉 果를 형상화한 열매이기도 하다. 에덴동산은 인류 최초의 밭임과 동시 그들이 거처하는 집이며, 말 자체로 동산이다. 厂, 广, 宀 등은 언덕, 기슭, 집을 나타내는 문자인데 이 또한 에덴동산을 형상화한 것이다. 하나님은 생명나무(木)와 선악을 알게 하는 나무(木)를 동산 중앙에 두시고, 아담에게 "**선악을 알게 하는 나무의 열매(果)를 먹으면 반드시 죽을 것이니 절대 먹지 말라**"라고 말씀하신다. 여자를 아담에게 데리고 옴에 아담은 기뻤고 그들은 벌거벗었으나 부끄러움을 알지 못하였다고 기록하고 있다. 이렇게 낙원으로 창조된 에덴동산에서 그들은 기뻤다. 아담이 온갖 피조물에 이름을 붙이면, 하와가 이를 도와 노래를 만들고, 하나님과 자연을 찬양하며 풍부한 과일과 채소가 수고 없이 다 그들의 먹을거리가 되어 배고픔이란 것도 근심, 걱정, 슬픔, 죽음이란 것도 모르며 즐겁게 살아가던 그러던 어느 날, 하나님이 창조한 가장 간교한 생명이 하와에게 다가왔다. 그 생명을 창세기에서는 '뱀'이라고 말하고 있지만 실제는 뱀이 징그럽고 간교하게 보여 뱀으로 비유한 것이지 뱀이 아니라 하나님이 인류에게 "선악을 알게 하는 나무의 열매를 먹지 말라"라고 아담에게 금기한 하나님과 인간 사이의 비밀을 알고 있는 인간 이외의 영적 영장류인 타락한 천사 루시퍼를 뱀에 비유하여 말한 것이다. — 이렇게 비유로 기록된 창세기의 내용을 문자 그대로 '뱀'이나 '과일'로 해석하다 보니 동화같이 느껴지겠지만 사실은 다 비유의 말씀인 것이다. 과학적 사고방법만이 과학이고 믿을 수 있는 것이라고 하고, 인간 정신의 소산물인 상징을 나타내는 자유와 평화가 비둘기로 비유됨에 이성적으로 논리적이지 않다고 하여 무시하는 학문이야말로 과학을 빙자한 미신 중 더 미신이라고 필자가 주장하였듯이 과학만이 학문이 아니다. 인간에게는 물질 외에 지, 정, 의에 의한 정신적인 가치가 있다. 그러기에 도덕과 철학이 있는 것이고 비유와 상징을 나타내는 언어와 종교가 있는 것이다. 그런 인간의 정신적인 요소와 관념을 쏙 빼고 인간의 정신적인 가치를 증명할 수 없다 하여 비과학적이라 배제하고, 현상만을 얘기하는 것은 참 학문이 아니라는 것이다. 진화론이니, 유물론이니, 실증사학이라는 것들이 다 그런 것들이 아니겠는가?--

환문에서는 에덴동산을 나타내는 田에 생명이 있는 丿을 첨가하여 甶(귀신 머리 불), 또는 선악과(果)의 과일(田)에 생명 있는 丿을 첨가하여 甶(귀신 머리 불, 바알)이라 하여 사탄을 형상화하였다. 귀신에 대한 환문의 정의이다. 성경에서는 이를 '바알'이라 부른다. 甶(불)이나 성경에서 말하는 바알 귀신이나, 음성학적으로 동일하다. 서문에서 말했듯이 언어란 서로의 약속이며 보편, 타당성이 있어야 한다고 하였는데 바로 그 증거의 대표적 예라 할 수 있다. 에덴동산에서 영적 생명이 있는 것은 하나님과 인류 외에 천사밖에 없는 것이고, 그 천사 중 타락한 천사를 사탄, 마귀라고 하는데 창세기에서는 뱀이라 하였고, 환문은 정확히 형상화하여 '귀신 머리 불 甶'이라 정의하고 있는 것이다. 성경의 대화 내용을 더 알아보기로 하겠다. 그 甶이 여자에게 다가와 묻는다.

"하나님이 참으로 너희에게 동산 모든 나무의 열매를 먹지 말라고. 하시더냐?"

하나님으로부터 "**선악을 알게 하는 나무의 열매를 먹지 말라. 먹으면 반드시 죽는다.**"라는 말을 남자로부터 들은 여자는 말을 희석한다.

"동산 나무의 열매를 우리가 먹을 수는 있으나 동산 중앙에 있는 나무의 열매는 하나님의 말씀에 너희는 먹지도 말고 만지지도 말라. 너희가 죽을까 하노라."

금지의 계명이 죽을 수도 있고, 죽지 않을 수도 있다고 변질이 된다. 진리는 하나다. 둘 중 하나는 가짜이다. 이에 신이 난 由은 계속하여 여자를 유혹한다.

"너희가 결코 죽지 아니하리라. 너희가 그것을 먹는 날에는 너희 눈이 밝아져 하나님과 같이 되어 선악을 알줄 하나님이 아심이니라."

여자가 그 나무의 열매를 본 즉 먹음직도 하고, 보암직도 하고 지혜롭게 할 만큼 탐스럽기도 한 나무인지라 손을 뻗어 그 열매를 따먹는다. 선악을 알게 되고 눈이 밝아졌다. 남자 앞에 선 여자는 선악을 모르는 아담이 바보 멍청이로 보인다. 부끄러움도 모르고 벌거벗은 채로 돌아다니는 이 남자가 자기 남편이라고 생각하니 한심하기 그지없지만 마음 한구석에는 하나님이 분명히 금기한 말씀을 지키지 아니한 두려움과 공포가 엄습해온다. 악이 몸에 들어온 것이다. 혼자서 벌을 받기에 앞서 어떻게 해서든 남자를 유혹해 선악과를 먹여야겠다고 由이 유혹한 화법에 악을 더해 유혹한다. 선악을 모르는 멍청이 같은 남자를 유혹하는 것은 큰 문제가 아니다.

"이것 먹어."
"어 그거 하나님이 막지 말라고. 한 과일 아니야? 그거 먹으면 안 돼. 반드시 죽는다 했어."

여자는 남자에게 이런저런 온갖 이유를 대며 먹을 것을 종용한다. 선악을 모르는 멍청이지만 하나님의 말씀이 워낙 확고하셔서 먹을 것을 꺼리는 남자에게 여자는 온갖 수단을 동원하여 남자를 유혹한다.

"야 이 바보야. 너 그 밑에 덜렁거리는 거 뭐 하는 건지나 알아! 창피한 거도 모르고 여자 앞에서 벌렁 내보이고 ……. 쯧쯧 너 이거 안 먹으면 나 너하고 더 이상 안 놀아. 너 혼자 살아."

뼈 중에 뼈요, 살 중에 살로 만든 내 짝, 여자가 남자와 합하여 둘이 한 몸을 이루라고 말씀하신 하나님의 말씀에 남자는 혼동된다. 여자가 자기와 같이 지내지 않는다는 말에 그만 당황하여 여자가 건넨 선악과를 먹어버린다. 선악과를 먹은 아담은 하와가 그런 것 같이 자신도 눈이 밝아졌다. 밑을 바라보니 벌거벗었음을 알고 창피함을 느낀다. 무화과 나뭇잎을 엮어 치마를 만들어 그곳을 가린다.

이것이 성경이 말하는 타락이다. 儿은 성령의 몸으로 다시 태어난 사람, 곧 아담과 하와를 형상화하였다고 앞서 밝혔다. 인류가 하나님이 주신 계명을 지키지 아니하고 由의 말에 순종하여 금지한 선악과를 먹었다. 그것을 형상화한 것이 鬼이다. 파자하면 에덴동산 또는 선악과 田에 생명을 형상화한 丿은 사탄, 마귀인데 이를 由이라 형상화하였고 아담 곧 儿인 厶(나)가 선악과를 먹고 사탄 곧 죄의 종이 된 것을 鬼라 형상화한 것이다. 하나님께 속하지 않은 영혼을 鬼라고 환문은 한 치의 착오 없이 성경과 일치하여 정의하고 있다. 핑계 대지 말라고, 하나님은 정반합의 법칙을 사용하여 증명하시듯 분명한 원인에 의해 환자가 만들어졌는데 어떻게 우연히 만들어졌다고 말할 수 있겠는가?

酉가 안 믿길까, 配를 주셨고 그래도 안 믿을까 아담의 또 다른 몸인 匚에 儿을 넣어 匹을 주셨다. 그래도 아니라 할까 봐 凶을, 정녕 아니라 하지 말라고 亡, 兇……을 주셨음과 같이 鬼가 믿기지 않을까 염려하여 반대 글자인 祝을 주셨다. 祝과 鬼의 공통어는 하나님의 성령을 형상화한 儿이다. 儿의 위치에 따라, 다시 말해 인류가 누구와 함께하는가에 따라 인류의 신분은 하늘과 땅의 차이다. 儿이 뭔가? 다시 태어난 사람 곧 나(厶)다. 성경은 보충해서 말씀하신다. 예수님은 선악과를 먹은 인간에게 거듭나야 다시 산다고 말씀하셨다. 사탄이 由이라면 하나님을 형상화한 문자는 示다. 에덴동산에서 선악과를 먹나, 먹지 않나 지켜보시는 이, 또는 선악과를 먹고 그들의 죄를 용서하시기 위해 祭단의 모양을 본뜬 글자로, 제물을 신에게 보여 준다는 의미이기도 하다. 제단을 쌓게 하고 제단 위에 제물을 드려 기도하고 예배하는 것을 지켜보시는 이를 형상화한 것이 바로 祭에 있는 示라고 환문은 정의하고 있다.

祝과 **鬼**를 비교해 보면, **祝**은 하나님(示)과 인류(儿)가 동행을 한다. 성경은 말한다. 아브라함에게 그랬듯이 하나님을 믿는 우리에게도 동행자요, 친구요, 신부요, 신랑이요, 아들이라고 말하고 우리의 죄를 대속하기 위하여 당신께서 친히 십자가에 제물이 되어 죽으신 분이라고……. 그래서 **福**이요, 그분의 말씀을 **福音**이라 한다. 환문과 성경의 창세기를 모르고는 희생의 소 울음소리와 양 울음소리를 들을 수 없는 것이다. **福**을 파하면 선악과를 먹은 그들에게 여자의 후손을 주시겠다며 하나님이(示) 인류에게(口) 잃어버린 에덴동산 곧 田을 다시 돌려주겠다며 말씀을 삼가 **간직하라는 것**이 **福**(示+口+田)이라고 환문은 정의하고 있다. 여자의 후손을 보내 뱀의 머리를 상하게 한다는 창세기의 말씀을 원 복음이라 하고,

말씀에 따라 예수 그리스도가 오심에 그분의 말씀을 복음이라 하심과 아브라함에게 너는 福의 근원이라 말씀하심의 이유는 모두 예수그리스도와 관련된, 단순한 복이 아니라 실락한 인류에게 다시 낙원을 찾아주겠다는 것을 명심하라는 의미가 福의 정확한 정의라고 환문은 말하고 있다. 우리 민족은 **福**이라는 글자를 밥그릇에서, 수저에서, 장롱에서, 옷에서, 대문에서, 기왓장에서조차 우리의 모든 일상생활에 새겨놓았다. 2부에서 자세히 밝히겠지만 여자의 후손을 기다리라고 창세 때 말씀하신 환국의 제의 문화를 그대로 가져온 환자의 흔적이요, 예배 문화의

증표이며 결코 우연히 만들어진 것이 아니라고 말하는 것이다.

하지만 **鬼**에서 인(儿)은 사탄(由) 아래에 있다. 그것을 성경에서는 "죄(由)의 종(儿)이 되었다."라고 말한다. 생명과를 거부하고 선악과를 먹는 그들에게 뱀의 새끼요, 독사의 자식이요, 죄의 노예요, 종이요, 음녀라고 **鬼**라는 글자 속에 정확히 형상화 시켜 놓으셨다. 예수님은 하나님의 사랑과 사탄의 속박을 양과 이리에 비유하기도 하였고 역사의 마지막 날 사탄 由은 음녀인 鬼가 된 인류(儿)를 미워하여 망하게 하고, 발가벗게 하고, 그의 살을 먹고 불로 아주 사른다고 요한 계시록에 예언되어 있음에 더더욱 이를 뒷받침하여 증거하고 있다. 다음은 예수님이 이를 뒷받침하여 증명하는 말씀이다.

사람이 친구를 위하여 자기 목숨을 버리면 이에서 더 큰 사랑이 없나니 너희가 나의 명하는 대로 행하면 곧 나의 친구라(祝) 이제부터는 너희를 종(鬼)이라 하지 아니하리니 종은 주인의 하는 것을 알지 못함이라 너희를 친구라 하였노니 내가 내 아버지께 들은 것을 다 너희에게 알게 하였음이니라(요 15장 13절-15절)

예수님의 말씀을 들으면, 다시 말해 생명과를 먹으면 그분의 친구라고 말하고 있다. 그것이 **祝**이다. 그러나 그전에는 친구가 아니라 종이었다고 분명히 기록하고 있다. 왜 從이었는가? 그분의 말씀을 듣지 않고 선악과를 먹었기에 죄의 종이 된 것이고, 사탄의 종이니 당연히 종이 된 것이다. 그것이 바로 **鬼**인 것이다. 祝은 儿이 함께 하여 동행하지만, 鬼는 儿을 아래에 놓여 由이 지배하는 종의 신분이다. 친구와 종과의 차이를 환자 儿은 위치까지 정확히 가리키고 있고, 한 치의 오차도 없이 이를 정확히 형상화 시켜 놓은 것이다.

사탄이(由) 여자에게(儿) 다가왔다. 남자와 함께 있어야 할 여자 好, 그래서 남자를 도와야 할 여자가 자기의 위치를 떠나 사탄과 함께 하여 선악과를 먹어버렸다. 그래서 鬼가 되었다. 부끄러운 일이다. 그래서 媿(女+由+儿+厶)다. 好와 媿가 약속이나 한 듯이 반대의 대구를 이룬다. 그 由은 여자와(儿) 함께 인간의 삶과 죽음에 관한 이야기(云)를 했다. 그래서 魂(云+鬼)이고, 에덴동산(广)의 중앙에 있는 나무(木)와 귀신(鬼)과 관련되었기에 魔(广+林+鬼)다. 마귀 마자다. 동산 중앙에 있는 생명나무와 선악나무의 열매를 먹는 것을 금지하셨다. 물론 처음부터 생명과를 금지하신 것은 아니다. 처음에는 선악과만 금지하였지만 선악과를 먹은 후 생명과도 금지하셨다. 그것이 바로 禁(林+示)이다. 누가 금지하였는가? 桓字는 하나님이(示) 금지하였다고 성경을 뒷받침하여 증거하고 있다. 파자하면 나무가 두 개 있는데 하나는 선악나무(木)요, 다른 하나는 생명나무고(林) 하나님(示)이시다. 선악과를 먹은 후 생명나무로 나아가 생명나무의 열매까지 먹고 영생할까 염려하여 생명나무로 나가는 길을 화염검으로 막으시고 에덴동산에서 그들을 쫓아냈다고 기록하고 있다. 그래서 禁이다. 막으신 분이 누구인가? 하나님이시다. 왜 막으셨을까? 죄 된 몸으로 영생하여 사탄과 함께하는 귀신이 될까 막으신 것이다. 사탄이 막은 게 아니다. 그

것이 바로 인류의 **歷史**인 것이다. 파해보면

역(**歷= 厂+丿+林+止**)이라 함은 에덴동산(厂)에서 생명 있는(丿) 두 번째 나무(林)에 나아가는 것을 막으신(止) **史** 두 사람(口口+人), 또는 죄, 올가미에 걸린 罒 사람(人)의 이야기라고 환문은 역사를 정의하고 있다. 이보다 더 정확히 역사에 대해 정의하고 있는 것은 세상에 없다. 인류의 역사는 환문인 歷史가 정의하고 있듯 생명나무로 나아가는 길을 막으신 두 사람의 이야기요, 생명나무로 나아가는 길을 열기 위한 하나님의 절대 불변의 목적이 있기에, 역사는 그 목적 성취를 위해 끊임없이 반복하는 것이고, 선악의 죄를 담당하기 위해 십자가의 고난의 길을 가셨던 것이다.

여자는 由과 인간의 생과 사에 관해 얘기하였다. 그것이 인간의 혼에 관한 문제이기에 **魂**이요, 죽지 않는다는 由의 말에 하나님이 금지한(**禁**) 열매를 여자가 바라보았다. 그것이 "우러러보았다"라는 음**僸**(**人+禁**)이다. 파자하면 하나님이 금지한 나무(禁)와 인간(人)이 함께 있는 것을 형상화한 문자이다. 여자가 보매 탐스러웠다. 그래서 탐할 탐**婪**(**林+女**)이다. 금지한 나무에 가까이 가서 손으로 나무를 만지었다. 그래서 문지를 마 **摩**(**广+林+手**)이다. 파자하면 앞서 말했듯이 에덴동산을 나타내는 广에, 중앙에 있는 두 번째 나무, 그리고 손(手)이다. 선악을 알게 하는 나무의 열매를 여자가 오른손으로 붙잡아 땄다. 그것이 붙잡을 나 **拏**(**女+又+手**)이다. 파자하면 여자(女)가 오른(又) 손(手)으로 붙잡은 것을 형상화한 것이다. 성경에서는 오른손, 왼

손 구분은 없다. 그러나 환문은 오른쪽(又)이라고 분명히 각인하였다. 얼마나 놀라운 사실인가? 황제가 창힐에게 명하였고 창힐은 새 발자국을 보고 환문을 만들었다는 것이 얼마나 명명백백한 역사왜곡임을 밝혀주는 일례이고 필자가 漢字가 아니라 桓字라 강력히 주장하는 이유이다. 대부분의 사람들이 성경과 환자가 무슨 상관이 있으며 우연의 일치라고 말할 수도 있겠지만 이렇게 창세기의 타락 사건들을 하나하나 오류 없이 정확히 각인하여 증거하고 있는데 도저히 그렇게 말할 수는 없는 것이다. 그뿐인가? 果는 나무에 열린 과일을 형상화하였다. 선악을 알게 하는 나무의 과일을 먹은 그들은 눈이 밝아져 자신들이 벌거벗음을 알았기에 벗을 나 裸(衤+果), 벌거벗을 나 躶(身+果), 알몸 나 倮(人+果)다. 성경은 선악과를 먹고 눈이 밝아져 그들이 벌거벗은 줄 알고 무화과 나뭇잎으로 치마를 만들어 그곳을 가렸다고 분명히 기록하고 있다. 벌거벗은 것이 나무의 과일(果)과 몸인 **身**과, 옷인 衤와 무슨 관계가 있단 말인가? 그것도 변명할까 봐 핑계 대지 말라고. 하나도 아닌 **裸**와 **躶**에 이어 정녕코 아니라고 또 다른 **倮**를 더해 세 개를 정확히 심어 놓으셨다. 왜 그랬을까? 성경 없이는 풀 수 없는, 환문 없이는 증명을 할 수 없는, 그리고 언어의 공통된 보편, 타당성을 보더라도 만들어낸 허구가 아니라 실제 있었던 일이라고 하나님이 묻고 있는 것이다. 세상의 어느 종교가, 세상의 어느 문자가 이렇게 확실한 인과를 가지고 있단 말인가? 창조주 하나님 외에는 하실 분이 없으며 "그 된 일로 도무지 핑계대지 말라"라고 환문과 성경이 동일하게 증거하고 있는 것이다.

❖ 환문 풀이

案 : 책상 안, 안 건: 宀(집 면=에덴동산)+女+木

에덴동산에서(宀) 여자(女)와 선악나무(木)와 관련된 사건을 형상화함.

示 : 보일 시, 제단(祭 고인돌) 위의 예물을 보시는 이 또는 에덴동산에서 지켜보시는 이, 하나님을 형상화함.

果 : 木+田 : 나무에서 열리는 열매, 선악과를 형상화함.

禁 : 금할 금, 계율, 금령(林+示 : 하나님께서 선악나무의 열매를 금하셨는데 인류가 그것을 먹은 후 영생할까 염려하여 두 번째 나무인 생명나무로 나아가는 것을 또한 금한(止) 것을 형상화 함.

丿 : 삐침 별

생명을 형상화함(예 : 尸와 戶, 血).

血 : 우리의 몸에(口)에 성령을(儿)을 담고 있는 피에 생명(丿)있는 것을 형상화함.

甶 : 귀신 머리 불: 田(에덴동산, 선악과,)+丿(생명)

에덴동산에 생명이 있는 것으로 뱀, 또는 선악 나무의 열매인 果의 田에 생명 있는 것 곧 사탄, 마귀를 형상화함.

불이라 읽는데 바알이라고 성경에서는 기록하고 있고, 음성학적으로 동일 발음이라 할 수 있다.

厶 : 나 또는 함께 근접함.

儿 : 어진 사람인, 다시 난 이.

하나님의 성령을 형상화한 것으로 생기를 불어 탄생한 인류를 형상화함.

鬼 : (丿+田+儿+ 厶). 귀신귀 :甶+ 儿(어질 사람인) + 厶(나)

에덴동산(田)에서 또는 선악과(田)에 생명이 있는 것(丿), 즉 사탄(甶)이 인간(儿)에게 다가가 인류가 사탄의 종이 된 것을 귀라 형상화함. 또는 인간(儿, 厶)이 사탄과 함께 함을 형상화한 것으로 인간이 하나님과 함께 하여야지 사탄과 함께하여 鬼로 타락한 모습을 형상화함.

祝 : 鬼의 반대어 하나님(示)과 인류(口, 儿)가 동행함

媿 : 부끄러울 괴(女+鬼) 하나님과 아담 옆에 있어야 할 여자가 사탄과 같이 있어 귀신 됨에 부끄럽다.

好 : 媿의 반대어. 남자와 여자가 함께 있어 좋다는 것을 형상화

魔 : 마귀 마, 악마 广+林+鬼 : 집+선악나무+생명나무+ 귀신 : 에덴동산에 선악나무와 생명나무와 귀신이 함께한 마귀를 형상화.

魂 : 넋 혼 (云 :말하다. 이르다+鬼 :귀신) 생명, 선악과를 먹으면 죽는지, 죽지 않는지에 대해 인간이 사탄과 함께 인간 영혼의 생사에 관해 사탄과 얘기(云) 함을 형상화함.

僸 : 우러를 음 (禁지한 것을 인간이 쳐다보다)

婪 : 탐할 람 (林+女: 여자가 나무를 탐냈다)

摩 : 문지를 마 접근하다(广+林+手). 닿다.

에덴동산(广)에서 금지한 선악나무에(林) 손(手)을 대다.

拏 : 붙잡을 나.(女+手+又) 여자가(女) 오른손으로(又+手) 열매를 붙잡다.

又 : 또 우 : 또, 다시, 동시에, 오른손, 거듭하다, 용서하다

始 : 비로소 시 처음,(女+口 +厶: 비로소 여자가 선악과를 입에(口) 넣던 타락의 첫날을 형상화함

躶, 裸, 倮……… : 벗을 나. 벗다(身, 衤(옷)+果, 선악과(果)를 먹고 눈이 밝아져 몸(身)이 벗은 줄 알게 되어 옷(衤)이 필요한 줄 알고 무화과 나뭇잎으로 가린 최초의 사건

衤 : 옷 의

媿(부끄럽다) : 에덴동산(田)에서 생명 있는(ノ) 사탄에게(由=田+ノ), 또는 선악을 알게 하는 나무(木)의 선악과(果), 열매(田)에 생명 있는 사탄(由)에게 인류가(儿, 厶)다가 귀신이 된 여자(女)는 부끄럽다는 뜻을 형상화 한 것이다. 자신의 위치가 하나님 또는 아담과 함께 있어야 하는데 사탄과 함께 함에 귀신 된 여자를 형상화함. 媿의 반대어는 好, 祝, 匹, 配…… 등으로 아담 또는 하나님과 함께 있는 것을 형상화 한 것과 대비된다 하겠다. 자신의 처소를 떠나 버린 여자, 그것을 성경에서는 타락이라 하였고 부끄럽다 하여 媿라는 글자에 그대로 각인시켜 놓았고 약속이나 한 듯 요한계시록에서는 이를 간음한 음녀라고 표현하였다. 하나님 외에 다른 신과 교류하는 것을 영적 간음이라 한 것이다. 10계명 중 제1, 2조이기도 하고 질투하는 하나님이라고까지 말씀하심은 우리를 그렇게까지 사랑한다는 반증이기도 하며 더하여 우리 모두를 다 그분의 신부라고 기록하고 있다.

罪 : 허물 죄, 罒 (그물 망)+非 (아닐 비) 선악과를 먹지 말라는 그물에 걸린 것을 형상화

"내 살을 먹고 내 피를 마시는 사람은 영원한 생명을 얻었고, 내가 마지막 날에 그를 다시 살리리니(요 6장 54절)

선악을 알게 하는 나무의 열매는 먹지 말라 네가 먹는 날에는 반드시 죽으리라 하시니라(창세기 2장 17절)

예수께서 가라사대 나는 부활이요 생명이니 나를 믿는 자는 죽어도 살겠고 무릇 살아서 나를 믿는 자는 영원히 죽지 아니하리니 이것을 네가 믿느냐(요 11장 25절~26절)

그것들에게 절하지 말며 그것들을 섬기지 말라
나 여호와 너의 하나님은 질투하는 하나님인즉 나를 미워하는 자의 죄를 갚되 아비로부터 아들에게로 삼사 대까지 이르게 하거니와(출 20장 3절~6절)

11. 인류 최초의 재판과 약속

나(我)

(선악과 먹고)
죽을 수밖에 없었던 나(我)

죽을 수만은 없어
창 들 수밖에 없었던 나(我=手+戈)

눈물 머금고
당신 죽여(犧,=牛+羊+戈)

살려 달라 애원하며(祭, 拜=手+羊, 祈, 禱)

죄인임을
애처로이
고백하던 그날

어린 양(羊) 붉은 피로
검은 죄악 맑게 씻어

곱다 鮮
선하다 善
의롭다 義
아름답다 美

신비롭다 祥
마름질한 두루마리 예복 입다 韓
천국 축복(祝福) 받았으니

그 이름 어린 양 예수 그리스도.

아(我)와 피아(彼我)

나는 아이(I)
뜻이 없는 나와 아이(I)

나는 아(我)
뜻이 있는 아(我)와 彼我

손에 창 들고 뭐 했니?(手+戈=我)

양 죽였지

양 죽여서
십자가에 매달아

祭天하고 禮拜하고 祈禱한 후 그 피로 날 씻었지(手+羊)

뭐라 시던?

義롭데(羊+我)
아름답데(美=羊+人)
착해서(善=羊+口)

곱디. 고아 朝鮮이요(魚+羊)
눈부신 두루마기 곱게 차려입어 韓이래(日+韋)

누가?

밝고 환하신 하나님(桓因)
성자 鄭 도령이 (鄭=酉+大+人+阝)

나는 아이(I)
뜻이 없는 나와 아이(I)

나는 아(我)와 피아(彼我)
뜻이 있는 아(我)와 彼我

我는 소 울음소리 듣고
피 흘리며 祭天했던 환하신 환웅 아벨
彼我는 소 울음소리 아니 듣고
피 흘림 없이 곡식으로 祭天했던 카인

너 자신을 알라던 사람이
犧생의 소 울음소리 들었을까? (犧=牛+羊+秀+戈)

我와 彼我의 대립이라던 선각자가
환자에서까지 심어놓은
犧생의 양 울음소리 들었을까?

朝鮮과 三韓의 국호에조차
두루마기 곱게 차려입고

창세기 사건 고이 담아
여자의 후손 기다리라는祝福의 말씀을 새겨놓곤
아들이 장성하여

歷史가 도대체 무엇이며
이 어찌 된 일 이뇨! 라 아니 물을 수 없도록

도무지 핑계 댈 수 없는 흔적 남겨 놓았으니
그 은총 말로 다 다함없어 가슴 메어라!

앞서 한 성인은 "너 자신을 알라?, 내가 알고 있는 것은 내가 아무것도 모른다는 것을 알고 있다는 사실이다."라고 말하였고 또 다른 성인은 "현세의 일을 다 모르는데 내세의 일을 알아 무엇 하겠냐!"라고 반문하였다고 했다. 깨달은 자 역시 자연이 순환하고, 우주가 순환하기에 인생도 거듭되는 윤회의 법칙 속에 있고, 죽음 역시 생로병사의 반복적인 자연의 한 부분으로 윤회하나 득도하여 해탈하면 극락 한다고 하였으나 이 역시 증명할 수 없는 사실이고, 왜 그런 것인지에 대한 이유와 원인에 대해서도 말이 없다. 아마도 그럴 것이라는 추측 정도일 뿐이다. 어쩌면 피조물인 인류가 창조자이신 창조주를 모르고서는 도저히 답할 수 없는 이유이기에 당연한 것이다. 세상의 어느 성인이, 어느 철학자가 인생에 대해, 세상의 어느 과학자가, 세상에 어느 역사학자가 인생과 역사에 대해 정확히 답하였는가? 없다. 답이라고는 "혹시나"하고 여기저기서 뜯어 붙인 진화론이니 구석기니, 신석기니, 실증사학이니 ……하는 엉터리 가짜 이론들뿐이다. 그러나 성경은 인류가 왜 창조되었는지? 내가 누구인지? 인생이 왜 고통(苦)인지?, 왜 죽게 되었는지?, 죽으면 어떻게 되는지? 역사는 무엇이며, 역사의 시작은 언제였으며, 역사의 종말은 언제인지? 정확히 보여주고 있고 예언되어 있고, 그 예언이 한 치의 착오 없이 정확히 그 말씀에 따라 성취되어 왔다. 거기에 환자는 증거품이라도 된 듯 정확히 더하여 증명하고 있다. 시인은 나(我)라는 시에서 나의 정체성을 밝히고 있다. 내가 누구인지? 내가 왜 죽어야 하며, 내가 왜 창을 들고 서있어야 하는지, 나의 정체성을 정확히 밝히고 있다. 나는 **我**이다. 파자하면 손 **手**과 창 **戈**이다. 왜 내가 손에 창을 들어야 하는가? 성경은 그 이유를 이렇게 말하고 있다.

아담과 하와가 그날 바람이 불 때 동산에 거니시는 여호와 하나님의 소리를 듣고 선악과를 먹은 두려움에 여호와 하나님의 낯을 피하여 동산 나무에 숨었다. 여호와 하나님이 아담을 부르시며 그에게 물었다.

"아담아, 아담아 네가 어디 있느냐."

來 오다, 부르다. 의미의 환자이다. 파자하면 木 +人人으로써 "나무에 숨은 두 사람을 부르다."의 의미다. 왜 하필 두 사람이며, 나무인가? 환문은 아담과 하와 두 사람을 불렀고, 바위가 아닌 나무에 숨었다고 성경과 일치하여 정확히 각인하여 나타내고 있다. 아담이 어디에 있는지 몰라서 물은 것이 아니다. 네가 선악과를 먹고 지금 어떠한 상태가 되었는지, 아담의 정체에 대한 신분의 위치를 묻는 것이다. 다시 말해 **祝**이 아닌 **鬼**가 된 상황을 묻는 것이

라고 환자는 더 정확히 설명하고 있다. 선악과를 먹은 후 부끄러움을 알은 것 같이, 악이 그들의 몸을 지배하여 하나님이 자신을 부르는 소리에 아담은 "선악과를 먹었다"라고 솔직하게 말하지 않고 거짓말 같은 핑계 댄다. 인류 최초의 양심선언이지만 핑계로 자신의 허물을 감추려는 죄의 속성이요, 죄의 종(從)이 되었다는 예를 보여준다 하겠다.

"내가 동산에서 하나님의 소리를 듣고 내가 벗었으므로 두려워하여 숨었나이다."

躲 몸을 감춘다. 피하다. 라는 감출 타이다. 파자하면 乃+身+木이고 풀이하면 "이에(乃) 나무에 (木) 몸(身)을 숨기다."라는 뜻을 형상화하였다. 바위도 있고 동굴도 있고 숨을 곳이 많았을 턴데 왜 하필 나무였을까? 우연의 일치인가? 성경과 환문은 나무에 숨었다고 한 치의 착오도 없이 **來**와 **躲**에서 정확히 가리키고 있다.

이르시되

"누가 너의 벗었음을 네게 알렸느냐? 내가 먹지 말라 명한 그 나무의 열매를 먹었느냐?
"하나님이 주셔서 나와 함께 있게 하신 여자 그가 그 나무 열매를 내게 주므로 내가 먹었나이다."

라고 아담이 대답함에 하나님은 여자에게 어찌하여 그렇게 하였느냐고 묻는다.

"뱀이 나를 꾀므로 내가 먹었나이다."

라고 답한다.

唊 망령되이 말이 많다. 파자하면 大+人人+口 "큰 어르신인(大) 하나님께 두 사람이(人人) 망령되이 말이(口) 많다"라는 뜻이다. 그것도 정확히 두 사람이라고 가리키고 있고, 두 사람 모두 앞서 말했듯이 핑계와 책임을 전가하는 타락한 악의 실체를 그대로 보여준다. 물론 그의 자녀 카인은 아우인 아벨을 죽이고 거기에 거짓말까지 하는 대범함을 보이는데, 선악과를 먹은 죄의 속성이라 아니할 수 없겠고, 그런 까닭에 하나님은 그들에게 생명나무로 나가는 길을 막으신 것이다. 하나님이 **"먹지 말라"** 한 것에 죄를 지었으면 "살려주십시오. 잘못했습니다. 용서하여 주옵소서. 죄인입니다."라고 말해야지 여자 때문에, 뱀 때문에 운운 ……. 하는 것은 죄를 감추려는 죄의 속성이요, 오늘날 우리 인간의 참 모습이기도 하다. 하나님이 그 사실을 몰라서 그들에게 물어본 것이 아니다. 뱀에게는 이유를 물어보지도 않으시고 바로 판결하신다. 인류에게 물어보심은 그래도 변론의 여지가 있지만 뱀에게는 변론의 이유도 주지 않으신다. 죄의 삶은 사망이요 죽음 뒤에는 반드시 심판이 있다고 기록하고 있다. 그 심판 날에는 변론의 이유도 없다는 중요한 대목이고 무심코 넘어갈 일이 절대로 아님을 밝히는 구절이라 하겠다. 하나님은 선악 나무와 관련된 두 사람의 이야기를 들으시고 판결을 하신다. 인류 최초의 재판이다. 뱀에게는 모든 가축과 들의 모든 짐승보다 더욱 저주를 받아, 배로 다니고 살아 있는 동안 흙을 먹을 것이라고 말씀하신다. 여기서 "더욱"이

라는 말뜻에는 이미 저주를 받았다는 의미이다. 그 의미는 이사야서에서 자세히 기록하고 있다. 그리고 성경의 주제라고 할 인류 구원에 관한 중요하고도 중요한 말씀을 하신다.

> **"너로 여자와 원수 되게 하고 네 후손도 여자의 후손과 원수가 되게 하리니 여자의 후손은 네 머리를 상하게 할 것이요 너는 그의 발꿈치를 상하게 할 것이니라."(창 3장 15절)**

문맥상 보면 당연히 뱀은 땅에 기는 것이고, 사람은 여자가 낳는 것이고, 뱀이 땅에 기니 사람의 다리를 무는 것이 당연한 것이지만 ……, 그러나 여기서 여자는 그리스도를 낳은 이스라엘을 말하는 것이고, 여자의 후손은 그리스도인 예수님을 말하는 것이고, 발꿈치를 상하게 한다는 말은 예수를 십자가에 못 박게 한다는 것이지만, 뱀의 머리를 상하게 한다 함은 선악과를 먹고 죽게 된 아담과 하와를 사탄의 권세인 사망의 권세에서 이기고 부활하여 인류를 구원한다는 십자가 사역의 예언을 비사로 말씀하신 것이다. 요한 계시록 12장에는 이에 관한 성취된 예언이 구체적으로 기록되어 있고, 성취될 미래의 일 또한 예언되어 있다. 주후 2,000년 전, 창조 6,000년 전에 이미 4,000년 후인 십자가의 사건을 계획하시었고, 여자의 후손, 다시 말해 그리스도를 보낸다는 예언을 구약에서 500회 이상에 거쳐 예언을 하시었고, 한 치의 착오도 없이 정확히 성취된 역사의 결과물이다. 이렇게 역사에 대한 하나님의 목적이 명확하게 예언이 되어 있고, 그 목적을 달성하기 위해 끊임없이 인류의 역사가 반복됨에 인류와 함께한 발자취인데, 어떻게 "아마도 신은 없을 것"이라고 말할 수 있단 말인가? 이러한 예언의 말씀은 환문을 사용하는 환웅 서자의 아들, 단군 朝鮮과 三韓과 부족국가의 제천의 예배 문화 속에 그대로 녹아있고, 그 예언의 말씀이 하나도 틀림없이 그대로 성취되었는데 이를 보고 어떻게 없다고 핑계 댈 수 있단 말인가? 어느 종교의 창시자가 이렇게 절대 불변의 목적 달성을 위한 수많은 예언 속에서 탄생하였는가? 석가도, 마호메트도, 알라도, 그 어느 누구도 인류 역사상 없다. 예수님의 십자가 사역 전까지 이것이 뭔 뜻이지 아무도 몰랐다. 사탄조차도 몰랐다. 그러기에 십자가에서 내려와 보라고 조롱까지 하였으며 **"저들이 무슨 일을 하는지 모르오니 용서해 달라"** 라고 예수님은 하나님께 눈물로 기도하셨다. 왜 그래야만 했을까? 왜 그 고통의 짐을 홀로 지셔야만 했을까? 에덴동산에서 **"선악과를 먹으면 반드시 죽는다."**라고 아담에게 말씀하신 것을 뱀이 듣고 인류를 유혹하여 타락시켰던 것을 보셨기에, 다시는 사탄에게 인류가 멸망당하는 것을 지켜볼 수 없었기에 인류 구원에 관한 그 사역을 철저히 비밀에 부치시고 십자가의 길을 홀로 가시어야만 했던 것이다. 이것을 깨달은 사도 바울은 이렇게 통한의 고백을 했던 것이다.

> **"이 지혜는 이 세대의 통치자들이 한 사람도 알지 못하였나니 만일 알았더라면 영광의 주를 십자가에 못 박지 아니하였으리라." (고전 2장 8절)**

모 종교에서는 이 구절을 이용하여 예수는 십자가에서 죽으러 이 세상에 온 것이 아니라고 말하는데 성경을 몰라도 너무 모르고 하는 말이다. 만약에 십자가에서 죽지 아니하였다면 어떻게 되었을까? 죽지 아니하였으면 부활도 없었다. 죄의 삯은 사망이라 하였다. 부활이 없다 함은 우리 인류가 지은 죄에 대해 죄의 값을 지불할 수 없기에 영원히 사망의 권세 아래 종노릇하는 죽을 수밖에 없는 존재라는 뜻이고, 사도바울 역시 우리의 믿음이 헛된 것이라 분명히 기록하고 있다. 그러나 그분은 창세기의 예언의 말씀에 따라 한 치의 착오 없이 성경을 완성하시기 위해 인류가 지은 죄에 대해 십자가에서 우리의 모든 죄를 대속하시고, 사망을 멸하시고 부활 승천하시었다. 만약 예수가 십자가에서 죽지 않았다면 창세기의 예언과 시편, 이사야의 수많은 성경의 예언이 모두 부질없는 것이고 환문 역시 아무 의미가 없는 것이다. 그러나 예수님은 "**한 권의 성경을 이루기 위해 십자가의 길을 가야 한다.**"라고 분명히 말씀하셨고 사도 바울의 이러한 통한의 고백은 철저히 비밀에 부쳐 십자가를 홀로 질 수밖에 없었던 인류 구원을 위한 값을 길 없는 한없는 인류 사랑에 대한 은혜를 몰랐던 인류의 어리석음에 대한 회한의 눈물이요, 그런 역사에 대해 고마움을 잊지 말고 믿어 반드시 구원받으라는 눈물 섞인 역설의 고백인 것이다. 이것을 깨달은 시인은 이러한 눈물 어린 하나님의 역사를 말로 다 표현할 수 없어 이렇게 노래하고 있는 것이다.

歷史가 도대체 무엇이며/ 이 어찌 된 일 이뇨! 라 아니 물을 수 없도록/ 도무지 핑계 댈 수 없는 흔적 남겨 놓았으니 / 그 은총 말로 다 다함없어 눈물겨워라!

울 아베 가죽 옷 입혀/ 에덴동산 쫓아낼 때
여자의 후손을 기다리라며/ 역사를 시작하시고

생명나무 형틀 지고/ 십자가 그늘 아래 철철철 피 흘리며/
역사를 나누심이/ 최후의 죽음 결코 끝이 아니기에/
죽어서 조차 사랑할 수밖에 없는/ 말로 다 다함없는 부활의
환희였음을/ 난 정말 몰랐어요!

역사를 나누신 분이 누구신가? 로마 교황청인가? 사탄인가? **歷史, 생명나무로 나아가는 길을 막으신 두 사람의 이야기다.** 생명나무로 나아가는 길을 막으신 분이 하나님이시기에, 여시는 분도 하나님 한 분밖에 없다. 사탄이 할 수 있는 것이 아니라, 우리 인류가 할 수 있는 것이 아니다. 그러기에 그분은 창세기의 예언인 원 복음의 말씀에 따라 생명나무로 나아가는 길을 열어 주시기 위해, 이 땅에 오셨고 십자가 제천의 예배를 통해 역사를 나누신 것이다. 그것이 B. C와 A. D라는 것이다. B. C는 생명나무로 나가는 길을 막으신 길을 여시기 위해 여자의 후손인 구세주를 보내기 위한 역사 노정이라면 A. D는 인류의 모든 죗값을 사탄에게 지불하고, 생명나무로 나가는 길을 여신 인류 구원의 대 역사인 것이다. 다시 말해 나의 생과 사에 관련한 중요한 일이기에 역사를 그렇게 나눈 것이다. 인류 역사상 이렇게 중요한 일이 어디에 있었던가? 그렇게 역사는 절대불변의 목적이 있는 것이고, 그 목적을 달성하기 위해 반복되는 것이고, 선악의 죄를 대속하기 위해 고난인 것이고, 시작이 이었으니 반드시 종말이 있는 것이다. 실증사학이니, 유물사관이니, 진화론이니……. 하는 사람들아! 거짓말 그만 해라! 그러한 유치한 거짓말로는 역사를 설명할 수도 없고, 역사를 이해할 수도 없는 것이다. 헤로도토스가, 사마천이 이 사실을 알았을까? 그래도 우리 민족의 신채호 선각자는 我아 彼我의 투쟁이라 하였고,

함석헌 옹은 고난의 역사 속에 하나님의 뜻이 임을 어렴풋이 알았으며, 우리 선조는 **歷史**라는 환문 문자 속에 역사가 생명나무와 관련된 것이라고, 정확히 정의하였고, 마지막 날 하나님의 아들이 나타나 풀기를 고대하였으니, 이 얼마나 축복받은 민족이며 이 얼마나 놀라운 일이 아니겠는가?

또 여자에게는 출산의 고통을 더해 수고하고 자식을 낳을 것이며, 남편을 원하고, 남편은 여자를 다스릴 것이라고 하시고, 남자에게는 땅의 저주를 받아 땅이 가시덤불과 엉겅퀴를 내어 평생 수고하고 얼굴에 땀을 흘려야 그 소산을 먹을 것이며, 흙으로 지음 받았으니 흙으로 돌아갈 것이라 판결하신다. 출산 때 고통이 없었던 것은 아니다. 그러나 고통을 더한다고 그랬다. 가축이 출산할 때 인간이 출산하는 고통과 비교가 되는지? 모두 다 그러한 성경의 사건들을 뒷받침하는 간접 증거라 하겠다.

女 "머리를 숙인 여자를 형상화한 것으로 섬기다"라는 의미도 있다. 하와는 아담을 돕는 자로 아담보다 우월하게 창조하였지만(**配**, **匹**) 다스림을 받고 남자를 섬겨야 하는 존재로 전락하였다. 남아 선호사상과 남존 여비의 사상이 모두 이러한 성경 사건에서 비롯된 것이고 奴, 努, 姦, 安, 案 하는 문자들이 모두 여기에서 파생한 문자라 하겠다. **男** 남자를 형상화한 것으로 파자하면 田+力로 밭에 힘을 들여야 그 소산을 먹을 수 있는 존재가 되었다. 아담은 에덴동산을 경작하고 다스리며 지키는 자로 창조되었지만 땅의 저주로 인해 땅이 가시덤불과

엉겅퀴를 냄에 밭을 갈고, 김을 매서 얼굴에 땀을 흘려 일을 해야 그 소산을 먹을 수 있는 존재로 전락하게 되었다. 라고 환문은 男, 女의 문자 속에 남자와 여자의 정체성을 한 치의 오차 없이 성경에 입각하여 그대로 형상화하고 있는 것이다.

檢 검사할 검이다. 뭘 검사한다는 것일까? 파자하면 木 +亠+口口 +人人다. 나무와 두 사람과 관련 있는 듯한데, 해석하면 "선악나무(木)와 땅에(一) 있는 두 사람(人人+口口)의 범죄 행위를 에덴동산(亠)에서 추궁한 인류 최초의 검사"라 정의하고 있다. 성경이 이니고서야 창세기의 선악과 사건이 아니고서는, 풀 수 없는 桓字이다. 그렇지 아니하다면 어디 검사한다는 '**檢**'자에서 나무와 그리고 한 사람도 아닌 두 사람이 무슨 관련이 있다고 합쳐서 검사할 '**檢**' 검이라고 하였겠는가? 우연이라고 말하기에는 너무나 정확한 사안이라 아니 말할 수 없겠다. **安, 案**……. 모두 에덴동산(亠)에서 여자(女)와 선악나무(木)와 관련된 단어들이다.

12. 인류 최초의 살생과 예배

또한 인류에게 선악을 아는 일에 하나님과 같이 되었으니 그가 그의 손을 들어(拏) 생명나무 열매도 따먹고 영생할 것을 염려하여

1) 가죽 옷을 지어 입히시고(韓) 에덴동산에서 쫓아내시고
2) 땅을 갈아 땀을 흘려야 그 소산을 먹을 수 있도록 수고의 고통을 더하시고(男)
3) 에덴동산 동쪽에 그룹들과 두루 도는 불 칼을 두어 생명나무의 길을 지키므로(困, 棘) 인류는 영원히 생명나무로 나갈 수 없게 되고, 생명과를 먹을 수 없음으로써 영생할 수 없게 되어 죽게 된다.(歷史)

이것이 선악나무와 생명나무에 대한 두 사람의 역사와 판결 이야기이며, 인류 역사의 시작인 것이다. 선악과를 먹은 인류는 부끄러움을 알게 되어 무화과 나뭇잎으로 치마 삼아 그곳을 가렸지만 하나님은 단순히 그들에게 가죽 옷을 입혀 주시고 에덴동산에서 쫓아내었다. 라고만 기록하고 있다. **이것이 바로 기독교의 정체이고 우리 민족의 조선과 부족국가에서 말하는 제천 예배의 정체이다.** 카인과 아벨에서 자세히 다루겠지만 가죽 옷을 입혔다. 함은 가축 중에 누군가가 죽었다는 말이다. 하나님은 전지전능자이시고 절대자이시기에 그분의 말씀 또한 오류가 있어서는

아니 된다. 까닭에 선악과를 먹은 그들은 반드시 죽어야 하는데 하나님은 당신의 성령을 담고 손수 빚으신, "**보시기에 좋았다.**" 하심도 부족하여 사랑의 총체적 결정체로 낳으신 인류를 보고 "**심히 좋았다**"함의 기쁨의 극치를 표현하시매 총체적 사랑체인 사랑하는 자녀를 도저히 죽일 수 없었다. 그것이 인류에 대한 하나님의 절대 사랑인 것이다. 말씀의 절대성 위해 대속 물로 양과 소를 죽이게 했다. 죄 없는 양과 소가 인류를 대신해서 죽었다. 그것을 우리는 **犧牲**(희생)이라 부른다.

파자하면 **牛+羊+戈+秀**이다. 풀이하면 죄 없고 정결한(秀) 양(羊)과 소(牛)를 창(戈)으로 내가 죽여 나 대신 희생하였다는 뜻이다.

그래서 **犧** 희생 희, **牲** 희생 생이다. 언어적 정의로는 천지 종묘(天地宗廟) 제사(祭祀) 때 제물로 바치는 산 짐승을 일컫는 말로,

① 犧(희)는 색이 순수(純粹)한 것, 牲(생)은 길함을 얻지 못해 죽이는 것
② 어떤 사물(事物), 사람을 위(爲)해서 자기(自己) 몸을 돌보지 않고 자신의 목숨, 재산, 명예 따위를 바치거나 버림이라고 정의하고 있는데

이는 창세기의 내용과 예수 그리스도의 십자가의 희생을 이해하여야만 정확히 깨달을 수 있는 단어라 하겠고, 창세기의 내용이 인류가 겪은 실제 사건이기에 그 사건에 따라 인류가 공통으로 경험한 사안에

대해 언어와 문자가 가지는 특성에 따라 창제된 것임을 증명한다고 하겠다. 그뿐이 아니다. 나는 누구인가? 환자로 나는 '**我**'다. 파자하면 手+戈 다. 내가 왜 손에 창을 들어야 하나? 원시시대 사냥하는 원시인을 형상화하였을까? 아니다. 그 이상의 의미가 있다. 선악과를 먹고 선악을 알게 된 아담과 하와는 **鬼**가 되어 반드시 죽어야 했다. 그러나 하나님은 그들을 죽일 수 없어 그들에게 창(戈)을 들게 하고 죄 없는 양과 소를 대속의 제물로 희생시킨다. 그래서 '**我**'다. 나의 정체성이다. "너 자신을 알라?"라고 말한 성인은 환자에서 정의하는 我의 정체성을 알지 못하였을 것이다. 그러나 환자는 나의 정체성을 성경과 한 치의 상이 없이 정확히 정의하고 있다. 그리고 희생의 제물로 제천의 禮拜와 기도를 드리게 하여 죄를 용서하시고, 가죽 옷을 입혀주시고 **義, 善, 美, 鮮, 韓**이라 여기면서 여자의 후손, 곧 그리스도를 기다리라는 복음의 말씀을 간직하라(福)며 에덴동산에서 쫓아내신다. 공통어는 '**羊**'이다. 양은 그리스도를 상징한다. 양의 犧牲의 예배(拜) 없이는 의롭고(義), 착하고(善), 아름답고(美), 곱고(鮮), 그의 가죽 옷을(韋) 입지 않고는 환하고(韓), 깨끗하지 않아 정결하지 않다는 증거의 문자들이 수두룩함은 변명하지 말라고, 정녕코 우연히 만들어질 수 없다는 반증인 것이다.

죽을 수밖에 없었던 나(我)/ 죽을 수만은 없어/ 창 들 수밖에 없었던 나(我=手+戈)/ 눈물 머금고/ 당신 죽여(犧,=牛+羊+戈)
살려 달라 애원하며(祭, 拜=手+羊, 祈, 禱)

라고 나의 정체를 깨달은 시인은 눈물로 하소연하는 것이다.

벌거벗음(裸, 倮, 躶)을 알게 된 그들은 무화과 나뭇잎으로 하체를 가렸지만 그것으로 그들의 허물을 벗을 수 있는 것이 아니었다. 하나님은 말씀으로 천지를 창조하셨듯이 하나님의 말씀은 곧 자연의 순리이고 법이다. 전지전능하신 그분께서 말씀을 번복하심은 창조의 전능성을 부정하는 것이다. 악은 자율성을 주었던 천사 장, 루시퍼의 타락의 부산물이기에 악에 관여하심 역시 악에 대한 창조성을 부여하는 것이고, 악에 대한 심판의 권리를 상실하는 것이기에 전능하신 하나님으로서는 창조의 완벽성을 스스로 부정하는 까닭에, 그리고 인류의 자율성에 대한 책임의 완전성을 위해 선악과를 먹는 다시 말해 사탄의 말에 따르는 자율성에 관여를 하지 않는 이유이기도 하지만 "**먹으면 반드시 죽는다.**"라고 말씀하신 말씀의 완전성을 위해 하나님은 아담과 하와를 반드시 죽여야만 했는데, 사랑이신 하나님의 총체적 산물인 그들을 죽일 수 없었다. 죄의 값을 반드시 지불하긴 하여야 하는데 차선책을 선택하신 것이 여자의 후손 곧 당신께서 친히 십자가 사역을 통해 죄의 값을 지불할 것을 계획하시고 그 예표로 죄에 대한 보상의 희생물로 양과 소를 선택하신 것이다. 그것을 희생 곧 **犧牲**이라는 환자 유전자 속에 성경 말씀을 그대로 담고 있는 것이다. <u>희생이란 나 대신 나의 죄를 위해 죽는 것,</u> 그것이 희생에 대한 정의이다. 그 희생의 사랑을 알았던 시인은 그러한 하나님의 사랑을

"혼 불어 생령 심은(西)/ 가없는 사랑 다함/ 말로 다 다함없어 눈물겨워라!"/

라고 노래하고 있는 것이고 사도바울 역시 이러한 사실을 깨달았기에 나에게 자랑할 것은 "십자가의 은혜 외에는 자랑할 것이 아무것도 없노라!"라고 단호히 말하고 있는 것이다. 이것이 오늘날 우리가 직면한 문제이다. 남의 문제가 아니라 나의 생과 사에 관한 문제이다. 내가 선악과를 택할 것인지, 생명과를 선택할 것인지 그것은 나의 자율 의사이다. 내가 선악의 주체인 사탄, 다시 말해 우상을 선택할 것인지, 아니면 생명나무이신 예수를 택할 것인지, 하나님은 관여하지도 않으시고 관여할 수도 없다. 이유는 인류에게 자율권을 주신 이유이기도 하며 창조의 완벽성이기도 하다. 그러나 죽음 뒤에는 반드시 그 선택한 것에 대해 책임을 묻는다고 하셨다. 그것을 성경에서는 "**죄의 삯은 사망이요, 사망 뒤에는 반드시 심판이 있다.**"라고 기록하고 있고 "**피 흘림이 없은즉 죄 사함도 없다**"라고 한 이유이다. 누가 우리의 죗값을 지불하였는가? 누가 우리 인류를 위해 피 흘리며 죄의 삯을 사탄에게 지불하였는가?

아담과 하와가 선악과를 먹은 후 무화과 나뭇잎으로 하체를 가리고 두려움에 숨어 있는 그들을 부르시어 손(手)에 창(戈)을 들게 하고, 나(我)대신 소와 양을 희생(犧牲)시켜 제(祭)와 예배(禮拜)로 기도(祈禱)드린 후, 여자의 후손 곧 그리스도를 기다리라는 메시아사상(福)을 주고, 처음으로(初) 칼(刀)로 가죽을 잘라 옷(衤)을 만들게 하고 가죽 옷(韓)을 입혀 에덴동산에서 쫓아냈다고 기록하고 있다. 그것이 역사의 시작임과 동시 인류 최초의 살생과 예배였던 것이다. 이러한 희생의 예배는 아벨과, 노아와, 아브라함이 제단에 제천의 예배와 기도를 드리고 義롭게 여김 받는 구약의 역사로 전개되다 그리스도가 이 땅에 오셔서 십자가에 희생함으로써 희생의 제천의 예배는 종결된다. 이것을 성경은 구약의 역사라 하고 역사는 기원전 B. C의 역사라고 한다. 이러한 구약 제천의 예배는 성경이 만들어지기 전에 환국에서 그 내용을 환자에 아로새겨 환국 백성들이 지내온 예배이고, 조선과 부족국가의 제천의 예배로 전래된, 원시 기독교의 제천 예배 문화의 원형인 것이라고 환문과 역사는 말해주고 있는 것이다. 고인돌과 요하 문명 속의 피라미드 원형 제단과 신라의 첨성대는 고인돌 문화의 총체적 산물이라 하겠다. 세계 역사 속에 그 어떤 나라가 성경의 창세기의 내용을 문자와 역사에 그대로 담아 제천의 예배를 드리고 메시아사상을 고대한 민족이 어디 있었던가? '犧牲'이라는 '我'라는 단어와 '제천 예배'와 국호와 수많은 증거물들이 이를 증명하는 것이 아니겠는가?

에덴동산에서 희생의 제와 예배를 지낸 후 가죽 옷을 지어 입히시고 쫓아내셨다. 그리고 4,000년 후 여자의 후손을 보내시어 십자가에서 선악과를 먹은 인류의 모든 죄를 대속하시고 생명나무로 나가는 길을 다시 여시었다. 그것이 歷史의 정의이다. 그리고 다시 묻는다. 오늘날 살아가는 우리에게 똑같이 선악과를 택할 것인지?, 생명과를 택할 것인지?, 아담과 하와에게 물었던 것과 같이 우리에게 묻고 계신 것이다. 인류의 역사 속에 비윤리적, 비도덕적인 악이 행하여 졌는데도 신이 개입하지 않는 이유이기도 하다. 신이 없는 것이 아니라, 인류의 도덕성을 인류의 자율에 맡기셨기에, 창조의 완전성을 위해 그것에 관여하지 않은 것뿐이다. "신이 있다면 왜 악에 대해서 침묵하는가?"라고 말하는 사람들아! 역사의 겉면만 보고 역사의 속은 볼 수 없는 사람들아! 역사를 함부로 말하지 마라! 역사를 주관하시는 분이시기에 죽음

뒤에는 반드시 심판이 있다고 말한 것을 우리는 반드시 알아야 한다. 아담과 하와가 선악과를 선택하였지만 그분은 창조의 완전성을 위해 반드시 죽어야 하는 우리를 대신하여 당신께서 친히 십자가에서 죽으셨다. 그것을 성경에서는 우리의 죄를 십자가의 피 값으로 지불하였다고 기록하고 있다. 그것을 깨달은 시인은 십자가만 보면 그 은혜 값을 길 없어 눈물 흘리며 통곡한다고 노래하고 있다.

바라바

바라바가 죄인이듯

바라보고
바라봐도 죄인이다.

바라바가 죽음에서 구원받았듯

바라보고
바라봐도 죽음에서 구원받았다.

바라바가 눈물 흘리듯

바라보고 또
바라봐도

바라바는
바로 나이기에

바로 보면

바로 볼수록
바라바도 나도 통곡하며 눈물 흘린다.

주) 바라바 : 신약 성서 속 인물.
십자가 사형 죄수이었으나 유월절 예수의 십자가 대속으로 빌라도로부터 십자가형을 면제받음.

베드로가, 사도바울이, 12사도들이, 스데반이 수많은 선교사들이, 예수를 증거하다 순교하였고 구한말과 일제 강점기 때 우리의 선조들이 신사참배를 거부하며 순교한 이유이기도 하다. 삶이 다하기 전 그분의 진리를 깨닫고 그분께 돌아오지 않으면 죽음뿐이라고 목숨을 버리면서까지 그분을 증거하는 이유는 그들 역시 나 대신 목숨을 버린 값을 길 없는 그분의 깊고 깊은 사랑을 깨달았기 때문이다. 성경은 또한 이를 바라바 대신 예수님이 십자가의 형을 받음으로써 십자가의 형에서 구원받은 죄인 바라바에 비유하여 동일하게 증거하고 있다. 애굽을 탈출하기 전 문설주의 양의 피가 죽음에서 구원하였고, 광야에서 모세가 매달은 구리 뱀을 바라본 자들이 구원받은 것과 같이 역사 속에서 반복하여 나타나는 이유는, 제발 좀 지나온 역사의 발자취를 보고 하나님이 역사의 주관자이시고, 제발 그 된 일을 보고 믿으라는 하나님의 간곡한 하소연 아닌 하소연인 것이다. 시인이 말했듯이 바라바는 바로 나이다. 그러기에 바라바가 십자가에서 구원받은 것과 같이 나도 바라바같이 죽음에서 구원받았다고 말한다. 선악과를 먹은 우리 인류는 말씀에 따라 반드시 죽어야 하나, 나대신 양이 희생되었으니 인류에 대한 하나님의 사랑이요, 公義이다.

我(手+戈), 나는 손(手)에 창(戈)을 들고 양과 소를 죽여야만 한다. 그리고 하나님께 제(**祭**)와 배(**拜**)를 드려야 한다. **祭**를 파자하면 **肉+又+示**로써 고기(肉)를 손에(又) 들어 용서해 달라고 하나님께(示) 빈다는 뜻이다. 月은 肉의 변형자로서 앞서 胥에서 언급하였고, 又는 오른손이라는 뜻도 있지만 용서를 빈다는 뜻도 있다. **拜** 파자하면 手+羊 손에 양의 고기를 바쳐 절한다는 뜻이다. 우리가 오늘날 **禮拜** 예배를 드린다 함의 정확한 환자식 풀이는 하나님께 예의를 갖추어 손에(手) 양고기(羊)를 받치고 절한다는 뜻이다. 그 양이 누구인가? 그 양이 바로 여자의 후손인 예수 그리스도를 말하고 있는 것이다. 그러기에 '**나는 길이요, 진리요, 생명이니 나를 통하지 아니하고는 하나님 나라에 갈 수 없다.**' 라고 단호히 말씀한 이유이다. 이 세상의 주인이신 창조주만이 하실 수 있는 말씀인 것이다. **절에서 목탁 두드리는 사람들아! 拜**에서와 같이 양의 죽음이 없는 예배는 문자에서 말하는 것과 같이 예배가 아님과 같이 기독교 외에 다른 종교에서 예배라는 말을 사용하는 것은 언어적으로도 모순이다. 아담과 하와는 하나님께 양과 소를 죽여(犧) 고기를 바쳐(**祭**) 祈禱 기도드림으로써 예배(禮拜)를 드렸다. **祈** 역시 파자하면 示+斤로써 "하나님(示)께 몸가짐이나 언행을 조심히 하여(斤) 빌다"라는 뜻이다. 하나님이 물었을 때 그들은 망령되이 핑계를 대었지만(**㖟**협) 하나님은 그들에게 "**祈**(빌다)"하라고 하였다. 그러면 "무엇을 빌라?"라고 하셨을까? **禱** 파자하면 **示+壽**다. "하나님(示)께 목숨(**壽**)을 살려달라고 빌다."라는 뜻이다. 그것이 기도에 대한 정확한 정의이다. 선악과를 먹으면 죽는다는 것을 그들도 알았다. 祭와 拜와 祈禱는 모두 "하나님께 우리의 목숨을 살려 달라고 빌다."라는 뜻이다. 우리를 살려주실 분이 누구신가? 그분은 "**선악과를 먹으면 죽는다**."라는 법칙을 정하신 창조주 하나님 외에는 이 세상에 없다. 환자는 이것을 한 치의 오류와 상이함 없이 정확히 전하고 있는 것이고, 우연이라고 말하기에는 인과가 너무나 정확한 것이기에 "글쎄, 아마"라고 말하는 그러한 학문과 종교와는 차원이 다른 것이다.

양의 피로 죄를 씻고 가죽 옷을 입었더니 나를 긍휼히 여기사 "나를 곱다(鮮)"라고 하신다. 파자하면 **魚+羊**이다. **魚**는 물고기를 뜻하지만 '나'를 뜻하기도 한다. "내(魚)가 양(그리스도羊)과 함께하니 곱다"라는 뜻이다. 다시 말해 선악과를 먹고 악한 **魔鬼**가 되었지만 피의 **祭**를 통해 **禮拜**하고 **祈禱**하여 나(魚)와 양(羊)이신 그리스도가 함께하니 **곱고**(鮮) 또 양의 옷(韋)을 입었더니 **韓하여 깨끗하다**는 뜻이다. **朝鮮**이라는 이름이 여기서 온 것이다. **朝** 아침 조이기도 하지만 **달**(月)과 **해**(日)가 있어 밝고 환해, 깨끗하다는 뜻이다. 다시 말해 "그리스도인 羊과 내가(魚) 함께 하니 곱고(鮮) 고아 환하고 밝다(朝)"라는 뜻이다. 조선의 종교가 기독교였음을 밝히는 결정적 증거라 하겠다. 배달, 밝달, 한, 칸, 박, 단, 환, 백…….이라는 언어의 어원은 깨끗하고 밝으신 환한 하나님의 어원에서 파생한 단어라 할 수 있겠다.

義 파자하면 羊+我이다. "내가 창으로 양을 죽여 양의 피로 몸을 씻고 나를 그 아래 두었더니 의롭다."라는 뜻이다. 그뿐인가? **美** 파자

하면 羊+人, **善** 파자하면 羊+口이다. 다 양 아래 나를 둔 형태를 형상화한 문자이다. 이에 감격한 시인은 이를 이렇게 노래하고 있다.

> 어린 양(羊) 붉은 피로/ 검은 죄악 맑게 씻어
> 곱다 鮮/ 선하다 善/ 의롭다 義/ 아름답다 美/ 신비롭다 祥
> / 성결한 두루마리 예복 입다 韓/ 천국 축복(祝福) 받았으니
> / 그 이름 어린 양羊 예수 그리스도

祥 파자하면 示+羊이다. 하나님(示)과 예수님(羊)이 함께하시니 신비롭고 상서롭다. 예수님이 하나님과 함께하시니 부활이시다. "재림 시 얼마나 신비롭고 祥 상서롭겠는가?"를 환자는 깨우쳐 주고 있는 것이다. 여기서 양은 또한 하나님과 함께하는 나를 말하기도 하는 바, 내가 하나님과 함께하면 부활이다. 이 얼마나 신비로운 현상인가? 죽음을 초월하는…… 桓字는 한 치의 오차 없이 이를 정확히 증명하고 있다. 죄를 범한 아담과 하와는 이렇게 하나님께 제천의 예배를 드리고 기도하였더니 하나님이 그들을 **義, 鮮, 善, 美**라 여기시며 원 복음에서 말씀한 여자의 후손을 기다리시라는 **祥祝福**을 하시며 인류 최초의 옷(初)인 가죽 옷을 입혀주시며(**韓**) 에덴에서 쫓아내시니 슬프기(哀) 그지없다. 아담도 울었고, 하와도 울었고 온 피조 만물이 통곡하였지만, 하나님 또한 어이할꼬! 어이할꼬! 말씀하시며 슬픔을 금치 못 하셨다. 가는 사람이야 내쫓으니 간다마는 내쫓지 않으면 안 되는 그 마음이야 말해서 무엇 할꼬? 그것을 조선에서는 공무도하가에 그대로 담고 있고, 후에 아리랑으로 승화

된다. 아리랑 고개, 그 고개는 바로 에덴동산을 넘어가는 님을, 하나님을 버리고 가시는 님을 우리 민요에 심어 놓은 것이고, 예수님은 집 나간 탕자와 암탉과 병아리에 비유하기도 하였다. 인류가 타락함에 피조물까지 탄식하며 고통을 겪는다고 하였으니………

그 바라는 것은 피조물도 썩어짐의 종노릇 한 데서 해방되어 하나님의 자녀들의 영광의 자유에 이르는 것이니라. 피조물이 다 이제까지 함께 탄식하며 함께 고통을 겪고 있는 것을 우리가 아느니라. (롬 8장 21절-22절)

"내가(吾) 소의 가죽 옷(牛) 입었더니 韓(日+吾+牛) 깨끗하다."라는 뜻이다. 모두 犧牲의 羊과 소(牛)를 말하는 것이고, 가죽 옷은 바로 아담과 하와가 에덴동산에서 쫓겨날 때 입었던 바로 그 옷인 것이며 한은 桓과 같이 환하고 깨끗하다는 환자식 표현이기도 하다. 朝鮮의 三韓 제도는 2부에서 자세히 다루기로 하겠다. 무화과 나뭇잎으로 치마 삼은 그들에게 소와 양을 죽이고 제천의 예배를 드림으로써 더러워진 그들의 몸을 정결히 하고 가죽 옷을 입힌 것이다. 성경에서는 이를 그리스도의 옷으로 비유하기도 하는데, 소와 양을 죽여 제를 지내고 그들에게 무화과 나뭇잎 대신 가죽 옷을 입혀 주심으로 그들에게 "후일 그리스도의 옷을 차려입어야 죄 사함을 받을 수 있다."라는 말을 암시하기도 하는 말이다. 한편 성경에서는 韓에 대한 예복을 이렇게 증거하고 있다.

임금이 손을 보러들어 올새 거기서 예복을 韓 입지 않은 한

사람을 보고 가로되 친구여 어찌하여 예복을 입지 않고 여기 들어왔느냐 하니 저가 유구무언 이어 늘 임금이 사환들에게 말하되 그 수족을 결박하여 바깥 어두움에 내어던지라 거기서 슬피 울며 이를 갊이 있으리라 하니라. (마 22장 11절)

또 그가 피 뿌린 옷을 韓 입었는데 그 이름은 하나님의 말씀이라 칭하더라. 하늘에 있는 군대들이 희고 깨끗한 세마포를 입고 백마를 타고 그를 따르더라. (계 19장 13절-14절)

初 처음 초다. 파자하면 衤+刀다. 양과 소를 죽이는데 戈를 사용하였지만 우리 인류는 최초의 옷(衤)인 가죽 옷을 만드는 데 刀 칼을 처음으로 사용하였다. 처음이라는 初에 옷과 칼이 왜 들어갔는지 성경의 내용을 모르고서는 도저히 풀 수 없는 문자이다. 양과 소를 죽이는 데는 창을 사용하라 하셨고, 가죽 옷을 만들어 주실 때는 칼을 사용하라고 하나님이 말씀하여 가르쳐 주셨다. 구석기, 신석기라고 말하는 사람들아! 옛날 환한 나라, 환국에서는 창과 칼을 사용하였다. "환국이 어디 있었느냐?"라고 말하는 사람들아! 삼국유사에서 고기를 인용하여 최초의 나라가 있어 그 나라를 환국이었다고 하고, 그의 아버지는 단군의 아버지인 환웅 서자라고 말하고 있는데, 이렇게 명확한 역사 기록이 있고, 희생제물을 죽일 때 창(戈)을 사용하였다고 '我'와, 가죽 옷을 만드는데 최초(初)로 칼(刀)을 사용하였다고 성경과 환문이 한결같이 공통으로 증거하는데, 그 나라가 어떻게 신화의 나라라고 자신 있게 말하는가? 실증

사관에도 맞지 않는 것이다. 고인돌이, 명도전이, 공무도하가가, 그리고 이렇게 인과가 분명한 桓字가 약속이나 한 듯 성경과 함께 한 치의 오차도 없이 빠짐없이 정확히 증거하고 있는데 이를 누가 부정할 수 있단 말인가? 더하여 치우 환웅께서 철(銕)과 활(夷)을 사용하였다고 사기와 환자는 철과 활을 우리 민족이 최초로 사용했다고 글자 철(銕)과 **夷** 속에 분명히 숨겨 놓았는데, 시성 타고르가 우리 민족을 뭐라 하였던가? 근거 없이 황금시절 동방의 등불이라 말하지는 않았을 것이다. 오늘날에도 가마솥으로 밥해 먹는 사람이 있는데 그렇다면 그 사람을 구석기 시내 사람이라고 말할 수 있겠는가?

哀 파자하면 에덴동산을 나타내는 亠과 **口+衣**다. 몸에 옷을 입고 있는데 왜 슬픈가? 성경은 그 이유를 이렇게 설명하고 있다. 가죽 옷을 입혀 에덴동산에서 쫓아내시니 슬프다. 성경이 아니고는 해석을 할 수 없는 그리고 환문이 아니고는 실락하는 그들의 슬픈 감정을 풀 수 없는 중요한 증표이며 유전인자인 것이다. **楚** 괴롭다. 슬프다는 뜻이 있다. 파자하면 **林+疋** 나무와 짝, 여자와 나무가 뭔 상관이 있다고 괴롭고 슬플까? 성경 얘기인즉 선악과를 먹고 눈이 밝아진 그들에게 하나님이 가죽 옷을 입혀서 에덴동산에서 내쫓으시니 슬픈 것이고, "에덴동산에서 쫓겨난 아담이 자기 짝(疋)하와만 보면 자기에게 선악과를 먹으라고 종용한 선악나무(木)와 생명나무(木)가 생각이 나서 심히 괴롭다."라고 환문은 더하여 말해주고 있는 것이다. **思** 마음이 에덴동산에서 가 있다는 본향을 그

리워하는 아담 아니 낙원을 잃어버린 우리의 마음을 잘 나타내고 있으며 모두가 다 에덴동산과 그곳에서 일어난 사건들을 설명해주는 단어들이고 창세기의 내용을 한 치의 착오 없이 그대로 담고 있다.

困 곤과 **棘 극**, "하나님은 죄를 범한 아담과 하와가 생명나무로 나아가 손을 들어 생명나무의 열매를 먹고 영생할까 봐 염려되어 에덴동산에서 그들을 내쫓으시고 에덴동산 동쪽에 그룹들과 두루 도는 불칼을 두어 생명나무의 길을 지키므로 인류는 영원히 괴롭고 고통스러운 가시밭길이 되었다."라고 성경과 함께 인생에 대해 정의하고 있고, 환문은 인생의 정의를 생명나무에 나아갈 수 없어 생로병사 할 수밖에 없는 이유를 **困**과 **棘**으로 형상화하여 전달하고 있다. **困**(木+口)은 곤할 곤으로 생명나무(木)를 그룹들로 지키는 모습을, **棘**은 가시 극인데 생명나무(木木)를 불 칼로 울타리 쳐놓은 모습을 형상화하여 이를 뒷받침하고 있다.

이렇듯 성경과 환자는 인생이 왜 생로병사인지, 인생이 왜 '苦'인지를 정확히 설명해 주고 있고 이유를 분명히 알고 있으니 해결방법도 분명히 제시하고 있다. 그냥 저절로, 아마, 혹시 그런 말로 진리를 오도하지 않았으면 한다. 선악과를 먹은 인류는 창조 본연의 모습이 아니다. 성화에서 보았듯이, 아니 "부활하신 예수님의 몸은 빛이 났다."라고 기록하고 있다. 선악과를 먹은 우리 몸은 악이 몸에 들어와 죽게 되었고, 하나님을 볼 수 없게 되었다. 영혼이 막혀 하나님과 대화를 할 수 없게 되었다. 그것을 환문은 신경이 마비된 중풍 환자라고 髍(骨+广+林)라 하였다. 정의하면 에덴 동선(广)에서 생명나무(林)에 나아갈 수 없는 몸(身)은 중풍 환자라는 뜻이다. 선악과(果)를 먹은 우리의 몸(身)은 바르지 못하고 비틀어졌다고 髁라 하였다. 에덴동산에서 선악과를 먹은 나의 몸은 비틀어져 불구가 되었다. 髁 선악과를 먹은 나의 몸은 영혼이 막혀 중풍에 걸린 것과 같으며 그로 인해 하나님과 관계가 끊어졌다 髍, 그 끊어진 관계를 회복시키기 위해 하나님은 여자의 후손을 보내주시겠다고 약속하였고 정확히 2,000년 전에 약속에 따라 이 땅에 오신 것이 바로 역사이며, 그 역사를 성취한 것이 죽음을 이겨내고 부활하신 성체이다. 생명과 이신 부활하신 예수님의 모습을 보자! 생명과 이신 그분은 더 이상 髍와 髁가 아니고 빛나는 "光"이요, "火"인 환하신 분, 하나님이신 것이다. '光'은 성령을 입어 태어난 '儿'에 사람의 몸이 빛나는 것을 형상화한 것이고, '火' 역시 타락하기 이전 인간의 몸인 '人'이 빛이 나는 것을 형상화한 것이지 불 꽃을 형상화한 것이 아니라고 '光'이 더하여 증명하고 있는 것이라고 앞서 언급한 바 있다.

여호와 하나님이 아담과 그의 아내를 위하여 가죽 옷을 지어 입히시니라. (창세기 3장 21절)

그러나 내게는 우리 주 예수 그리스도의 십자가 외에 결코 자랑할 것이 없으니 그리스도로 말미암아 세상이 나를 대하여 십자가에 못 박히고 내가 또한 세상을 대하여 그러하니라. (갈 6장 14절)

피조물의 고대하는 바는 하나님의 아들들이 나타나는 것이니 (롬 8장 19절)

값으로 산 것이 되었으니 그런즉 너희 몸으로 하나님께 영광을 돌리라. (고전 6장 20절)

죄의 삯은 사망이요 하나님의 은사는 그리스도 예수 우리주 안에 있는 영생이니라. (롬 6장 23절)

한번 죽는 것은 사람에게 정하신 것이요 그 후에는 심판이 있으리니. (히 9장 27절)

내가 곧 길이요 진리요 생명이니 나로 말미암지 않고는 아버지께로 올 자가 없느니라. (요 14장 6절)

이튿날 요한이 예수께서 자기에게 나아오심을 보고 가로 되 보라 세상 죄를 지고 가는 하나님의 어린 양이로다(요 1장 29절)

그리스도께서 장래 좋은 일의 대제사장으로 오사 손으로 짓지 아니한 곧 창조에 속하지 아니한 더 크고 온전한 장막으로 말미암아 염소와 송아지의 피로 아니하고 오직 자기 피로 영원한 속죄를 이루사 단번에 성소에 들어가셨느니라(히 9장 11절~12절)

❖ 환문 풀이

躲 : 감출 타, 피하다 (乃(이에)+木+身)

이에(乃) 두려워 나무(木) 뒤에 몸(身)을 숨기다.

來 : 올 래: 오다, 부르다 (人人+木)

두 사람이(人人) 나무(木)에 숨은 것을 보고 부르다(來)

唊 : 망령되이 말할 겹, 말이 많다.(大+人人+口)

대인(大) 곧 하나님 앞에서 두 사람(人人)이 서로 핑계 대며 말(口)이 많아 망령되다(唊).

福 : 복 복, 간직할 부 (示(하나님)+口(인류에게)+田(에덴동산을) 다시 찾아 준다는 복음을 간직하라는 말씀) 창세기의 이 말씀을 원 복음이라고도 말한다. 또한 인류의 역사는 이 예언의 말씀을 성취하기 위하여 구약의 역사가 진행되었고 그 목적 성취는 메시아이신 예수 구세주의 십자가 사건으로 종결되며 성취된다. 따라서 인류의 역사는 잃어버린 에덴동산을 찾으려는 하나님의 목적에 의해 진행되어 온 탕감의 역사인 것이다. 또한 福은 제육과 술을 나타내기도 함에 모두 제와 관련된 단어이고 성경이 이를 더 하여 증명하고 있다.

女 : 여자 여, 섬기다

원래 여자는 아담(酉)을 돕는 아담의 또 다른 몸인 배필(配, 疋(匹)로 지음 받았는데 종의 신분으로 섬기는 모습, 고개를 숙이고 남자에게 복종해야 하는 모습을 형상화함.

男 : 사내 남 (田+力 땅, 밭, 에덴동산) 즉 밭(田)을 갈아 땀을 흘려야 소산을 먹을 수 있는 벌 받은 것을 형상화

我 : 나 아, 우리 手 +戈 : 선악과를 먹고 죽여야만 하는 아담과 하와를 죽일 수 없어 손(手)에 창(戈)을 들게 하여 대속의 속제물인 양과 소를 죽여만 하는 인류 곧 우리, 나를 형상화함.(手+戈=我) 나의 정체성을 밝힌 유일한 글자이다. 나아가 우리는 그리스도를 죽여야 내가 살 수 있다는 인류의 정체성을 밝히고 있으며 그것을 성경에서는 바라바에 비유하였다.

犧 : 죄 없는 정결한(秀) 동물, 소(牛)와 양(羊)이 나대신 창(戈)에 의해 죽임 받아 대속 제물로 희생된 것을 형상화(牛+羊+秀+戈=犧) 하였고 그 대속 제물은 예수 그리스도를 예표함.

祭 : 제사 제, 제사로 갚아 보답하다 月(肉의 변형 자)+又(또 우, 다시, 용서하다 : 손을 모아 비는 모양을 형상화+示 나대신 희생 제물(肉)로 하나님께(示) 용서를 빌어(又) 죄 사함 받고 져 행했던 제배 (희생 물(肉)을 받쳐 용서를 비는 모습(又)을 또는 하나님께(示) 희생 물(肉)을 받쳐 용서를 비는 모습)를 형상화함
(月은 骨에서와 같이 肉의 변형 자임. 月+又+示 =祭)

禮 : (예도 예 示+豊) 하나님(示)께 예의(豊)를 갖춤

拜 : 손(手)에 속제 물인 양(羊)을 죽여 살려 달라고 절을 하는 모습을 형상화함.(手+羊=拜)

祈 : 빌 기, 산제사 궤: 示 +斤(도끼 근, 삼가다.) 하나님께(示) 몸가짐이나 언행을 조심히(斤) 하여 빌다(祈)

禱 : **빌 도** 示+壽(목숨 수) 하나님께(示) 목숨을(壽) 살려 달라고 빌고 간청하다(禱)

棘, 困 : 가시 극, 곤할 곤, 林(생명나무)로 나가는 길을 울타리를 치시고(一) 막으시어(口) 죽음이 있는 가시밭길의 생로병사의

인생을 형상화함

初 : 처음 초 衤(옷 의)+刀(칼 도):

선악과 사건 이후 동물을 최초로 죽여 가죽 옷을 입혀주신 것이 인류 죄악 역사의 처음이듯이 무화과 나뭇잎 대신 창(戈)으로 소(牛)와 양(羊)을 죽여 제(祭)의 기도(祈禱)를 한 후 인류 최초의 옷인 가죽 옷(衤)을 만들 때 인류가 처음으로 칼(刀)을 사용하였다고 初라는 문자 유전자 속에 정보를 각인하여 새겨 넣음

哀 : 슬플 애 슬프다. 가엾다. 亠(에덴동산)+口(몸)+衣(옷) 가죽 옷(衣)을 지어 입혀(口) 에덴동산(亠)에서 쫓아내시니 슬프고 가엾음을 형상화함.

楚 : 초나라 초, 슬프다. 아프다. 짝(疋)인 하와만 보면 선악나무(木)와 생명나무(木) 사건이 생각나 슬프다는 감정을 형상화한 문자

義 : 속건 제물인 양(羊) 아래 둔 나(我)의 모습은 의롭다.(羊+手+戈=義)

善, 美, 鮮, 祥의 공통어는 羊임

痲 : 중풍 마, 몸에 중풍이 들어 신경이 마비되었다는 뜻이다. 에덴동산(广)의 생명나무(林)에 나아갈 수 없는 몸(身)은 중풍이 걸려 하나님과 신경이 마비된 상태를 형상화함

魔 : 마귀 마 : 에덴동산(广)에 鬼와 선악나무와 생명나무와 관련된 것을 형상화함

鮮 : **나(魚)와 양(羊)이신 그리스도와 함께하니 곱다는 뜻으로 조선의 종교가 기독교임을 밝히는 결정적 증거임.**

韓 : 다름 질한 가죽 옷(韋)을 입은 나는 밝고(日) 환하다. 조선은 삼

위일체 하나님의 속성에 따라 나라를 三韓으로 나누어 통치하였음에 鮮을 더해 韓이라는 삼한 통치 제도에 의해, 그리고 우리의 국호인 大韓의 유래이기도 하는 바 우리의 고유 종교가 기독교임을 밝히는 증거라 하겠다.

髁 : 넓적다리 과. 형태가 비틀어져 바르지 못한 상태, 선악과(果)를 먹어 우리의 몸(骨)이 비틀어졌다.

裸, 躶, 倮 : 벌거벗은 나체의 상태로 모두 다 선악과(果)를 먹고 눈이 밝아져 벗은 것을 인지하였음을 형상화한 문자.

拏 : 붙잡을 라, 잡아당기다 (女 +又 +手) 여자가 오른손으로 잡아당겨 따다.

檢 : 검사할 검 에덴동산(亼)에서 선악나무(木)와 관련된 두 사람(口口 +人人)을 검사하다.

安 : 편한 안, 에덴동산(宀)에 있는 여자(女)는 편안하다.

案 : 책상 안, 에덴동산(宀)에서 여자(女)와 선악나무(木)와 관련된 사건

善 : 착할 선, 양(羊) 아래 둔 몸(口)은 선하다

美 : 아름다울 미, 양(羊) 아래 둔 사람(人)은 아름답다.

光 : 빛 광, 성령 받아 다시 태어난 사람(儿)은 빛난다.

火 : 불 화, 성령 받은 사람(人)은 빛난다.

思 : 생각할 사, 에덴동산(田)에 마음(心)이 가 있다.

歷 : 지날 역, 겪다. 에덴동산(厂)에서 생명 있는(丿) 두 번째 나무인 생명나무(林)에 나아가는 길을 금지(止) 하다.

銕, 夷 : 활(弓)과 철(金)은 동이족(夷)이 최초에 사용했음을 증명하는 문자 유전자이며 이는 환국 백성이 철과 활과 문자인 환자를 처

음으로 사용했다는 간접 증거들임.

夷 : 활(弓)을 사용하는 큰 어른(大)이란 뜻으로 오랑캐가 아니라 㚔의 大와 같이 극 존칭어로 우리 민족을 가리킴.

祥 : 상서 상, 하나님(示)과 양(羊)이 함께하니 신비롭고 상서롭다.

從 : 좇을 종 ,來, 㚔, 모두 아담과 하와 두 사람을 가리킴

牲 : 희생 생, 제사에 사용한 소(牛). 生은 음성을 가차함.

13. 인류 최초의 살인

에덴동산에서 쫓겨난 아담과 하와는 동침하여 가인을 낳고 후에 그의 동생 아벨을 낳았다. 물론 1,000여 살을 살아감에 노아와 동시대를 함께 살아 후손을 수도 없이 많이 낳았지만 성경은 그의 후손 가인, 아벨과 셈만 기록하고 있다. 아담은 그의 자녀들에게 천지 창조에 관한 이야기와 에덴동산에서 있었던 이야기를 桓字에 아로새겨 교육했다. 선악과를 먹은 후 죄를 용서받고 져 에덴동산에서 제단을 쌓고 소와 양을 죽이고 그 피로 몸을 씻고 고기를 제단에 바쳐 예배를 드려야만 하나님께 죄를 용서받는다고 분명히 祭天에 관한 禮拜와 기도의 방법을 가르쳐 주었고, 제물의 가죽 옷을 입어 삼가 여자의 후손, 곧 그리스도(구세주)를 기다려 **福** 복을 받아야만 생명나무에 나아갈 수 있고, 그 생명나무의 열매를 먹어야만 죽지 않고 영원히 살 수 있는 神이 될 수 있다고 가르친다. 福이 무엇인가? 앞서 언급하였듯이 우리의 조상들은 福이라는 글자를 우리의 생활용품 어디에서나 쉽게 볼 수 있도록 문양 하였다. 아브라함을 일컬어 복의 근원이라고 말하는 것에는 그로 인하여 유대교가 일어났고 그의 후손 중에 그리스도가 탄생하고 기독교가 온 인류를 구원한다는 뜻을 내포하기에 그를 일컬어 복의 근원이라고 한 이유이다. 그러나 가인은 어떠하였는가? 그의 부모가 하나님의 말씀에 순종치 아니하고 선악과를 먹고 무화과 나뭇잎으로 그들의 하체를 가린 것 같이 부모가 시키는 대로 희생의 제인 예배를 드리지 않았다. 가인은 곡물로 제물을 드렸다. 타락한 인류는 대속의 희생의 죄를 씻어야만 하나님께 나아갈 수 있고 정결한 피 흘림이 없는 예배는 하나님이 받을 수 없다고 앞서 살펴보았다. 하나님이 가인을 사랑하지 않으셔서 그의 제물을 받지 않으신 것이 아니다. 가인도 아벨 이상으로 사랑하나 피 흘림이 없이는 죄 사함이 없기에 피 흘림이 없이는 의롭다 여김을 받을 수 없다고 성경과 환문은 정확히 증거하고 있다. 아벨이 의로운 게 아니라 아벨의 제 의식에서 양의 첫 새끼와 그 기름과 피로 몸을 정결히 씻고 제와 예배를 드렸기에 하나님이 아벨을 義롭게 여기고 그의 제물을 받은 것이다. 성경은 이를 이렇게 기록하고 있다.

> **"아벨은 양치는 자였고 가인은 농사하는 자였더라. 세월이 지난 후에 가인은 땅의 소산으로 제물을 삼아 여호와께 드렸고 아벨은 자기도 양의 첫 새끼와 그 기름으로 드렸더니 여호와께서 아벨과 그의 제물은 받으셨으나 가인과 그의 제물은 받지 않은지라 가인이 몹시 분하여 안색이 변하니. (창 4장 2절~5절)"**

앞서 말했듯이 하나님은 악과는 무관하고 창조의 완전성과 전능성을 위해 죄를 씻지 아니하고서는 받고 싶어도 받을 수 없는 이유이고, 피 흘림이 없는 제의 禮拜는 **鮮, 義, 善, 美**라 여김 받을 수 없기에 하나님은 그의 예배를 받을 수가 없었다. 가인은 분하고 안색이 변하였다. 그의 부모 아담과 하와에게 없었던 시기와 질투심이라는 악이 더 성장하고 있었다. 그럼에도 불구하고 하나님은 그를 사랑하시어 선악과를 그만 먹고 피의 제를 드려, 몸을 정결케하고 하나님 품으로 돌아오라고 눈물로 호소하고 있다.

"네가 善을 행하면 어찌 낯을 들지 못하겠느냐? 善을 행하지 아니하면 죄가 문에 엎드려 있느니라. 죄가 너를 원하나 너는 죄를 다스릴지니라. (창 4장 7절)"

하나님은 죄에 빠져 악을 행하는 가인에게, 죄의 종이 되어버린 가인 **鬼**에게 호소하는 눈물 어린 장면이다. **善**을 행하라 하셨다. 가인이 뭔 악을 행했단 말인가? 아벨은 악을 행하지 않았는가? 환문 없이는 설명할 수 없는 중요한 구절이다. 환문은 이를 정확히 설명하고 증명하고 있다. **善** 선은 파자하면 **羊+口**이다.

"양(羊)을 제물 삼아 제로 禮拜하고 양 아래 가인의 몸(口)을 두어야만 선(善)하다고 여김 받을 수 있다."라고 말씀하시며 그 죽음의 피의 대가 없이는 죄인 사탄이 가인을 죽이려고 문 앞에 엎드리어 우는 사자와 같이 입 벌리고 있으니, 제발 양의 피에 의지하여 죄를 다스리라고 애원하시는 장면인 것이고 환문은 한 치의 착오도 없이 이를 정확히 정의하고 있는 것이다. 주검은 문설주에 양의 피를 묻히지 않는 집의 장자는 모두 거둬 가는 애급의 10대 재앙 중 하나인 장자를 죽이는 재앙으로 반복하여 나타나고 있다. 그 양의 피가 아담이 죽인 희생의 피요, 아벨이 죽인 양의 피요, 노아가 지낸 양의 피요, 아브라함이 이삭을 죽이려고 했던 양의 피요, 모두 다 구세주이신 여자의 후손인 예수 그리스도가 십자가에서 흘린 피를 예표하고 있는 것이며, 이것이 구약의 역사인 것이고, 역사의 반복인 것이다. 오늘날에도 많은 사람들이 선하고 착하게 살면 천당 간다고 하고, 악하게 살면 지옥에 간다고 더러는 말하는데 큰일

날 말이다. 선악의 기준이 무엇인가? 너무나 막연하다. 그러나 기독교와 환문은 명확히 정의하고 있다. 선악과를 먹은 나는 선과 악을 알게 되어 죽어야 하는데 나는 **我** 손(手)에 창(戈)을 들고 양을 죽여 하나님께 제하고 기도하고 예배드려야만 나를 **鮮, 義, 善, 美**라 여겨 주신다는 것이다. 그것을 우리는 하나님의 은총이라 하고, 하나님이 우리에게 거저 주신 선물이며, 그 은혜로 목숨을 구원받는다고 정의하고 있다. 내가 **善**해서가 아니라 하나님이 그 양의 죽음의 대가로 나를 용서하고 **善**하다고 여겨주신다는 것이다. 나의 행위가 선해서가 아니라 희생의 제물을 통해 나를 용서해주시고 선하다고 여겨주시니 그것은 우리에게서 난 것이 아니라 하나님께서 우리 인류를 사랑하시어 거저 주는 선물이기에 누구도 자랑할 수 없다고 성경은 또한 분명히 기록하고 있다. 그 양이 누구인가? 그분은 내가 창으로 죽인 바로 나 대신 죽은 예수님이시다. 그것을 성경에서는 바라바에 비유하기도 하였다. 바라바는 바로 바라바 대신 십자가에서 죽은 예수님의 대속으로 죽음에서 구원받았다.

이 외에 다른 구원의 길은 없는 것이고 다른 진리는 없다고 성경은 분명히 기록하고 있고, 환문은 약속이라도 한 듯이 이를 뒷받침하여 증명하고 있는 것이다. 가인은 하나님의 간절한 부탁의 말씀에도 아랑곳하지 않는다. 예수님이 가롯 유다에게 회개할 것을 수차례 경고했음에도 불구하고, 사탄이 가롯 유다의 머릿속에 들어가 그를 조정했음과 같이 가인의 머릿속에 들어간다. 아벨을 들판에서 만나자고 한다. 들판에서 아벨을 만난 가인은 아벨을 돌로 쳐 죽인다. 인류 최초의 살인이다. 선악의 죄가 성장하여 책임 전가의 핑계와 변명에서 시작하여 시기와 질투로 그리고 그 분함을 참지 못해 살인으로 이어지는 비극의 인류 역사와, 고난의 역사가 시작하고 있는 것이다. 다음은 한 걸음 더 나아가 거짓말로 이어지는 악의 끝을 보여주는 장면이다.

> **"여호와께서 가인에게 이르시되 네 아우 아벨이 어디 있느냐? 그가 이르되 내가 알지 못하나이다. 내가 아우를 지키는 자니이까? (창 4장 9절)"**

아담이 선악과를 먹고 두려워 숨었을 때 아담은 선악과를 먹었다고 자백을 하지 않다가 하나님의 계속되는 추궁에(檢) 그는 하와가 주어서 먹었다고 자백했듯이 가인은 아벨을 죽여 놓고 모른다고 거짓말을 함과 동시 변명을 더한다. "내가 아우를 지키는 자가 아니니 내게 묻지 말라고............" 이 얼마나 뻔뻔한 인류의 타락성인가? 조목조목 따지며 검사하고 추궁함과 동시 형벌을 내리는 하나님께 그는 자신의 행위를 더 이상 감출 수 없음을 실토하며 하나님께 고백한다.

> **"내 죄벌이 지기가 너무 무거우니이다. 주께서 오늘 이 지면에서 나를 쫓아 내시 온즉 내가 주의 낯을 뵈옵지 못하리니 내가 땅에서 피하여 유리하는 자가 될지라. 무릇 나를 만나는 자마다 나를 죽이겠나이다. (창 4장 13절~14절)"**

에덴동산에서 그의 부모를 내 쫓을 때 哀와 楚의 환자가 당시 상황을 정확히 말해준다고 하였듯이 아담에게 벌을 주었던 형벌을 더해 땅이 다시는 그 효력을 가인에게는 주지 않을 뿐만 아니라 땅에서 피하여 유리하는 자가 될 것이라 하며 형벌에 형벌을 더함에 가인은 눈물로 호소한다. 마음이 측은하다. 또다시 가슴이 아프시다. 가죽 옷을 입혀 내 보내심 같이 너를 보호해 줄 거라고 눈물로써 말씀하신다.

"그렇지 아니하다 가인을 죽이는 자는 벌을 칠 배나 받으리라 하시고 가인에게 표를 주사 그를 만나는 모든 사람에게서 죽음을 면하게 하시니라. (창 4장 15절)"

하나님의 사랑을 집 나간 탕자에 비유하여 문 열어 놓고 돌아오기만을 간절히 기다리시는 것에 비유하였는데, 하나님은 가인에게 善을 행하라고 분명히 눈물로써 호소하였지만 그는 사탄의 從인 鬼가 되어 하나님의 말씀에 순종하지 않고 아벨을 죽였다. 인류 최초의 살인이다. 공의로우시며 창조의 전지전능성을 위해 살인에 대한 벌은 반드시 받아야 한다. 그 완전성을 위해 땅이 더욱더 저주를 하여 유리하는 자가 된다고 하였다. 이 얼마나 안타까운 사연인가? 오늘날 우상 숭배하는 북녘 땅을 보매 같은 한반도의 땅이지만 얼마나 척박한가? 그러나 벌은 벌이지만 울먹이는 가인을 보니 너무나 가슴이 아프다. 결코 누군가가 너를 해치지 못할 거라고 가인을 죽이는 자는 벌을 칠 배나 더 받는다고 그를 살리기 위해 그에게 표를 주며 상처받은 가인의 마음을 위로하고 치유하여 주신다.

이 얼마나 애처롭고 가슴 아픈 사랑이란 말인가? 나를 버리고 가시는 님은 십 리도 못가 발병 난다고 善을 행하라고 하였건만 그는 결국 아리랑 고개를 넘어가고 말은 것이다.

從 두 사람 곧 아담과 하와가 죄를 쫓다. 사탄을 쫓아 종이 되다는 환문의 정의이다.

모 종교에서는 살생을 하지 말라 가르친다. 그러나 하나님은 양과 소를 죽여야만 내가 살 수 있다고 가르치신다. 양과 소를 죽이지 아니하고는 정녕코 죄 사함이 없다고 가르치신다. 처음에는 이해가 되지 않았다. 그런 하나님이 잔인하게만 느껴졌다. 그러나 그것은 하나님이 세상을 그렇게 창조하신 것이 아니라 인간의 죄 때문에 발생한 유일무이한 대속의 탕감 법칙이었다. 사탄은 말한다. 카인에게 "양을 죽이지 말라!"라고 한 것 같이 "살생을 하지 말라!"라고...... 모 종교에서는 행위로도 구원을 받을 수도 있다고 말한다. 그러나 구원에 길은 오직 양이 되어 십자가에 대속 제물이 되신 예수님만이 우리를 구원할 수 있는 유일한 길이라고 성경은 말하고 있고 환문은 이를 더하여 한 치의 오차도 없이 정확히 증거하고 있는 것이다.

이와 같이 피를 장막과 섬기는 일에 쓰는 모든 그릇에 뿌렸느니라. 율법을 따라 거의 모든 물건이 피로써 정결하게 되나니 피 흘림이 없은즉 사함이 없느니라. (히 9장 14절 - 15 , 22절)

너희는 그 은혜에 의하여 믿음으로 말미암아 구원을 받았으니 이것은 너희에게서 난 것이 아니요 하나님의 선물이라. (엡 2:8)

그는 실로 우리의 질고를 지고 우리의 슬픔을 당하였거늘 우리는 생각하기를 그는 징벌을 받아서 하나님에게 맞으며 고난을 당한다 하였노라 그가 찔림은 우리의 허물을 인함이요 그가 상함은 우리의 죄악을 인함이라 그가 징계를 받으므로 우리가 평화를 누리고 그가 채찍에 맞으므로 우리가 나음을 입었도다. (사 53장 4, 5절).

내가 너로 큰 민족을 이루고 네게 복福을 주어 네 이름을 창대하게 하리니 너는 복이 될지라.(창 12장 2절)

14. 인류 최초의 대 홍수

노아 방주(船)

노아 방주(舟+八+口=船) 주1)

일 년을 하루같이
백 년을 일 년같이

생명
아니 끊으시려

나르고
나르시어(手+舟+八+又=搬) 주2)

손발이 부르텄다.

근심 한탄(恨歎)하기에는 주3)
서럽고도 모질어서

죽일 수도 없는 사랑
그 예전 있었기에 주4)

폭풍우 속 검은 죄악

씻기고 씻기워서

백옥 같은
하얀 살결
내 비췬다 할지라도

정녕코 더럽다 못해 죽여야 할 모진 생명

헤진 상처 곪아 터서
노아 할배 술 드심에

무지개로 덮으시고
천국 다리 놓으셨다. 주5)

(My heart leaps up when I behold rainbow in the sky.) 주6)
(하늘에 무지개를 바라볼 때 내 마음은 뛰노나니)

〈도움말〉

주1) 환문 속에 창세기의 이야기를 숨겨놓으셨습니다.

방주(船)는 배(舟)에 노아 식구 (셈, 함, 야벳, 그리고 배우자들) 8명(八+口)을 살린 방주를 말합니다.(舟+八+口)

주2) **"너는 먹을 모든 양식을 네게로 가져다가 저축하라 이것이 너와 그들의 먹을 것이 되리라. (창 6장 21절)"**

방주(舟)에다 여덟 명(八)이 손(手)으로 음식물을 옮기고 또(又) 옮기어 날랐습니다.

(舟+手+八+又=**搬:옮길 반**) **搬**자는 그렇게 해서 만들어진 글자이며 언어가 가지는 공통된 보편, 타당성에 해당하는 일례라 하겠습니다.

주3) **"땅 위에 사람 지으셨음을 한탄 하사 마음에 근심하시고 (창 6장 6절)**

하나님의 성령(儿)이 인간의 죄로 인하여 인간을 떠난 상태 凶, 亡, 兇, 鬼된 상태를 말합니다.

주4) **"여호와 하나님이 아담과 그의 아내를 위하여 가죽 옷을 지어 입히시니라. (창 3장 21절)"**

선악과 사건을 말합니다.. 죽일 수 없었기에 정결한 짐승을 희생(犧)시켜 우리의 죄를 대속하여 의(義)롭다. 여기었고 이는 이 땅의 그리스도의 출현과 십자가 사건을 예표 하는 것입니다.

주5) **"노아는 여호와께 은혜를 입었더라. 이것이 노아의 족보니라 노아는**

의인(義人)이요. (창 6장 8~9절)"

에서와 같이 선악과를 먹고 타락한 인간은 말씀대로 죽어야 마땅하나 하나님의 사랑으로 흠 없고 죄 없는(秀) 양(羊)과 소(牛)를 창(戈)으로 희생시켜(秀+牛+羊+戈= 犧) 붉은 죄를 맑게 씻어 의(羊+我=義)롭다. 하심으로 천국 문을 십자가 위에서 허락하셨습니다. 여기서 **무지개는 천국을 이어주는 그리스도를 예표** 합니다.

주6) W. worthwords의 시 rainbows 중에서,

"노아가 여호와께 제단을 쌓고 모든 정결한(秀) 짐승(牛+羊)과 모든 정결한 새 중에서 제물을 취하여 번제로 제단(祭= 示+肉 +又: 하나님께 양이나 소를 죽여 두 손 모아 죄를 용서받아 목숨을 건진 상태)**에 드렸더니 (창 8장 20절)"**

❖ 환문 풀이

船 : 배 선, 배(舟)에 8명(八, 口)만이 탄 방주(舟+八+口=船)를 형상화함.

搬 : 옮길 반, 배(舟)에 8(八)이 손(手)으로 물건을 나르고 또(又) 나름을 형상화함.(手+舟+八+又=搬)

洪, 共 : 큰물 홍, 함께 공, 홍수(水) 속에서 八이 함께(共) 살아남을 형상화함. (水+共=洪)

沿 : 따를 연, 홍수(水) 속에서 여덟(八) 명(口)이 물 따라다님.

治,……… 모두 다 홍수와 관련된 단어들이고 중국의 고사도 다 홍수에 관해 언급하고 있음은 인류가 겪은 공통된 사안에 대한 언어의 보편, 타당성에 해당한다고 할 수 있겠다.

우리가 자라던 어린 시절에 개는 묶어놓고 기르지 않고 동네에서 사람들과 같이 자유스럽게 다닐 수 있었다. 더러는 애완견으로 더러는 수익을 목적으로 가정에서 개를 쉽게 길렀고 동네 놀이터에는 아이들과 개가 함께 어우러져 놀았다. 소위 말하는 '누렁이' '검정이' 또는 '바둑이'라고도 부르며 어릴 적 동화책에서조차 쉽게 볼 수 있었는데 개들이 이렇게 자유스럽게 다니다 보니 어린아이가 길거리에 똥을 싸면 그것을 먹기도 하여 '똥개'라고도 부르기도 하였고 길거리에서 교미하는 것조차 쉽게 볼 수 있었다. 일부 짓궂은 녀석들은 교미하는 개를 괴롭혀 떨어놓는 경우도 있었지만 아무튼 동네의 구경거리가 종종 되곤 하였다. 하나님은 천지를 창조하실 때 모든 피조물을 말씀으로 창조하셨다. 하지만 우리 인간은 하나님의 형상대로(儿) 직접 정성 들여 지우시

고(口) 생기(ノ) 곧 하나님의 영을(儿) 인간의 몸(口)에 불어넣어 사람이 생령이(酉, 配, 匹……) 되었다고 성경은 기록하고 있다. 하나님은 우리 인간의 몸을 하나님이 은거하시는 성전으로 삼고 져 하나님의 형상에 따라 정성껏 지으시고 거기에 하나님의 성령을 불어 넣어 인간을 죽지 않는 神으로 만드신 것이다.

그리고 온 피조 만물을 다스리라고 창조성을 부여코자 인간에게 선악과와 생명과를 두어 자율 선택의지를 주었지만 우리 인간은 하나님의 과일인 생명과를 선택하지 않고 사탄의 과일인 선악과를 선택하였다. 선악과를 먹은 인간은 말씀에 따라 죽게 되었고 낙원인 에덴동산에서 쫓겨나지만 후일 인류를 다시 구원하기 위해 여자의 후손이(그리스도) 나타날 것과 그의 죽음으로 에덴동산과 생명과를 허락할 것이라는 복음(福)의 말씀을 깊이 간직하며(福) 祭와 拜를 하여 祈禱에 경건히 정진하라고 말씀하셨지만(창세기 3장 15절) 인류는 그것을 다 잊어버리고 타락할 대로 타락한다. 단순 비교를 해볼 때 인간과 개는 창조 자체가 다르지만 그것을 오늘날의 진화론적 입장에서 보면 종족 번식 본능은 자연의 한 생존 욕구라고 정의할 수 있겠고 본능 입장에서 본다면 윤리적이고 도덕적이고 나아가 종교적인 것과는 아무 관련이 없는 것이다. 생물학적 측면에서 인간과 개의 유전자와 염색체가 다르기에 적어도 개 같은 인간, 인간 같은 개는 없는 것이 질서의 하나님이시기에 진화가 아님을 간접적으로 증명하고 있는 것이고 인간이 그냥 개처럼 생존 본능만 있는 것이 아니기에 진화론과 같은 학설이 참인지 거짓인지를 물어보는 그 자체가 얼마나 어리석은 질문인가? 그럼에도 불구하고 참인 양 교육이 이루어지고 있으니 하여 더 이상 그 문제는 논하지 않기로 하겠다. 달력이 없었던 인류 초기의 시간과 지금의 시간과는 차이가 있었겠지만 아무튼 그 당시 인류의 수명이 거의 1,000년이 가까이 되다 보니 한 사람이 일생을 거쳐 자녀를 낳는 수 만해도 가히 상상이 가겠고 거의 10대가 함께 동시대에 동일 공간에서 살다 보니 누가 누군지 촌수도 몰랐을 것이다. 부부의 관계도 부자와 모자의 관계도 조와 손과의 관계를 넘어 대와 대의 관계도 앞서 말한 대로 얼마나 개판이었으면 이 세상에 인간을 만든 것을 한탄하셨다고 하셨을까?

노아는 아담의 9대 손이다. 아담이 930세를 살았는데 이 시대는 인류가 장수하는 터라 거의 10대가 동시대, 동일 지역에서 공존하였고 그러다 보니 인구는 급속 팽창하였고 형제자매 간 아니 증 고 조 부모와 고 증 손 자녀 간 자녀를 낳았으니 족보가 앞서 말한 대로 개판이었을 것이다. 선악이라도 몰랐으면 그나마 악을 행하지는 않을 텐데 선악을 알았고 그 악은 가인에 이르러 점점 더 악해지는 과정을 우리는 앞서 보아 알고 있듯이, 그 악함은 이루 말할 수 없었을 것이라 짐작이 된다. 오죽하였으면 인류를 창조하시고 가슴이 벅차 "**보시기에 심히 좋았다**"라고 극적인 표현을 하셨는데 얼마나 죄악이 가득하면 땅위에 사람 지으심을 한탄하시며 근심을 하셨을까? 성경은 이러한 상황을 다음과 같이 기록하고 있다.

> **"사람이 땅 위에 번성하기 시작할 때에 그들에게서 딸들이 나니 하나님의 아들들이 사람의 딸들의 아름다움을 보고 자기들이 좋아하는 모든 여자를 아내로 삼는지라 여호와께서 이르시되 나의 영(儿)이 영원히 사람과(口, 匚) 함께 하지 아니하리니(囟, 亡,) 이는 그들이 육신이 됨이라 그러나**

그들의 날은 백이십 년이 되리라 하시니라. 당시에 땅에는 네피림이 있었고 그 후에도 하나님의 아들들이 사람의 딸에게로 들어와 자식을 낳았으니 그들은 용사라 고대에 명성이 있는 사람들이었더라. 여호와께서 사람의 죄악이 세상에 가득함과 그의 마음으로 생각하는 모든 계획이 항상 악할 뿐임을 보시고 땅 위에 사람 지으셨음을 한탄 하사 마음에 근심하시고 이르시되 내가 창조한 사람을 내가 지면에서 쓸어버리되 사람으로부터 가축과 기는 것과 공중에 새까지 그리하리니 이는 내가 그것을 지었음을 한탄함이니라 하시니라. 그러나 노아는 여호와께 은혜를 입었더라." (창 6장 1절~8절)

이것이 무엇을 말하는 것일까? 아까 말한 개판보다도 더할지언정 덜하지는 않았을 것이다. 개는 종족 번식을 위해 발정기 때나 교미를 하지 인간의 수명은 개보다 길다 보니 촌수와 대를 넘어 시도 때도 없이 아름다움에 취해 쾌락에 젖어 질서를 파괴하였으니 이는 하나님의 선의 법칙에 어긋나는 것이기에

하나님의 영(儿)이 인간(口, 酉, 配, 匹,……)과 더 이상 함께할 수 없어(凶, 亡,……) 인간이 육신이 되었다.

고 하시며 수명을 120세로 단축시킨다. 육신이 되었다 함은 더 이상 영적인 존재가 아닌 짐승과 같은 존재 즉 성령이 없는 존재라는 뜻으로 환문은 이를 凶, 亡 등으로 형상화하였다. 환문의 생성 요인이 이러한 명확한 종교의 원인에 기인함과 동시 정확하게 각인되

어 증거하고 있음에 놀라움을 금할 수 없다. 인간이 육신 되었다. 함은 인간은 더 이상 하나님과 동행하는 하나님이 은거하는 성전이 아니기에 더 이상 神의 존재가 될 수 없으며 동물과 같다는 뜻이다. 하나님은 당신의 목숨을 바꿔서라도 우리를 살릴 수 있을 정도로 우리를 사랑하신다. 그것은 우리가 하나님의 형상대로 지음을 받았고, 우리의 몸에 하나님의 영이 거할 거룩한 성전이기에 그러한 것이다. 그러나 하나님의 영이 떠난 인간의 몸은 더 이상 신이 아니고 동물과 같은 육신만 있고 영혼이 없는 존재이다. 그러기에 물로 쓸어버리려는데 주저해야 할 아무런 이유도 연민도 없을 것이고 인간의 수명이 길어 촌수와 대를 넘는 혼탁한 음란의 행위가 자행되매 그나마 인간 구실 좀 하라고 인간의 수명을 120세로 제한한다.

멜더스의 인구론에 의하면 식량생산은 산술적으로, 인구증가는 기하급수적으로 증가한다고 하였다. 피임기구가 발달하지 않았던 당시 자연 발생적 인구증가에 대한 통계를 산출함에 있어 학설로 인정받았겠지만 그의 이론을 진화론의 입장에 본다면 참이 아니다. 이유는 현재의 과학과 진화론이 밝히는 인류의 출현을 4만 년 전 크로마뇽인인 호모 사피엔스부터 더러는 50만 년, 더러는 100만 년, 200만 년 나아가 250만 년 전 오스트랄로피테쿠스까지 거슬러 올라간다. 물론 인류 역사상 전염병이라던가, 전쟁으로 인한 변수에 의해 인구 증가에 역행하는 요인도 있었겠지만 인구론의 입장에서 최초의 인류를 어디서부터 산출하였는지는 모르겠지만 아무리 그렇다 하더라도 기하급수적으로 증가하는 인구증가를 4만 년, 100만 년, 200만 년,

250만 년까지 거슬러 올라가 수학적으로 산출할 경우 오늘날의 인구의 수치에 버금가는 그러한 수치가 산출될 수 있을까?

노아는 여호와께 은혜를 입었다. 노아는 의인(義=羊+我)이요 당대의 완전한 자라고 기록되어 있고 하나님과 동행하며 세 아들을 낳았으니 셈과 함과 야벳이었다. 의인이라 함에 지금까지 성경과 환문으로 정의 따르면 아벨이 양의 제를 드린 것과 같이 노아도 동일하게 제를 드리고 양 아래 자신을 두었다는 의미이다. **義**인이라고 기록된 것으로 보아 노아는 양을 죽여 제단에 피를 뿌려 자신의 죄를 정결히 씻고 제단(祭)에 양의 고기를 들어 예배(拜)와 기도(祈禱)를 드림으로써 하나님께 나아가는 자이며 청결한 양의 옷을 입고(韓) 구세주를 고대하는 믿음의 사람이라는 뜻이다. 성경은 그것을 다음과 같이 기록하고 있다.

> **노아가 여호와께 제단을 쌓고 모든 정결한(秀) 짐승(牛+羊)과 모든 정결한 새 중에서 제물을 취하여 번제로 제단에 드렸더니 (창 8장 20절)**

그 제단(示)이 무엇인가? 그 유물이 바로 우리가 말하는 고인돌이다. 고인돌은 무덤 이상의 의미가 있는 제단이다. 종교를 떠나 유물론적 사관과 같은 엉터리 학문으로는 설명할 수 없는 것이다. 고인돌은 전 세계에 거쳐 골고루 분포하는데 그것은 인류의 공통적인 정신적, 종교적 사안에 기인한 것이고 무덤 이전 죽음을 초월하는 종교 의식이 행하여진 제단임을 성경은 증명하고 있다. 통계에 따르면 전 세계 고인돌의 50%가 한반도에 분포하고 있다고 하는데 이는 환문에서 보여주듯 우리 민족이 피의 제의 예배를 통해 하나님께 나아가는 義의 민족임과 동시 기독교의 원시 제배의 문화를 그대로 실천하며 메시아를 기다리던 福의 민족임을 그대로 나타내는 일례라 하겠다.

"주 여호와께서는 자기의 비밀을 그 종 선지자들에게 보이지 아니하시고는 결코 행하심이 없으시리라." (아모스 3장7절)

기록하고 있듯이 노아에게 홍수로 지상의 모든 생물을 쓸어 멸할 것을 결심하시고 노아를 불러 방주를 만들 것과 그 방주에 그의 식구 8명과 생물의 암수 한 쌍씩 방주에 태울 것을 말씀하신다. **船** (船=舟+八+口) 환문은 배에 8명이 탔다고 숫자를 정확히 기록하고 있다. 앞서 서문에서 언급하였듯이 언어와 문자란 공통된 보편타당성이 있어야 하고 언어란 사회적 약속이라고 하였다. 내가 8명이라고 해서 8명이 되는 것이 아니다. 여기에는 모두가 다 공감하는 공통된 사안이 있어야 하고 그 공통된 사안 속에서 서로가 공감하고 인정하였을 때 언어로서 역할을 할 수 있는 것과 같이 방주(舟) 안에 먹을 모든 양식을 옮겨(**搬=手+舟+口+八**) 저축하라고 하심에 음식을 배에 나르고 날랐다. 그 문자가 바로 **搬**이다. 파자하면 手+舟+八+又다. 손(手)으로 배에(舟) 8 명이(八) 나르고 또 나르다(又)의 의미로 옮길 반자이다. 풀이하면 노아와 그의 식구(口) 여덟(八)명이 하나님이 명령하신 모든 말씀을 준행하여 배(舟)를 만들었고 정확히 8명이 배 안으로 먹을 것을 나르고 또 날랐다는 인류 최초의 배(船)

인 방주와 방주와 관련한 문자에 관한 환문의 증거이다. 인류가 물건을 나르고 비축한 것은 배가 처음이라는 문자 유전인자인 것이다. 사십 일을 주야로 비를 내려 모든 생명을 지면에서 쓸어버릴 것을 말씀하신다. 인류 창조 1656년, 노아의 나이 600세, 노아의 아버지 라멕이 777세에 소천 하던 해, 둘째 달 열 이렛날 계획하신 홍수 심판이 인류에게 일어난다. 하늘 문이 열리면서 40일을 주야로 비가 퍼붓기 시작한다. 일 년을 하루같이 십 년을 한 달 같이 노아와 그의 식구들은 방주 만들기에 손발이 부르트고 방주에 모든 생활물품과 온갖 가축들을 옮겨 나르고 비축한다. 장비도 없던 시절 방주에다 손으로 물건을 나르고 옮겼다고 환문은 정확히 말해주고 있고 더하여 성경은 이것을 이렇게 기록하고 있다.

"너는 먹을 모든 양식을 네게로 가져다가 저축하라 이것이 너와 그들의 먹을 것이 되리라." (창 6장 20절)

세상 사람들은 노아가 방주를 만들고 방주에 물건들을 나르며 저축하는 일과 하나님의 심판에 대해 관심이 없다. 세상 즐거움을 위해 먹고 마시며 장가가고 번식하며 온갖 유희를 다 즐긴다. 노아의 나이 600세에 식구라고는 노아와 아들 셋 그리고 그들의 배우자 8명뿐임을 볼 때 노아가 얼마나 경건하고 절제된 삶을 살았는지 단적으로 보여준다. 세상 사람들은 인간들의 딸들의 아름다움에 반해 그들을 전부 아내로 삼으며 육신의 쾌락을 위해 동물같이 그저 살아갈 뿐이며 하나님의 구원과 심판에 대해 관심이 없다. 소돔과 고모라가 그랬듯이, 예수님이 십자가의 길을 홀로 걸어갈 때와 같이 그리고 현 말세의 세대를 살아가는 이때조차도 선악나무와 생명나무에 대해 관심이 없다. 오직 그들은 육신의 쾌락을 위해, 인권이라는 명분 아래 암, 수의 구분도 없는 동성애에서부터 더러는 수간(獸姦)도 하며 동물같이 즐길 뿐이다. 노아가 방주를 지으며 말세에 대해 설교를 하였을 때 처음부터 그들이 호응하지 않은 것은 아니다. 말세에 대한 노아의 설교에 관심을 갖고 열심이었지만 1년이 지나고 10년이 여러 번, 홍수의 조짐은 보이지 않자, 세월이 흐름에 따라 믿음 역시 반비례하여 무감각해지다 결국 120년이 지나 홍수가 나니 구원받은 자는 8명에 불과하였다. 오늘을 살아가는 우리가 명심해야 할 사안이다.

홍수가 진다. 물이 산을 덮는다. 사람들은 살려고 높은 곳으로 오르지만 물보다 높은 것은 방주밖에는 없다. 물에 떠내려가며 살려달라고 아우성친다. 높은 산으로 피신한 사람조차도 물이 산을 덮칠 때, 결국 마지막 생존자들은 방주에 매달려 노아 보고 살려 달라고 아우성치지만 하나님은 그들의 패역한 죄악이 거룩한 방주에 들어오는 것을 염려하여 허락하지 않는다.

"노아야 우리 좀 살려줘! 방주 문 좀 열어 줘 우리가 살 수 있도록"
"120년간 내가 그렇게 얘기함에도 너희가 듣지 않았어. 안 돼, 더 이상의 기회는 없어 하나님이 허락하지 않으셔."
"하나님이 사랑의 하나님 아니야? 인간을 이렇게 죽여도 돼? 하나님께 사정 좀 해 봐."

"하나님이 너희들에게 회개하고 돌아올 것을 수없이 경고하고 기회를 주었지만 너희들이 원치 않으셨기에 더 이상의 기회는 없다고 말씀하시며 문 열어 주는 것을 허락지 않으셔."

"뭐 XXX……. 꼬르륵……. 푸흣…XXXX……."

죽어가면서 노아와 하나님께 있는 욕, 없는 욕 다하며 비참하게 죽어간다. 이것이 신약에서 예수님이 말씀하신 것과 같이 마지막 날에 있을 반복의 역사다. 하나님은 수많은 시간을 인내하며 하나님 품으로 돌아오라고 기다리신다. 그러나 기록에서와 같이 심판의 때에는 더 이상의 기회는 없다고 성경은 또한 경고한다. 다음은 심판 날 때의 상황을 기록한 내용이다.

"예루살렘아, 예루살렘아 선지자들을 죽이고 네게 파송된 자들을 돌로 치는 자여 암탉이 그 새끼를 날개 아래에 모음과 같이 내가 네 자녀를 모으려 한 일이 몇 번이더냐 그러나 너희가 원하지 아니하였도다. 보라 너희 집이 황폐하여 버려진바 되리라." (마 23장 37절)

노아의 때와 같이 인자의 임함도 그러하리라 홍수전에 노아가 방주에 들어가던 날까지 사람들이 먹고 마시고 장가들고 시집가고 있으면서 홍수가 나서 그들을 다 멸하기까지 깨닫지 못하였으니 인자의 임함도 이와 같으리라.(마 24장 37~39절)

신약에 적힌 내용이다. 예수님 사후 A. D. 70년에 예루살렘 성전이 로마군에게 파괴되고 그때부터 유대인들은 나라 잃고 2,000년간 세계 여러 곳을 방랑하며 살아가다 급기야 2차 세계대전 중 인종 청소라는 명분 아래 히틀러에 의해 600만 명이 학살되었던 역사적 사실이다. 가스실에 대 학살을 목격했던 수용자는 이런 글을 남겼다고 한다.

> "하나님이 정말 존재한단 말인가? 정말로 존재한다면 어떻게 현대 문명사회에서 저렇게 잔인하고 혹독한 비문명적 살상이 벌어지는데 침묵하고 계시는가?"

아니다. 아니다. 하나님은 살아계시고 역사를 주관하신다. 스데반이 순교할 때 뭐라고 말했던가? 빌라도에게 십자가형을 내리라며 그들은 또 뭐라고 말했던가? 예수님이 고통의 십자가를 지고 갈 때 뭐라고 말했던가? "**날 위해 울지 말고 너와 너희 자녀를 위해 울라!**"라고 말씀하신 이유를 그들은 알았던가? 인간의 타락한 행위에 대해 구약과 신약에서 이미 예언하시었다. 하나님은 법을 어기고 타락한 인간에게 여러 선지자들로 하여금 하나님께 돌아오라고 수없이 경고하였지만 그들은 그 경고를 무시하였다. 하나님은 돌이킬 수 없는 그들에게 벌을 내리었다. 그것이 바벨탑 사건이요, 노아 홍수 심판이요, 소돔과 고모라의 유황 불 심판이며, 바벨론 포로 사건이요, "**보라 너희 집이 황폐하여 버려진바 되리라**" 하였으니 2,000년간 나라 없이 떠돌아다니다 되찾은 역사가 눈에 보이지 않는가? 그것이 이스라엘의 역사요, 우리의 역사요, 세계 역사인 것이다. 그들이 죄를 범할 때마다 그들을 흩어서 벌을 주시고 삼분의 일을 다시 모아 돌아오게 만든다고 구약과 신약에 분명히 예언하여 기록하였고 그 말씀대로 그대로 성취되었던 것이다. 하나님의 이러한 역사 주관은 창조 목적 성취에 관한 절대 불변의 의지가 작용하였기에 역사가 일정한 주기를 가지고 반복하였던 것이다. 그리고 "왜?"라는 의문을 두어 그 이유를 분명히 명시하고 있다.

> 내가 너를 뭇 나라 가운데에 흩으며 각 나라에 헤치고 너의 더러운 것을 네 가운데서 멸하리라. (겔 22장 15절)

> 이스라엘 족속아 내가 이렇게 행함은 너희를 위함이 아니요 너희가 들어간 그 여러 나라에서 더럽힌 나의 거룩한 이름을 위함이라. 여러 나라 가운데에서 더럽혀진 이름 곧 너희가 그들 가운데에서 더럽힌 나의 이름을 내가 거룩하게 할지라. 내가 그들의 눈앞에서 너희로 말미암아 나의 거룩함을 나타내리니 내가 여호와인 줄을 여러 나라 사람이 알리라 주 여호와의 말씀이니라. 내가 너희를 여러 나라 가운데에서 인도하여 내고 여러 민족 가운데에서 모아 데리고 고국 땅에 들어가서 맑은 물을 너희에게 뿌려서 너희로 정결하게 하되 곧 너희 모든 더러운 곳에서와 모든 우상숭배에서 너희를 정결하게 할 것이며 ~ 또 내 영을 너희 속에 두어 너희로 내 율례를 행하게 하리니 너희가 내 규례를 지켜 행할지라. (겔 36장 22~27절)

> 성읍은 황폐화하여 주민이 없으며 가옥들에는 사람이 없고 이 토지는 황폐하게 되며 여호와께서 사람들을 멀리 옮기셔

서 이 땅 가운데에 황폐한 곳이 많을 때까지니라 그중에 십분의 일이 아직 남아 있을지라도 이것도 황폐하게 될 것이나 밤나무와 상수리나무가 베임을 당하여도 그 그루터기는 남아 있는 것 같이 거룩한 씨가 이 땅의 그루터기니라 하시더라. (사 6장 11~13절)

구약의 예언이다. 바벨론 포로의 역사적 사건이자 바벨론에서의 포로 유배생활을 예언한 내용이다. 애굽 노예 생활의 반복이며, 신약 이후 예수님의 불신으로 로마군에 의해 성전이 파괴되고, 나라 없는 민족이 되어 떠돌이 생활을 하다, 시오니즘에 의해 성취된 예언의 말씀들이다. 왜 그런다고 하였는지 이유도 분명히 기록하고 있다. 일정한 주기를 가지고 반복되어 나타나는 역사적 사건이다. 이는 타락한 인류에게 생명나무로 나가기 위한 구원의 역사를 성취하기 위한 하나님의 절대 불변의 목적에 대한 하나님의 절대적 의지가 작용하기 때문인 것이다. 여기에는 다른 이유가 없다. 따라서 인류 역사는 유물사관도 아니고, 황국 제국 식민, 민족 사관, 진화. 실증 사관도…… 아닌 것이다. 또한 아우슈비츠 가스 희생자에 대해 침묵한 것이 아니라 이미 2,000년 전 아니 그 이전에 말씀하신 하나님의 답변이기도 한 것이다. 그들의 역사가 곧 우리의 역사이다. 솔로몬이 수많은 이방의 여인을 성전에 들여 이방의 신을 섬긴 것과 같이 우리 고유의 민족 신앙인 환웅 서자의 원시 기독교의 제천 문화가 조상을 숭배하는 제사의 문화로 변질되고, "살생을 하지 말라"라는 이방 우상 신을 섬기는 국가로 변질된 그 나라가 어떻게 되었는가? 역사학자들은 부족국가가 고대국가로 성장함의 기준을 불교 수용 가부 연도에 기준 두고 있는데 하나님을 모르는 사람들아! 하늘에 죄를 그만 져라! 고구려가 당나라에게 망했을 때 그들은 눈알이 뽑혀 노예로 끌려갔고, 백제의 딸들이 낙화암에 몸을 던져야 했으며 조선의 역사가 송두리째 밑동이 잘려 나가야 했던 이유를 아는가? 만주와 세계를 호령하던 그 야심찬 용맹은 어디로 가고 사대주의와 이방 우상 신에 심취하여 우리 민족 고유의 종교인 환웅 서자의 제천행사인 '영고'와 '동맹'을 내다 버리고 창조주인 삼신상제(하나님의 환문식 이름)를 아기나 낳게 하는 샤머니즘과 같은 삼신할미로 전락시켰으니 이스라엘이 눈알이 뽑혀 바벨론으로 끌려간 것과 뭐가 다른가? 이 국토가 사탄들에게 얼마나 유린을 당해야 했던가? 명산 곳곳마다 이방 우상의 종교가 주인 노릇하고 정작 우리의 고유 종교인 제천의 종교는 어디 갔으며 창세기의 말씀을 담고 있는 환자가 한자로 둔갑하여 우리가 누구인지조차 모르고 역사를 모두 다 잃어버렸는데 한탄하는 사람 하나 없으니 이 어찌 슬프다 하지 않단 말인가?

결국 40일 동안 주야로 물 폭우가 쏟아지고 온 지면은 물에 다 잠겨 있는 것이라곤 방주 외에는 아무것도 볼 수 없다. 물이 더 많아져 땅에 넘치매 방주가 물 위를 떠다니다 하여 **沿**이다. 파자하면 **水+八+口**이다. 풀이하면

물 위에(水) 8명이(八+口) 물 따라 떠다닌다고 환자는 정확히 정의하고 있다.

治, 洪……. 다 물과 관련 있는 문자로서 노아 홍수를 간접적으로

증명해 주고 있는 것이며 중국 역사나 세계 역사 속에 홍수에 관한 신화가 자주 등장하는 이유는 앞서 말했던 언어의 공통된 보편, 타당성 다시 말해 생존한 인류가 공통적으로 경험했던 공통 사안이었기에 언어의 사회적 약속 따라 서로가 공감하고 인정하였기에 만들어진 글자라 할 수 있는 것이다. 치(治)와 같이 다스리는데 물과 뭔 상관이 있는가? 성경은 정확히 말해준다. 홍수가 그친 후 노아는 물길을 잘 다스리어(治) 물길에 따라 땅에 무사히 정착했다고……. 이것을 사기에서는 요순시대의 곤의 아들 우에 맡겨 치수사업에 성공하였다는 신화로 기록하고 있다. 창조 1,607년 2월 27일 노아 나이 601세가 되던 해 거의 1년이 넘어서야 방주에서 나온다. 새 세상이다. 악도 없다. 인간이라고는 노아 식구 8명뿐이다. 방주에서 나오자마자 노아는 아담과 아벨이 제를 지내 자신의 죄를 용서받고 의롭게 여겨주심을 받았던 것과 같이 동일하게 희생의 제를 드린다. 조선의 제천과 부족국가의 제천 의식이 다 의롭게 여김 받은 종교 예식인 바 이 모든 제천 예배의 기원은 선악과를 먹은 후 아담과 하와에게 희생의 제를 통해 죄를 용서하시고 의롭다 여기면서 가죽 옷을 입혀주신 태초의 제의 예배의식에서 유래된 것이다. 2부에서 자세히 다루겠지만 '친자'가 아니라 '서자'라는 언어적 증거가 이를 더하여 증명하여 준다.

인간의 죄로 하나님의 영이 인간을 떠나고 모든 것들을 죽여 없애버린들 세상은 깨끗해졌을지는 모르나 가슴에는 상처가 깊다. 수마가 할퀴고 지나간 대지 위에는 창조 때 아름다워 보시기에 좋았다는 감탄을 하셨던 것과는 사뭇 다르다. 황폐하다. 그러나 사랑의 하나님이시고 미를 창조하시는 하나님이시다. 노아에게 복(福)을 주시며 상처받은 노아를 위로하고 져 육식을 허락하신다. 물론 이것으로 인간 수명이 단축되는 계기가 되었지만 노아의 쓰라린 마음이 안쓰러워 모든 것을 다해주고 싶은 것이 하나님의 마음이다.

Rainbow

written by W. Words

My heart leaps up when I behold
A rainbow in the sky:
So was it when my life began;
So is it now I am a man;
So be it when I shall grow old,
Or let me die!
The Child is father of the Man;
And I could wish my days to be
Bound each to each by natural piety.

하늘에 무지개를 바라볼 때/ 내 가슴 뛰어 설레나니
내 어렸을 때도 그러했고/ 어른이 된 지금도 그러하고
늙어서도 그러하겠지만/ 설레지 않는다면 사는 이만 못하리/
어린이는 어른의 아버지/ 내 하루하루의 삶이 바라건대/
자연의 경건함에 매번 설렘임이 있기를

자연의 경관을 처음 바라보았을 때 우리는 설레고 신기하여 가슴이 두근거리지만 시간이 지나 나이가 들어가면 “원래 그런 거 아니야? 신비롭기는 당연한 건데!"라며 무감각해진다. 시인은 말한다. 자연의 신비로움 속에 생명과 우주의 경건함과 경이로움을 느낄 수 없다면 사느니 차라리 죽음을 선택할 것이라고……. 노아도 그랬다. 수마가 할퀴고 간 그 자리에 생명이라고는 찾아볼 수 없었고 주검과 고요한 황폐함만이 있었기에 하나님은 무지개를 만드신다.

"노아야 아름답지 나도 아름답단다. 나는 사랑의 하나님이고 아름다움의 하나님이란다. 인간의 죄악이 너무나 깊어 오죽하였으면 인간 만든 것을 한탄하였겠니. 아름다운 일곱 색깔 무지개를 창조하였나니 이는 다시는 인간의 죄로 말미암아 다시는 모든 생물을 물로 멸하지 않을 것이니 너와 나의 사랑의 맹서니라 지금은 비록 너희가 에덴동산에 쫓겨나 실락을 하여 인생이 사막과 같은 고난이겠지만 무지개가 땅에서 하늘을 연결한 것같이 때가 되면 여자의 후손을 보내 천국 길을 연결해 생명나무 나아가는 길을 열어 놓을 테니 힘들더라도 나의 복음의 말씀을 명심하고 간직하여 후세의 너희 후손이 반드시 구원을 받을 수 있도록 삼가 준행하여 지켜라."

다시는 물의 심판으로 생명을 멸하지 않으신다는 언약의 증거로 무지개를 만들어 주셨다. 인간 창조 후 최후의 창조물이다. 만유는 한 체성이라고 한다. 무슨 뜻인가? 공통성을 말하는 것이다. 한 분이 만드셨기에 공통성이 있는 것이고 그 공통성이 만물에 전개된 것이다. 2부에서 자세히 다루겠지만 3과 4의 합이 7수이다. 천지 창조가 안식일을 포함하여 7단계에 의해 이루어졌다. 그것이 그대로 전개된 것이 7 색깔 무지개로 정확히 전개되었다. 6개도 아니고 8개도 아닌 7색깔 무지개로 그대로 전개된 것이다. 만유가 한 체성이라고 말한 이유이다. 무지개를 창조하실 때 우리 인간이 함께 있었고 하나님의 고운 창조 능력을 우리 인간이 무지개를 바라보며 그분의 심성과 신성한 능력을 보았다. 피조물 중 피조물인 우리 인간이 창조되는 것을 본 것은 무지개가 처음이자 마지막이다. 이것을 깨달은 시인은 My heart leaps up when I behold/ A rainbow in the sky라고 노래하고 있는 것이다. 노아 홍수 이전에는 무지개가 없었다. 그러나 홍수 이후에 무지개가 생겼다. 과학적으로 무지개는 빛 산란의 한 종류이다. 지구의 환경에 커다란 변화가 있음을 말해주는 증거이다. 따라서 현재의 환경과 과거의 환경이 동일하지 않는데 방사능 동위원소에 의한 탄소 연대측정으로 말하는 250만 년 전, 300만 년 전……. 45억 년 전 하는 그 측정치가 정말 신뢰할 수 있는 것일까?

15. 노아의 상처

창조 전에도 창조 후에도 없었던 수마가 할퀴고 간 홍수 심판은 참담하기 그지없다. 창조 매 순간마다 만들어지는 피조물들의 아름다움과 선하심에 "**좋았다**"라는 감탄을 자아내시던 환희의 순간들은 어느새 사라져 버리고 깊은 시름 속에 후회와 삭막함만 남아있다. 창조물들이 선하매 반해 하나님을 떠난 인류의 죄악이 얼마나 보시기에 불편하셨으면 당신의 아름다웠던 순간들을 살붙이 떼어내는 아픔을 감수하면서까지 혹독히 심판하셔야만 하셨을까? 죽음의 강을 넘지 말라며, 나를 버리고 가시는 님은 십 리도 못가 발병 난다고 "**선악과를 먹지 말라**"라고 그렇게 당부하였건만 결국 죽음의 강을 건넜다. 그들에게 희생의 제물로 예배와 기도를 지내게 하며 가죽 옷을 입혀 위로해 주시며 에덴동산에서 쫓겨 내야만 했던 그 마음의 아픔이 아무리 크다 한들 이보다 아프지는 않을 것이다. 그것이 부모가 자식을 사랑하는 마음인 것과 같이 하나님이 우리를 사랑하는 마음이시다. 대 홍수 후 땅에 정착한 노아는 모든 아픔을 가다듬고 하나님께 단을 쌓고 제를 지냈더니 하나님이 그 제를 받으신다. 무지개를 만드시며 다시는 인류를 물로 심판하지 않으실 것을 약속하신다. 홍수 후에 인류에게 육식을 허락하신다. 피폐화된 대지와 상처 깊은 노아에게 할 수만 있다면 모든 것을 다 해주고 싶은 마음이시다. 상처받은 아담과 하와에게 가죽 옷을 입혀주심과 같이 살인한 가인을 살리기 위해 가인을 살리시려고 "善**을 행하며 죄를 다스리라**"라고 거듭 당부하심과 같이 너무나 안쓰러워 무지개를 만들어 주신 것도 부족하여 살아있는 동물을 살생하는 육식을 허락하신다. 그것으로도 노아의 상처는 치유가 되지 않는다. 홍수에 떠내려가며 살려달라고 아우성치며 죽어가는 사람들의 모습이 잊히지 않는다. 도저히 아픈 상처 치유할 길이 없어 포도주로 위로하신다. 그래서 **酒**다. 파자하면

水+酉다 성령을(儿) 담은 사람이(酉) 성령의 물을(水) 먹는다는 것이고 그것을 **酒**라 한 것이다.

그것이 술이다. 福에서와 같이 술이 종교와 연관이 있다고 桓字는 보여주고 있는 것이다. 예수님은 가나의 혼인 잔치에서 처음으로 물을 술로 만드는 기적을 행하셨고 최후의 만찬에서 포도주를 예수님의 피에 비유하였다. 그 포도주를 마신다. 함은 신과 내가 함께 한다는 뜻이다. 그것이 제천 후 그리고 제사 후 오늘날 우리가 먹는 술이고 그러한 의식을 우리는 복을 마신다 하여 **飮福酒**라 함에 모두 기독교에서 비롯한 문화인 것이고, 우리 민족이 제천 후 술을 즐겼다는 기록이 있음에 술에 대해 관대한 이유이기도 하다. 아무튼 **飮福酒**라 하면 "제천 후 그것을 먹고 복의 근원이신 여자의 후손, 곧 그리스도를 기다리라"하는 뜻이 정확한 정의이다. 술을 주심은 육식을 허락함과 같이 하나님을 떠난 인간의 삶이 얼마나 괴롭고, 고통스럽고 안타까워 그것이라도 먹고 잠시 잊으라고 하나님이 인류에게 주신 사랑의 메시지다, 예수님이 가나의 잔치에서 술을 만드신 이유이지만 또한 "**술 취하지는 말라**"라고 말씀하셨다.

심판을 한들 결과는 허무하고 아픔과 상처만 남는다. 해결된 것은 아무것도 없다. 인간의 죄악은 여전히 육신 속에 남아있어 죄악의 역사는 반복에 반복만 더 될 뿐이다. 결국 당신께서 직접 인류의 죄를 담당코자 에덴동산에서 아담에게 말씀하신 십자가의 길을 홀로 준비하신다. 아무도 모르게, 에덴동산에서 선악과의 일을 사탄이 알아 인류를 죽게 하심을 알았기에, 이제는 아무도 모르게 홀로 십자가의 길을 가실 것을 결정하신다. 그것이 나에 대한 아니 우리 인류에 대한 하나님의 한없는 사랑이고 증거인 것이다. 인생을 '苦'라고 깨달은 자는 막연하게 말했지만은 왜 인생이 '고' 인지에 대해서 이유를 말하지 않았다. 어쩌면 창조주와 나의 관계, 하나님을 떠난 타락의 역사를 알지 못하였기에 이유 또한 몰랐던 것이고 그러했기에 해결 방법 또한 몰랐던 것이다. 단지 한정된 실체에 무한정한 소유라는 욕심이 그 욕구를 충족시킬 수 없으니까 소유하려는 욕구에 욕심이 더해져 고뇌와 번뇌를 낳고 그러한 무한한 욕심을 채우려다 보니 죄악이 발생하는 것이라고 원인을 욕심이라는 그곳에 한정시킨 나머지 욕구 본능을 억제해야 한다는 무소유의 원칙을 주장함으로써 욕망으로부터 해방하여 해탈하자는 무소유 원칙주의는 현상만을 바라본 것이지 종교의 본질 자체를 바라본 것은 아니다. 결국 이유와 원인과 목적을 알 수 없으니 해결 방법도 없는 것이고 해결 방법도 없으니까 '고'라는 명제 속에서 벗어나려는 몸부림에 지나지 않는 것이다. 그러나 기독교는 원인과 이유 그리고 결론을 명확히 제시하고 있다. 그러한 원인을 우리 민족은 공무도하가와 가시리 청산별곡에 이어 아리랑 속에 그리고 환문 **哀, 楚, 困, 棘**이라는 문자 유전자 속에 그대로 각인시켜 전래되고 있는 것이다.

哀 : (슬플 애) : 에덴동산에서 (广) 몸에(口) 가죽 옷(衣)을 입히고 쫓겨 내시던 슬프고 가엾던 하나님의 마음을 또는 인류의 마음을 형상화함(广+口+衣=哀)

楚 : (초나라 초, 괴롭다) 짝, 배필 하와(疋)만 보면 사탄과 놀아나다 선악과 먹고 내게 선악과 먹으라고 유혹함에 먹고 타락하여 두 번째 나무인 생명나무(林)로 나아가는 길을 하나님이 막으시고 에덴동산에서 쫓겨난 슬프고도 슬픈 아담의 괴로운 심정을 형상화함. (林+疋=楚)

이것이 환문에서, 성경에서 말하는 '苦'의 정의다.

"아버지 도대체 죽음이라는 것이 뭔가요. 죽으면 어떻게 되는 건가요?"

방주에서 나온 그의 아들 함과, 셈과 야벳은 홍수 속에 죽어가는 수많은 죽음을 살릴 수 없이 그냥 지켜보아야 하는 그의 아버지 노아에 대해 원망 섞인 어투로 묻는다. 그도 그럴 것이지 그들의 마음이 그러한데 노아의 마음은 어떠했을까? 말세에 그의 식구 외에는 한 사람도 구원할지 못했던 노아는 홍수 때 살려달라고 아우성치는 사람들의 목소리가 귓전에 맴돌아 잠을 이루지 못한다. 오죽했으면 그 악몽을 잊으려고 포도주도 먹어보았지만 괴로움만 점점 더 커가고 결국 술 취해 발가벗고 잠이 든다.

섬집 아기

한 인현 작사

1절
엄마가 섬 그늘에 굴 따러 가면
아기가 혼자 남아 집을 보다가
바다가 불러주는 자장노래에
팔 베고 스르르르 잠이 듭니다.

2절
아기는 잠을 곤히 자고 있지만
갈매기 울음소리 맘이 설레어
다 못 찬 굴 바구니 머리에 이고
엄마는 모랫길을 달려옵니다.

어린 아기에게 엄마가 없는 집의 파도 소리는 공포다. 용기 자체도 꿈을 꿀 수조차 없는 아기는 거대한 주검 앞에 감당할 수 없는 존재가 되어 자기가 할 수 있는 유일한 길은 애벌레가 그러했듯이 시체가 된 듯 죽은 체하는 것뿐이다. 파릇한 풀포기는 따가운 햇살을 이겨 낼 용기라도 있어 메마른 대지 위를 뚫고 나왔지만 아기에게는 그럴 용기조차 없다. 그러한 잔인한 생명의 혹독함을 깨달았기에 "눈 덮인 겨울은 차라리 포근하였다."라고 시인은 말하였지만, 어린 아기에게 커다란 파도 소리는 감히 물리칠 수 있는 용기조차도 꿈꿀 수 없는 혹독한 공포와 두려움의 대상이다. 할 수 있는 것이라고는 애벌레가 천적 앞에서 그러하듯이 눈 감고 죽은 체하는 것이 유일한 생존 방법이다. 생명이 태동하기 전 따뜻한 어머니의 자궁 속에서 들려주는 어머님의 심장 박동소리가 그립다. 바다가 불러주는 파도 소리가 자장가가 아니라 공포가 되어 아기를 위협하지만 아기가 할 수 있는 것이라고는 아무것도 할 수 없다는 것이다. 아기가 할 수 있는 유일한 방법은 눈 감고 무의식으로 들어가 공포를 잊고 져 생명이 태동하기 전 따뜻한 어머니의 자궁 속에서 들려주는 어머님의 심장 박동소리가 그립다. 공포를 잊으려 해도 두려움에 다시 깨고, 스르르 잠드는 것이 아니라 공포를 잊으려고 몸부림치고 있는 것이다. 곤히 자고 있는 것이 아니라 두려움이 공포가 되어 죽은 체 하고 있는 것뿐이다. 아가의 울 부름이 갈매기의 울음소리가 된다.

"엄마 나 좀 살려줘 나 무서워 죽겠어 빨리 좀 와 줘."

아가의 울 부름을 느낌으로 알았기에 엄마는 마음이 아파 굴 바구니를 다 채우지 못하고 서둘러 집으로 온다. 예수님은 이러한 심정을 "**암탉이 병아리를 품에 안으려고 얼마나 하였는가**?"라고 비유하여 반문하였다. 아담과 하와를 에덴동산에서 쫓아내 우리가 하나님을 잃은 고아가 되고 사탄의 노예가 되었을 때 하나님은 공무도하가로 한탄하셨고, 아리랑 속에 당신의 사랑하는 애틋한 심정을 심어 놓으셨다. 아담의 공포를 아셨기에 가죽 옷을 입혀 주시었고 가인의 공포를 아셨기에 무릇 사람이 그를 해할 수 없도록 증표를 주시었고, 노아의 공포와 상처를 아셨기에 무지개를 만드시고 육식과 포도주까지 허락하여 주신 것이다.

혹자는 "아비의 수치를 비웃는 함에게 저주를 내림은 무슨 연고인가?"라며 의문을 가질 수 있다. 간음한 여자에게 **"너희들 중 죄 없는 자가 이 여인에게 돌을 던지라"**라고 말씀하신 그곳에서 답을 찾을 수 있다. 죄를 범한 여자의 죄도 죄이지만 죄를 용서하지 못하는 자들의 죄도 죄인 것이다. 사랑과 용서를 모르는 그들을 예수님은 **"너희도 다 똑같이 선악과를 먹고 악을 아는 죄인인데 누가 누구를 정죄하느냐!"**라며 여인의 죄를 용서해주시는 것이다. 술 먹어서 죄라기보다는, 술 먹어서 취해서 벌인 행동의 결과물이 죄라기보다는……, 방주를 만든다고 비웃던 그들에게 하나님의 말씀을 전하지 못하고 결국 홍수 심판 속에 죽어가는 생명을 가족 7인 외에 아무도 구원하지 못한 노아의 죄스러운 깊은 상처의 애처로움과 주검이라는 거대한 공포 앞에 인류가 아무것도 할 수 없어 눈 감고 무의식으로 들어가 잃고 싶은 노아의 아픈 상처를 이해하지 못하고 술 취해 실수한 그 자체가 죄악이라기보다는, 그 마음을 모르고 비웃는 그 아들 '함'의 타락성이 더 큰 죄라는 것이다.

하나님과 복음을 모르고 말세의 삶을 살아가는 인류에게 필자가 이 책을 저작하는 이유는 이러한 노아의 마음을 이해하고 깨달았기에 마지막 날 심판에서 반드시 구원받으라고 눈물로써 글 쓰는 이유인 동시 하나님의 간절한 마지막 예언의 나팔 소리, 소 울음소리를 들으라는 것이다. 하나님은 공의로우시기에 죄에 대해서는 반드시 죗값을 지불하여야 한다. 앞서 말했듯이 이유인즉 하나님의 전지전능성과 공의성 그리고 죄의 심판 때문이다. 그 죗값을 지불하기 위해 구약에서는 희생의 제물을 드려 예배를 드려 왔고, 십자가 사건 이후 신약에서는 그분의 몸체인 교회에 나가 예배를 드려야 하는 이유이다. 이것이 인류의 歷史인 것이다. 그리고 십자가에서 우리의 죄를 모두 담당하시고 다시 생명나무로 나아가는 길을 여시고(B.C와 A. D를 구분 짓는 역사를 나눔) 생명나무이신 그분께 다시 돌아오라는 눈물 어린 사랑의 메시지인 것이다.

벌거벗은 아버지를 비웃는 함의 죄에 대해 그래도 마음이 아파서인지 손자인 가나안에게 죄를 전가시켰던 것이 노아에게는 조금이나마 위안이 되었을까? 에덴동산에서 죄를 범한 인류를 쫓아내어야만 했던 슬픈 가죽 옷(哀) 입힌 그 마음이 하나님의 마음이 듯, 그의 아들보다는 손자에게 저주를 내리는 마음이 그 마음일 것이다. 솔로몬의 죄를 솔로몬이 아닌 그 후손이 받아야 했던 이유와 같을 것이다. 함의 후손은 문명의 후퇴로 야만적 생활을 하다 마지막에는 노예의 삶을 살아야 했고 지금도 그곳은 가난과 질병으로 신음하고 있다. 그것이 하나님을 떠나 죄를 짓고 살아가는 인류의 본 모습이다. 그것을 알았기에 노아는 서둘러 자식들에게 하나님의 구원의 섭리 사를 가르친다.

"아버지의 아버지 그리고 아버지의 아버지 하여 1,600여 년 전에 하나님은 우리 인간을 창조하셨는데 원래 죽지 않는 영원히 사는 신으로 아담 할아버지와 하와 할머니를 창조하시었다. 하나님은 세상을 창조하시고 그 피조물을 다스리기 위해 하나님의 형상대로 유형인 인간을 창조하시고 그들에게 창조성을 부여하기 위해 에덴동산 중앙에 생명나무와 선악을 알게 하는 나무를 두시고 선악나무의 열매를 먹으면 반드시 죽는다고 말씀하시매 자율 선택의지를 주었지만 인간은 결국 말씀을 어기고......"

노아의 치유

사랑 1

만유는 한 체성인 줄 아오나
어찌 그리 잔인한지요?

있는 자가
없는 자 것 빼앗으며

힘센 자가
약한 자를 억압하는

남을 죽여야 내가 사는

그런 세상이
아버지께서 창조하신 세상인가요?

같이 사랑하고
공존할 수 있는 그런 세상은 이 세상에 없는 것인가요?

아들아
괴로워 마라

보기 좋았던 곳
그림자 드리워져

온 세상 죄 덮을 때
의인은 없었나니

그 마음 느끼라고
십자가 사랑되어 붉은 피 흘렸나니

긍휼히 여기는 자
긍휼히 여김을 받을 것이요

너의 조그마한 신음조차
다 알기에

마음에 책망할 어떤 것이 있더라도
그 마음까지 기뻐 받음이라

어릴 적 소 죽이는 도축장이 있었다. 길을 지나다 보면 소 울음소리를 가끔 들을 수 있었는데 소를 도축할 때 소가 우는 소리라 하였다. 궁금하여 하루는 친구와 함께 그 장면을 지켜보았다. 도축장에 들어가지 않으려고 발버둥 치는 소를 어른 여럿이 밧줄에 묶어 잡아당긴다. 직감적으로 그곳이 자신을 죽이는 곳이라고 아는가 보다. 발버둥 치는 소를 강제적으로 잡아당긴다. 소가 눈물을 뚝뚝 흘리며 "음매 음매" 울부짖는다. 인정사정 보지도 않는다. 도끼를 들고 있던 한 어른이 도끼 등으로 소 정수리 부분을 내리친다. 한번, 두 번, 거의 두서너 번 만에 육중한 몸매가 땅 위에 꼬꾸라져 주저앉는다. 그런 후에 소의 기관을 해체한다. 몸통은 몸통대로 다리는 다리대로……, 거기에 아직도 체온이 가시지 않는 뜨끈뜨끈한 간은 그들의 간식거리다. 기구가 발달한 오늘날 전기나 기계를 이용하여 도축 방법이 그때와는 많이 달라졌겠지만 하여튼 우리의 식탁에 올라오는 쇠고기는 다 그러한 과정을 거치지만 우리는 잘 모른다. 채식을 주장하는 사람들이 그런 잔인한 과정을 알아서 채식을 주장하는지 모르겠지만 여하튼 그러한 피비린내 나는 잔인한 도축과정 속에 그것을 맛있게 먹고 즐거워하는 인간들을 봄에 인간이 아니라 짐승으로 느껴진 적이 있었다. 물론 육식을 하는 사람들이 그러한 과정을 아는지 모르는지는 모르겠지만 모 성자는 그것을 알았던지 "살생을 하지 말라!"라고 하였고 아직도 육식을 불허하는 것으로 앎에 오히려 더 인간적이다. 그러나 기독교는 하나님이란 이름 아래 너무나 당연하게 여기는 것 같았다. 그래서 물었다. 하나님께

"아버지 어찌하여 세상을 이렇게 잔인하게 창조하셨나요?"

우리가 소위 낙원이라고 하는 에덴동산에서는 죽음이라는 게 없었다. 각종 과일과 채소가 우리의 먹을거리였다. 부족한 게 없었다. 이사여 선지자는 이를 이렇게 기록하고 있다.

그때에 이리가 어린 양과 함께 살며 표범이 어린 염소와 함께 누우며 송아지와 어린 사자와 살진 짐승이 함께 있어 어린아이에게 끌리며 암소와 곰이 함께 먹으며 그것들의 새끼

가 함께 엎드리며 사자가 소처럼 풀을 먹을 것이며 젖 먹는 아이가 독사의 구멍에서 장난하며 젖 뗀 어린아이가 독사의 굴에 손을 넣을 것이라 내 거룩한 산 모든 곳에서 해 됨도 없고 상함도 없을 것이니 이는 물이 바다를 덮음같이 여호와를 아는 지식이 세상에 충만할 것임이니라. (사 11장 6 ~ 9절)

그러나 오늘날 우리의 세상은 어떠한가? 자신의 욕망을 충족하기 위해 자신이 할 수 있는 모든 수단과 방법을 가리지 않는다. 진리와 진실은 없다. 카인이 시기함이 너무나 커 분을 참을 수 없어 아벨을 돌로 쳐 죽였던 것은 그가 배고픔이나 자신이 살기 위해서 살인한 것이 아니었다. 육식 동물들은 적어도 자신이 생존할 수 있는 것 외에는 사냥을 하지 않지만 인간은 자신과의 생존과는 상관없이 악을 행한다. 마음의 가책도 없다. 인류의 잔인한 전쟁사가 다 그러한 타락의 소산물이다. 그러기에 에덴동산에서 생명나무로 나아가는 길을 막으신 것 같다. 에덴동산에서 주검을 주었고 그래도 정신을 차리지 못하니까 수명을 단축시켰지만 인간같이 좀 살라고 율법을 주었고 십자가의 제를 통해 사랑과 믿음과 소망을 주셨고 생명나무로 나아갈 수 있는 복음의 말씀을 주셨다.

홍수 후 노아가 제단 위에 정결한 짐승과 새를 취하여 제를 드렸더니 여호와께서 그 향기를 받으시고 홍수로 땅을 멸한 이유를 설명하지만 다시는 인간의 악함으로 땅을 멸하지 않으심과 땅이 있는 동안에 심음과 거둠과 추위와 더위와 여름과 겨울과 낮과 밤이 영속할 것이라고 말씀하시며 생육하고 번성하고 땅에 충만하라고 축복을 하시며 인류의 수명 단축의 원인 중 하나인 육식에 술까지 허락하신다. 그러나 피폐화된 대지 위에 주검만이 엄습한다. 하나님의 번성하라고 말씀하시는 뜻에 상반된다. 사람 마음의 계획하는 바가 어려서부터 악함이기에 죄의 타락성에 모든 생물을 멸하였지만 하나님의 창조 법칙에 상반되어 가슴이 아프다. 인간의 죄로 말미암아 희생 제물이 대신 죽어야 하였던 것과 같이 인간의 죄악이 점점 악해짐에 인간의 생명을 단축시켜야 했지만 그래도 사랑하고픈 것이 하나님의 사랑이시다. 모든 것을 다 주고 싶은 심정에 육식을 허락하신다. 산 동물의 신음보다는 노아의 마음이 측은하여 달래고 싶은 마음에 **"산 동물은 너희의 식물이 될지라. 채소같이 내가 이것을 다 너희에게 준다"** 라고 말씀하신다. 그것도 부족하시어 무지개를 만들어 천국의 열쇠를 무지개 뒤에 숨겨 놓으신다.

내가 내 무지개를 구름 속에 두었나니 이것이 나의 세상과의 언약의 증거니라. 내가 구름 속으로 땅을 덮을 때에 무지개가 구름 속에 나타나면 내가 나와 너희와 및 혈기 있는 모든 생물 사이의 내 언약을 기억하리니 다시는 물이 모든 혈기 있는 자를 멸하는 홍수가 되지 아니할지라. 무지개가 구름 사이에 있으리니 내가 보고 나 하나님과 땅의 무릇 혈기 있는 모든 생물 사이에 된 영원한 언약을 기억하리라. (창 9장)

"노아야 봐라 난 파괴의 하나님이 아니란다. 아름답지 않니 내가 천지를 창조할 때마다 말씀에 따라 그렇게 됨에 보기에 좋았단다. 너희가 내가 먹지 말라는 선악과를 먹고 죄가

너희 몸에 들어가 너희가 악하게 되었으니 노아야 슬퍼 마라 나 또한 슬프단다. 그러나 내가 무지개를 만들어 다시는 물로 너희를 멸하지는 않으리니 너희와 혈기 있는 모든 생물 사이의 언약을 제발 기억해 주지 않겠니. 노아야 내가 구름으로 땅을 덮을 때에 무지개가 나타나면........ 너 근데 그거 아니 무지개가 뭘 상징하는지......"

이보다 더 애절한 사랑의 찬가가 어디에 있을까? 세상을 창조한 전지전능자께서 인간에게 고백하는 사랑의 애처로움을……. 시인은 이런 마음을 이렇게 노래하고 있다.

폭풍우 속 검은 죄악/ 씻기고 씻기워서
백옥 같은/ 하얀 살결/ 내 비췬다 할지라도
정녕코 더럽다 못해 죽여야 할 모진 생명
헤진 상처 곪아 터서/ 노아 할배 술 드심에
무지개로 덮으시고/ 천국 다리 놓으셨다.

16. 바벨탑 사건

셈, 함, 야벳이 방주에서 나온 후 인류가 번창하기 시작했다. 동방으로 옮기면서 그들은 바벨에 모여 벽돌을 견고히 구워 벽돌로 돌을, 역청으로 진흙을 대신하여 성과 대를 쌓아 꼭대기를 하늘에 닿게 하여 우리의 이름을 내고 온 지면에 흩어짐을 면하고 져함에 하나님은 이들이 한 족속이요, 언어도 하나이므로 이같이 시작하였으니 언어를 혼잡하게 하여 그들이 서로 알아듣지 못하게 하여 지면에서 흩으신다.

흩어지자!

함 석 헌

흩어지자!
이 세상은 말하기를 뭉치라 하거니와
나는 너희에게 이르노니 흩어지라
"뭉치라 뭉치면 힘이라"지만
나는 이르는 말
흩어지라 흩어져 사랑하라!

뭉쳐서 무얼 했지?
그물 뜨고 칼 갈았지
뭉쳐선 뭘 하니?
사람 잡아 나눠 먹지
흩어져라!

흩어져 제각기 자유롭게 자라라!

흩어져 무엇 하니?
이 세상 구석구석에서 사탄을 내 몰지
흩어져 뭘 하니?
온 누리가 한 집이 되어져라!
흩어져 하나로 돌아가자!

하나님은 인류를 창조하시고 그들에게 복을 주시며 말씀하셨다. **"생육하고 번성하여 땅에 충만하라!, 땅을 정복하라! 바다의 고기와 공중 위 새와 땅에 있는 모든 생물들을 다스리라!**"라고 함과 같이 노아 홍수 후에도 노아와 그들의 자식들에게도 똑같이 말씀하셨다. 뭉치라고는 말씀하지 않으셨다. 그러나 인류는 하나님의 뜻에 반해 흩어지는 것을 면하기 위해 바벨탑이라는 거대한 우상을 만들고 흩어짐을 면하려 했다. 에덴동산에서 함께한 사탄 由은 인류와 함께 鬼가 되어 하나님께 대적한다. 가인이 그러하였고, 노아 때 타락한 인류가 그랬고, 바벨탑 때도 그러했고, 예수를 팔아넘기던 유다가 그러했고, 십자가의 제를 지낼 때도 유대민족이 십자가에 못 박으라 빌라도에게 그러했고, 오늘날까지도 사탄은 인류를 유혹하여 하나님을 대적한다. 이런 자를 요한계시록에서 음녀라고 기록하고 있다고 앞서 언급했듯이 그런 음행을 저지르는 그런 나라를 바벨론이라고 하였고 그들의 멸망은 요한 계시록에 자세히 기록하고 있다.

선악과 사건 이후 이 세상은 하나님의 세계와 사탄의 세계로 나누어졌다. 아니 인류 창조 이전 사탄은 이미 자신의 처소를 떠나 하나님께 대적하는 자가 되었다. 유물론적 정반의 작용이 아니라 인류 창세 전 이미 이 세상은 선과 악의 세계로 나누어져 대립하며 싸워 왔고 인류는 자율 선택권에 따라 선과 악의 대립 구도에서 불가피하게 선택을 하여야 했다. 가인과 아벨이 그러했듯이 믿는 자와 믿지 않는 자의 싸움 뒤에는 철저히 하나님과 사탄이 있었던 것이다. 이것을 영적 전쟁이라 한다. 인간의 정신적인 영적 세계를 이해하지 못하고서는 이해할 수 없는 역사이다. 이것이 세계의 역사요, 우리의 역사인 것이다. 이러한 영적 인류 역사를 이해하지 못하니까 유물론이니, 진화론이니 하는 거짓 사상들이 참을 가장하여 인류를 유혹하는 것이다. 하나님은 "흩어져서 땅을 정복하고 만물을 주관하라!" 말하지만, 사탄은 "뭉치라 한다." 사탄은 "뭉치면 살고 흩어지면 죽는다."라고 말하지만, 하나님은 "흩어져서 서로 사랑하고 땅에 충만하여 만물을 다시리라!" 말씀하신다. 하나님은 역사에 섭리 사관을 말하고 있지만 사탄은 유물론이니, 진화론이니 하는 거짓으로 인류를 유혹하여 "신이 없다."라고 말한다.

인류 역사의 두 갈래

용(사탄의 세력) --〉 가인, 바벨론, 애급 --〉 메데, 바사 --〉 그리스, 헬레니즘, 불교, 로마, 고구려 불교 승인 --〉 교황권, 구교 ---〉 르네상스, ---〉 공산주의, 유물론, 인본주의, 물질 자본주의

여자의 세력 --〉 아벨, 노아, 아브라함, 환웅 서자와 고인돌 제천예배 --〉 부족국가의 제천 예배, 애급 노예 시대 --〉 출애굽, 사사 시대, 이스라엘 국가 시대, 바벨론 포로 및 교환 시대, 고구려의 제천 사상 --〉 그리스도 탄생 --〉 로마. 기독교 공인, 헤브라이즘, --〉 종교

개혁 --> 청교도 혁명, 미국 신본주의 --> 조선, 한국, 이스라엘 독립. 교회 시대

대강 정리하면 이렇게 두 갈래이다. 태양은 하나님의 피조물이다. 10계명에 우상숭배를 금지하고 있다. 바벨론 제국, 이집트의 파라오, 일본 제국주의, 김일성 등 다 태양신 숭배자들이다. 12월 25일은 그리스도의 탄신일이 아니다. 바벨론과 애급에서 태양절을 기념했던 바로 그날이다. 창세기에서 말하는 태초의 빛은 태양이 아니다. 태양이 없어도 북극성과 북두칠성은 빛난다. 사탄은 거짓과 기만으로 하와를 유혹하여 여자와 婰가 되었듯이 태양이 마치 태초의 빛인 양하여 숭배하게 만든다. 오늘날 북한이 말하는 김일성 일가, 제국주의 시절 일왕 등은 다 태양을 숭배하는 우상 숭배자이며 사탄의 하수인이다. 그리스도를 십자가에 내준 유대 관원이나, 죄를 사해 주겠다며 면죄부를 팔던 중세 가톨릭이나 다를 게 뭐가 있겠는가? 그래서 종교개혁이 일어난 것이고 청교도 혁명 속에 미국이라는 하나님의 나라가 신대륙에 건국된 것인데 그 나라가 요즘 어떠한가? 예수를 부정하던 그들을 이 지구상에 흩어 놓으심과 같이 요한 계시록을 보아라! 그들은 용에 의해 많은 권세를 받아 우상에게 절과 표를 받도록 강요하지만 그 짐승의 수는 666이요, 그 용은 나중에 그 음녀를 망하게 하고 벌거벗게 하고 그 살을 먹고 불로 아주 사른다고 했다. 그것이 사탄이요 환문으로는 사탄의 하수인이라는 뜻의 鬼며, 그 우두머리는 사탄인 由(불)이고 바알이라고 성경과 환문은 동일하게 말하고 있는 것이다.

제2부

잃어버린 환한 님 나라 삼한 조선

history와의 정의와는 비교도 할 수 없고, 성경의 역사를 한 치의 오차도 없이 정확히 정의하고 있는 민족이다. 이러한 환자는 기독교가 국교인 환국에서 사용했던 문자를 우리 민족이 그대로 가지고 왔다는 것이고, 그 환문이 인류 최초의 문자요, 언어라고 말하고 있는 것이다. 그리고 그분이 바로 우리 국조의 아버지이신 환웅 서자라고 역사서, 삼국유사는 말하고 있는 것이고, 그것을 알았기에 필자가 漢字가 아니라 桓(韓)字라고 말하는 이유이고, 이것을 깨달았던 시성 타고르는 "일찍이 아시아의 황금시절 동방의 등불이었던 코리아"라고 시에서 노래한 것이다.

- 본문 중에서 -

역사 연대표

연 도	세계/중국사	우리(동이족) 역사	비 고
B.C 4,000		요하 문명(환, 배달국) 환웅시대	에덴동산 추방, 실락역사 시작, 아벨 피살
B.C 2,400	전설시대 삼황시대, 복희씨 여와씨, 홍수 극복	요하 문명(환, 배달국) 환웅시대	노아 홍수, 바벨탑 사건
B.C 2,333 ~ 1,900	세계 4대 문명, 오제 시대 하나라 건국(2,070)	조선 건국 (철, 활, 문자 제천 예배 종교) 단군왕검시대 치우, 황제 탁록전투	아브라함 출생 야곱의 12명 아들 애급 입성과 노예 시대
B.C 1,500	상(은) 나라 건국	조선 시대 고죽국 건국	모세 출생, 출애굽, 모세 5경 제작, 여호수아 가나안 입성, 사사 시대
B.C 1,046 ~ 800	은 패망, 주 건국(철사용)	조선 시대 고죽국(고구려 백이숙 제 수양산 입산 순국) 및 기자 고죽국에 봉함	사사 시대 및 이스라엘 국가 시대(사울, 다윗, 솔로몬)
B.C 800 ~ 200	신 바벨론, 앗수르 제국 춘추전국 시대 및 진 중국 통일, 한 건국 알렉산드로스 동방 원정 일본 야요이 시대 시작	조 선	공자, 석가 탄생 이스라엘 남북 분립 및 바벨론 포로 시대
B.C 194	전한 시대	조선 시대	
B.C 108	전한 시대	조선 멸망 부여, 낙랑 부족국가 분열국 시대	

연 도	세계/중국사	우리(동이족) 역사	비 고
0	로마제정시대	고구려, 백제, 신라 3국 시대	**그리스도 탄생**
A.D 8 ~ 581	후한 시대 위, 촉, 오 삼국 시대 5호 16국 시대	삼국시대 고구려 중원 통일 및 평양 천도	이스라엘 멸망 광야 시대 기독교 공인 로마 동서 분립 시대 프랑크 왕국 건립
A.D 581 ~ 1900	수, 당, 송, 원, 명 시대 일본 아스카 시대 및 미국 독립	고구려 살수, 안시성 대첩, 고구려, 백제 멸망 신라, 발해 남북국 시대 고려, 조선 건국	이슬람교 창시 종교개혁, 르네상스, 징기스칸 세계정복 신대륙 발견,
현재	세계 1, 2차 대전 청러일 제국주의 청러멸망, 중국, 소련 건국	조선 멸망 일제강점기 시대 대한민국 건국 및 남북 분열 시대	연합군 승리 동서 이념 분립, 이스라엘 독립

1. 과학과 종교

대상을 종교적으로 보느냐, 아니면 과학적으로 보느냐의 시각에 따라 바라보는 현상과 결론은 차이가 크다. 무신론자들에게 역사를 종교적으로 해석한다는 것이 다소 황당하게 보일 수도 있겠지만 과학이라는 명분 아래, 목적과 원인도 없이 생물학적 법칙에 따라 "그냥 저절로, 이유 없이" 그렇다고 말하는 것은 1부에서도 말한 것과 같이 말이 되지 않는다. 차라리 모른다고 말하는 것이 더 과학적이고 합리적이라 생각한다. 성경에서 말하는 창조론에 비과학적 요소가 다소 있고, 믿기지 않는다 하여 무시한다는 것이 오히려 더 비과학적이라는 것이다. 이유인즉 오늘날 과학이라고 하는 학문이 불가사의 한 자연의 모든 현상을 다 밝힐 수 있느냐는 것이다. 과학이 밝히지 못하는 것뿐이다. 그 과학이라는 학문은 3차원적 현상의 세계만을 바라보기에 4차원적인 영적 세계를 밝힐 수도 없고, 그 4차원적 세계를 말할 수 없으니까 그렇게 얘기할 수는 있겠으나 과학이 4차원적인 세계를 말한다는 것, 그 자체가 모순일지도 모른다. 앞서 1부에서 말했듯이 현대 과학이 밝히는 과학 사실은 태초에 빅뱅에 의해 빛이 있었고, 그 빛과 함께 공간과 시간이 생겼다. 시간은 빛의 속도에 반비례한다. 우주 팽창설에 따르면 그 공간은 빛의 속도로 뻗어 나가 우주가 지금도 팽창하고 있고, 팽창하는 그 경계가 우주의 끝이라고 하지만 우주의 끝 너머의 세계를 3차원적인 현상만을 말하는 과학이 설명할 수 없다는 것이다. 빅뱅 이전에 무엇인가 분명히 있었고, 어떠한 힘의 발로에 의해 빅뱅이 있었는데, 과학에서는 우주 대 폭발 이전의 세계와 우주 대 폭발의 원인에 대해서는 밝히지 못하고 있다. 아니 영원히 밝힐 수 없다. 이유인즉 과학은 현상세계에서 나타난 현상만을 말할 뿐이다. 빅뱅에 의해 우주가 생성되었고 팽창한다고 하는 현상 외에 아무것도 설명하지 못할뿐더러 영원히 밝힐 수 없다는 것이 필자의 주장이다. 나아가 그 세계는 3차원적인 사고의 방식으로는 우리가 도저히 갈 수 없는 세계이기에 과학으로 도저히 설명할 수 없다는 것이다. 그 세계는 시간도 공간도 없는 영의 세계이다. 그러기에 성경에서는 하루가 천년 같고, 천년이 하루 같다고 하였고 궁창 위의 물이라고 말하였다. 우리의 시각은 빛으로 볼 수 있기에 우리는 우주의 끝, 밖의 세계를 영원히 볼 수 없는 것이고, 현대 과학에서 빛의 속도는 시간이 멈춰진 상태라고 밝히는바 상호 상관성이 있다 하겠다. 우주의 끝 너머에는 분명히 무엇인가 있기에 우주의 끝을 말하고 있지만 과학으로는 설명할 수 없다. 끝이 있다 함은 그 끝 다음에 무엇이 있다는 말이고, 빅뱅에 의해 우주가 생겼다 함은 빅뱅 이전에 무엇인가 분명히 있었다는 것인데 과학은 현상만을 말하기에 과학으로는 설명이 불가능하다는 것이 필자의 주장이다. 따라서 설명할 수 없으니까 단순히 없다고 말하는 것이 얼마나 비과학적인 미신의 행태냐? 라는 것이다. 그 세계는 분명히 존재하고 있으나 과학으로는 설명할 수 없기에 철학적, 종교적으로 말해야 한다는 것이다. 수학적으로 말하면 음수라던가, 허수 루트 -1이 존재하지는 않지만 우리의 정신세계에서 허상으로 분명히 존재하는 것과 같은 그런 세계인데 과학이라는 것이 증명할 수 없기에 없다고 말하는 것과 같다는 것이다. 성경에서는 궁창 아래의 물과 궁창 위의 물로 나누고 궁창을 하늘이라 하심에 궁창의 끝이 우주의 끝인 동시 궁창 위의 물이 천국이라고 말할 수 있겠으나 우리의 3차원적인 세계로 그곳을 볼 수 있고, 갈 수 있는 곳이 아닐뿐더러 그곳이 어떤 곳인지 과학으로는 설명조차 할 수 없기에 과학이라는 학문이 가지고 있는 한계라 할 수 있겠다. 그러나 분명히 있다. 숫자 '0'이 없음으로써 존재하는 것과 같이, 없다고 없는 것이 아니라 없음으로써 존재하는 것이고, 그곳을 일컬어 우리는 靈의 세계라 말하고 있고 영적인 눈으로만 볼 수 있는 영의 세계이기에 3차원적인 세상만을 바라보는 과학으로는 말할 수 없다는 것이다. 태초에 말씀이 있었고, 그 말씀은 빛과 함께 로고스가 되어 온 세상을 비추이매 세상이 환하였고, 환하게 비추이는 그분을 우리 조상은 환하신 님이라 하여 하나님이라 했다고 앞서 1부에서 말하였다. 빛보다 빠른 물질은 이 세싱에 없다. 그러나 빠른 것이 있긴 한데 그것은 물질이 아니라 우리의 생각이다. 그 생각의 세계가 4차원의 세계요, 영의 세계인 것이다. 그러한 생각의 세계가 눈에 보이지 않는다고 없다고 말하는 사람은 아무도 없을 것이다. 그러한 영적 세계의 생각이 구체적으로 전개되어 나타난 것이 바로 우리가 살고 있는 이 세상이라는 3차원적 세계라는 것이다. 유물론적 시각이라던가, 실증사학이라고 하는 그런 현상만을 바라보는 시각으로는 도저히 설명할 수 없는 것이기에 우리는 철학과 종교를 말하고 있는 것이다. 없는 것은 아니고 분명히 있긴 있는 것 같은데 과학으로는 설명할 수 없고, 그러한 이유로 종교와 철학을 말하고 있는 것이지만 과학으로 설명할 수 없기에 없다고 말하는 그 자체가 오히려 과학을 빙자한 미신이라는 것이다. 과학이 밝힐 수 없는 것은 철학과 종교가 밝혀야 하는 것이고 철학과 종교가 밝힐 수 없는 것은 과학이 밝혀야 하는 정과 반의 상호 보완적 관계이지 대립적 관계가 아니라는 것이다. 예컨대 숫자 '0'이 없다는 無가 아니라 '1'이라는 有를 증명하기 위해 존재하는 것과 같이 없음으로써 존재하는 것이다. 그 없음의 세계를 영의 세계라 부르는 것이다. 그 영의 세계는 '1'이라는 실체의 세계를 입증하기 위해 없음으로써 없는 것이 아니라 없음으로써 있는 실체의 세계이며, 현상만을 바라보는 과학이라는 학문이 없음으로써 존재하는 실체의 세계를 설명할 수 없다는 것뿐인데 우리의 학문은 과학이라는 이름 아래 증명이 되지 않는다고 하여 그러한 세계를 인정할 수 없다. 라고 하는 것이 얼마나 미신적 행태라는 것이다. 없음으로써 당연히 존재하는 것이기에 로고스가 되어 말씀이 되었고 현실 세계에 그대로 전개되었다. 그 힘의 원천을 바로 사랑이라고 말하고 있다. 태초에 잉태하지 않으면 안 되는 말로 다 다함없는 주체할 수 없는 사랑이 있었다. 그 사랑의 힘이 구체적으로 전개되어 나타난 것이 바로 3차원 세계의 천지창조인 것이다. 이유인즉 하나님은 사랑이기에 그렇다는 것이다. 시인은 그러한 사랑의 발로를 「인류 창조(造) 1」에서 사랑을 노래한 것이다.

타오르는 벅찬 가슴/ 멈출 수 없어..........

2,000년 전에 우리가 현재 사용하는 전파를 이해할 수 있었을까? 눈에 보이지 않는다고 없는 것이 아니라 전파는 분명히 존재하였으나 그 존재를 밝히지 못하였고 밝힐 수 없으니까 알 수 없었던 것과 같이 현대 과학이 발달하면서 밝혀낸 것들이 얼마나 많은가? 그러나 현대 과학이 자연에 존재하는 모든 것들을 다 밝혀낸 것은 분명히 아니다. 분명히 존재하는 것 중 발견한 것은 일부에 지나지 않을 거라 미루어 짐작할 수 있다. 마찬가지로 현대 과학이 죽음과 시간을 초월하는 영적 4차원 세계와 종교를 밝힐 수 없고 증명할 수 없기에 그것은 허구요, 믿을 수 없는 것이기에 창조론은 틀린

것이고 진화론이 참이라고 말하는 것이 얼마나 어리석은 질문인가? 그렇다면 진화론은 과학이 밝혀낸 참인가? 아니다. 절대 그것이 참이 될 수는 없는 것이다. 그럴 수도 있다는 가설에 불과한 것이다. 유물론이니 실증사학이라는 것들이 다 그런 것들이다. 그러나 우리는 과학으로 신의 존재를 증명할 수는 없지만 창조 원리와 목적이 담겨있는 성경 속에서 그 목적을 이루기 위해 지나온 역사 속에서, 그리고 문자와 예언 속에서 신의 발자취를 간접적으로 체험할 수 있었다. 앞서 말한 대로 인간은 생물학적으로 살다 죽는 동물학적 그 이상의 가치를 가지고 있다. 인간은 지, 정, 의에 의해 예술과 문화 그리고 철학과 종교를 발전시켜 왔다. 이것은 인간이 동물과 같이 단순히 살기 위해 생명을 유지하는 그러한 유기체적 존재에 국한하지 않기 때문에 단순히 자연 발생적 진화론의 입장에 입각하여 역사를 설명하려 한다면 오히려 그 자체가 자가당착적 모순에 빠질 수밖에 없다는 것이다. 그들은 역사가 무엇인지? 역사의 목적과 종말이 무엇인지를 설명할 수 없다. 오히려 설명하려는 그 자체가 모순이기에 설명할 수 없는 것이 참이고 당연할 것이다. 그러나 인간은 생명이 가지는 자연발생적 가치 이상의 존재이다. 그렇다고 오늘날 과학이 이 모든 사실과 진리를 밝혀주는 것도 아닐뿐더러 인간이 느끼는 지, 정, 의와 생명 기원설에 대해 밝히는 것도 아니다. 단지 그럴 수도 있다는 학설에 불과한 것인데, 오늘날 교육의 현장에서 진리인 양 가르치고 있고 창조론은 비과학적이라 하여 거의 취급도 하지 않고 있으니 이 얼마나 무식한 샤머니즘적 행태라 아니 말할 수 있겠는가? 필자는 1부에서 역사 속에서 동행하시는 그분의 발자취와 흔적을 역사와 문자를 통하여 새로운 사실들을 조명함으로써 이를 증명 하였다. 세상에는 많은 종교가 있지만 그래도 기독교의 성경에서 제시하는 창조 원리만큼 목적과 인과법칙이 역사 속에서 일관되게 반복적으로 나타나고 있는 종교는 없다. 아무 관련이 없었을 것 같던 환자에서조차 일관되게 창세기 내용을 환자라는 문자 유전자를 통하여 나타내고 있다. 앞서 언어의 공통된 보편, 타당성에 대해 얘기했다. 역사서에 황제가 창힐에게 명하여 환자를 발명했다고 하는 역사기록이 얼마나 왜곡된 것인가? 새 발자국과 같은 그런 것으로 창안할 수 있는 문자가 아니다. 또한 창세기의 내용을 일관되게 증명하는 환자를 통해 창조 원리와 인류와 함께한 하나님의 발자취를 보아왔음에 이를 부정할 사람은 아무도 없을 것이다.

현대 과학에서 밝히는 진화론의 시각으로 보면 인류는 원시 생물체에서부터 진화하여 원 인류를 거쳐 크로마뇽인이니 북경원인이니 하여 4만 년, 50만 년 전, 더러는 몇 백 년 전까지 거슬러 올라가 선사시대인 구석기와 신석기를 거쳐 역사 시대의 부족국가인 청동기 시대와 철기시대인 고대 국가 그리고 중세와 근대를 거쳐 현대에 이르렀다고 한다. 그것은 아마도 오늘날 가장 이성적이고 합리적인 과학에 근거했다는 소위 실증 사학이라는 학설에 기초하였다. 고 할 때 그것이 실제로 증명할 수 있는 실증적 진리라는 것에 의문을 품지 않을 수 없음은 어찌 보면 지극히 이성적이라 할 수 있겠으나 그곳에는 인간의 정신문명이라고는 전혀 없다. 단지 생존하기 위해 살아온 것뿐이고 현대 과학이 증명할 수 있는 유적과 유물에 국한하다 보니 편협적이다 못해 독선적이다. 그들은 고인돌 하나도 제대로 설명하지 못한다. 고인돌은 고대인의 무덤이기 이전 그 이상의 의미가 있음에도 불구하고 당시 인류의 정신적, 종교 문화를 이해하지 못하고 저급한 신앙 사상인 샤머니즘(미신과 같은 저급한 정신 소산물이라 평가 절하하는 정신관)이라 오도하며 정신적 실체를 쏙 빼고 과학적으로만 설명하려니 고대인의 무덤 외에는 설명할 수 없는 것이다. 그런 것들이 어떻게 역사고 학문 일 수 있는가? 오히려 그렇게 주장하는 그런 학문이 사물의 전체를 보지 못하고 한쪽만 바라보고 진실이라고 외치고 있으니 그런 것들이 역으로 말해 미신 중 미신이 아닐까? 그런 시각으로 역사를 바라보니 역사를 설명할 수 없는 것이고 나아가 인생과 종교조차도 설명할 수 없는 것이다. 한반도에 삼한 사온의 지구 환경이 불과 반세기 전에는 정확히 지켜졌지만 환경오염과 지구 온난화로 지구 환경이 급속히 변화하고 있는 오늘날의 환경을 그 당시의 환경과 동일 시 가정하여 측정하는 연대 측정법이 과연 과학적이고 믿을 수 있느냐는 것이다. 지구가 45억 년 전에 만들어졌다는 것이 사실이라면 100만 년 전의 지구의 환경이라는 게 오늘날과는 분명히 같지는 않았을 것이다. 하물며 45억 년 전을 말해서 무엇 하겠는가? 나아가 1년이라는 개념이 지구가 태양 주위를 한번 공전하는 시간적 개념인데 지구가 생성되기 전 시간적 개념은 무의미한 것이기에 더더욱 그런 것이 아니겠는가? 그러한데도 과학이라는 이름으로 우주 탄생 연대를 말하고 있으니 이 얼마나 미신적 행태라 하지 않을 수 있겠는가?

2. 역사란 무엇인가?

헤로도토스는

순환론의 역사를 주장하며 인간사에 신이 개입하신다는 분명한 증거는 많지만…….(중략) 그들의 사기를 드높여 주고 더욱더 위험을 감수하고 싶은 마음이 들게 해 주었다고 정의하고 있다. 신이 개입하지 않은 일이 없다. 전쟁과 중요한 사건들은 '신탁'에 의해 좌우되었다. 구약성서의 유대민족의 모든 역사는 하나님과 유대인들과의 관계가 아니고서는 설명이 되지 않듯, 헤로도토스는 그가 기술한 역사 속에서 신이 개입하고 있음을 확신하였다. 한편 사마천은 사기를 저술하면서 가장 고심한 화두는 하늘(천도)의 도는 과연 있으며 선한 사람의 편인가라고 반문하였다. 천도가 선한 사람 편에 있다면 백이 숙제는 왜 굶어 죽어야 하였는가? 또한 공자의 제자 중에 안연이라는 자가 있는데, 그는 누구보다도 공자의 가르침에 순종하였고, 우수하여 행실이 올 바랐는데, 가난하던 나머지 거리에서 굶어 죽었다. 반면 같은 시대에 도척이라는 자가 살았는데, 그는 비할 데 없는 대 악인으로 사람을 죽여 재물을 빼앗고, 제멋대로 생활을 하며, 천하를 누비고 다녔는데도 제 목숨이 다 할 때까지 살았고, 안락하게 죽을 수가 있었다. 이래도 하늘은 항상 올바른 사람의 편이라고 말할 수 있겠는가? 하면서 하늘이 선인의 편이라는 말을 반박하기도 함에 헤로도토스와는 달리 역사 속에서 신의 존재를 인식하지 못한 것 같다.

이렇듯 동양과 서양에서 역사의 아버지라고 일컫는 두 사람의 역사를 바라보는 견해는 정 반대다. 한 사람은 역사 속에서 신의 발자취를 보았지만 또 한 사람은 도덕적 관점으로 신의 존재를 하늘이라는 말을 사용하여 반신반의하며 신이 있다면 악을 그대로 두고 있는가라고 반문하고 있다.

신채호는

아(我)와 비아(非我)로 나눠 '아(我)와 비아(非我)의 투쟁'이라고 역사를 정의하며 역사 속에 주체성을 강조하였다. 역사를 볼 때 주체성이 확립되어 있지 않으면 역사를 볼 자격이 없다는 것이다. 역사는 자신의 주관을 가지고 보는 것이지, 객관적으로 본다는 것은 잘 성립되지 않는 것이기에 기본적으로 우리 민족의 역사는 우리 민족의 입장에서 기술을 해야 한다는 주체성을 일깨워 주었다. 오늘날 우리의 강단 사학자들이 깊이 생각해야 할 사안이라 하겠다. 뒤편에서 자세히 다루겠지만 일왕을 천황이라고 한다고 우리도 우리의 교과서에 '천황'이라고 기록하고 있다. 당나라 배구전에서 고죽국을 고구려라 하였으면 고구려가 당연히 우리 민족이 세운 나라이고, 고죽국 역시 우리 민족의 역사인데 우리는 우리의 역사 교과서에서조차 고죽국에 대한 역사는 없다. 이는 다시 말해 고구려가 우리의 역사가 아니라고 말하는 것과 무엇이 다르랴? 남들은 남들이 인정하지도 않는 영토를 자신의 것이라 억지로라도 주장하여 자신의 것으로 하는데 우리는 남들이 인정하는 것도 찾아먹지 못하는 그러한 민족인가 보다. 그러다 보니 고구려가 중국의 소수 민족사로 전락함에도 이론상, 논리상 아무런 대응도 하지 못하고 있는 것 아니겠는가? 그러다 보니 고죽국과 은(상)과의 관계도 모르고, 백이 숙제(앞서 사마천은 백이 숙제를 안연과 도척에 비유하여 하늘의 도를 물었다. 이는 그들이 판단하는 선과 악의 기준의 척도를 말하는 것으로 우리의 정신적 문화와 역사적 위치를 가늠하는 중요한 산물임과 동시 동이 역사의 위치를 가늠할 중요한 증거라 할 수 있겠다)가 우리의 선조인지도 모르고, 그러다 보니 수양산에 들어간 이유도 모르고, 한반도에 국한한 영토에 대한 개념을 벗어나지 못하다 보니 식민 제국주의자들이 만들어낸 한사군을 한반도에 끌어들이고, 주의 무왕이 상(은)나라의 기자를 조선에 봉하였다는 어처구니없는 말이나 하고 있으니 이 얼마나 얼빠진 민족이기에 선생은 아(我)와 비아(非我)로 나눠 주체성을 확보하라고 사대, 친일 식민사학자들에게 자각하라고 말하였는가? 다시 말해 중국, 일본 사람의 입장에서 우리 민족의 역사를 기술할 수는 없다는 것이다. 예컨대 오늘날 사드를 바라볼 때 동일한 사건임에도 불구하고 그들의 입장과 우리의 입장은 상반된다. 우리의 상고사가 다 없어졌다. 일제가 40년간 우리 민족의 정체성을 말살하였던 것과 같이 그들 역시 화려했던 우리의 역사를 모두 다 짓밟아 없애버리고 기록이라고는 여기저기서 자기들의 입장에서 기록한 누더기의 역사인 일종의 한 나라의 침략사, 또는 한 개인의 소사인 것인데도 불구하고 그것이 마치 정사인 양 사대주의와 모화주의 사상에 빠져 기록하여 역사라고 하였으니 선생은 이를 각성하라고 진정한 自我를 찾아 '나'라는 주체성을 확립하고 역사를 기술해야 한다고 역설하신 것이다. 선생의 역사관을 사대주의, 제국 식민사관 주의자들이 자신의 사관을 합리화하기 위해 민족 사학자라는 국수주의자에 한정하려 함에 적어도 선생은 그들처럼 역사왜곡은 하지 않았고 나아가

我와 非我에 대한 정체성을 찾으려 자각하고 노력하였다. **왜 우리 역사를 알아야 되느냐? 그 역사를 왜 공부해야 되느냐?** 한마디로 주체성과 정체성의 파악이며 자아 인식을 목적으로 한다는 것이다. 내가 누구이며 역사 속에서 나를 파악할 때 우리는 진정한 인간으로 다시 태어날 수가 있다고 말하였다. 당시 한국의 역사학계를 지배하던 사관은 실증 사관이었다. 실증사학자들은 학문의 중립성과 객관성을 명분으로 일제의 식민체제를 묵시적으로 동조하는 한편 일본 학자들의 식민사학을 구축하는데 협력하였고 오늘날까지 한국 사학계의 주류를 이루고 있는데 그들이 얼마나 역사를 왜곡하고 있는지 밝혀 나가기로 하겠다.

함석헌 선생은 헤로도토스의 순환적 반복론을 뒷받침하여 역사의 반복성을 주장하였다. 그 운동의 반복성을 수레바퀴나 나선형 나사에 비유하였다. 수레바퀴가 매일 돌고 있지만 제자리에서 도는 것이 아니라 앞으로 나아가며 돌고 있는 것이고, 나사 역시 제자리를 도는 것만 같지만 제자리를 도는 것이 아니라 올라가기 위해 도는 것과 같이, 나선형 원형을 크게 그리며 자라나는 생명이고 그러한 생명의 법칙은 멈추지 않고 움직이고 성장하려는 신의 속성이며 그 발전의 현상 속에 신은 인간에게 자율적, 도덕적 책임관을 주었기에 인간의 책임론을 주장한다. 그저 문화와 문명의 발전이 아니라 도덕적 성숙과 영적 승화를 문제 삼아 우주 발생과 역사 전개를 우연한 사건으로 보지 않고 뜻의 실현 또는 뜻의 나타냄이요, 하나님의 절대적 가치의 본체요, 그 뜻의 방향으로 운동하여 나타난 것이 역사라 하였다. 我와 非我의 투쟁으로 보고 나의 정체성을 찾으려고 했던 선각자는 손(手)에 창(戈)을 들고 양을 죽여 제천해야 하나님께 나갈 수 있는 我인 아벨과 양의 피 흘림이 없는 곡식의 제천과 예배는 죄 사함이 없다고 분명히 죄를 다스리라는 하나님의 말씀에도 불구하고 순종치 아니하는 非我인 카인의 깊은 역사적 사실을 어느 정도 인지하였던 것 같다. 또한 아브라함과 이삭과 야곱의 3대의 가족사가 400년간의 애급 노예생활로 이어지고 사울과 다윗과 솔로몬의 3대의 민족사가 210년의 바벨론 노예생활로 이어지고, 십자가의 제천 후 400년간의 기독교 로마 박해시대를 거쳐 2,000년간 나라 없이 세상을 방황하다 1948년에 독립하여 이스라엘을 건국한 국가사와 세계사를 반복의 나선형 성장의 역사로 보고 그 속에서 신의 역사적 목적을 달성하기 위해 뜻을 성취하기 위한 하나님의 절대적 뜻의 실천이며 의지요, 인간의 자율적 책임과 도덕관을 제시하던 선각자는 역사가 왜 반복하는지 그 역사의 이유를 그렇게 설명하였으니 이 얼마나 놀라운 일이 아니겠는가?

역사를 어떻게 바라보느냐는 관점에 따라 진화론에 입각한 진화 사관, 유물론적 변증 사관, 유심 사관, 민족 사관, 계급투쟁 사관, 황국 제국 식민사관, 실증 사관 등 다양한 이론들이 있으나 "이것이 인생이고 이것이 역사다."라고 말하는 참 진리는 이 세상에 없는 것 같다. 막연하게 "그럴 것이다."라는 추측에 기인한 학설에 불과함은 역사의 본질과 목적을 정확히 모르고 있기 때문이다. 자신들이 생각하고 추구하려는 가치에 목적을 설정해 놓고, 그 목적에 역사를 맞추려다 보니 자의적 해석에 의한 역사관과 역사를 왜곡하는 참이 아닌 거짓의 역사로 발전되었다는 것이다. 그것은 참이 아닌 거짓이 하는 짓거리다. 여자에게 선악과를 먹으면 죽지 않고 눈이 밝아진다고 유혹하는 것과 같이 거짓을 진실로 가장한 거짓 사상인 것이다. 역사의 본질은 무시한 채 단군신화를 과학적, 합리적, 이성적, 객관적이라는 이유만으로 역사 사실이 아닌 신화로 하여 저급한 샤머니즘으로 매도하고 전체를 부정하려는 그들에게 이전에 없었던 실증사학이라는 알지도 못하는 이상한 이론을 끌어들여 남의 것을 허구로 매도하고 자신들 것만이 진리인 양 외치는 그들에게 환문은 어디서 왔으며 일본으로 갔는지 묻고 싶다. 일본에서 와서 반도로 전래되었다는 사실을 증명한다면 나는 임나일본부설을 부정하지 않겠다. 그러나 적어도 문명이 대륙을 거쳐 반도를 거쳐 열도에 전래가 되는 것이 순리이다. 문자가 있는 민족이 문자가 없는 민족보다 문화가 앞서는 것이 일반적 사실임에도 불구하고 임나일본부설을 정설인 양 역사에 기록하고 사실인 양 교육하고 있으니 이 얼마나 우스운 일인가? 황국 제국 식민사관에 입각하여 목표를 설정해놓고, 기술하려다 보니 모순을 자아낸 역사왜곡의 흔적이요, 실체인 것이다. 자신들이 생각하고 추구하려는 가치에 목적을 설정해 놓고, 그 목적에 역사를 맞추려다 보니 역사의 본질을 외면하고, 왜곡한 것이고 그러다 보니 모순에 모순을 낳는 것이다. 그것은 참이 아니고 거짓이다. 그런 사관이란 것들이 다 거짓을 진실로 위장한 사탄의 거짓 짓거리다. 모름지기 역사란 역사로서만이 아니라 인생과 우주 속에 있으면서 그 우주와 인생을, 나아가 보편적 인류의 절대적 가치와 진리와 죽음까지 뛰어넘어 종교까지도 설명할 수 있어야 참 역사라는 것이 필자의 정의이기에 그렇다는 것이다. 인류 개개인의 인생의 연장이 곧 역사이며 그러한 개인의 인생 속에는 예술과 문화, 나아가 철학과 종교를 함유하고 있기 때문이다. 신라의 역사 속에 불국사와 석굴암과 첨성대와 이집트의 피라미드나 최후의 만찬이나 잉카제국의 피라미드....... 등은 인간 정신세계의 결과물들이요, 인간이 단순한 물질이 아니라 지정의에 의한 정신적, 종교적 유심적 존재라는 증거이다. 그러한 예술 작품은 인간의 정신적 발로의 결과물들이고, 그러한 것은 창조주의 천지창조와 같은 잉태하지 않으면 안 되는 창조할 수밖에 없었던 신의 속성을 닮은 창조의 속성이지, 진화와 같은 생존적 욕구에 의해 절대로 저절로 생겨날 수 있는 것들이 아니다. 그러기에 그 시대 인류의 정신과 철학, 종교 문명을 이해하지 못하고는 문화와 역사를 설명할 수 없는 것이고 역사와 철학과 종교를 이해할 수 없다는 것이다. 그들은 고대 고인돌을 무덤이라 하고, 첨성대를 별자리 연구하던 것 정도 외에는 그 무엇도 설명하지 못한다. 그러다 보니 단군신화 속에 조선인들의 정신과 철학과 종교적인 정신 관념은 쏙 빼버리고 과학이라는 실증사학이라는 이상한 거짓 이론을 끌어다 들여 유물론적 사고로 설명하려기에 신화이고, 허구며 저급한 하나의 샤머니즘으로 매도하기에 실체를 보지 못한다는 것이다. 그것이 "얼마나 무식한 행태이고, 그렇게 말하는 것이 어떻게 학문이오?, 역사며 그렇게 주장하는 자들이 어떻게 학자라고 말할 수 있느냐?"라는 것이다. 참 역사는 종교사관이어야 한다. 사람이 생물 이상의 의미적인 가치와 보람과 진리와 종교를 추구하는 존재임에도 불구하고 사람의 사람됨이 단지 물질과 생존에 국한시키고 정신적 가치를 인정하지 않으려는 것이야말로 비과학적이며 실증이라는 단어에 맞지도 않는 거짓 짓거리라고 거듭 강조하고 있는 것이다.

한 국가의 발전과 그 국가의 특정 주요인물에 한정한 황국 제국 식민사관이라던가, 특권 계층에 대한 열등의식에 기인하여 특정 집단의 이익을 위해 주변국들이나 어느 특정 대상에 대해 수많은 희생을 강요했던 이념적 이데올로기와, 인간의 삶에 있어서 의미적인 관념을 쏙 빼버리고, 사람도 순전한 과학적 실험 대상으로 보는 진화론적 유물사관, 과학이라는 이름으로 실제로 검증된 것만을 가지고 인정하려는 실증사학 등……. 비과학적이며 실증이라는 단어에 맞지도 않는 거짓 진리인 것이다. 역사의 근본에 아무 목적 없이 단지 생명의 생존적 특징만을 가지고 자연 발생적으로 파생한 우연한 현상으로 평가하는 그런 거짓된 사상으로 인류의 모든 정신적 가치와 역사를 규정하려다 보니 자기모순에 빠져 인류의 궁극적인 인생 문제도 하나 제대로 해결할 수 없는 것이다. 목적과 원인을 모르니 귀결되는 반복적 순환에 대한 역사의 가치 역시 모르는 것이고, 역사의 가치와 목적을 모르니, 그러한 거짓된 이론이, 마치 세상의 진리인 양 모순에 빠지는 것이다. 세상의 진리라고 말하는 것들이 다 그런 것들이다. There is probably no God. so enjoy yourself! (신은 아마도 없을 것이다. 그러니 즐겨라!) 확실치도 않다. '아마도'라는 추측뿐이다. 그러나 정말 있으면 어떡할거냐? '아니면 말고'의 문제가 아니라, '사느냐 죽느냐?'의 문제이다. 앞서 말했듯이 진리란 이럴 수도 있고, 저럴 수도 있는 것이 아니라 하나다. 둘이 진리라 한다면 하나는 분명히 가짜다. 에덴동산에서 선악과를 먹으면 "절대 죽는다."가 "죽을까 하노라"에서 다시 "죽지 아니한다."로 변해가는 과정은 '아니면 말고'의 문제가 아니라, '죽느냐, 사느냐?' 의 魂과 靈에 관련된 생과 사의 문제이다. 앞서 말했듯이 혼과 영을 파자하면 魂은 인류(儿)가 귀신(甶, 불, 바알)과 함께하여 생과 사에 관해 말한 것(云) (魂=甶 불+儿 인+厶 사+云 운)이라고 정의하고 있으며, 靈은 하늘에서 내려오는(雨) 삼 신(口口口)과 두 사람(人人 곧 아담과 하와)를 연결해 주는 것(雨+口口口+人人+工)이라 환자는 숫자까지 정확히 하여 가리키고 있다. 우리 조상들은 삼위일체의 하나님을 靈이라는 환자 유전자 속에 그대로 각인시켰고, 환자로는 '三神上帝'라 하였다. 인류 역사 초기에 이미 성부, 성자, 성령에 대한 신의 속성에 대해 알고 있었던 것이다. 그것을 모르고 사대 모화사상과 이방 우상 종교에 심취한 우상 숭배자들이 우리 고유의 종교 사상을 샤머니즘으로 매도하고 삼위일체 하나님을 아기나 점지해주는 '삼신할미'로 전락시켰으니 이 얼마나 샤머니즘과 같은 미신 중 미신이란 말인가? 하나님과 연결하는 靈이 죽어 삼신하나님과 단절되었다. **髁, [骨+流]**이 되어 하나님과 단절되어 우리의 모든 종교를 버리고 역사와 문자를 모두 잃어 나(我)를 잃어버렸으니 이 어찌 통탄치 않을 수 없으랴? 우리 민족의 역사가 고난의 역사인 이유이기도 하다. 그것도 모자라 사탄은 거짓 사상인 유물사관이니, 황국 제국주의 사관이니, 실증사학이니, 진화론이니……. 온갖 거짓 잡동사니로 하나님의 정신세계와 종교세계를 부정하고 있다. 그러한 것으로는 역사가 무엇이지?, 역사가 언제 시작했는지? 기원전(B. C)과 기원후(A. D)가 뭔지? 역사를 왜 그렇게 나누었는지? 역사를 누가 그렇게 나누었는지?, 역사가 반복하는지, 반복하지 않는지? 역사가 반복한다면 왜 반복하는지? 역사의 종말이 무엇인지?, 역사의 종말은 언제인지?, 역사의 종말 뒤에는 어떤 세상인지 아무것도 모른다. 모르기에 설명할 수도 없다. 그러기에 역사가, 인생이 무엇인지 정의조차 내릴 수 없다. 그저 영혼 없이 살기 위해 진화해 온 생명에 국한한 유기체이기에 어쩌면 진화론이니 계급 투쟁설이니 유물론이니 실증사학이니 하는 이론과 설들이 당연하다고 할 수 있겠으나 그러한 모든 것들은 참이 아니라 거짓이라는 것이다. 역사에는 뜻과 목적이 분명히 있다. 그 목적을 이루기 위해 역사는 끊임없이 반복한다. 그 목적의 주인은 이 피조 세계를 만드신 창조주 하나님이시고 우리 인간은 그 목적을 향해 나아가는 연출자이다. 사람에게는 가치 관념이 있다. 도덕적, 예술적, 문화적, 철학적 관념이 있고 죽음을 초월하는 종교적 관념이 있다. 어떠한 과학자라도 그 가치 관념을 순전한 물질에서 추출할 수는 없다. 가치란 그 가치 된 것 그 자체에서 나왔고 그 가치의 본 주체는 하나님이요, 그 가치를 알자는 것이 역사요, 종교인 것이기에 참 역사는 종교 사관이어야 한다고 필자가 주장하는 이유인 것이다. 하나님은 인간 내면에 도덕과 양심과 신을 찾을 수 있는 종교성을 주었고 그것을 선택할 자율성을 주셨다. 하나님은 이 우주를 산 생명으로 완성하기 위해 종같이 복종만 하는 인간으로 창조하지 않으셨고 창조하며 스스로 사고하고 판단하여 행동하는 양심적, 도덕적 그리고 하나님을 사랑할 수 있는 존재로 인간을 창조하셨다. 그것이 바로 선악과와 생명과에 관련된 자유의지인 것이다. 그 자유의지에 따라 방종하지 않기 위해 양심과 도덕을 심어놓고 책임이 따르도록 하였다. 유물사관, 황국제국주의 식민사관 ……. 등은 이러한 참 역사의 의의를 몰랐기에 자기들 편의대로 말을 바꿔 기록한 거짓 위서에 불과한 것이다. 그것들은 앞서 말 한 대로 '아마도'라고 하여 인류로 하여금 인간의 정신세계와 신의 존재를 부정하게 한다. 그것이 바로 사탄이 하는 짓거리이다.

도덕과 양심과 종교의 개념이 아닌 물질적, 생존 본능으로 가장된 이론으로 벌어진 참혹한 인류의 전쟁사는 이러한 거짓된 사관에 의해 행위가 합리화되고 인간의 도덕성과 양심이 버려졌음에 가능하였던 것이다. 사마천은 미쳐 이것을 깨닫지 못하였기에 하늘을 원망한 것이다. 전쟁 성 노예 문제만 해도 그렇다. 그것이 인간으로서 가능한 것인가. 자신들도 안다. 얼마나 비인간적인지? 그러기에 깊은 참회보다는 사실이 아니라고 거짓말하고 역사 왜곡을 함에 아무런 죄의식을 느끼지 않는 것은 이러한 거짓 역사 인식에서 기인하기 때문이다. 이것은 인간이 하나님을 떠나 사탄을 선택하였기에 가능한 것이다. 환문은 그것을 "부끄럽다. (媿= 女+鬼 귀신과 여자가 함께 있다)"라고 말하고 있다. 아우슈비츠 수용소의 한 사형수는 신이 존재한다면 인간의 이런 잔인하고도 참혹한 죄의 참상을 보고 침묵할 수 없다고 말하였는데 그것은 앞서 말하였기에 더 이상의 언급은 피하기로 하고 정의하자면 역사는 생명과 이신 하나님과 선악과인 사탄과의 영적 싸움이 시간적으로 전개된 결과물들이고, 그 속에서 인간은 "선악과를 먹느냐? 생명과를 먹느냐?"라는 양자택일의 선택을 종용 받은 것이고, 그러한 양자 간 대립이 시간의 연장선 위에 전개된 것이다.

그렇다면 역사란 무엇인가?

역사라는 영어 단어 history의 어원은 그리스어 '히스토리아'다. 히스토리아는 원래 '조사'나 '탐구'라는 뜻을 가지고 있기에 역사는 탐구를 통하여 얻어진 지식이라는 의미를 갖고 있고. 서양에서 이 말을 처음으로 사용한 사람은 고대 그리스의 역사학자 '헤로도토스'

였다. 역사에 대한 비교적 평범한 수준의 정의라 할 수 있겠다. 더러는 HIS+STORY라 하여 '그분의 이야기'라 말하지만 상기 그리스어의 유래로 보아 근거 없는 얘기 같다. 하지만 환문은 역사와 종교를 정확히 정의하고 있다. 앞서 언급하였듯이 우리가 반듯이 꼭 알아야 할 사항이었음에도 몰랐었고 우리의 삶과 죽음에 관한 중요한 문제이기에 다시 한 번 정의하자면

歷史란 에덴동산(厂)에서 생명과를 먹을까 염려하여 생명 있는(丿) 두 번째 나무(林)에 나아가는 길을 막으신,(止).(**厂+丿+林+止=歷**) **史** 두 사람의 이야기 (**口口+ 人=史**), 또는 罒 올무에 걸린 사람의 이야기 (罒+人)라 정의하였다. 더하여 (**宗教**)란 에덴동산(宀)에서 우리를 지켜보시는 하나님(示(宀+示)을 가르치는 것을 종교라고 桓字는 정의하고 있다. 우연이라고 할 사안이 아니다. 불교 이전에 이미 환문은 역사와 종교를 정의하고 있다. 엄격히 말해 에덴동산에 거주하시며 인류가 선악과를 먹는지, 먹지 않는지 **지켜보시는(示), 그리고 검사하고 판결을 내리신(檢)** 분은 오직 창조주 하나님 외에는 없다는 것이 환문의 정의이고, 더하여 성경에서도 "**나 외에는 다른 신이 없다.**"라고 확증하여 기록하고 있는 것이다. 생명나무로 나가는 길을 막으신 그 해가 언제인가? B. C 4,000년 전이다. 그리고 A. D 0년에 B. C 4,000년 전에 말씀하셨던 여자의 후손인 그분이 이 땅에 오시어 인류의 모든 죗값을 지불하고 다시 생명나무로 나아가는 길을 열어 놓으신 것이고, 지금은 그분이 탄생한지 A. D 2019년이 되는 해이다.(물론 오산으로 약간의 차이는 있음) 지구

상에 수많은 연호가 사용되었고 세상을 다 정복한 칭기즈칸의 연호가, 아니면 알렉산더의 연호가 지금도 사용되는가? 그것도 그들과는 비교조차 할 수 없는 유대 고을 조그마한 나라에서 왕도 아닌 목수의 아들인 33세의 한 청년이 십자가에 홀로 사형수로 죽어갔음에도 불구하고 세계 어느 민족 누구나 할 것 없이 그분의 탄생 연도를 사용하고 있는데 이것을 어떻게 설명할 수 있을까? 홍해가 갈라져야만 기적이냐? 성경은 이를 이렇게 기록하고 있다.

거룩하고 진실 하사 다윗의 열쇠를 가지신 이 곧 열면 닫을 사람이 없고 닫으면 열 사람이 없는 그이가 가라사대 (계 3장 7절)

나는 알파와 오메가요 처음과 나중이요 시작과 끝이라(계 22장 13절)

요약하면 역사, 다시 말해 생명나무로 나아가는 길을 막으신 분도 그분이시오, 생명나무로 나아가는 길을 여신 분도 그분이시오, 생명나무로 나가게 허락하여 우리가 그 생명과를 먹을 수 있게 해주시는 분도 그분이시라는 것이다. 닫으신 분이 그분이시기에 여시는 분도 그분인 것이고, 역사를 시작한 분도 그분이시기에 역사를 종결하시는 분도 그분이시며, 그분만이 할 수 있는 유일한 분이시라고 "**변명하지 말라**"라고 확증하여 못 박고 있는 것이다.

성경 없이 歷史가 풀리지 않는 것이고, 歷史라는 桓字의 풀이 없이는 역사를 알 수 없는 이유이다. 이러한 역사의 풀이를 정확히 가지고 있는 민족이 우리 민족이다. 이 얼마나 자랑스러운 일인가? history와의 정의와는 비교도 할 수 없고, 성경의 역사를 한 치의 오차도 없이 정확히 정의하고 있는 민족이다. 이러한 환자는 기독교가 국교인 환국에서 사용했던 문자를 우리 민족이 그대로 가지고 왔다는 것이고, 그 환문이 인류 최초의 문자요, 언어라고 말하고 있는 것이다. 그리고 그분이 바로 우리 국조의 아버지이신 환웅 서자라고 역사서 삼국유사는 말하고 있는 것이고, 그것을 알았기에 필자가 漢字가 아니라 桓(韓)字라고 말하는 이유이고, 이것을 깨달았던 시성 타고르는 "일찍이 아시아의 황금시절 동방의 등불이었던 코리아"라고 시에서 노래한 것이다.

부연 설명한다면

역사의 출발은 인류가 생명나무로 나가는 길을 막으시고 에덴동산에서 내쫓은 때이고,
생명나무로 나아가는 길을 열기 위해 달려온 구약의 역사가 기원전 B. C의 역사이고,
십자가의 제배 후 생명나무로 나아가는 길을 여신 역사가 기원후 A. D의 역사이고,
생명나무로 나아가 생명과를 먹고 영생하는 것이 역사의 종결이라는 뜻이다.

그러기에 처음과 나중이요, 시작과 끝이라고 성경에서 기록하고 있

는 것이다. 에덴동산에서 지옥의 삶을 살 것인지, 천국의 삶을 살 것인지를 결정할 수 있는 결정권을 인류에게 주었던 것과 같이 현대를 살아가는 우리 인류에게 다시 지옥의 삶을 선택할 것인지 아니면 천국의 삶을 살 것인지를 결정하라는 우리에게 묻는 하나님의 마지막 예언의 말씀인 것이다.

> **나는 길이요 진리요 생명이라. 나를 통하지 않고서 아버지께로 올 사람은 아무도 없느니라. (요 14장 6절)**

> **하나님이 세상을 이처럼 사랑하사 독생자를 주셨으니 이는 저를 믿는 자마다 멸망치 않고 영생을 얻게 하려 하심이니라. (요 3장 16절)**

> **그 두루마기를 빠는 자들은 복이 있으니 이는 저희가 생명나무에 나아가며 문들을 통하여 성에 들어갈 권세를 얻으려 함이로다. (계 22장 14절)**

❖ 환문 풀이

歷 : 에덴동산(厂)에서 생명 있는 (丿) 두 번째 나무(林)에 나아가는 길을 막다(止).

史 : 아담과 하와의 타락으로 에덴동산에서 쫓겨난 두 사람(口口+人) 또는 죄, 올무에 걸린 사람(罒+人)의 이야기.

棘, 困 : 생명나무에 나가는 길을 그룹(罒)들과 화염검(口)으로 막아 인생의 생로병사를 비유하여 형상화함.

田田 : 선악나무(木)에서 열리는 선악과(果)의 열매를 田, 생명 나무(林)에서 열리는 생명 열매(果果)를 田田으로 형상화함.

宗 : 에덴동산(宀)에서 선악과를 지켜보시는(示) 하나님을 형상화.

檢 : 에덴동산(宀)에서 선악나무(木)에 두 사람(口口+人人)이 다가가 선악과를 먹은 사건을 검사함. 다시 말해 선악과 먹고 검사한 창세기 사건을 형상화.

髁 : 선악과(果)를 먹고 몸이(骨) 비틀어지다.

髍 : 에덴동산에(厂) 있는 생명나무(林)에 나갈 수 없는 우리 몸(骨)은 중풍에 걸려 마비되어 하나님과 단절되었다.

靈 : 하늘에서 내려오는 삼신 하나님(口口口)과 아담(人)과 하와(人)를 연결하는 (巫) 매체인 영을 형상화함.

魂 : 귀신과 인류가 삶과 죽음 곧 선악과에 대해 얘기함(云).

罒 : 그물 망, 올가미. 罪의 어원(그물, 올가미에 걸리면 안 됨.)

3. 우리 역사의 총평

반만년의 역사를 가지고 있다고는 하나, 역사서는 없고 조선이 망한 후 근 일 천녀 년이 지난 후에 기록된 삼국유사가 조선의 실체를 기록한 최고의 역사서이다. 그것도 우리가 바라본 역사서가 아닌 남의 시각에 의해 기록한 역사서를 인용하여 기록하였으니 자신의 관점에서 바라본 역사가 아니라 남이 바라본 역사이기에 객관적 사실에 입각하여 기록하였다고 위안 삼을 수는 있겠지만 진정한 자아를 찾기에는 부족할 것이다. 인용한 중국의 역사서들이 중화사상이나 황국사관의 시각으로 자신들의 입장에서 기록한 것이기에 주체성이 떨어지는 것은 명명백백한 사실이고, 기록된 사실을 그대로 인정하기에는 문제가 있으며 최대한 당시의 환경이던가, 정세와 여러 역사적 사실을 고려하여야 하겠고, 또한 주체성을 강조한 단재 선생의 역사관에 따라 반드시 다시 해석해야 할 사안이라 할 수 있겠다. 그럼에도 기록이라고는 그것밖에 없으니 방법은 없다 할 수 있겠으나 그래도 그것만이라도 있어서 다행이라 하지 않을 수 없다. 역사는 있으되 기록이 없는 이 민족에 대해 노 사상가는 이렇게 말했다.

> "조국의 역사를 쓰다가 말고 붓을 놓고 눈물을 닦지 않으면 안 되는 이 역사, 써놓고 나면 찢어 버리고 싶어 못 견디는 이 역사, 찢었다가 그래도 또 모아대고 쓰지 않으면 아니 되는 이 역사 …… 4천 년 넘는 역사에 우리는 이 날까지 태평 시대라는 것을 모른다. 이

나라 반만년 역사는 민중의 자유와 자존을 억눌러 온 사회적 폭력 세력인 정치집단의 착취와 억압과 일관된 우민 정책의 역사였을 뿐이기 때문이었다."

라고 우리의 역사를 말하고 있고, 일연 스님이 불교를 멀리하고 이교와 도교에 심취하여 그랬다고 어렴풋이 말하였지만 성경의 역사가 곧 우리의 역사요, 우리의 역사가 곧 세계의 역사인 것이다. 생명나무로 나아 갈 수 없는 두 사람의 이야기인 歷史. 그룹(罒)들로 생명나무로 나아가는 길을 막으신 困과 棘의 역사. 에덴동산에서 가죽옷을 입혀 쫓아내신 비극의 역사 哀, 짝만 보면 에덴동산에서 바라보았던 생명나무가 생각나서 슬퍼지는 역사 楚이다. 하나님을 모시던 성전에 온갖 이방 우상 종교를 숭배하며 십계명을 어기고 처와 첩이 일 천명을 더해 온갖 간음과 죄악을 일삼던 솔로몬과 그 민족에게 희망은 없는 것이다. 눈알이 뽑힌 채 바벨론으로 끌려가 노예 생활을 해야 했던 것과 같이 하나님을 떠난 민족에게 미래는 없는 것이다. 그러기에 고대사가 밑동이 잘려나가 갈갈이 누더기가 되었고 고구려의 아들들이 포로로 끌려가고 백제의 딸들이 낙화암에 몸을 던져야 했고, 고려와 조선의 아들딸들이 이교도들에게 수없이 죽어가야 했던 이 역사를

"쓰다가 말고 붓을 놓고 눈물을 닦지 않으면 안 되는 이 역사, 써놓고 나면 찢어 버리고 싶어 못 견디는 이 역사, 찢었다가 그래도 또 모아대고 쓰지 않으면 아니 되는 이 역사……."라고

노 사상가는 우리의 역사를 고난의 역사요, 연단을 시키는 하나님의 뜻의 역사라 하였지만 우리 고유의 원시 기독교의 제천의 예배 의식을 모두 다 잃어버리고 도교와 이방, 우상 종교에 심취한 이 민족에게, 그리고 조상신을 섬기는 이 민족에게 제발 하나님 품으로 돌아오라는 하나님의 눈물 어린 메시지였음을 알지는 못했던 것 같다.

4. 인류의 이동과 桓字의 출현

온 땅의 언어와 말이 하나였다. 노아의 후손은 동으로 이주하다 하나님과 대적하게 되는데, 그것이 바로 인류에게 선악과를 먹지 말라는 하나님의 말씀을 거역한 것이고, 사탄의 말을 따라 선악과를 먹고 죄의 종이 되었다는 증거이다. **"생육하고 번성하여 땅에 충만 하라, 땅을 정복하고 피조 만물 모든 생명을 다스리라"**라고 말씀하셨지만 인류는 성읍과 탑을 하늘에 닿게 하여 우리 이름을 내고 온 지면에서 흩어짐을 면하자고 하였으니, 이것은 온 지면을 정복하고 만물을 다스리라는 하나님의 말씀에 또 불순종하고 대적하는 것이었다. 결국은 이 무리가 한 족속이고 언어도 하나이므로 그들이 모여 하나님을 대적하는 일을 하고 있으니 그들을 지면에서 흩으시기 위하여 온 땅의 언어를 혼잡하게 하시었다. 결국 하나에서 수백에 이르는 언어가 생겨났고, 의사소통이 불가한 그들은 당초 하나님의 말씀에 따라, 온 지면에 흩어지게 되었는데, 셈의 후손 중 일부는 환하신 님, 밝은 님을 찾아 해가 비치는 동으로, 해가 뜨는 동으로 이주한다. 그 빛을 사모하여 눈에 보이는 끝을 향해 동으로 옮기면서 일부는 만주를 거쳐 중원에, 일부는 한반도를 거쳐 도해하여 일본으로, 일부는 알래스카를 건너 신 대륙에 인디언으로 정착하게 된다. 그 혈연적 증거가 바로 몽고반점이다. 전래되는 민속 신앙에 따르면 태어날 때 아기를 점지하신 삼신할미가 세상에 빨리 나가라고 엉덩이를 찰싹 때려 멍이 생겼다고 하는데 성부, 성자, 성령의 삼위일체 하나님 또는 상제님의 호칭이 사대주의 사상에 젖고, 우리 것을 업신여기다 보니, 우리 고유의 민족 종교를 모두 잃어버리고, 샤머니즘의 무속 신앙으로 매도되매 삼신할미라는 민속 무속 신앙으로 변질이 되었지만 민속신앙 속에 하나님의 얼이 그대로 각인되어 있다. 아무튼 그들은 언어가 혼잡하게 되어 의사소통이 불가능하여 흩어지게 되었지만 그들만큼은 아담과 노아 할아버지가 말씀하신 유언을 후대에 알리려고 환자 문자 속에 일일이 새겨놓았다. 한글이 백성을 어엿비 여겨 위민 백성 위해 창제된 것과 같이, 환자 역시 인류를 어엿비 여겨 훗날 복음의 말씀을 간직하고(福) 여자의 후손, 곧 그리스도를 기다려 반드시 구원받으라고 창조된 목적이 분명히 명시되어 있는 문자인 것이다.

	한 글	환(한) 자(桓, 韓 字)
누가	세종대왕	환인(하나님)의 서자인 아담, 노아의 후손 환웅
언제	조선 초	실락 후, 노아 홍수 후
어디서	집현전	환국 또는 동으로 이주하며
무엇을	가림토 문자를	창세기 성경 말씀을
어떻게	삼신상제의 3 수 법칙에 따라	창세기 말씀을 문자로 형상화하여
왜	백성을 어엿비 여겨 편히 익혀 사용하라고	인류를 어엿비 여겨 복음의 말씀을 간직하고 그리스도를 영접하여 반드시 구원받으라고

5. 잃어버린 환한 님 나라 三韓 朝鮮

앞서 바벨탑 사건 이후 언어가 혼잡하게 되었고, 언어 소통이 불가한 그들은 각자 자신의 길로 제각각 흩어졌다. 이는 그들에게 흩어져 땅을 정복하고 만물을 다스리라는 사랑 실현의 의도였음을 성경은 간접적으로 증거하고 있다. 그들 중 한 인물이 있었으니 그가 바로 하나님의 서자인 환웅이라고 삼국유사는 말하고 있다. 역사가도 아니요, 그저 수도하는 승려일 뿐, 그렇게 초라하다. 조선사도 아니다. 제목과 같이 삼국에 관한 이야기지만 그래도 유일하게 우리 민족 최고국의 건국신화, 나아가 인류 문명의 시원의 나라인 '환국'을 언급하고 있다. 반도사관과 식민사관과 같은 엉터리 사관으로 바라보아 단순히 신화라고 비하하여 왔으나, 인류 최초의 나라인 환국을 언급하고 있는 세계 역사서 중 최고의 유일무이한 역사서이고, 나아가 성경과 환문이 더하여 증거를 함에 부정할 수 없는 역사이기에 필자가 이를 밝히려 글을 쓰는 이유이다. 다른 나라의 건국신화와는 비교조차도 할 수 없는, 세계 최고의 역사서의 기록을 가지고 있는 민족이 우리 민족이요, 그러한 역사가 가공인 신화의 나라로 인식하게끔 기록되어, 역사 속에서 사라지지 않아 오늘날 우리가 볼 수 있기에 다행이고 그저 감사할 뿐이다. 일제가 수많은 서적을 불태우면서도 왜 이 서적만큼은 그대로 두었을까? 실증사학에 기반을 둔 황국 제국주의 식민사관에 입각하여 역사를 바라보아 역사가 아니기에 역사서로 남은 것이다. 자신들의 메시아가 메시아처럼 보이지 않아 십자가에 못 박아서 인류를 구원했던 것과 같이,

그것이 하나님의 법칙이다. 사탄이 진시황을 시켜 수많은 기독교의 원시 제문화의 서적을 모두 불태웠음에도 그 원형을 환문 속에 숨겨놓았듯이, 일제가 수많은 서적을 불태우고 역사를 왜곡했음에도 이 책 속에서 그 왜곡 흔적을 찾을 수 있어 정말로 감사하다. 다음은 일연의 삼국유사 고조선 건국신화를 기록한 부분이다.

古朝鮮(王儉朝鮮) (고조선(왕검 조선))

魏書云(위서운)

위서(중국의 위수가 기술한 역사 책)에서 이르길,

乃往二千載有壇君王儉(내왕이천재유단군왕검)

지금부터 2,000년 전 단군왕검이 있어

立都阿斯達(입도아사달)

아사달에 도읍을 정하고

(經云無葉山(경운무엽산)。亦云白岳(역운백악)。

(무섭산, 백주에 있는 백악이라도 하고)

在白州地(재백주지)。或云在開城東(혹운재개성동)。今白岳宮是(금백악궁시)

(혹은 혹자는 현재 개성 동쪽에 있는 지금의 백악궁아라고 하기도 한다)

開國號朝鮮(개국호조선)。

개국하니 그 이름이 조선이요.

與高(堯)同時(여고요동시)。

요임금 때와 같은 시기다.

古記云(고기운)

고기(현재 전해지지 않는 옛날 역사서)에 따르면,

昔有桓國(謂帝釋也)
庶子桓雄(서자환웅)。數意天下(삭의천하)
貪求人世(염구인세)。
父知子意(부지자의)。
下視三危太伯(하시삼위태백)
可以弘益人間(가이홍익인간)。

옛날에 환국이 있었다.
서자 환웅이 자주 천하에 뜻을 두고,
인간 세상을 몹시 바랐다.
아버지(하나님)는 아들(환웅)의 뜻을 알고,
삼위태백을 내려다보매
가히 홍익인간(널리 인간을 이롭게 하다)할만 한지라

乃授天符印三箇(내수천부인삼개)。
遣往理之(유왕리지)。

이에 천부인 세 개를 주어
내보내서 세상을 다스리게 하였다.

雄率徒三千(웅솔도삼천)。
降於太伯山頂(강어태백산정)
(卽太伯今妙香山)(즉태백금묘향산)
神壇樹下(신단수하)。

환웅은 삼천 명의 무리를 이끌고
태백산 정상
(지금의 묘향산)
신단수 아래로 내려왔는데,

謂之神市(위지신시)。
是謂桓雄天王也(시위환웅천왕야)。

이곳을 신시라고 하고
이분을 환웅천왕이라 한다.

將風伯雨師雲師(장풍백우사운사)。
而主穀主命主病主刑主善惡(이주곡주명주병주형주선악)。
凡主人間三百六十餘事(범주인간삼백육십여사)。
在世理化(재세이화)。

풍백. 우사 운사를 거느리고,
곡식, 생명, 질병, 형벌, 선악들을 주관하고,
무릇 인간사 360여 가지를 주간하여
인간 세계를 다스려 교화 시켰다.

時有一熊一虎(시유일웅일호)。
同穴而居(동혈이거)。

이때 곰과 호 각각 1미리가
같은 굴에 살았는데,

常祈于神雄(상소우신웅)。
願化爲人(원화위인)。

항상 신령한 환웅(환웅을 뜻함)에게 빌기를
사람이 되기를 기원한다고 하였다.

時神遺靈艾一炷(시신유령애일주)。
蒜二十枚曰(산이십매왈)。
爾輩食之(이배식지)。
不見日光百日(불견일광백일)。
便得人形(갱득인형)。

이에 신(환웅)이 신령한 쑥 한 다발과
마늘 20개를 주면서 말하길
"너희들이 그것을 먹되
백일동안 햇빛을 보지 않으면
인간의 형상을 얻을 수 있을 것이다."

熊虎得而食之(용호득이식지)。
忌三七日(기삼칠일)。
熊得女身。,
虎不能忌(호불능기)。
而不得人身(이부득인신)。

곰족과 호족이 그것을 받아서 먹었다.
삼칠일(21일)을 참고
곰족은 여자의 몸을 얻었고
호족은 능히 참지 못해서
인간의 몸이 되지 못하였다.

熊女者無與爲婚(웅녀자무여위혼)。
故每於壇樹下呪願有孕(고매어단수하주원유잉)。
雄乃假化而婚之(웅내가화이혼지)。
孕生子(잉생자)。號曰壇君王儉(호왈단군왕검)。

웅녀는 그녀와 혼인하려는 자가 없어,
매일 신단수 아래에서 아기 갖기를 빌었다.
웅(환웅)은 이에 잠시 인간으로 변해 그녀와 혼인하고,
아들을 낳으니 이분이 단군왕검이시다.

以唐高(堯)卽位五十年庚寅(이당고즉위오십년경인)
(唐堯卽位元年戊辰(당요즉위원면 무진)。
則五十年丁巳(즉오십년정사) 非庚寅也(비경인야)。
疑其未實(의기미실)
都平壤城(도평양성)

요임금이 즉위한지 50년인 경인년,
(요임금의 즉위 원년은 무진년이니
50년은 정사 년이므로 경인년이 아니어서
아마 사실이 아닌듯하다)
평양성에 도읍을 정하고,

(今西京)始稱朝鮮((금서경)시칭조선)。	(지금의 서경) 비로소 조선이라 하였다.
又移都於白岳山阿斯達(우이도어백악산아사달)。	후에 다시 도읍을 백악산 아사달로 옮겨.
又名弓(一作方)忽山(우명궁 (일작방)。	그곳을 궁(혹은 방자로도 되어있다)홀산
又今彌達(우금미달)。	또는 금미달이라 부른다
御國一千五百年(어국일천오백년)。	1,500년간 나라를 다스렸다.
周虎王卽位己卯封箕子於朝鮮(주호왕즉위기유봉기자어조선)。	주나라의 호왕(무왕을 뜻함)이 즉위한 기묘년 에 기자를 조선에 봉하니,
壇君乃移於藏唐京(단군내이어장당경)。	단군은 이에 장당경으로 옮겼다.
後還隱於阿斯達爲山神(후환은어아사달위산신)。	후에 아사달에 돌아와 숨어 산신이 되었는데.
壽一千九百八歲(수일천구백팔세)。	단군 조선 건국 1908년이다.
唐裵矩傳云(당배구전)	당나라 배구의 배구전에서 말하기를
高麗本孤竹國(고려본고죽국)	고구려는 본래 고죽국이었는데
(今 海州)	(지금의 해주)
周以封箕子爲朝鮮(주이봉기자위조선)	주나라에서 기자를 봉하면서 조선이라 하였다.
漢分置三郡(한분치삼군)	한나라가 세군으로 나누어 다스렸는데
謂玄菟樂浪帶方(北帶方)위현토낙랑대방(북대방)	이것이 현토, 낙랑, 대방이다. (북대방)
通典亦同此說(통전역동차설)	당나라 두우가 편찬한 통전에도 이와 똑같이 말한다
(漢書, 則眞臨樂玄四郡) (한서 즉진임락현사군)	한나라 책에는 진임락현 사군이라 한다면)
(今云三郡)(금운삼군)	여기서는 삼군으로 되어 있고
(名又不同)(명우부동)	이름 또한 같지 않으니
何耶(하야)	이 무슨 이유인고?

중국의 동북공정이나 일본의 식민 사관과 같이 목표를 설정해놓고 기술하려다 보니 불가피하게 역사왜곡을 했어야 하는 것과는 달리 위서와 고서를 인용하여 객관적 사실을 바탕으로 기록하려던 작가의 의도가 엿보인다. 작가는 승려로서 신화와 같은 환국을 불교의 시각으로 제석의 나라로 표현하고 있다. 그러나 필자가 1부에서 환국을 소개하였던 것과 같이, 환국은 글자 그대로 환국이다. 환하신 분인 桓因이신 하나님이 통치하신 환한 나라이기에 '환국'이라 한 것이다. 석가 이전 이미 그 나라가 있었지만 그 나라를 알 수 없었던 작가는 자신의 신앙에 기초하여 謂帝釋也라고 부연 설명하였고, 일 제국주의자들 역시 식민사관에 목표를 두고 역사를 왜곡하려고 桓國을 桓因으로 고쳐 역사를 왜곡하려 하였다고도 하는 데 이 얼마나 우스운 일인가? 사탄들이 하는 짓거리가 다 그런 것이다. 역사는 모르면 모르는 대로 그대로 기록하면 되는 것이다. 얼마나 많은 역사가 그렇게 왜곡되었는가? "자세하지는 않으나 운운하며 어디가 아닐까?"라고 말한 다음 기정사실인 양 왜곡하는 그들이 다른 사람도 아닌 과학이라는 학문을 들고 나와 소위 실증된 것만 역사라고 주장하는 실증 사학자들의 정체요 실체다. 그들은 과학이라는 이름으로 증명할 수 없는 역사는 역사가 아니라고 주장하려는 명분을 얻기 위해 자신들이 주장하려는 사관을 합리화하려고 과학과 실증이라는 단어에도 맞지 않는 이상한 이론을 도용한 거짓 학자라는 것이 필자의 주장인 바 이를 증명해 나가기로 하겠다. 태백산을 지금의 묘향산으로 기술함은 삼국통일의 승자인 신라 중심적 사관과 당시 고려의 영토에 국한하여 바라보다 보니, 조선의 광대한 영토에 대한 인식의 한계를 극복하지 못한 관점이라 여겨진다. 조선의 광대한 영토와 역사와 당시 여러 정황을 고려할 때 묘향산이 아닌 것만은 확실하다. 신라통일의 적법성을 갖고 져 우리 역사를 한반도에 국한하려는 반도사관과 사대 사관이 신라에 이어 고려, 조선으로 이어지다, 실증된 것만 역사라고 주장하는 실증사학자들이 식민사관을 합리화하기 위해 만들어 놓은 틀에 맞추어, 지금까지 우리 민족의 주체성과 정체성을 극복하지 못한 철학의 부재요, 잃어버린 나와 역사를 찾지 않은 결과이다. 그들은 정신적인 관념은 무시한 채 과학이라는 미명 아래 유물론과 같은 거짓 이론을 제국주의 사관으로 끌어들여 왜곡함에 더욱더 그러하다. 옛 조선이나 고구려, 나아가 말갈, 여진이나, 거란과 같은 동포를 같은 민족으로 보지 않고 우리 것을 업신여기고 모화 사대주의에 빠져 오랑캐라고 배척한 결과 역사는 어떻게 되었는가? 수많은 북방 침입의 구실을 주었지 아니한가? 6. 25와 같은 한국 전쟁도 다 그런 맥락에서 보아야 되지 않을까? 청나라의 누루하치가 누구의 후손인가? 그들이 정말 야만족이고 오랑캐냐? 그들의 피에 조선과 고구려와 신라의 용맹한 피가 흐르는데……. 조선의 영토가 어디더냐? 고구려와 발해의 영토가 어디더냐? 광활한 만주와 대륙을 호령하던 기상은 다 잃어버리고 모화사상과 사대주의 사상에 젖어 반도사관에서 벗어나지 못하고, 급기야 오늘날에는 중국의 동북공정 역사에 한 마디 말 못 하고 고구려가 일개 소수 민족사로 전락해버렸는데……. 그것뿐이냐! 제국 식민사관에 의해 한사군이 한반도 중앙에 그리고 임나일본부설에 의해 한반도 남부가 식민지 사로 전락해 버렸는데 학자라는 것들이 우리 민족의 정체성이 무엇인지, 我와 非我의 실체가 뭔지도 모르고 남의 논문이나 복사하여 학위나 도적질하고, 감투싸움에 ……. 그대들이 김부식, 아니 일제에 나라 팔아먹은 놈들과 뭐가 다른가? 나라를 팔아먹은 놈만 매국노냐? 민족의 얼과 정신과 역사를 팔아먹었는데!

조선의 영토는 유물이나 고서를 보더라도 한반도에 국한된 것이 아니라 상(은) 나라와는 비교조차 할 수 없는 만주, 요동, 요서에 이르는 동아시아의 대 제국이었다. 세계 역사상 어느 나라가 자신의 영토 변방 끝자락에 수도를 두는 나라가 어디 있는가? 모름지기 수도란 그 나라의 중심에 있어야 전국 통치가 가능하다. 더욱이 도로나 교통이나, 통신이 발달되지 않은 시대에는 더더욱 그랬다. 고구려가 국내성에서 평양으로 수도를 옮길 때는 삼국통일을 하려는 남하정책과 같은 특별한 이유와 명분이 있었기에 천도를 한 것이지, 어떠한 특별한 이유도 없이 조선의 광활한 영토는 생각하지 않고, 우리 역사를 한반도에 국한하려는 사대주의 관점으로 보니 태백이 태백산이고 고려의 수도와 인접한 묘향산이라 하고, 어디는 개성의 동쪽이라고 말 같지 않은 말을 하는데 역사학자들이라는 것들이 이의 제기 하나 제대로 하지 못하고 남이 쓴 논문이나 베껴 표절이니, 표절이 아니니 학위 장사나 하고 있으니.......... 아! 이 얼마나 한심한 일인가? 그 사람은 그래도 승려이니 그렇다 치더라도 학자라고 하는 것들이 왕검성이 지금의 평양이라 하고, 오늘날조차도 일왕을 천황이라 교과서에 수록하여 버젓이 교육이 이루어지고 있는데 이를 보고 한마디 하는 사람 하나 없으니 이 얼마나 통탄하다 아니할 수 있겠는가?

'일왕을 천황이라 하고

국사를 한국사라 하고

왕검성이 지금의 평양에 있었다고 하고

한사군이 한반도에 있었다 하고

낙랑국을 낙랑군이라 하고

만리장성의 동쪽 끝은 평양이라 하고

패수를 한반도에 끌어들여 청천강이라 하고

조선을 신화의 나라로 등등……… 수많은 역사가 왜곡 기술됨에

조선의 역사를 한탄한 연암 박지원은 다음과 같이 통탄하였다.

"아아! 후세 선비들이 이러한 경계를 밝히지 않고 함부로 한사군을 죄다 압록강 안쪽으로 몰아넣어 억지로 역사적 사실로 만들다 보니, 패수를 그 속에서 찾되 혹은 압록강을 패수라 하고 혹은 청천강을 패수라 하며 혹은 대동강을 패수라 한다. 이리하여 조선의 강토는 싸우지도 않고 저절로 줄어들었다."

『열하일기』 1권 도강록

낙랑공주

1.

광활한 만주 벌판
쫓기고 내쫓기다

반도 끝 한 모퉁이
사대 식민지 사(史)

비통함 느낄 새 없이
이놈 저놈 눈치 보다

남북이 총부리 겨눠
핏빛으로 문드러지고

친 소파, 친 일파 졸개
땅따먹기 싸움질하다

섬 속에 갇혀
허리 잘린 나의 조국

뜯고 붙이기 수십 번

길가에 쭈그려 앉은
늙은 갈보 년 모양

님 오실 때 등불 밝힐 기름 없어
거지 처녀 되었건만

진실된 역사 감출 길 없는

도도한 공주는
자명고 설화 되어

둥~둥~ 둥~
가슴을 울리 운다.

2.

“나는

낙랑 군(郡) 태수(太守)의 딸이 아니라
자주독립 낙랑 국(國)의 당당한 공주(公主)였노라.”

철(銕) 활((夷) 문자(桓字)
천손 삼부인 증표 삼아

시월하고 초 셋째 날
시원 문명 개천하고

은(殷) 제후국 제세
중원을 호령하며

역사 창조하던 밝은 빛, 환한 나라(桓)

해(日)와 달(月) 광명 받아(朝)

양(羊), 소(牛) 희생(犧) 제물 제천(祭天)하고

소 울음(犧) 예배(禮拜)한 후

의(義)와 미(美)라 여김 받아
눈 빛 고아 (鮮) 신비롭디(祥) 고운 三韓 鮮國

孔, 孟子 말하였고
사마천이 기록했던 동이(東夷) 예의지국

일찍이 아시아의 황금 시기
빛나던 등불의 하나였던 코리아

그 등불 다시 한 번 켜지는 날
동방의 밝은 빛 되리.

시성(詩聖)이 노래했던

진리의 기쁨 속에 자유 샘솟고
빛있어 밝은 나라 大桓 天國

"죽음보다 더 큰 사랑
이룰 길 다함없어

고인돌 제단 위
창 들어 제물 바쳐

천하를 통일하였노라!"

찢어진 자명고는 혼 되어 깨우친다.

우리나라에 대해 타고르는 시 「동방의 등불 The Lamp of the East」에서 이런 말을 남겼다.

일찍이 아시아의 황금시기에
빛나던 등불의 하나인 코리아
그 등불 다시 한 번 켜지는 날에
너는 동방의 밝은 빛이 되리라
마음에 두려움이 없고
머리는 높이 쳐들린 곳
지식은 자유롭고
좁다란 담벽으로 세계가 조각조각 갈라지지 않은 곳

진실의 깊은 속에서 말씀이 솟아나는 곳
끊임없는 노력이 완성을 향해 팔을 벌리는 곳
지성의 맑은 흐름이 굳어진 습관의 모래벌판에 길 잃지 않은 곳
무한히 퍼져 나가는 생각과 행동으로 우리들의 마음이 인도되는 곳
그러한 자유의 천당(천국)으로
나의 마음의 조국 코리아여 깨어나소서!

첫째 잃어버린 환한 님 나라 三韓 朝鮮

古記云(고기운) 고기(현재 전해지지 않는 옛날 역사서)에 따르면,

昔有桓國(謂帝釋也)　　옛날에 환국이 있었다.

庶子桓雄(서자 환웅)。

승려의 시각으로 보았으니 '釋'이라 하였지만 분명히 '桓'이라 하였으니 1부에서 밝혔듯이 '밝음'의 환자식 표현이며 환하신 이, 곧 하나님의 환자식 표현이다. 하나님이 통치하시던 나라, 그곳을 바로 환하신 분이 다스린다 하여 환한 나라인 桓國이라 하였다. 태초에 말씀과 함께 계셨다. 그 빛이 하나님과 함께 하였으니 환한 님이고 하나님인 것이고, 환한 빛의 나라이기에 환국이요, 환웅인 것이고, 그 나라에서 사용한 글자 역시 환한 글자이기에 필자가 漢字는 桓字의 오류라고 말한 이유이다. 진시황에 ---문자 '秦始皇'에서와 같이 환자는 '진나라 때 황제가 처음'이라고 말하고 있는데, 그것은 '삼황오제'에서 취한 용어이기에 '皇帝'라는 용어가 진시황 이전에는 사용하지 않았다는 증거이기도 하다. --- 의해 환문이 정리되었다고는 하나 漢나라 이전, 漢族 이전 동이의 환웅 천자께서 창세기의 사건들을 모두 환자 속에 각인시켜서 그대로 가지고 온 문자이며 환국을 고서를 인용하여 밝히고 있다. 세계 4대 문명 이전 요하 문명이 인류 최초의 문명이라고 말하고 있고, 단군 조선은 환국 이후 단군왕검이 건국한 나라이다. 당시 중국은 오제 시대였다고 함에 국가 성립의 전, 전 단계인 씨족 사회였다고 사기에서 황제를 인용하여 더하여 기록함에 요하 문명의 주인은 밝히는 중요한 근거가 아니겠는가?

악이 없었다. 죽음도 없었고 땀 흘려 일하지 않아도 되었다. 그곳이 바로 성경에서 말하는 에덴동산, 그곳을 환한 님이 통치하시던 환한 나라였음을 고서를 인용하여 '석유 환국'이라 말하고 있는 것이다. 성경과 삼국유사 외에 세계 어느 민족의 역사 속에 환국을 언급하고 있는가? 그 나라가 우리 민족과 관련 있는 민족임을 밝히는 역사서는 우리 민족 외에는 이 세상에 없다. 이 얼마나 자랑스러운 일인가? 그 나라가 조작되었는가? 그 나라는 분명히 실존하였던 실재의 나라였다고 성경은 밝히고 있고, 더하여 환자는 증명하고 있고, 역사서는 실존한 나라였다고 말하고 있지 않는가? 또한 고인돌과 요하 문명의 여러 유적들이 말하고 있지 않는가? 또한 그분을 庶子桓雄(서자 환웅)이라 하여 '친자'가 아니라 '서자'라고 분명히 기록함에 신화가 아니고 실존했던 인물이기에 실화임을 더더욱 가늠케 한다. 그는 타락한 종인 鬼의 신분에서 羊의 제를 지내 의롭다 인정받은 하나님의 서자인 것이다. 그가 누구인가? 아담이요, 아벨이요. 셋이요, 에녹이요, 노아인 것이다. 그럼 나는 누구인가? 나는 친자이신 성자께서 하나님 우편에 서서 성령으로 세례 주고 축복해주시던 양자다. 그것을 성경에서는 이렇게 증거하고 있다.

> **"너희는 다시 무서워하는 종의 영을 받지 아니하고 양자의 영을 받았으므로 우리가 아빠 아버지라 부르짖느니라"(롬 8장 15절)**

한 치의 오차 없이 성경과 역사서는 신분을 정확히 증거하고 있다. 1부에서 언급하였듯이 선악과를 먹은 아담과 하와는 사탄의 종(鬼)이 되었지만, 희생의 제와 예배 이후 가죽 옷을 입혀 주시고 의롭다(義) 하심으로 서자로 삼으셨다. 아벨도, 셋도, 에녹도, 노아도 모두 다 '의롭다.'여기시며 서자로 삼으셨다. 그분들을 일컬어 환하신 분의 아들이라 하여 桓雄庶子라고 함에 한 치의 차이가 없는 것이다. 그리고 친자이신 그리스도와 구별하기 위해, 그리고 십자가 제와 예배 후, 다시 말해 A. D 후를 살아가는 우리에게 십자가의 은혜를 믿고 예배와 기도를 드리고 성령을 받고(酉) 그리스도의 옷을 입으면(韓) 다시 양자의 영을 받는다고(祝) 성경은 반복하여 증거하고 있는 것이고, 환자와 역사서는 신분을 정확히 일치하여 증거하고 있는데 어떻게 그것을 신화라고 말할 수 있단 말인가?

從에서 보듯 來, 咴, 檢, 靈, 巫 등……과 같이 공통어는 선악과를 먹은 아담과 하와, 人人으로 두 사람을 가리키며, 지칭하고 있는 것과 같이 서자, 양자, 친자 모두 공통된 역사적 사실이기에 언어의 보편, 타당성에 따라 일치하는 것이다. 비록 선악과를 먹어 타락하여 종이 되었지만, 제와 예배를 드렸기에 그들을 '의롭다.'여기셨고, 가죽옷을 입어 '韓'하다 여기셨다. '환웅'은 하나님의 서자, 환한 님의 아들이라는 환자식으로 표현한 보통 명사이기도 한 것이다.

선악과 먹기 전의 아담과 하와의 몸은 성령이 있는 **酉**와 **配**였지만 선악과를 먹은 후에 그들은 **亡**과 **凶**이 되어 **鬼가 되었고, 죄를 두 사람이 따랐기에 '從'이 되었다. 從은 쫓을 종이다. 사탄(由)을 쫓아 鬼가 된 것이라고 '從'이 더하여 증명하는 것이다. 그러한 그들을 양과 소의 犧牲의 祭를 통해**

拜 하고 祈禱 한 후, 韓 하여 義롭다 여김으로 서자 삼으시고 여자의 후손인 성자이신 친자를 기다려 후일 성령(儿)을 받으면 亡과 凶에서 酉와 配가 되어, 양자의 영을 받는다고 환자와 성경과 우리의 건국 역사는 동일하게 증거하고 있는 것이다. 그러한 구원의 말씀을 가진 그 나라가 바로 桓國이요, 朝鮮이요, 三韓이요, 합하여 大韓이라고 밝히고 있는 것이다.

왜곡되었다면 왜곡된 근거 찾아보아라! 성경에서 양자라고 기록됨과 같이 조작이 아니기에 서자이고, 왜곡이 아니기에 친자가 아닌 것이다. 일왕이냐?, 천황이냐? 일왕이 천황이라 한다면 그것은 왜곡된 것이고, 왜곡이 아니라면 사탄의 하수인인 것이다. 그럼에도 불구하고 우리는 과거 40년 동안 천황이라고 불러야 했고, 그에게 절해야 했다. 그들은 아직도 자기네 왕을 '천황'이라고 부르고 있다. 천황을 정의하면 '하늘의 황제'라는 말이다. '신'이라는 말이다. 그러기에 그들은 신사참배를 강요하였고 맥아더조차 "당신이 신이요?"라고 반문하지 않았는가? 그게 얼마나 어불성설이고 하늘에 교만한 것인가? 선악과를 먹으면 하나님과 같이 되어 선악을 안다고 사탄은 유혹하였다. 그 교만이 인류를 파멸로 만든 것이다. 일개 인간이 하늘의 왕도 부족하여 황제가 될 수 있느냐? 도저히 그럴 수는 없는 것이다. 그러나 그러한 제국주의 사관에 세뇌되어 우리에게 신사참배를 강요하였고 성전이라는 이름하에 인류 역사상 얼마나 비윤리적이고 비도덕적인 일이 자행되었는가? 아직도 그들은 그들이 남에게 주었던 상처는 생각하지 않고 자기네들이 받은 피폭의 상처만을 기억한다. 하나의 잘못된 사상이 얼마나 인류에게 큰 죄악을 저질렀는지 아직도 그들은 자신들의 잘못을 잘 모르는 것 같아 안타깝다. 그러기에 그들의 역사는 처음부터가 거짓이다. 그것이 바로 사탄이 하는 짓거리다. 그러나 우리의 역사는 뭐라고 하는가? 하나님의 친자가 아닌 '서자'라고 성경과 일치하여 정확히 기록하고 있지 않는가?

'**明**'은 日과 月이 모여 밝다는 뜻이다. 그래서 어둠을 밝히는 여명이라 하여 '**朝**'라 하였다. 그리고 **羊**과 내(**魚**)가 함께하니 고와 '**鮮**'이다. 일러 '**朝鮮**'이란 국호의 유래이다. 밝고 환하다. 그래서 '**韓**'이고 밝아서 하얗다. 그래서 '**白**'이고, 밝고 환해서 깨끗하고 으뜸이라서 '**伯**'이다. 백의민족 곧 우리 민족을 지칭하는 말이기도 하다. 우리 조상들은 이미 창세기 1장 3절에서 말하는 "**태초에 빛이 있으라.**"라는 말의 뜻을 알고 있었으며, 그 말씀이 로고스 되어 천지가 창조되었음을 깨닫고 있었던 것이다. 어둠을 깨고 밝게 빛났다. 그래서 환한 님, 하나님, 환국, 그리스도인 양(羊)과 내가(魚) 함께하니 고와(鮮) 빛난다(朝). 양의 가죽 옷을 입어서(韋) 韓이다. 그래서 하얗다. 그래서 '**白**'이고 으뜸이라 하여 '**伯**'인 것이다.

三危太伯 후 降於太伯山頂의 '伯'은 그렇게 유래된 단어이고.

"하얀 그리스도의 옷을 입었다." 하여 백의민족이라 하였고 그것을 일컬어 **'韓'**이라 하였다. 마름질한 가죽 옷(韋)을 입어 환하고(日) 깨끗하다는 뜻이다. 아담 환웅이 실락할 때 제배하고 입은 가죽 옷이 바로 그 옷이다. 三韓은 하나님의 3수 법칙에 따라 조선을 마한, 진한, 번한으로 나누어 통치하다가 반도에 이르러 마한, 진한, 변환으로 바뀌었고 고구려, 백제, 신라로 전개되다가 후일 삼한을 합쳐 大韓이라 부르게 된 것이고 현재 우리의 국호인 것이며 조선의 3한 제도에서 그 유래를 찾을 수 있는 것이다. 양의 피로 제와 예배(祭拜)하고 기도(祈禱)하여, 죄 사함 받음으로 나(魚)와 그리스도를 상징하는 양(羊)이 함께하니 '곱다'는 **'鮮'**이 되어 **'朝鮮'**이고 "가죽 옷을 곱게 차려입다."하여 **'三韓'**이고 **'大韓'인 것이다.** 이것이 우리 민족의 정체성이며, 손(手)에 창(戈)을 들고 소와 양을 죽여야 하는 나(我)의 정체성인 것이다. 가죽 옷(韋)은 그리스도의 말씀의 옷이요, 성령의 두루마기라고 성경은 더하여 증명하고 있다. 우리 민족의 고유 종교가 기독교임을 확증하는 결정적 증거라 아니할 수 없다 하겠다. 이것을 깨달은 시성 타고르가 사대주의와 식민사관과 이방 종교와 우상에 사로잡힌 우리 민족을 향해 자각하라고

> 일찍이 아시아의 황금 시기에/ 빛나던 등불의 하나인 코리아 / 그 등불 다시 한 번 켜지는 날에/ 너는 동방의 밝은 빛이 되리라!/ 생략/ 그러한 자유의 천당(천국)으로/ 내 마음의 조국 코리아여 깨어나소서!

라고 노래하고 있는 것이다. 아시아의 황금 시기가 언제였던가? 언제 우리가 세상을 밝히던 등불이었던가? 다시 한 번 빛나는 날 동방의 밝

은 빛이 될 거라며 내 마음의 조국이라고 하였다. **思**다. 파하면 田+心이다. 에덴동산인 본향을 그리워하는 마음을 형상화하였다. 동아시아 최초의 대 제국 아니 인류 최초의 나라인 환국과 조선 그리고 원시 기독교의 제천 문화와 문자와 철기 문명을 가지고 인류 문명을 개화하며 홍익인간과 재세이화의 종교 사상을 갖춘 조선의 나라를 시인은 인류의 본향인 에덴동산(田)을 사모하여(心), '내 마음의 조국'이라고 예찬하고 있는 것이다. 에덴동산의 종교를 가지고 있기에 내 마음의 조국이라 말하였다. 종교가 아니고서는 도저히 말할 수 없는 말이다. 그의 종교가 무엇이든 상관없다. 일연의 종교가 불교였듯이, 하지만 그들은 본향인 환국을 한결 증거하고 있지 않는가? 내 마음의 조국 본향인 코리아여, 제발 좀 깨어나라고 말하는 소리가 들리지 않는가?

降於太伯山頂(강어태백산정)	태백산 정상
(卽太伯今妙香山)(즉태백금묘향산)	(지금의 묘향산)
神壇樹下(신단수하)。	신단수 아래로 내려왔는데,
謂之神市(위지신시)。	이곳을 신시라고 하고
是謂桓雄天王也(시위환웅천왕야)。	이분을 환웅천왕이라 한다.

태백산 꼭대기 신단수 아래로 내려와 신시를 건국한 것이다(神壇樹下 謂之神市). 太伯山을 논함에 요하 문명의 유적이나 조선의 활동 범위를 고려할 때 최소한 묘향산이나 태백산같이 한반도에 있는 산은 아니다.--- 모르면 모르는 그대로 기록하면 되는데 자기가 직접 확인한 것도 아니데 환국을 帝釋也라느니, 태백산이 묘향산이

라느니, 패수가 청천강 또는 대동강이라느니, 아니 이병도라는 사람은 단군조선의 실체를 부정하면서 삼위태백을 삼고산이라고 하는데 앞뒤가 모순되는 상황이고, 환국은 필자가 풀이한 대로 '하나님의 나라' 글자 그대로 '환한 나라'가 아닌가? 석가는 그 시대에 있지도 않았던 사람이고 모르면 모르는 대로 문자 그대로 기술하면 되는 것을 자기가 무슨 큰 깨달음을 얻은 자라고 ---. **神壇樹**가 뭘까? 풀이하면 하나님(示)과 제단(壇) 그리고 나무(木, 樹)다. 무슨 나무가 그렇게 중요하기에 그 나무 제단 밑으로 내려와 신시를 건국하였단 말인가? 웅녀는 왜 또 신단수 아래에서 매일 기도하였는가?

(故每於壇樹下呪願有孕(고매어단수하주원유잉)。 매일 신단수 아래에서 아기 갖기를 빌었다).

朴은 또 뭔가? 나무(木)에 복(卜)을 비는 것을 형상화하였다. 신라 시조의 성이기도 하고 밝음의 환자식 표기이기도 하다. 조선이 망한 후 그 후손이 남하하여 건국한 진한인 신라 시조의 성이다. 그는 '단군'이 제사장이라는 것과 같이 '朴'이라는 단어 속에 '제사장'이라는 뜻을 심어 놓았음은 환국과 조선의 종교가 삼국에 그대로 전래되었음을 밝히는 증거라 하겠다. 모두 제천을 드리는 공통의 종교를 말하는 것이다. 그들은 생명나무에 대한 생과 사의 문제를 알고 있었기에 생명나무라는 **樹**와 木 아래에 고인돌이라는 **祭壇**을 쌓고 **拜**와 **祈禱**를 드린 후 여자의 후손인 복(卜)을 고대하였다고, 모두 조작할 수 없는 공통된 하나의 진리에 대해 증거를 하는 것이라고 환자와, 역사서와 성경은 똑같이 가리키고 있는 것이다. 부언하면 창세기에서 실락할 때 여자의 후손을 보낸다는 복음 사상과 메시아사상을 간직하라는(福) 생명나무의 종교 사상에 대해 언급하고 있는 것이고, 나아가 우리의 민속 신앙 속에서조차 아기를 점지해주는 삼신 사상으로 전래되고 있는 것이다. 다윗이 메시아를 고대함과 같이 우리 민족 역시 환국의 福사상을 이어받아 성령을 받은 유웅국 공주로 하여금 신단수 아래서 메시아를 고대하였을 보여주는 간접증거라 하겠다.

檀 역시 박달(밝은, 생명))나무 단자로서 桓과 같이 밝음을 나타내는 생명나무와 제단을 나타내는 환자식 표현이라 하겠고, 웅녀 역시 성령과 아이를 달라고 금식을 하며, 생명나무에 기도한 것을 정신적 관념은 쏙 빼버리고 유물적, 실증적 사고로 바라보니 역사가 아니고 신화, 아니 샤머니즘적 미신으로 오도한 것이지만 역사와 언어와 문자 유전자 속에 왜곡할 수 없는 공통된 진리와 진실이 숨어있는 것을 우리는 보지 못한 것뿐이다.

時有一熊一虎(시유일웅일호)。	이때 곰과 호 각각 1마리가
同穴而居(동혈이거)。	같은 굴에 살았는데,..........
熊虎得而食之(웅호득이식지)。	곰족과 호족이 그것을 받아서 먹었다.
忌三七日(기삼칠일)。	삼칠일(21일)을 참고
熊得女身。,	곰족은 여자의 몸을 얻었고
虎不能忌(호불능기)。	호족은 능히 참지 못해서
而不得人身(이부득인신)。	인간의 몸이 되지 못하였다.

지신(地神)을 믿는(토테미즘) 웅족(사기에 황제는 유웅국 소전의 아들이라 기록함)과 호족에게 있어서 하나님을 믿는 고등 종교와 철학과 율법과 같은 법률을 가지고 있는 환웅 서자, 그리고 창(戈)과 칼(刀)과 활(弓)과 쇠(銕=金+夷)와 환자 등 각종 선진 문물을 갖춘 환웅 서자는 당연히 존경의 대상이었을 것이며 자신들도 하나님을 체험하고 믿게 해달라고 간청하였기에 100일 금식 기도할 것을 요청하였고, 21일 만에 성령을 체험함으로써 웅족은 凶, 兇, 亡, 鬼에서 酉, 匹, 配, 祝로 되었고, 웅족의 공주는 성령을 받은 환웅(酉)의 또 다른 몸(己)인 配와, 匹이 된 것을 그 당시, 그 사람들의 정신 수준에 맞춰 便得人形이라 기록하고 있는 것인데, 실증사학자들이라는 것들이 정신적 관념은 쏙 빼고 과학적 사실만을 표방하기에 저급한 하나의 샤머니즘 정도의 미신으로 매도한 결과물이라는 것이 필자의 주장이다. 문자 그대로 해석하려다 보니 올바른 해석을 할 수 없었던 것이고, 그러다 보니 허구요, 신화라 매도하였지만 그러한 역사관으로는 우리의 역사를 이해하려는 데는 한계가 있는 것이다. 그들이 주장하는 실증사학이라는 것이 필자가 거짓 학문이라고 주장하는 이유이기도 하지만 사실 그러한 이유로 인해 삼국유사의 단군신화는 존속할 수 있었던 것이다. 성경에서 예수님은 성령이 없는 사람을(凶) 향해 뱀의 자식, 독사의 자식이라고 하였다. 다시 말해 하나님을 믿지 않는 사람은 성령(儿)이 없는 사람이기에 그들을 그렇게 불렀던 것 같이, 환웅의 입장에서 하나님을 믿지 않는 토테미즘의 원시 종교 속에 곰을 믿는 그들에게 인간이 아닌 곰으로 바라본 것뿐이다. 신석기니 구석기니 말하는 사람들아! 에덴동산에서 이미 我 속에 창(戈)과 옷의 初라는 문자 유전자 속에 처음으로 칼(刀)을 사용하였다고 하는데 그것을 어떻게 설명하랴?

鎮 속에 이미 환웅 천자께서 철을 사용하였다고 기록하고 있고 중국 역사서에 치우라는 두령이 금으로 된 무기를 사용하여 누구에게나 위협적인 인물이었다고 기록하고 있는데 말이다. 그러나 그것 또한 하나님의 법칙이다. 조선의 종교와 제천 문화 속 역사가 사탄으로부터 송두리째 뽑혀나가 없어졌다 할지라도 그로 인해 환문이 정리되므로 그 환자 속에 하나님의 복음 사상을 숨겨 놓으신 것과 같이, 종교와 역사와 제천의 모든 문화가 불살라 없어졌지만 믿기지 않는 동화 같은 이야기라 여겨 신화라고 인식시켜 남겨놓게 하고 이 시대 우리가 볼 수 있고, 아들이 장성하여 이 어찌 됨 이뇨? 라 아니 물어볼 수 없게 하였으니 어찌 전지전능하신 하나님이 아니고서야 그렇게 할 수 있다고 말할 수 있겠는가? 이스라엘 민족에게 아브라함을 주었듯이 우리 민족에게 환웅 서자로 하여금 제천의 예배 문화와 예언의 역사를 주셨던 것이다. 그것이 조선이라는 국호와 삼한이라는 통치 제도 속에 그대로 녹아 있는 것이고 후일 부여의 영고라던가 고구려의 동맹이라는 부족국가의 제천행사로 이어지고 있는 것이다. 부족국가의 제천 예배는 없었던 것이 하루아침에 생겨난 것이 아니라 환국과 조선에서 지내오던 제천 예배에서 유래된 종교의식이었다고 환자와 역사는 한 치의 착오 없이 정확히 증거하고 있으며 그 제천은 아담과 하와가 양과 소를 희생시켜 하나님께 드려진 창세기의 예배 의식이었다고 성경과 환자와 역사서는 똑같이 말하고 있는 것이다.

홍익인간과 광명이세라는 하나님의 사랑을 실천 이념으로 하는 조선은 하나님의 나라를 인류 최초로 선포함에, 씨족 형태의 웅족을 유웅국으로 문명개화시켰고, 후에 하(전설상의 나라)와 상(은)나라를 제후국으로 하여 문명을 개화하며 중원을 호령하며 아시아의 등불이었던 그 나라가 환국이요, 단군 조선이며, 우리 국조의 실체이었음을 시성까지 증명하고 있는데, 우리는 그 나라가 신화의 나라요, 상(은)나라의 신하인 기자와 연나라의 신하인 위만이 와서 통치함에 중국의 선진 문물을 받아들여 조선이 발전하였다고 하고, 漢나라가 조선을 멸망하여 400년간 식민 통치하였다고 한다. 시성은

"일찍이 아시아의 황금 시기에 빛나던 등불의 하나인 코리아"

라고 절대 그런 것이 아니라고 우리 민족의 정체를 깨우치고 있는 것이다.. 창세기의 창과 칼에서 전래되어 銕에서와 같이 쇠는 동이족이 사용했다고 문자 속에 각인되어 증거하고 있고, 사기에서 치우 환웅이 쇠로 만든 무기를 사용했다 기록함에 더하여 증명하고 있다. 자기들은 쇠를 사용하였다면 탁록이라는 곳까지 굳이 쫓겨 갈 이유도 없고, 치우 환웅이 쇠를 사용하였다고 굳이 기록할 필요가 있었겠는가? 탁록이라는 곳이 도대체 어디인가?

그런데 우리 조상의 활동 범위를 묘향산과 한반도의 평양으로 축소시켜 놓았으니, 진실은 숨길 수 없듯 중원의 중심세력은 환국이요, 조선이라는 증거가 아니겠는가? 한편 상(은) 나라는 은허의 유물과 유적

이 발견됨으로써 실재 존재한 나라였음이 밝혀졌지만, 하나라의 유물은 발견되지 않고 있다. 하와 상의 정치제도와 말년 경국지색과 같은 달기와 매희 그리고 주지육림에 의한 멸망의 역사를 보면 유사성이 일치하매 필자는 하나라는 실존했던 나라가 아니라 상(은)나라의 역사를 모방하여 가공한 전설상의 나라로 봄이 더 타당하다고 사료되며 이는 그들이 조선을 비교할 때 자신들의 역사가 초라하기 그지없기에 자신들의 역사를 연장하려는 의도에서 비롯한 역사왜곡의 흔적이라 본다.

❖ 한문 풀이

夷 : 우리 민족을 일컫는 말이다. '활(弓)을 사용하는 큰 어른(大)' 이란 뜻으로 1부에서 咦에 대해 설명하였듯이 大는 하나님을 말하는 것과 같이 대인이라는 극 존칭어이다. 그들은 중화주의 사상에 빠져 서, 남, 북에 사는 민족을 모두 오랑캐라고 했다. 그러나 夷에 어디에 오랑캐라는 말이 있는가? '활을 사용하는 어른'이라는 말은 동이의 문명이 그들의 문명보다 훨씬 앞섰다는 것을, 자신들은 활을 사용 못한 후진 민족이었음을 인정하는 문자 유전자라 하겠다.

銕=金+夷 에덴동산에서 최초로 창(戈)과 칼(刀)을 사용하여 양과 소를 죽였고 최초로(初) 가죽 옷을 지어 입었듯이 환웅 서자는 철기를 사용하였다고 반증하고 있으며 사기 역시 치우 왕검이 철을 사용하였다고 기록하고 있음에 자신들은 철을 사용하지 않았다는 반증이기도 하다. 역사적으로 유목 민족이었던 기마민족에게 아스카 문화가 뒷받침하고 있고 신라의 금관 역시 이를 뒷받침하는 유물이라 하겠다.

朴 : 신라 시조의 성이기도 하다. 木+卜은 점 복자인데 점을 치는 샤머니즘적 요소로 변질하였지만 사실은 신라 왕가의 성이다. 생명나무에 나아가게 해달라고 복을 비는, 여자의 후손을 기다리며 제와 예배하는 대 제사장을 뜻하기도 하고 '박'이라는 발음은 빛인 밝음, 환함을 나타내는 환자식 표현이며 배달, 박 한, 칸, 檀, 壇 등 다 빛인 밝음에서 기원한 단어라 하겠다.

壇 : 제단인 고인돌을 형상화

金 : 쇠다. 신라 왕가의 성이기도 하고 우리나라의 대표성이다. 쇠는 문명이 발달하지 않는 그 당시 중요한 삶의 도구였다. 아스카 문화라던가. 신라의 황금 왕관과 가야 문화에 공통점이 있듯이 그들은 쇠를 사용한 선진 문물을 갖춘 무리이며 이는 다 환웅 서자가 제천의 예배를 드리기 위해 창과 칼을 사용한 데서 유래한다고 할 수 있겠다.

白 : 밝다. 빛나다 그래서 훤하고 깨끗하다 그래서 韓이다. 가죽 옷을 입어 깨끗하다는 데서 유래한 단어들이다. 환, 한, 박, 칸, 밝음, 박달, 배달, 하얀, 백 등 모두 제천한 후 죄를 씻은 성결한 상태를 말하는 단어들이다

伯 : 깨끗해서 최고다. 白에서 유래한 글자.

桓, 檀, 朴 : 환, 박달나무 단, 밝다, 박, 공통어는 木이고 밝다. '환하다'의 환자식 표현이며 모두 다 생명나무와 관련된 단어들이고 공통의 사안에 대해 증거함은 참된 진리라는 증표이다. 다시 말해 환문과 신화가 모두 창세기의 사건들을 증거를 함은 참된 진리이기에 그러한 것이다.

從 : 좇을 종, 두 사람이(人人) 걸어(彳) 죄에 엎드리다(什). 에덴동산에서 선악과를 먹고 죄의 종이 된 것을 형상화

〈고조선의 건국이념〉

光明理世 : 밝은 빛으로 세상을 다스린다는 뜻으로 고조선의 건국이념 중 하나이다. 弘益人間(홍익인간) : 널리 인간 세상을 이롭게 한다. 在世理化(재세이화) : 세상에 있으면서 다스려 교화시킨다. 以道與治(이도여치) : 도로써 세상을 다스린다. 환국의 빛인 환한 하나님의 사상에서 유래했다는 증거라 하겠다.

둘째 數의 하나님

삼위태백, 풍백, 우사, 운사 천부인 3개, 무리 3,000명, 21일, 환인, 환웅, 단군…….의 공통점은 무엇인가? 일찍이 피타고라스는 만물의 근원은 數라 하였다. 만유가 한 창조주에서 창조가 되었고 피조 세계는 그 창조주의 내심 세계를 전개시킨 결과물이다. 한 사람이 창조하였기에 만유는 한 체성이라고 하는 이유이고, 그분의 심성이 피조 만물에 그대로 담겨 있기에 공통점이 있는 것이고, 그것을 보고 결코 핑계대지 못할 거라고 성경에서 말씀하신 이유이다. 하나님은 성부 성자 성령의 하나님이시다. 이를 일컬어 삼위일체의 하나님이라고 하고 환자는 靈이라는 문자 속에 삼위의 하나님을 각인시켜 증거하고 있다. 그것이 하나님의 속성이다. 아브라함, 이삭, 야곱의 가족사와 사울, 다윗, 솔로몬의 민족사가 3수이듯 환인, 환웅, 단군도 3수요, 공통점은 3수이다. 이는 삼위일체 하나님의 내심

이 전개된 결과물들이다. 이러한 수의 공통점을 깨달았던 수학자 피타고라스는 만물의 근원을 數라고 말했다. 우연의 일치인가? 그 3수는 인간이라는 1수를 더해 4수가 된다. 그러나 그 4수는 선악과 사건으로 사탄에게 빼앗겨 버린다. 靈이라는 문자에서 보듯이 하나님의 3수인 口口口는 인간이라는 1수인 巫와 연결하는 것을 영이라고 환자는 증명하고 있다. 그러나 에덴동산에서 인간이 하나님의 말씀인 계명을 어기고, 인간이(儿) 사탄과 함께하여 鬼가 됨에 인류를 나타내는 4수를 사탄에게 빼앗겨 버린다. 결국 우리의 靈을 하나님이 다시 거두매 우리가 죽게 된 것이고, 이것을 일러 예수님은 우리에게 거듭나야 한다고 말씀하신 이유이다. 역사에서 4, 40, 400의 수가 반복되는 이유는 잊어버린 인류를 찾기 위한 하나님의 눈물 어린 노정이며 발자취인 것이다. 3수와 4수를 더하여 전개함에 7수요, 7에 거쳐 우주를 창조하신 이유이고, 안식한 이유이다. 또한 7에 3배하여 21이 되니, 21은 3과 4의 확장된 수요, 완성 수인 7의 3배인 것이다. 그러기에 忌三七日이라고 정확히 나누어 기록하고 있다. 야곱이 7년을 3번 곱해 21년간을 종살이하고, 이스라엘 민족이 바벨론에 210년간의 포로 생활을 한 이유이다. 오늘날에도 하나님을 믿는 많은 기독교인들이 금식함에 3일, 4일, 7일, 21일, 40일에 해당하는 날짜를 정해 기도를 함은 다 여기에서 비롯한 것이고 40일 홍수, 예수님의 40일 금식, 광야 40일, 애굽노예 400년과 같이 4수가 성경 역사에서 반복하는 이유는 사탄에게 빼앗긴 인류를 찾기 위한 하나님의 발자취임을 깨달아 믿으라는 말씀이다.

한편 유웅국 공주는 하루도 가감 없이 정확히 21일 금식 기도

후 하나님의 성령을 받고 거듭났다. 환자로 말하면 亡, 凶에서 酉의 배필인 配와 匹이 되었고 환웅과 결혼한 후 단군을 낳았다는 말을 그렇게 기록해 놓은 것이다. 숫자나 성경의 비유나 환자의 해석으로 보아 아무 문제가 되지 않는다. 신화가 아닌 가짜가 아닌 역사적 사실이고 진리이기에 공통적으로 전개된 사실이라 할 수 있겠다.

셋째 단기 4400년 이후

환웅 할아버지는 단기 이전, 환국에서 희생의 제를 지내 의인이라 여김 받고 하나님의 서자라 일컬음을 받았던 인류, 곧 아담, 아벨, 셈........ 노아를 일컫는 '환하신 분의 아들'이라는 뜻의 보통명사이기도 하다고 앞서 말하였다. 실락 후 그리고 바벨탑 사건 이후 하나님의 아들들은 환국인 신국을 잃어버리지 않으려고, 에덴동산에서 아담이 이름 지었던 호랑이, 곰, 강아지. 하늘, 별……과 같은 언어와 양과 소를 창으로 죽이고 몸단장을 하여 예배드리던 원시 기독교의 원형 종교를, 그리고 가죽 옷을 칼로 만들어 곱게 차려 입고(韓) 메시아를 기다리며 철기 문명을 가진 성령의 사람들이었다. 그러한 믿음의 사람들을, 역사서는 무리 3,000명을 이끌고 삼위태백하고 홍익인간의 이념 아래 하나님 나라를 건국하였다고 하고, 그분을 일컬어 환웅천왕이라고 기록하고 있는 것이다. 또한 노아 홍수 70년 후인 기원전 기준, 단기 2,333년에 환웅천왕은 곰을 토테미즘으로 하는 유웅국 군장 소전에게 기독교의 제천 문화와 선진문물을 전파한 후, 성령을 받은 유웅국 공주, 웅녀와 결혼하여 아들을 낳았으니 그분이 바로 조선을 건국한 우리 민족의 국조이신 단군왕검이라는 것이다. 조작이 아니기에 5,000년이 아니고

6,000년이 아니다. 조작이 아니기에 대 홍수 후 그것도 70년이 지난 후에 건국된 나라임을 밝혀 조작이 아님을 가늠케 하고, 홍수 이전의 나라 환국이 있었다고 성경과 일치하여 기록하고 있다. 세계의 여러 곳에서 홍수 사건을 말하고 있고, 사기에서는 요순시대 곤의 아들 우가 치수사업에 성공하여 홍수를 극복하였다고 하는 바, 앞서 治에 대해 풀이하였듯이 생존한 인류가 함께 겪고 경험한 공통된 사실을 언어의 보편, 타당성에 따르는 것으로 노아 홍수를 뒷받침한다고 하겠다.

넷째 유웅국의 실체

중국 역사서에 황제를 유웅국(有熊國) 임금 소전의 아들이라 기록하고 있는데, 황제가 유웅 씨 곧 우리 동이족인 곰 족 출신이라는 말은 바로 사마천이 그 뿌리를 숨기려 했던 '사기(史記)'에 분명히 나오는 말이다. 이것은 신화가 아니라 그가 기록한 역사 사실이다. 사마천의 '사기(史記)'에 보면, 씨족 사회인 유웅 씨의 군장을 소전(少典)이라 칭했으며 황제는 소전의 아들이라고 분명히 나오고 있다. 이고선(李固善)이 쓴 '심당전서(心堂全書)'에는 "환웅이 처음 나라를 열었을 때 웅 족을 후(侯)에 봉해 유웅국이 됐다. 임금의 호를 소전이라 하였으니 곧 신시의 후군(侯君)이다."라고 기록하고 있다. 다시 말해 씨족사회의 성격상 곰이나 호랑이 같은 동물을 숭배하는 토테미즘 사상에 기인하여 중국 최초의 씨족장으로 기록한 소전은 곰을 믿는 씨족 군장이었는데 환웅천왕이 웅족을 유웅국에 봉하였으니 신시의 후군이며 그의 아들은 황제라는 얘기다. 얼마나 놀라운 일인가? 웅녀의 실체를 말하고 있는 것이 아닌가?

아무런 근거 없이 一熊과 一虎가 개국 신화에 등장할 수 있는 것도 아니고, 그 一熊이 씨족 사회의 웅족이었는데, 환웅천왕이 신시의 후군으로서 유웅국에 봉하고 문명개화하였고 소전의 아들을 황제라 하였는데

將風伯雨師雲師(장풍백우사운사)。	풍백. 우사 운사를 거느리고,
而主穀主命主病主刑主善惡(이주곡주명주병주형주선악)。	곡식, 생명, 질병, 형벌, 선악들을 주관하고,
凡主人間三百六十餘事(범주인간삼백육십여사)。	무릇 인간사 360여 가지를 주간하여
在世理化(재세이화)。	인간 세계를 다스려 교화 시켰다.

상기 역사서의 기록과 같이 환웅 서자는 무리 3,000명을 거느리고 태백산 꼭대기 신단수 아래로 내려와 신시를 건국함에, 하나님의 종교를 가진 환웅 서자는 곰을 토템으로 하는 토착 웅족을 문명개화하였고(在世理化), 이에 유웅국 공주는 성령을 받고, 신단수 아래서 여자의 후손인 메시아를 기원함에 환웅 서자의 配匹이 되어 단군을 낳고 환국에 이어 조선이라는 동아시아 최초의 국가를 건국한 것이라고 신화는 말하고 있는 것인데 그러한 정신적, 종교적인 관념을 쏙 빼고, 샤머니즘으로 무시함에 역사를 제대로 해석할 수 없었던 것이다. 곰을 토템으로 하는 족속이었고 환웅에 의해 유웅국으로 봉해졌고 신시의 후군이라 하였으니 환국의 제후국이 되는 것이고 실존한 나라였음을 사기에서 증명해 주고 있고, 삼국유사에서 더하여 기록하고 있지 않는가? 환웅천왕으로부터 웅족의 유웅국 군장 소전

은 선진 종교와 문물을 배워(在世理化)) 문명을 개화하고 후일 유웅국으로 봉해진다. 황제는 그의 아버지 소전이 환웅천왕으로부터 창과 방패와 옷 만드는 법 그리고 배와 수레를 만드는 선진문명을 배워 웅족을 개화하였던 것을 황제가 만들었다고 왜곡한다. 그 말인즉 그들은 황제 이전 선진문명이 없었다는 말이다. 夷와 銕에서와 같이 그리고 사기에서 치우 두령을 언급하였듯이 그들은 활과 철 무기가 없고, 곰을 믿는 씨족 형태의 원시 씨족이었다는 것을 사기와 환자는 더하여 증명하고 있는 것이다. 창은 앞서 말했듯이 이미 아담 환웅이 만들어서 양과 소를 죽였고 祭와 祈로 禮拜 한 후에 칼로 그 가죽을 잘라 가죽 옷을 해 입었고, 그 증거로 初, 裸, 倮 哀, 我, 犧. 善, 義……… 등에 창세기와 관련된 글자들이 수두룩하게 이미 만들어졌고, 배(船)와 수레(搬)는 이미 노아 환웅 때 만들어 사용하던 것인데 그들은 모두 황제가 만들었다고 기록하고 있음은 역사 왜곡의 가장 큰 흔적이라 아니할 수 없겠다. 이 얼마나 무지한 역사 왜곡인가? 성경과 환자의 인과가 이렇듯 명확한데 황제가 모든 것을 만들었다는 말도 되지 않는 그런 역사를 기록하고 있는데 우리 조상들은 모화주의와 사대주의 사상에 젖어 우리의 것을 모두 잃어버리고 그들의 모든 것을 숭상하고 동경하였으니………

하나님과 역사를 잃어버린 민족에게 미래는 없다고 누가 말했던가? 우리의 역사가 고난의 역사가 된 이유는 결코 우연히 된 일이 아니다.

그들은 왜 황제가 모든 것을 만들었다고 해야만 했을까? 그들에게 황제는 한족의 전신인 화하족의 시조로 숭앙하려니 당연히 영웅시해야 했고, 그러다 보니 역사왜곡은 당연시되었을 것이다. 얼마나 무지한 역사 왜곡이냐?

한편 황제의 시대가 지나고 중국의 역사는 원시적 씨족 공동체가 무너지고 노예제도가 싹트기 시작하여 계급이 없는 사회에서 계급이 있는 사회로 이행하는 대 변혁의 시대를 맞게 되었다고 기록하고 있는데 이는 앞서 말한

곰을 토템으로 하는 원시 씨족 공동사회이었는데 환웅에 의해 유웅국으로 봉해져 신시의 후군이 되어 문명개화함에 고대국가의 전 단계까지 발전한 것을 간접 증명하고 있는 것이다. 당시 조선은 8조 법금에서 말하고 있듯 사유 재산제도와 계급 사회로 발전한 인류 최초의 국가이고, 사기에서는 황제 이후 원시 씨족 공동체에서 계급이 있는 초기 고대국가의 단계로 발전하였다고 기록하고 있다. 무엇을 말하는가? 고대국가의 형태를 갖춘 치우 환웅이 반란을 일으킨 씨족사회의 형태인 황제를 탁록까지 쫓아 승리를 하였는데, 탁록에서 치우 환웅이 황제에게 패하여 죽음을 당했다고 기록하고 있으니 말도 되지 않는 역사왜곡의 실체라 하겠다.

그들은 조선의 나라를 동쪽에 있다고 東夷이라 하였다. 그들은 중화주의의 사상에 빠져 서쪽에는 강(羌)족, 남쪽에는 묘(苗)족 북쪽에는 적(狄)족인데 반해 동쪽은 夷족이라 하였다. 환문 풀이에서 보았듯이 **夷**를 파해 보면 오랑캐라는 말은 없다. 夷 大+弓. '큰 활

을 쏘는 민족' 또는 '활을 사용하는 대인'이라는 큰 어른이라는 존칭의 의미이다. 그뿐이냐? 銕를 봐라! 철과 활을 사용하시는 큰 어른이 아닌가? 문자 속에 이미 우리 민족이 선진 문명과 문자를 가지고 있고 쇠를 이용한 활과 칼, 그리고 창을 가지고 사용하였다고 역사와 문자와 성경이 동일하게 증명하고 있지 않은가?

> "동쪽의 이족에는 치우라는 유명한 두령이 있었는데 그는 네 개의 눈, 여섯 개의 손, 구리로 된 머리, 쇠로 된 이마를 가진 요괴스런 모습을 하고 있으며, 사람처럼 말하고, 모래나 돌 따위를 먹으며 金으로 만든 무기를 사용했다 한다."

역사서에서 말하는 황제 헌원은 치우 환웅에게 패하고 패하여 탁록에 까지 이르렀다고 사기에 기록하였듯이 '동쪽의 이족에는 치우라는 유명한 두령이 있었는데.......' 에서와 같이 조그마한 고을의 통치자인 치우 두령이라고 폄하하여 기록하고 있는데, 황제라는 자가 동이의 일개 두령에게 패하고 패하여 탁록에 까지 후퇴를 하였다는데 정말 기록에서와 같이 '치우 두령'이겠는가? 그러하다면 황제는 한 고을의 두령에게 패한 졸장 중 졸장임을 자기들 스스로 인정하는 것 아닌가? 단재 선생이 말한 우리의 역사를 우리의 시각으로 보고 기술하여야 한다는 역사인식에 공감이 가는 부분이라 하겠고 우리의 입장에서 다시 기록되어야 할 역사 사안이라 하겠다. 또한 사기에는 銕과 夷를 사용하고 싸움에 패한 적이 없는 무시무시한 괴물로 기록한 치우 환웅을 황제 훤원이 쫒기고 내 쫒기다 탁록에서 치우 환웅을 사살하였다고 하는데, 현재 발견된 치우 환웅의 현존하는 유적과 남방의 묘족이 그곳에 정착한 여러 정황을 고려할 때 왜곡된 역사임이 틀림없다 하겠으며 이 또한 다시 기록해야 할 역사 사안이라 하겠다. ---

이것이 사마천이가 기록한 동이족 치우 환웅을 기록한 내용이다. 그들은 조선의 치우 환웅을 자신들의 씨족 공동 사회를 기준으로 두령이라 하고 있다. 그리고 "네 개의 눈, 여섯 개의 손, 구리로 된 머리, 쇠로 된 이마를 ………" 무엇을 말하는가? 쇠 투구를 쓴 치우 환웅을 말하고 있는 것이 아닌가? "금으로 만든 무기를 사용했다" 銕에서와 같이 자신들은 철기 무기와 활을 사용하지 않았다는 증거가 아니겠는가? 그런 문명을 가진 치우 환웅이 일개 씨족 공동사회의 수장인 황제에게 패해 죽음을 당했다고 기록하고 있으니 그것을 어떻게 믿으라는 말인가? 실증사학에도 맞지 않는 논리가 아닌가?

치우 환웅의 후손 중 일부는 남으로 쫓겨 오늘날 중국 남방에 살고 있는 데, 그들을 묘족이라고 부른다. 치우 환웅이 훤원에게 패하여 살해당했다면 어떻게 그 후손이 오늘날 중국 남방에 민족을 이뤄 살아간다는 말인가? 중원의 주인이 아니고서는, 환국과 조선의 무대가 중원이 아니고서는 도저히 있을 수 없는 일이 아니겠는가? 또한 그들의 문화 속에서 우리는 '사마신'과 '신단수'와 관련한 초기 기독교의 원형 제천 문화를 찾아볼 수 있다. 그들은 사마신의 어원을 알지 못할 것이다. 그러나 이는 우리의 삼신 하나님을 가리키는 말이 분명하다. 이들의 문화 속에서 잃어버린 환국과 조선의 제천 종교 문화의 흔적을 찾을 수 있다고 확신하는 바 이에 대한 사가들의 많은 연구가 있기를 바란다.

다섯째 8조 법금

문자가 있었기에 10계명에 버금가는 8조 법금도 있었다.

而主穀主命主病主刑主善惡(이주곡주명주병주형주선악). 곡식, 생명, 질병, 형벌, 선악들을 주관하고,

법률이 있었다는 증거이며, 문자가 있었다는 증거가 아닌가? 그런데 어떻게 환자가 漢字라는 것이냐! --이보시오 사마천 양반! 이 시기는 황제의 아버지 소전이 환웅천왕을 만나기 전이랍니다.-- 모세가 출애굽 할 때 인간답게 살라고 십계명을 하나님으로부터 받았지만 이 나라는 환국으로부터 이미 8개의 법을 받아 홍익인간, 광명이세하던 선진 종교 국가였다.

檀君王儉에서 '단군'은 제사를 주관하는 제사장인 종교 지배자를 뜻하고, '왕검'은 정치를 주관하는 정치적 지도자를 뜻함에 단군왕검은 '정치적 지도자인 동시에 종교 지배자'를 의미하여 조선은 제정일치의 국가였다고 하는데, 그 종교가 무엇인지? 역사서는 말하고 있지 않다. 단지 남의 것을 업신여기려는 식민사관이라는 기저에 과학적인 고찰이라는 명목으로 실증사학이라는 이론을 끌어들여 정신세계의 실체는 바라다보지 않고 무시하려다 보니 무속의 샤머니즘 정도의 원시 저급 종교 수준으로 매도하고 무시한다. 그들은 인간의 정신과 같은 종교는 그렇게 중요한 문제가 아니고 연구 대상도 아니다. 그러기에 단순한

샤머니즘적 주술적 저급 종교 국가였다고 한정하고 무시하다 보니 요하 문명의 원형 제단이라던가, 고인돌과 같은 정신적인 종교 문화를 설명하지 못하고 있는 것이다. 계급 투쟁설이니, 유물론이니, 실증사학이니 하는 이상한 이론을 끌어들여 본질을 왜곡하고, 조선의 역사와 문화와 정신세계와 철학과 종교를 부정하다 보니 우리 민족, 나아가 인류의 정체성을 결단코 이해할 수 없는 것이다. 그러나 분명히 그 나라는 미신과 같은 저급한 무속의 나라가 아니었고 고도의 정신문명을 갖춘 인류 최초의 고급 종교를 갖춘 고대 국가였다. 그 종교가 불교는 더더욱 아니었다. 고인돌을 봐라! 글자 속에 숨겨진 宗 자를 봐라! 에덴동산에서 지켜보시는 하나님. 고인돌 위에 양과 소를 죽여 하나님께 예배하는 소 울음소리가 들리지 아니한가? 1,908세를 살다 산신이 되었다고 하는데 단군은 제사장을 뜻하는 말이다. 한 사람을 말하는 게 아니다. 종교 지도자인 동시 정치 지도자를 '단군왕검'이라 앞서 정의하였듯이 제정일치의 통치자에 의해 통치된 조선의 통치 연도를 말하는 것이다. 오늘날과 같이 대통령이라는 하나의 호칭인 신분을 말하는 것이다. 전혀 동화 같은, 신화 같은 이야기가 아니라 실화인 역사인 것을 그들은 자신들이 만들어 놓은 역사관에 눈이 멀어 역사를 제대로 보지 못하는 것이다. 그 나라가 2000년간이나 동북아의 대 제국으로서 세계 문명개화에 선도하였기에 이를 깨달은 시성은 그 나라를 '내 마음의 고향'이라고 예찬하며 마지막 때 다시 인류를 구원하여줄 것을 소망하고 있는 것이다. 인류 역사에 이러한 나라가 어디 있었단 말인가? 세계를 이끌던 로마도 세계를 정복한 알렉산더도, 칭기즈칸도 그런 나라를 건설하지는 못하였지 않았는가?

8조 법금

1. 사람을 죽인 자는 사형에 처한다.
2. 남을 다치게 한 자는 곡식으로 갚아야 한다.
3. 도둑질을 한 자는 데려다 노비로 삼는다. 만일 도둑질한 사람이 죄를 벗으려면 많은 돈을 내야 한다.
4.
5.
6.
7.
8.

모세의 10계명

① 나 외에는 다른 신들을 네게 두지 마라라.
② 우상을 섬기지 말라.
③ 하느님의 이름을 망령되이 부르지 말라.
④ 안식일을 거룩히 지키라.
⑤ 너희 부모를 공경하라.
⑥ 살인하지 말라. '1. 사람을 죽인 자는 사형에 처한다.'
⑦ 간음하지 말라.
⑧ 도둑질하지 말라. '3. 도둑질을 한 자는 데려다 노비로 삼는다. 만일 도둑질한 사람이 죄를 벗으려면 많은 돈을 내야 한다.'
⑨ 이웃에게 불리한 거짓 증언을 하지 말라.
⑩ 네 이웃의 재물을 탐내지 말라.

예수의 2계명

첫째는 네 마음을 다하고 목숨을 다하고 뜻을 다하고 힘을 다하여 주 너의 하나님을 사랑하라.
둘째는 네 이웃을 네 몸과 같이 사랑하라.

전래하는 3개 중 2개는 정확히 일치한다. 살인죄와 절도죄다. 나머지 하나는 상해죄에 해당하는데 십계명 5. 7. 9. 10에 해당한다고 봐도 무난하다. 언어의 공통된 보편, 타당성에 대해 말한 것 같이 인간이 살아가는데 법률 또한 예외일 수는 없다. 미국의 법이나 우리의 법이나 인간이 살아가는데 살인죄나 절도죄와 같은 보편적 가치는 동일하다. 그러기에 간음죄와 부모에 대한 것 그리고 하나 더 추측한다면 종교와 관련된 법률일 것이다. 이유인즉 통치자의 칭호와 국호에서와 같이 조선은 제정일치의 국가였다. 양과 소를 죽여 천제를 지내며 기도와 예배로, 가죽 옷을 다림질하며 몸을 정결히 하여 여자의 후손을 기다리며 생명나무로 나가려고 하는 종교인 원시 기독교의 예배 문화를 가지고 있는 나라였다. 三韓과 朝鮮이라는 국호에까지 각인된 원시 기독교의 원형 제와 예배의 문화를 가지고 있던 그 나라에서 하나님과 관련된 법률이 없을 리가 절대 없다. 하나님과 관련된 모든 법을 사탄이 다 지워 버린 것이다. 그리고 신분과 사유재산이 있는 사회였다. 사기에서 말하는 황제 이후의 사유재산과 신분이 있는 계급의 사회로 변화되었다고 기록하고 있음에 앞서 말했듯이 조선은 환국의 종교와 정치제도를 계승한 인류 최초의 고대 종교 국가였던 것이다.

여섯째 부족국가의 제천행사와 일본의 신사참배

고구려의 동맹, 부여의 영고, 동예의 무천, 삼한 수릿날과 상달과 같은 제천 행사가 어디서 온 것인가? 없었던 것이 갑자기 생겼을 리가 없다. 그것도 한 나라가 아닌 여러 나라가....... 모두 다 조선의 후예들이 세운 나라들이 아닌가? 그것은 조선의 제천 행사에서 비롯한 것이다. 유대교를 제외한 세계 어느 나라가 하늘에 祭 하고 拜 하고 祈禱 한 후 韓(가죽옷)한 후 飮福 한 나라가 어디에 있었는가? 그리나 고구려, 신라, 백제 역시 초기에는 이러한 제천의 종교를 지냈지만, 고급 종교로 승화시키지 못하고 주술과 기복과 무속 신앙으로 퇴보시키고, 조상신과 도교와 불교와 같은 외래 이방 종교를 숭상하고 심취하여 **祭祀**를 지냈으니 바벨론 유수에 버금가는 고난의 역사였던 것이다. 유대교가 예수를 그리스도로 보지 못했음과 같이, 세례 요한이 성령이 임하는 것을 분명히 보고 세상 짐을 지고 가는 어린 양이라고 증명했음에도 불구하고, 제자를 시켜 오리라던 사람이 당신입니까? 아니면 더 기다려야 되는지 물어보라 함과 같이, 사탄은 인간 정신세계에 깊숙이 자리하여 인류를 지배하여 왔다. 베드로를 반석 위에 세워 하나님의 나라를 세운다고 하였던 중세 천주교가 어떻게 타락하였으며 또 오늘날에는 어떻게 변질되었는가? "우상을 만들지도, 섬기지도 말라"라고 하였는데.......

祀 글자에서 보듯이 아주 재미있다. 巳의 음을 빌려서 祀가 되었지만 뱀이다. 사탄이다. 하나님(示)과 뱀(巳)이 함께 있다. 에덴동산에서

뱀과 하나님이 함께 있어서 祀이지만 십자가 사건 이후 그 뱀은 하늘에서 쫓겨 땅으로 내려왔다. 우리 고유 종교는 그것과 구별하기 위해 祭天이라고 분명히 구별하여 사용했고, 禮拜에서와 같이 손에(手) 양(羊)을 드려야 한다고 분명히 말하고 있으며, 고인돌이나 신라의 첨성대가 양과 소를 죽여 하나님께 번제한 제단이었으며 하나님께 드리는 예배의 한 형태였는데 우리는 우리의 것을 모두 잃어버리고 우리의 것을 업신여기다 보니 저급한 무속신앙으로 전락시켰고, 외래 이방 우상 숭배에 심취하였다. 그리고 조상에게, 잡신에게 드려지는 祭祀로 변질된 것이다. 조선이 망한 이유요, 고구려가 망한 이유이다.

엄격히 말해 기독교는 제와 예배의 종교이다. 환문과 성경이 그것을 증명하고 있지 않는가? 예수님이 이 땅에 오신 이유는 우리의 죄를 대속하고 져 양이 되어 하나님께 제의 예배를 지내기 위하여 오신 것이라고 예수님은 말씀하셨고, 성경 또한 동일하게 그렇다고 기록하고 있고, 환문 역시 동일하게 문자 유전자 속에 숨겨 놓았고, 우리의 역사는 그것이 조선의 종교요, 부족국가의 종교였다고 말하지 않는가? 그러나 세월이 흘러감에 따라 우리의 혼과 영은 사탄에게 모두 빼앗겨 버렸다. 그 증거가 祭天에서 祭祀로 변질되었다고 환자는 말하고 있는 것이 아닌가?

조선이 망한 후 말씀과 같이 흩으셨다. 일부는 중원의 남방 묘족으로, 일부는 남하하여 한반도의 여러 부족국가와 삼한으로 찢으시고 그 후예 일부가 도일하여 조선의 제천 의식을 전래하였지만 그들도 마찬가지로 토착 종교와 외부 이방 우상 종교에 흡수되어 이방 신과 조상을 숭배하는 우상 숭배의 종교로 또한 변질되었으니 일러 신사참배라는 것이 바로 그것이다. 카인이 소 울음소리를 듣지 않고 곡물의 제를 지내는 것과 같은 것이지만 그 뿌리가 조선의 제천 의식에서 기인한 것임은 분명하다. 카인이 아벨을 돌로 쳐 죽인 것과 같이, 사울이 예수를 믿는 자를 죽인 것같이, 그들은 하나님께 드려진 제천의 종교가 신사참배라는 사탄의 우상을 섬기는 제사를 지내는 예식으로 변질시키고, 제사를 거부하며 제천의 예배를 드리는 믿음의 사람들을 핍박하고 죽였다. 반복의 역사인 것이고 사탄이 하는 짓거리인 것이다. 그러나 예루살렘이 이방인에 의해 잠시 내어 준다고 예언함과 같이, 조선의 옛 영토가 사탄에 짓밟히고 있는 것과 같이, 교회가 여신과 물질을 섬기는 종교로 변질되어가고, 장사하고 도둑질하는 소굴로 변질되어갈 때, 예수님은 이 성전을 허물라고 말씀하신 것을 우리는 기억하여야 한다. 솔로몬의 성전이 이방 신을 섬기는 소굴로 변질되어갈 때, 이방인으로 하여금 성전을 멸망시키고, 예수를 메시아로 보지 않고 십자가에 못 박았을 때, 예루살렘 성전이 파괴된 것과 같이……. 그러나 마지막 날 반드시 회복하여야 할 역사 사안인 것이다.

일곱째 삼한 조선의 실체

삼위일체의 하나님의 어원이 *三危太伯*과 같이 조선 역시 3수에 의해 통치하는 나라였으니 그 나라가 바로 三韓이다. 앞서 말한 삼위일체 하나님의 속성에 따라 그렇게 전개된 것이고 다음의 기록이 이를 뒷받침한다.

魏滿朝鮮

前漢朝鮮傳云 自始燕時 常略得**眞番朝鮮**.........(처음 연나라 때부터 항상 **진번 조선**을 침략해 차지하여........ 관리를 두고 성을 쌓았다. 진나라는 연나라를 멸망시키고 요동의 변방에 예속시켰고 한나라가 일어나자 멀어서 지키기 어려웠기 때문에 다시 요동의 옛 요새를 고쳐 짓고 패수에 이르러 경계를 삼아 연나라에 예속시켰다.)

기자, 위만조선이라는 말은 중등 국사시간에 수없이 들었는데 진번 조선이라는 말은 삼국유사에서 처음 본다. 연나라 때 진번 조선이 있었다고 기록하고 있는데 이것이 앞서 말한 마한, 진한, 번한이라는 삼한 조선의 실체인데, 우리의 역사 교과서는 제국 식민사관과 사대주의 사관에 얽매어 이것 하나 제대로 해석하지 못한다. 건국신화를 믿을 수 없다 하여 조선의 역사를 부정하고 기자와 위만이라는 사람을 등장시켜 식민지 사로 전락시켰다. 역사서를 조금 더 들여다보면

"漢 나라가 일어나자 멀어서 지키기 어려웠기 때문에 다시 요동의 새 요새를 고쳐짓고 패수에 이르러 경계 삼아 연나라에 예속시키고(중략) 그리고 차츰 진번 조선의 蠻夷가 연나라와 제나라의 망명자를 복속시켜 왕이 되어 왕검에 도읍을 정하였다. 위만은 군사의 위엄으로 그

주변의 작은 고을들을 침략하여 항복시켰다. 이에 진번 임둔이 모두 복속해와 사방이 수천 리나 되었다.”

馬韓

魏志云 魏擊朝鮮 朝鮮王準 率宮人左右 **越海**而南至韓地 開國號馬韓........ 崔致遠云 馬韓 麗也
辰韓 羅也(위만이 조선을 공격하자 조선 왕 준은 궁중 사람들과 측근들을 이끌고 바다를 건너 남쪽 韓나라 땅에 이르러 나라를 세우고 馬韓이라 하였다....... 최치원은 말하였다. 마한은 고구려요, 진한은 신라이다.)

상기 사실 몇몇만 보더라도 역사왜곡이 얼마나 이루어졌는지 누구나 쉽게 알 수 있다. 필자는 역사가는 아니지만 잘못되었다는 것 정도는 안다.

삼국유사에 기록된 위만조선을 정리하면

前漢朝鮮傳云

1) 연나라 때부터 항상 **진번** 조선(眞番朝鮮)을 침략하여 관리를 두고 성을 쌓았다. 진나라는 연나라를 멸망시키고 요동의 변방에 예속시켰으나 漢나라가 일어나자 지키기 어려웠기 때문에.(爲遠難守) 다시 요동의 새 요새를 고쳐짓고 **패수**에 이르러 경계를 삼아 연나라에

예속시켰다.

2) 진번 조선의 蠻夷는 연나라와 제나라의 망명자를 복속시키고 왕이 되어 王儉에 도읍을 정하였다.

3) 魏志云 위만이 조선을 공격하자 조선 왕 準은 궁중 사람들과 측근들을 이끌고 바다를 건너(越海 而南至韓地) 남한 땅에 이르러 나라를 세우고 마한(馬韓)이라 하였다.

사물을 누가 어디서 어떻게 바라보느냐에 따라 대상이 달라진다. 그러기에 그것은 상대적인 것이고 상대적이기에 진리가 될 수 없다. 일제국 식민주의 사관의 시각에 따라 금서령이가 바라보고 그의 추종세력 이병도가 바라보니 패수가 청천강이니, 왕검성이 평양이니, 어쩌니, 신라 중심의 반도사관으로 보니 요동과 요서는 보지 못하고 사대주의 사관과 모화 사관에 눈이 가려 진실을 보지 못한다. 있지도 않은 갈석산을 평양으로 끌어다 한사군을 운운하고, 진시황의 만리장성의 끝이 평양이라는 그들 역사에도 없는 새로운 이론이 나타났으니 일러 동북공정이다. 그러고 보면 지금도 친일 일제 교피아들의 이론에 의해 저술된 역사를 우리 자녀들이 배우고 있고, 식민지 시대 역사 연구기관을 '조선사편수회'라 하여 부른 것과 같이 우리 역사를 '국사'가 아닌 '한국사'라 하여 남의 역사 부르듯 한다. 상기 내용은 중국인의 시각으로 그들에 의해 기록한 前漢朝鮮傳에 기록된 것을 삼국유사에서 일연이 인용한 것이다. 우리의 역사서가 소실되지 않았다면 어떻게 기록되었을까?

1) 진번 조선은 무엇이고 준왕은 누구인가?

기자 조선과 위만 조선은 일제가 그들의 식민지를 정당화하고 우리 민족의 얼을 뺏고 져 단군 조선은 신화의 나라고 너희 나라는 기자와 위만의 식민 지배로부터 시작했다는 식민지 사관 논리로 접근한 사관이고 그 사관이 그대로 현재의 교과서에 수록된 내용이라 우리도 잘 아는 반면 진번 조선은 생소하다.

周虎王卽位己卯封箕子於朝鮮(주호왕즉위기유봉기자어조선)。	주나라의 호왕(무왕을 뜻함)이 즉위한 기묘년에 기자를 조선에 봉하니,
壇君乃移於藏唐京(단군내이어장당경)。	단군은 이에 장당경으로 옮겼다.
後還隱於阿斯達爲山神(후환은어아사달위산신)。	후에 아사달에 돌아와 숨어 산신이 되었는데.
壽一千九百八歲(수일천구백팔세)。	단군 조선 건국 1908년이다.

唐裵矩傳云(당배구전)	당나라 배구의 배구전에서 말하기를
高麗本孤竹國(고려본고죽국)	고구려는 본래 고죽국이었는데
(今 海州)	(지금의 해주)
周以封箕子爲朝鮮(주이봉기자위조선)	주나라에서 기자를 봉하면서 조선이라 하였다.
漢分置三郡(한분치삼군)	한나라가 세군으로 나누어 다스렸는데
謂玄菟樂浪帶方(北帶方)위현토낙랑대방(북대방)	이것이 현토, 낙랑, 대방이다. (북대방)
通典亦同此說(통전역동차설)	당나라 두우가 편찬한 통전에도 이와 똑같이 말한다
(漢書, 則眞臨樂玄四郡) (한서 즉진임락현사군)	한나라 책에는 진임락현 사군이라 한다면)
(今云三郡)(금운삼군)	여기서는 삼군으로 되어 있고
(名又不同)(명우부동)	이름 또한 같지 않으니
何耶(하야)	이 무슨 이유인고?

기자조선은 상(은)나라 사람인 기자를 고죽국의 왕으로 봉하여 그 일대를 기자가 다스린다 하여 기자 조선이라 하였던 것이다. 기자는 한반도에 오지도 않았고 따라서 기자 조선은 한반도에 있지도 않았다. 백이숙제의 묘가 있는 그곳에 기자 조선이 있었는데 반도 사관에 국한하여 고죽국을 '해주'라고 하였으니(작가 일연이 今 海州라함에 한반도의 해주로 인식한 것인지 필자는 정확히 모르겠으나 오늘날 고죽국을 우리의 역사에 편입하지 않은 것은 한반도가 아니기에 그렇다고 인정할 때, 그들이 말하는 기자가 한반도에 또 올 수 없다고 하는 논리는 무엇인가? 모순투성이다.) 그곳이 한반도의 '해주'라 한다면 앞서 언급한 환국을 '帝釋也'라 한 것과 같은 오류이다. 여러 역사적 상황을 고려할 때 고죽국은 한반도에 있었던 것이 아니다. 일 제국주의자들이 기자 조선을 강제로 한반도에 끌어들이다 보니 역사가 뒤범벅이가 되고 오류가 발생하는 것이다. 기자가 한반도까지 그렇게 먼 거리를 올 수 없다고 하여 믿을 수 없다고 역사를 아예 없애 버리다 보니 반도의 역사가 섬나라 역사보다 짧은 이 모순, 아 비통한 역사........ 그것이 소위 그들이 얘기하는 실증사학이라는 정체이다.

문헌에 따르면

"고죽국은 중국 고대에 발해만(渤海灣) 북안(北岸)에 있던 나라로 문헌에서 고죽성(孤竹城)은 요서군(遼西郡) 영지현(令支縣), 하북성(河北省) 노령현(盧龍縣) 일대, 또는 산해관(山海關) 부근, 조양현(朝陽縣) 서남 지구 등으로 나타난다. 세력 범위가 난하(灤河) 하류에서 대릉하(大凌河)에 걸치는 발해만 북안 일대이고, 그 중심지는 대릉하 상류의

요령성(遼寧省) 객좌현(喀左縣) 지역이었던 것으로 추정된다."라고 하였는데

어디에 한반도의 해주라는 말이 있는가? 또한 백이숙제의 묘가 증거하고 있지 않는가?

믿을 수 없다고 증명할 수 있는 것만 역사로 인정할 수 있다는, 그렇다면 그들이 진번 조선에 대해 정말 연구라도 하였는가? 다 없애 버렸다. 진번 조선에 대한 이야기는 아예 없다. 그것이 어떻게 과학이고 학문이냐? 과학을 빙자한 제국 식민주의 사관에 기반을 둔 학자로서 양심을 팔아먹는 갈보와 뭐가 다른가? 진번 조선의 정체는 도대체 뭔가? 기자와 위만이 그랬듯이 진번이라는 자가 조선을 통치하였는가? 蠻夷는 또 무슨 뜻인가? 그들 말로는 오랑캐라는 말이다. 그렇다면 우리도 그들이 기록한 데로 우리 조상을 오랑캐라고 말해야 하는가? 일본이 일왕을 천황이라 부르니 우리도 천황이라 부른다고 하는 사람이 있는데 일본이 독도가 일본 것이라고 하니 우리도 독도는 일본 것이라고 말하자는 것과 무엇이 다른가? 이렇게 얼빠진 사람이 아직도 있으니 사대 모화사상과 식민제국 사관의 잔재라 아니할 수 없다.

수정되어야 할 사항

진번 조선 만이 --> 진번 조선의 00 단군왕검이
조선 王準 --> 준 단군왕검

진번 조선이란 나라는 분명히 있었다. 내가 말한 게 아니라 삼국유사에서 전한서를 인용하여 그런 나라가 있었다고 분명히 기록하고 있다. 진번 조선이 무엇인지 사학자들은 밝혀야 한다. 그렇지 못한다면 환단 고기에서 말하는 3조선을 인정하던지, 자신들은 밝히지 못하면서 무조건 위서라 매도함은 학자로서 자질이 없는 것이고 그것이야말로 역사를 왜곡하는 것이다. 중국이 언제 우리의 단군왕검이나 우리나라의 국호를 제대로 불러 기록한 적이 있는가? 없다. 蠻夷, 夷, 胡, 九夷, 靑邱, 東夷, 匈奴, 胡가 다 우리를 지칭하는 말이고 王이라는 호칭 역시 조선을 하나의 제후국으로 폄하하여 조선 제국의 단군왕검을 일개 제후국으로 폄하하여 부르는 말인 까닭에 그들이 말하는 대로 역사를 보아서는 안 된다는 것이고 우리가 우리 역사를 바라봄에 스스로의 주체성을 가지고 우리의 역사를 바라보아야 한다고 단재 선생이 주체적 자아를 강조한 까닭이다.

그들은 패배한 우리의 단군왕검의 이름을 '王準'이라고 정확히 기록하였지만 자신들이 패배하고 우리가 승리한 우리의 단군왕검의 이름은 생략한 채 그냥 '蠻夷'라며 오랑캐라고 기록하고 있다. 단군왕검은 앞서 말한 대로 오늘날 대통령과 같은 신분의 호칭과 같이 제정일치 사회의 통치자의 신분을 말하는 것이지 사람의 이름을 말하는 고유명사가 아니다. 그러기에 1,500년, 1,908년이라는 것은 단군왕검에 의해 통치된 조선의 통치 기간을 말하는 것이라고 앞서 밝혔다. 따라서 준왕이라고 기록한 분도 단군왕검을 말하는 것이지, 만약에 단군왕검이 고유명사라면 준왕은 또 뭐냐? 단군왕검이 마치 한 사람인 양 1,550세이니 1,900세이니 아사달로 돌아와 숨어서 살면서 산신이 되었다는 기록을 문자 그대로 해석하려다 보니 오류에 역사를 왜곡하고 있는 것이다. 준 단군왕검은 분명히 존재했던 실체의 인물이고 마한을 건국한 인물이라고 분명히 기록하고 있지 않는가? 그는 북 삼한의 정치제도(단재 선생의 삼한 제도 참조)에 따라 한반도로 월해(越海)하여 남쪽에 소삼한 중 하나인 마한을 건국한 단군왕검이라고 역사는 정확히 기록하고 있지만 그들이 말하는 朝鮮王準에서 準이 또한 정말 고유명사일까? 準은 준할 준 자다. 조선의 단군왕검에 준하는 인물이라고 해석함이 더 타당하지 않을까? 앞서 말한 대로 그들이 역사서에 우리의 국호라던가 단군왕검의 이름을 제대로 기록하지 않은 정황을 고려할 때 더욱 그렇다. 한편 기자 조선에서 자세히 다루겠지만 위만 역시 연나라에 인접한 진번 조선만을 언급하고 있다. 따라서 조선의 광활한 영역을 고려할 시 위만 조선이 조선의 일부이지 조선 전체를 말하는 것이 아니다. 朝鮮王準에서 준이 고유명사가 아닌 조선의 단군왕검에 준하는 인물이라고 필자가 해석하는 이유이다. 사학자들은 여기에 대해 답해야 한다.

2) 연나라의 경계가 조선의 경계이다.

연나라의 경계가 어디인가? 연나라의 경계가 한반도까지 이르렀다는 말은 역사 어디에도 없고 '요동과 패수'가 언급되었다. 爲遠難守라 하여 중국 본토에서 요동지역이 멀리 떨어져서 통치가 어렵다고 직접 자기들이 말하고 있다. 그런데 그보다 더 멀리 떨어진 한반도의 평양이야 말해 무엇 하겠는가? 일 식민사학자들도 한반도 기자조선 가정 설에 대해 그렇게 먼 한반도에 기자가 올 수 없기에 허구의 역사라고 단정 지었는데 패수가 대동강이고, 왕검성이 한반도의 평양이라고 어떻게 그렇게 당당히 말할 수 있는지 묻고 싶다. 가정이 틀린 것이다. 기자 조선이 한반도에 있었던 것도 아니고 기자가 한반도에 온 것도 아니고, 패수가 한반도에 있는 것도 아닌데 억지로 끌어들이다 보니 모순이 생겨버린 것이다.

얼마나 엉터리인가? 자신들의 왕을 천황이라고 하며 성전이라 악을 서슴지 않고 행하던 사탄의 나라이다. 그런 나라가 임나일본부설을 주장하고 있고, 문헌에 정확히 기록된 독도조차 자기네 땅이라고 우기고 있고, 근대 위안부 정신대 생존자들이 여럿, 국내뿐만 아니라 외국 생존자까지 일관되게 주장하는 하는데 그들은 강제성이 없었노라고 왜곡에 거짓말을 한다. 하물며 고대사의 경우 역사왜곡은 문제도 되지 않을 것이다. 그런 사실이 명백한데도 불구하고 아직도 그들이 주장하는 식민사관에 사로잡혀 헤어나지 못하고 있으니 이 얼마나 황당한 일이 아닐 수 있겠는가? 이 얼마나 통탄하지 않을 수 있단 말인가?

가) 그들은 우리 민족의 단군왕검을 蠻夷 즉 오랑캐라 한다. 필자는 맨 처음에 사람 이름인 줄 알았는데 이름도 없다. 그저 오랑캐다. 앞서 보았듯이 그들은 황제 흰원을 그렇게 왜곡하였는데 그들이 기록한 역사를 우리가 그대로 믿어야 되겠는가?

나) 유일하게 알려진 단군왕검의 이름은 '준'이다. 왜 적었을까? 패했기

때문이다. 위만에 의해 패했고 자기들이 승리했기에 기록하는데 아무 문제가 없었던 것이다.

그것이 아니라 진한, 번한 그리고 마한이 있었다. 삼 조선에서 단재가 밝혔듯이 3인에 해당하는 3명의 단군왕검 있었고 진한 또는 번한 조선의 단군왕검에 준하는 진번 조선의 2명의 단군왕검이 위만에게 패하여, 2명의 단군왕검에 준하는 한 사람(王準)이 월해(越海) 하여 조선의 3수통치 원칙에 따라 마한을 건국한 것을 조선 전체인 양 왜곡하여 기록한 것이다. 2명이기에 그들도 蠻과 夷로 구분한 것 아니겠는가?

신라는 진한이라 하였고 박혁거세가 건국하였는데 앞서 **朴은 생명나무에 복을 비는 제사장 곧 박혁거세 역시 조선의 단군왕검에 준하는 제사장이라고 문자는 증거하고 있다. 따라서 위만은 진번 조선 중 조선의 일부인 단군왕검을 축출하고 위만조선이라 함에 조선의 일부에 해당하는 것이지 조선의 전부가 아니라는 것이다.** 부여와 고죽국과 고구려의 역사를 그리고 조선의 광대한 영토와 조선의 삼한 제도를 이해한다면 그렇게 함부로 왜곡할 수 없는 것이다.

다) 漢나라가 일어나자 멀어서 지키기 어려웠기에 **요동의 옛 요새를 고쳐 짓고 패수에 이르러**(漢興.. 爲遠亂守.. 復修**遼東**故)........

멀었을 것이다. 요동, 요서에서 만주 대 벌판이 얼마나 멀었기에 그렇게 기록하였을까? 만리장성의 경계만 보더라도 자기들이 인정한 영토의 경계를 짐작할 수 있다. 일제도 그렇게 인식했기에 기자가 평양에 올 수 없다고 인정한 사실이다. 반도라는 말은 찾아볼 수 없고 요동이라고 정확히 기록하고 있다. 요동의 패수와 한반도의 평양이 얼마나 멀리 떨어져 있는데. 패수를 청천강으로 끌어들인단 말인가?

라) 그들은 패한 조선의 王準을 일개 제후국으로 기록하였고, **월해(越海)** 다시 말해 바다를 건너 **남쪽 韓나라 땅에** 이르러 마한을 건국했다고 하고, 최치원은 마한을 고구려라 했으니 도대체 왕검성이 어디에 있었는지 지도책 펴놓고 얘기해보자. 반도의 평양인가? 적어도 월해를 하였다 하니 한반도는 아닌 것이고 서해바다 건너편에 있는 것 아니겠는가? 따라서 패수가 한반도에 있을 턱이 없는 이유이다. 백번 양보해서 왕검성이 한반도 평양에 있다고 하자 그러면 王準이 월해할 이유도 없는 것이고 언어적으로도 모순인 것이다. 최치원은 마한을 고구려라 했으니 왕검성이 한반도의 평양에 있었다면 고구려가 평양 아래인 경기도와 충청도에 있었다는 이야기인데 도대체 말이 되지도 않는 이야기를 정사로 하여 교과서에서 가르치고 있는데 사학자들은 무엇을 하고 있는가? 백 번을 양보하여 최치원이가 말한 대로 마한은 고구려가 아니고 현 역사서의 기록대로 소 삼한 중 하나인 마한이라 하자. 그렇다면 바다를 건넜다는 월해는 어떻게 설명하랴? 왕검성과 평양이 현재 한반도의 평양이라고 말하는데 월해라는 단어에도 맞지 않는 것이다.

조선의 영토가 그렇게 작았던가? 그리고 수도를 국경 변방에 세우는 미친 나라가 이 세상에 어디 또 있단 말인가? 부족국가의 부여가 충청도 부여에 있지 않았던 것과 같은 것인데, 부족국가의 부여가 현재의 충청도 부여에 있었다고 역사책에 기록하여 교육하는 것과 뭐가 다른가? 그렇게 무식한 역사왜곡을 하고 있는데 지적하나 하고 있지 않으니 어떻게 그들을 학자라고 할 수 있겠는가?

마) 한 삼군인지 한 사 군인지 자기네들도 숫자도 틀리고 이름도 각각 틀려 “이 어찌 됨 이뇨(何耶)?”라고 반문하는 마당에 역사인 양 한반도에 한사군을 끌어들이고. 그렇다면 낙랑군은 뭐고 낙랑공주는 무엇이란 말인가? 공주란 한나라의 왕의 딸을 일컫는 말인데 언어적으로도 모순이요, 말의 앞뒤가 틀리지 않는가? 그것을 시인은 이렇게 말하고 있는 것이다.

나는/ 낙랑 군(郡) 태수(太守)의 딸이 아니라
자주독립 낙랑 국(國)의 당당한 공주(公主)였노라/ 철(銕) 활((夷) 문자(桓字)/ 천손 삼부인 증표 삼아/ 시월하고 초 셋째 날/ 시원 문명 개천하고/ 은(殷) 제후국 제세/ 중원을 호령하며/

역사왜곡의 흔적이라 하지 않을 수 없다. 패수를 청천강에 끌어들이다 보니 어처구니없는 일들이 일어나는데도 학자인 양 거짓 가면을 쓴 채 뻔뻔스레 후학들을 가르치고 있는 것이다. 고죽국이 어디인가. 백이숙제의 묘가 어디 있는가? 당나라 배구전에서, 통전에서 그곳에 한사군인지, 한 삼군인지 하는 이름도 틀리는 군을 두어 어찌 된 영문인지 자기네들도 모르겠다. 하는데 한반도에 한사군이 있었다 하고, 왕검성이 한반도의 평양이라고 어떻게 그렇게 자랑스럽게 말하는지 그 뻔뻔스러움에 개탄을 금할 수 없다.

唐裵矩傳云 **高麗本孤竹國**(今海州) 周以封箕子爲朝鮮 漢分置三郡 謂玄菟樂浪帶方(北帶方) 通典亦比說(漢書則眞臨樂玄四郡 今云三郡 名又不同 何耶

漢나라에 의한 역사왜곡임이 분명할진대 어떻게 검증된 것도 아닌 이런 것들이 역사 교과서에 수록이 되어 교육이 될 수 있단 말인가? 그런데 더 웃기는 것은 불분명한 한사군은 역사서에 기록하여 가르치면서 우리나라라고 분명히 기록한 고죽국은 우리의 역사에 없어 가르치지 않고 있으니 이게 진정 자주독립국가의 역사라고 할 수 있는 일인가? 고죽국은 분명히 고구려라고 (**高麗本孤竹國**) 말하고 있는데 말이다. 그러니 고구려가 자기들 역사라 하고 자신들의 소수 민족사로 전락시키는데 우리 역사학자라는 것들이 한마디 말도 못 하고 있는 것이다. 이 얼마나 한심한가?

바) 평양은 오늘날 평양을 말하는 게 아니다. 해주가 황해도에 있는 것만이 아니듯이, 지금의 부여가 부족 국가의 부여가 아니 듯이, 평양은 넓은 평야를 일컫는 보통명사이기도 하고, 고대에는 사람이 이주하면 자신이 살았던 지명까지 가지고 갔다. 그 예가 바로 '부

여'고 '평양'이고 '태백산'이다. 그런데 그러한 역사적 사실을 인지하지 못하고 "왕검성이 평양에 있었다."라고 함에 한반도의 '평양'으로 인식하니 역사적 오류와 지리적 모순이 발생하는 것이다. 우리의 사학자들이라는 사람들의 지적 수준이 그 정도니 얼마나 한심한가? 고조선의 실체를 부정하는 사람이 '삼위태백'함에 그곳을 '삼고산'이라고 풀이하고 있으니 그 얼마나 모순된 사실인가? 그자가 누구인가? 越海而南至韓地 開國號馬韓하니 바다를 건너 왔다고 함에 한반도의 평양은 더더욱 아니다. 따라서 오늘날 역사 교과서에 기록된 한반도 평양의 왕검성 위치는 반드시 수정하여야 하는 것이다. 수도를 변방에 세우는 미친 나라가 이 세상에 어디 있는가?

(2016년 금성출판사 고등학교 한국사 김종수외 7인 30쪽)

사) 당나라 '배구전'과 '통전'에 이름이 제 각각이고 삼군, 사군 등 내용이 맞지 않아 漢에 의한 조작된 역사 왜곡일 가능성이 크다고 할 수 있겠다. 백 번을 양보해서 그러한 것이 있다고 하더라도 적어도 고죽국 아니면 王準이 월해한 곳이지 지금의 평양인 한반도는 정녕코 아니다. 반드시 수정해야 할 역사 사안인 것이다. 자기네조차 이 어찌 되었는지 모르겠다고 하는 마당에 한반도에 끌어들이다 보니 낙랑군과 낙랑공주라는 언어적 모순을 만들어 내는 것이다. 자기네들도 거리가 멀어 통치하기가 어려웠다 하고 오늘날 만리장성의 경계를 가늠할 때 그리고 조선의 영토와 고구려의 영토를 고려할 때 더욱더 그러하다. 따라서 한반도가 아니라 최소한 고죽국이 있었던 그 지역까지 조선의 영토를 넓혀야 하는 것이다.

신라 이후 반도 사관으로 역사를 바라보니 지역이 한반도에 국한되었다. 태산은, 태백산은 큰 산이라는, 평양은 편평한 넓은 들이라는 보통 명사 또는 형용사, 그리고 지금 한반도의 부여라는 지명은 부족국가의 부여라는 나라의 후손이 남하하여 백제를 건국하면서 한반도의 부여로 명칭을 가져온 것과 같은 논리로 보아야 함에 三危太伯(삼위태백)과 降於太伯山頂(강어태백산정)(卽太伯今妙香山)(즉태백금묘향산), 都阿斯達(도아사달) (經云無葉山(경운무엽산)。亦云白岳(역운백악) 在白州地(재백주지)。 或云在開城東(혹운재개성동)。 今白岳宮是(금백악궁시)와 都平壤城(도평양성)에서와 같이 都平壤城을 지금의 평양이라고 하여서는 안 된다는 것쯤은 삼척동자도 알 수 있는 것이다. 또 다른 예를 들어본다면 발해에 관해 삼국유사는 通典과 삼국사를 빌어 발해의 역사를 기록함에 高麗殘0類0 北依 太白山下, 國號渤海(고구려 잔당들이 군사를 모아 북쪽으로 태백산 아래에 의지하여 국호를 발해라 했는데)와 신라 역사서를 빌어 高麗舊祚榮姓大氏 聚殘兵 立國於太伯山南, 國號渤海(고구려의 옛 장수 조영 성은 대 씨인데, 태백산 남쪽에 나라를 세우고 국호를 발해라 하였다)라고 기록하고 있다.

北依 太白山下와 立國於太伯山南 태백산 아래에 발해를 건국하였다고 했다. 발해의 영토를 볼 때 태백산이 묘향산이 될 수 있겠는가? 동일 지명이 하나가 아니라고 가정할 때 적어도 여기서 말하는 태백산은 발해국의 중앙에 위치하여야 한다. 고구려의 동명성제의 주몽설화에서 태백산을 기록함에 각기 지역이 또한 다름이 이를 증명하고 있는 것이 아니겠는가? 따라서 자신의 얄팍한 지식으로 "어디는 어디가 아닐까?"라고 한 다음 기정사실인 양하는 것은 학자로서 올바른 태도가 아니다. 자신의 추측으로 '패수' 지역을 '청천강'이 아닐까? 추정한 후

기정사실인 양 한사군 중 낙랑군을 평양으로 끌어들이는 오류에 오류를 범했으니, 우리의 상고사가 모두 그렇게 제국 식민사학자들이 억지로 만들어 놓은 제국 식민사관의 틀에 억지 논리로 접근한 거짓 학문이고, 가짜인 것이기에 역사는 단재 선생이 말한 것과 같이, 객관적 사실에 근거한 주체적 자아에 입각하여 다시 기록하여야 하는 것이다.

앞서 환국을 그냥 환국이라고 말하면 되는 것을 저자가 확실하지도 않는데 자신이 무슨 큰 깨달음을 얻은 양 근거도 없이 제석의 나라라고 토를 붙이는 것이 얼마나 큰 오류를 범하는 것인지 우리는 보아 왔다. 그냥 환한 님의 나라, 하나님의 나라라고 해석이 되지 아니한가? 하나님의 정의와 어원을 몰랐던 그다. 그러함에도 그가 역사에 긍정적으로 여김 받음은 역사가가 아니라 종교가이기에, 아니면 그가 없었더라면 조선 역사의 실체가 밝혀지지 않았기에 천만다행이라 여겨 그러한 것일까?

〈삼한 조선의 실체〉

> "眞蕃朝鮮의 蠻夷가 차츰 연나라와 제나라의 망명자를 복속시켜 왕이 되어......... 왕검에 도읍을 정하였다."

구한말 조선을 '아침 해가 뜨는 동방의 조용한 나라'라고 선교사들이 나름대로 환자를 풀어 우리나라를 지칭하였다. 조선은 천손의 나라이며 창세기의 희생 제물을 통해 제천하고 용서받아 죄 없고, 의롭다 여김 받아 삼한 제도를 두었다고 앞서 말했지만 **韓**은 '양의 옷(韋)을 입은 환한 나라(日)'라는 뜻이다. 따라서 '진번 조선(眞番朝鮮)'은 삼조선 중 2개를 일컫는 말이다. 辰韓朝鮮, 番韓朝鮮, 馬韓朝鮮을 합해 三韓朝鮮이요, 檀君朝鮮이요, 이를 합해 大韓朝鮮인 것이다. 眞蕃朝鮮의 蠻夷가........ 두 조선을 말하는 것이다. 두 조선을 말하기에 만이는 한 사람을 지칭하는 것이 아니라 蠻과 夷의 두 사람 곧 두 명의 통치자인 두 명의 단군왕검을 말하는 것이다. 적어도 단군왕검이 통치하는 제사장이라는 뜻이라면 그렇다는 것이고 그러기에 王準은 準이라는 고유명사가 아니라 단군왕검에 준하는 인물이라고 필자가 앞서 해석한 이유이기도 하다. 오늘날 경기도 지사와 강원도 지사가 2명인 것과 같은 이유이다, 그러나 그들은 남의 역사를 말함에 蠻과 夷를 사용하여 蠻夷라고 기록함에 그들이 남의 역사를 기록함에 모두 다 그런 식이라는 것이다. 그런 것도 모르고 모화사상에 빠져 우리의 역사를 제대로 보지 못함에 단재가 주체성을 강조한 이유인 것이다. 조선의 단군왕검에 준하는 인물이(王準)이 <u>越海而南至韓地</u> 하여 馬韓을 건국하였는데 우리에게 익숙한 마한, 진한, 변한, 중 하나인 마한이다. 이러한 제도는 조선의 3 수 통치제도에 기인한 것이며 환웅 서자께서 삼위일체이신 하나님의 속성에 따라 그렇게 전개시킨 결과물들이며 그것이 계승 발전되어 大韓이 되었고 현재 우리나라의 국호가 된 것이다. 따라서 조선을 얘기할 때 삼조선 모두를 말해야지 고죽국에 한정된 기자조선을 조선의 전체인 양 얘기하는 것은 역사의 전체를 보지 못하는 것이며 역사왜곡의 빌미를 제공하게 된다. 이해를 돕고져 다음을 기재한다.

신채호의 상고사에 따르면

지금까지 알고 있는 삼한은 소한 사관(남삼한)으로 기본적으로 우리가 알고 있는 삼한은 이렇다. 한강 이남의 소국가 연맹체인 삼한. 그러니까 가야, 신라, 백제의 전신으로 마한, 진한, 변한을 우리는 삼한으로 알고 있다. 그러나 그것은 삼한에 대한 엄청난 오해다. 바로 이 오해가 우리 한민족의 역사를 공간적, 시간적으로 축소시키게 되는 결정적 원인이 된 것이다. 그러니까 우리가 여태껏 배워온 역사가 공간적으로는 한반도로, 시간적으로는 기원전 10세기를 넘지 못하는 것으로 축소되어 있는 것이 바로 삼한에 대한 잘못된 관념 때문이다. 공간적, 시간적으로 축소된 역사를 '소한(小韓)주의 반도사관'이라고 할 수 있다. 이러한 삼한에 대한 오해를 불식시키고 '대한(大韓)주의 대륙 사관'으로 우리 역사를 바로잡으려고 평생을 바친 위대한 역사학자가 바로 단재 신채호 선생이다. 단재는 직접 맨몸으로 만주를 누비며 한반도의 남쪽 삼한 시대 이전에 만주, 요서, 한반도에 걸쳐 광대하게 뻗어 있었던 단군조선의 삼한시대가 실재했음을 입증했다. [조선상고사, 신채호] 삼한의 유민들이 이주하여 재건한 남 삼한은 고조선이 망한 후 이 본래의 삼한의 유민들이 한반도 이남으로 이주하여 소규모로 재건한 것이 바로 우리가 현재 알고 있는 삼한이다. 또한 단재는 고조선의 대륙 삼한을 '북 삼한'으로 그 이후 반도 삼한을 '남삼한'으로 확연하게 구분지었다. 삼한은 원래 고조선이다. 고조선 유민이 남하하여 삼한(남삼한)을 건국하게 된다. 고조선을 삼한으로 나누어 통치하는 시스템을 삼한 관 경제라고 한다. 그렇다면 삼한 관 경제는 도대체 무엇이란 말인가? 삼한 관 경제는 바로 고조선의 국가 통치원리, 국가경영원리를 가리키는 것으로서 나라의 강역을 천지인삼재의 원리에 따라 진한(人), 번한(地), 마한(天) 셋으로 나누어 통치하는 방식을 말한다. 진한은 만주 일대로서 단군왕검이 직접 다스리고, 요서와 한반도에 자리 잡았던 번한과 마한은 각기 단군을 보좌하는 부 단군이 다스렸다. 고조선의 통치 방식은커녕 고조선의 실존조차 제대로 들려주지 못하는 것이 지금의 역사교육이다. 삼한 관경! 우리 역사의 최전성기인 고조선의 실체는 한 국가 안에 진한, 번한, 마한이라는 삼한 연방제로 광활한 대륙을 다스렸다는 것이다. 지금 우리나라의 국호인 대한민국의 '대한'의 유래는 1897년 고종 황제가 '대한 제국'을 선포하면서 비롯되었고, 1919년 상해임시정부에서 '대한민국'이란 국호를 사용하기 시작하다, 1948년 7월에 '대한민국'으로 정식 국호가 채택이 되어 오늘날에 이르고 있는바 이는 결코 우연히 아니라 고조선의 삼한 조선에서 유래한 것이요, 韓이라는 종교가 가지고 있는 천손의 나라임을 밝히는 결정적 증거라 할 수 있는 것이다.

사마천(司馬遷)이 〈사기〉를 지을 때에는 연(燕)이 멸망한 지 그리 오래되지 않아서 연(燕)과 삼조선(三朝鮮)이 관계된 사실들에 대하여 참고할 재료가 적지 않았을 것이고, 또 한(漢) 무제(武帝)가 조선의 일부분이자 삼경(三京)의 하나인 〈아리티〉의 문화 고도(故都)를 점령하여 예부터 전해오는 전설과 기록이 적지 않았을 터인데도 불구하고, 〈사기〉의 조선전(朝鮮傳)은 조선의 문화적, 정치적 사실을 하나도 쓰지 않고 오직 위만(衛滿)이 동으로 달려온 사실과 한군(漢軍)의 동침(東侵)에 관한 것만 썼을 뿐이니, 이는 조선전(朝鮮傳)이 아니라 위만(衛滿)의 소전(小傳)이며, 한(漢)의 동방 침략의 약사(略史)일뿐이다. 그러한 그들의 일방적인 역사 기록을 정사인 양 인정하고 그것에 따라 황국 제국주의 식민 사가들이 자신들의 식민 사관으로 역사를 조작하려 했으니 얼마나 힘이 들었겠는가?

1) 주의 무왕이 기자를 조선에 봉하였다느니
2) 낙랑공주와 낙랑군이니
3) 왕검성이 평양이라느니
4) 패수가 청천강이라느니
5) 기자조선이 한반도에 있었다느니, 없었다느니?

"주의 무왕이 기자를 조선에 봉하였다."라고 하느니 "기자가 한반도에 왔다." 또는 "올 수 없다."하느니 하여 "기자 조선을 역사로 볼 수 없다"느니 자기들이 정해놓은 역사관의 틀에 맞추어 역사를 해석하려고 하는 그들이 어떻게 올바른 역사를 기록할 수 있었겠는가? 너무나도 어처구니없는 역사 왜곡이 이루어졌는데도 이의 제기 하나 하지 못하고 있으니 이 얼마나 한심한 일이란 말인가?

여덟 번째 상(은)나라의 실체

주에 의해 은나라가 멸망할 때 고죽국 백이숙제가 순국한 이유는 무엇인가? 백이숙제의 사상이 유교인가? 유교 이전 하나님의 종교이다.

조선의 사상과 종교는 하나님께 희생의 제천으로 예배하고 韓하며 생명나무에 나아가기 위해 복의 사상을 간직하며 홍익인간하고 광명이세하였던 초기 원시 기독교의 나라였다. 조선이 망하면서 부족국가에 제천의 종교는 명맥을 유지하여 전래되지만 하나님에 대한 복의 종교와 하나님과 관련된 역사, 법률, 예식 등은 모두 사탄에 의해 없어지고 불살라졌다. 유교의 충 문화라던가 제사문화는 잃어버린 조선의 종교 문화에 기인하지만 신과의 관계를 하늘이라는 것에 한정하여 말하고 있고 인간관계에 더 비중을 둔다. 하나님을 떠났기 때문에 신과 인간과의 관계가 단절이 되고 인간관계에 비중을 더 두다 보니 조상을 공경하고 그러다 보니 제천이 제사로 변질되는 우상숭배의 종교로 변질된 것이다.

애급을 탈출한 민족에게 광야에서 사탄을 선택할 것인지, 하나님을 선택할 것인지 하나님은 물으셨다. 아니 그 이전에 선악과를 먹을 것인지 아니면 생명과를 먹을 것인지 선택하라고 환국에서 이미 말씀하셨다. 그 사상이 바로 不事二君의 사상이다. 변질이 되었지만 유교의 不事二君의 사상은 하나님의 종교에서 나온 결과물들이다. 그들은 사탄인 주의 무왕을 섬길 것인지, 아니면 하나님을 섬기는 주국인 조선의 단군왕검을 섬길 것인지에 대해 물음을 받은 자들이다. 주기철 목사가 하나님을 섬길 것인지, 신사참배를 할 것인지 물음을 받은 것과 같이, 조선의 제후국인 상(은)나라로서는 하나님의 제사장인 나라, 조선의 단군왕검께 나아가 하나님을 섬길 수 없느니 차라리 은둔하겠다고 수양산에 들어가 죽은 조선 최초의 순교자다. 그러한 정신적 종교 사상을 모르고 역사를 바라보니 역사가 왜곡되는 것이다. 유교 이전 환국의 하나님 사상이 있었고, 조선의 제천 사상이 있었다.

唐裵矩傳云(당배구전)	당나라 배구의 배구전에서 말하기를
高麗本孤竹國(고려본고죽국)	고구려는 본래 고죽국이었는데(今 海州) (지금의 해주)
周以封箕子爲朝鮮(주이봉기자위조선)	주나라에서 기자를 봉하면서 조선이라 하였다.

백이와 숙제는 상(殷,은)나라 孤竹君(고죽군)의 아들인데 왕위를 서로 讓步(양보) 했고, 周(주)나라 武王(무왕)이 은나라 紂(주)를 討伐(토벌) 하자 천자를 공격한 신하라며 섬기기를 拒否(거부) 하고 首陽山(수양산)에 들어가 고사리를 캐어 먹다 죽어서 忠臣(충신)의 대명사가 된 사람이다.

고죽국은 동이 곧 우리 조상이 세운 우리의 나라요, 우리의 역사이기에, 고구려를 우리 역사에 포함하듯이 고죽국의 역사도 반드시 포함하여야 한다. 내가 말하는 것이 아니라 당나라의 배구가 배구전에서 고구려는 고죽국이라고 (高麗本孤竹國)라고 말한다고 삼국유사는 분명히 말하고 있지 않는가? 그런데 왜 우리는 남들이 인정하는 그 나라조차도 인정하지 않으려 할까? 또한 중국 최초의 나라 상(은) 역시 고죽국과 형제의 나라이기에 상(은) 역시 동이가 세운 우리의 역사임이 분명한데 우리는 우리의 역사를 왜곡 축소하여 교육하고 있다. 역사는 반드시 다시 써져야 한다. 고죽국의 역사가 우리 역사에 없다는 얘기는 다시 말해 고구려가 우리나라가 아니라는 것과 무엇이 다른가? 또한 고죽국의 백이숙제는 주가 상(은)을 멸망시켰을 때 왜 수양산에 들어가서 죽었을까? 도대체 고죽국이 상(은)나라와 무슨 상관이 있다고 수양산에 들어가 순국하였단 말인가? 상(은)나라는 선의 나라이고 주나라는 악의 나라여서 그랬을까? 이유가 되지 않는다. 상(은)나라 주왕의 폭정은 酒池肉林으로 우리에게 잘 알려져 있다. 그런 나라가 멸망했는데 "왜 수양산에 들어가 죽었냐?"라는 것이다. 이유는 간단하다.

> "周(주)나라 武王(무왕)이 은나라 紂(주)를 討伐(토벌) 하자 천자를 공격한 신하라며 섬기기를 拒否(거부) 하고………"

중국 최초의 나라라고 하는 상(은) 나라– 필자는 앞서 하 나라는 가공의 나라라고 한 바 있음–는 조선이 고대 국가의 기틀을 마련하고 세운 요순 이후 하나라를 거쳐 세운 나라이다. 앞서 황제(오제)가 씨족사회일 때 환웅 서자는 이미 환국을 건국하였고, 단군왕검은 이미 국가를 건국하였다. 상(은)나라는 그 후에 건국된 중국 최초의 국가라 할 때 조선과는 비교를 할 수 없을 정도의 신생 국가인 것이고 고구려의 전신인 고죽국 역시 이미 국가를 건국한 것이다.

동 이	중 국
桓國(古 記및 요하 문명)	삼황 전설 시대 (복희씨– 여와씨– 신농씨)
桓國(치우 환웅 황제 탁록 전투) 조선 건국	유웅국 및 오제 시대 (황제– 전욱–제곡–제요–제순)
조선 신국	하 나라(전설상의 나라)
조선 신국, 고죽국	상(은) 나라, 황하문명
조선 신국, 기자 고죽국 봉함	주 나라
조선 신국, 한반도 삼한 건국	춘추전국시대
조선 신국	진 나라
조선 멸망 및 부여, 고구려, 낙랑 부족국가 분열 시대	한 나라

상기 표와 같이 조선은 홍익인간과 광명이세의 종교 사상과 선진 문명으로 상(은)나라와 고죽국을 개화함에 우리 동이가 세운 나라임이 분명하다. 환문의 기원을 상(은)나라의 갑골문자에 기인한다고 하는데 그것은 조선의 역사가 모두 없어졌기에 그 기원을 그곳에서 찾는 것뿐이지, 그들이 사용한 갑골문자는 상기 연대 도표에서 보듯 환국과 조선의 환자에서 전래한 문자이다. 조선이 한에 의해 망했을 때 부여와 고죽국인 고구려와 분열 부족국가로 발전하다, 후에 분열 부족 국가들이 고구려로 흡수 통일됨에 고죽국을 고구려라고 역사서는 말하고 있는 것이고, 고죽국의 영토가 한반도의 해주가 아니라 은나라와 인접한 백이숙제의 묘가 있는 곳이고 일제가 기자가 한반도에 왔느니, 오지 않았느니 하는 주장은 말도 되지도 않는 억지 논리인 것이다. 결론적으로 상(은)나라는 동이가 세운 나라이기에 고죽국이 조선의 제후국이듯 상(은)나라 역시 조선의 제후국이기에 周(주)나라 武王(무왕)이 상(은)을 멸망시킨 것을 **'천자를 공격한 신하'**라며 백이숙제가 수양산 들어가 순교한 이유라는 것이다. 중국 漢족의 황하 문명은 요하 문명인 우리 동이족, 다시 말해 조선에 의해 문명개화하여 황화 문명으로 전래된 것이라고 유물과 유적과 역사의 기록이 모두 동일하게 증명하지 않는가? 유웅국의 실체나 백이숙제의 순국 이유가 이를 뒷받침하고, 상나라 갑골문자에 새겨진 환자의 문자 유전자가 그렇다는 것이다.

(참고)

다음은 필자가 상기 환국을 설명함에 있어 주장하는 내용들을 뒷받침하는 학계의 주장들을 참고하고 져 한다.
(고대 사학자 심백강 인터뷰, '고조선은 중국 북경을 지배했다' 상(은)나라에 관한 내용)

고죽국

고죽국과 상 왕조가 밀접한 관계를 유지했던 원인은;

첫째, 고죽국의 왕 묵태씨(墨胎氏)와 상왕이 같은 동이족이며, 같은 '子'씨 성의 친척 관계였다는 점입니다. 갑골문에 '부죽(婦竹)', '처죽(妻竹)', '죽첩(竹妾)' 등의 말이 많이 나옵니다. 이는 고죽국의 여자가 상 왕실에 시집간 부인에 대한 호칭입니다. 동성불혼(同姓不婚)은 비록 오랜 전통입니다. 그러나 상 왕실과 고죽국 왕은 이미 오복(五服:5대의 근친관계)을 초과했으므로, 그런 제한을 받지 않았지요. 고죽국과 상 왕실의 통혼(通婚)은 일종의 정치 행위였습니다. 두 왕실은 생사를 함께 걱정하는 특수 관계였어요. 갑골문 중 '모죽(母竹)'이란 '婦竹', '妻竹' 등이 아들을 낳은 것을 말합니다. 상 왕실의 아들 중에는 고죽 가족의 혈통이 많았지요. 이는 고죽국이 상 왕실에서의 지위가 더욱 굳건함을 말합니다.

둘째 국경 지대의 안전보장을 위하여 서로가 필요했다는 점이죠.

상 왕실 동 북부에는 환란이 많았습니다. 상 왕실은 동북 지역을 고죽 등의 동성 제후에게 분봉(分封)함으로써, 국경지대의 안전을 도모하려고 했어요. 노룡 지역은 동서로 통하는 요새지입니다. 고죽은 이러한 전략적 요지에 있었으므로, 이곳을 지켜야 상 왕실의 안정을 도모할 수 있었습니다. 고죽국은 商 대에 줄곧 북방 세력 중에서 비교적 강대한 제후국이었습니다.

▷ 고죽국의 멸망(B.C.660년)과 기자조선의 동부 이동

B.C.664년(周 惠王 13년) 산융이 연을 대규모로 공격하자, 연의 장공(莊公)은 제(齊)나라 환공(桓公)에게 원병을 요청했습니다. 제의 환공은 산융을 정벌하여, 연을 구해주면서 고죽국도 공격해 왕을 잡아 참하였습니다. 이로 인하여 商과 周의 두 왕조에 걸쳐 1천 년 가까이 지내온 고죽국이 일단 망하고, 이 일대는 연나라의 세력범위에 들어갑니다. * 참고: 《春秋》. 《國語 · 齊語》그리고 4년 후인 B.C.660년에 제나라 환공이 다시 공격하여 산융과 고죽 및 영지(令支)를 완전하게 멸망시킵니다. 1천 년 역사를 지닌 고죽국이 쉽게 망한 이유는 수많은 백성들이 살기 좋은 동부의 기자 조선으로 대거 이동해갔기 때문이라고 봅니다. **종족이 이동해가면 지명도 따라갑니다. 예를 들면 '里', '平壤' 등이 있습니다.** * 참고: 《管子 · 度地》 "百家爲里"

학술계에서는 고죽국의 멸망에 관하여, B.C.664년에 제 환공이 고죽국을 공격하여 왕을 참하였지만, 완전하게 멸망한 것이 아니라, B.C.660년에 멸망한 것으로 봅니다. 고죽인은 흩어져, 동쪽 기자조선으

로 들어가기도 하고, 남아서 연나라에 흡수됩니다. 그 후 **고죽이라는 지명은 연나라 강토로만 나옵니다**. 고죽국이 망한 후 유이민과 기자의 후예 등 동이족은 객좌(喀左) 및 조양(朝陽) 일대에 있는 기자조선으로 이동합니다. B.C.530년 경 잔류했던 동이족에 의하여 고죽국 옛 땅에 비여(肥如)국이 등장됩니다. 이 비여국이 비류(沸流 fèiliú)국이라고 봐요. 비여국은 건국 1년 만에 진국(晋國)의 침략을 받기도 했으나, 연국의 도움으로 노룡현 서북의 청룡하(靑龍河) 유역에 정착합니다. 그러나 비여국은 대방군(帶方郡)의 침략을 받아 일부는 동부 조양(朝陽) 일대로 이동하여 훗날 고구려의 모태가 되고, 일부는 바다를 건너 한반도로 건너가 비류(沸流) 백제를 세웁니다. 삼국유사》〈왕검조선〉:「《唐 · 裵矩傳》云高麗本孤竹國(今海州). 周以封箕子爲朝鮮. 漢分置三郡, 謂玄菟 · 樂浪 · 帶方(北帶方).《通典》亦同此說.」

- 고죽국은 940년의 긴 역사를 지닌 나라이며, 동이 문명과 황하문명을 이어주고 융합하는 용광로 역할을 했습니다. 고죽국의 유물에는 두 문명의 특징이 나타나 있습니다.
- 전기(B.C.1600~B.C.1046: 554년간): 동이족은 商 왕조와 혈맹관계를 유지하고 양국의 안정을 도모하면서 전성시대를 구가합니다.
- 고죽국의 백이(伯夷)와 숙제(叔齊)는 역사적으로 애국, 겸양, 숭례, 인의(仁義)의 정신유산을 후손들에게 남겨주었습니다. **백이, 숙제가 굶어죽었다는 수양산(首陽山)은 노룡현의 동남 7.5km 지점에 있는 작은 산이랍니다.** 그리고 노룡현 북쪽 15km 지점의 청룡하(靑龍河) 변 단가 구촌(段家溝村)에 깊은 동굴이 하나 있는데, **마을 사람들은 예부터 '고려동(高麗洞: 고구려 동굴)'으로 불러왔으며, 기자가 이**

동굴에 머물렀다는 전설이 있답니다.

상(은)나라

상(商)은 문헌에 따라 은(殷)이라는 명칭도 나타나 한때는 국가의 명칭을 은(殷)이라고 부르기도 했다. 하지만 은은 상 왕조의 마지막 수도일 뿐이며, 은(殷)이라는 명칭은 상 왕조가 멸망한 뒤 주(周)에서 상의 주민들을 낮게 호칭하던 것에서 비롯된 것이다. 따라서 정확한 명칭은 상(商)이다.

하(夏) · 상(商) · 주(周) 3대의 왕조가 잇달아 중국 본토를 지배하였다고 하나, 전승되는 중국 최초의 왕조인 하 왕조는 그 존재 자체가 아직 고고학적으로 입증되지 못했다.(필자는 상과 하나라의 역사가 일맥상통함에 하나라는 상나라를 모방한 가공한 나라로 보고 있음) 다행히 상 왕조는 20세기에 들어서 그 수도에 해당하는 은허(殷墟)의 발굴이 진행됨에 따라 적어도 그 후기에는 당시의 문화 세계였던 화북(華北)에 군림하였던 실재(實在)의 왕조였음이 판명되었다. 따라서 상은 고고학적 연대를 확인할 수 있는 중국의 가장 오래된 국가이다. 국내에서 은나라가 우리 민족이라는 주장이 있다. 대표적으로 유명한 것이 90년대 퇴마록이고, 2015년 한국인 작가의 책 중 가장 많이 팔린 책으로 집계된 김진명의 글자 전쟁에서는 아예 은이 우리 조상이기 때문에 갑골문과 환자도 모두 우리 문자라는 설정을 가지고 있으며, 김진명 본인은 소설의 내용은 허구지만 그 속에 진실이 있다고 주장하며 은이 우리나라인 것이 사실이라고 주장하고 있다.

그 외에도 서울대 박사 과정 출신의 사교육 강사인 김정현이 수업 때 은이 우리 민족이고 환자가 우리 문자인 것이 역사적 사실이라고 가르치는 등 언급한 것 외에도 이런 종류의 주장들이 일반인들을 대상으로 전파되고 있으며.

은(殷)은 우리 민족이 세운 나라이고 기자 조선으로 이어졌다는 고대 사학자 심백강 인터뷰, '고조선은 중국 북경을 지배했다'(下)를 게재한다. 심백강 원장은 사료를 통해 우리 고대사를 연구하는 학자다. 그는 후학(後學)들이 우리 고대사를 바르게 연구할 수 있도록 〈삼국사기〉나 〈삼국유사〉보다 연대가 앞선 1차 사료를 수집·정리하는 일에 평생을 바치고 있다. 그와의 인터뷰를 2회에 걸쳐 싣는다. <글 | 이상흔 조선 pub 기자>

중 고대 역사의 이해를 돕기 위해 고조선과 관련된 내용을 1회에 한해 하편만을 게재하였다.

- 이제부터는 고조선에 대해 본격적인 설명을 부탁드립니다. 지금까지 원장님의 설명을 요약하면 고조선의 영토는 한반도 혹은 압록강 부근이 아니라, 발해만 부근을 중심으로 노룡과 북경-천진을 아우르는 지역, 그리고 서남쪽으로는 오늘날의 보정 시까지 이어진 하북성 일대라는 말씀이신데요.

"그 일대가 우리 민족, 즉 동이족(조선족)의 활동 무대였습니다. 물론 동북쪽으로는 오늘날의 조양시를 포함하는 요서 지역과 압록강까지 이어져 있었습니다."

- 은(殷) 나라가 망하면서 기자가 유민을 이끌고 조선으로 건너와 나라를 세우고 왕이 되었습니다. 이를 두고 '기자는 자기 선대(先代)가 살던 땅으로 돌아갔다'고 주장하는 중국학자도 있습니다. 그렇다면 결국 은나라는 우리 민족이 세웠다는 말이 되지 않는지요.

"일본 사람들은 기자가 하남성(河南省: 은허)에서 한반도의 대동강까지 오는 것은 불가능하다면서 기자 조선의 실체를 인정하지 않고 있습니다. 거리상으로 너무 멀고, 망명객 신분에 이(異) 민족이 있는 지역을 지나서 한반도로 오는 것이 말이 되냐는 것이죠. 그렇다 보니 우리 사학계도 기자 조선을 거의 취급하지 않고 있습니다. 하지만 **기자는 한반도로 건너온 것이 아니라, 자기 종족들이 터를 잡고 살던 요서 조선(진한 시대의 요서군) 지역으로 가서 나라를 세운 것입니다."**

원나라 말기까지 존속한 '조선하' 명칭

- 고조선의 중심 도시나 무대를 확정할 수 있습니까.

"발해만에서 동북쪽 일대가 활동 영역이고, 좀 더 구체적으로는 하북성 노룡현(盧龍縣) 부근이 고조선의 중심지입니다. 송나라 때 〈태평 환우기〉의 기록에 여기에 '조선성(城)'이 있었다고 나옵니다. 하지만 이거 하나로는 증거가 부족한데, 〈사고전서〉에서 노룡의 서쪽 북경 부근에 조선하(朝鮮河)가 있었다는 것을 찾았습니다.

송나라 때 나라에서 펴낸 병서(兵書)인 〈무경총요〉(武經總要)인데, 여기에 바로 '조선하'라는 이름이 나옵니다. 조선하는 북경시 북쪽 지역에 있었습니다. 그런데 여기서 두 가지 의문이 듭니다. 〈무경총요〉에 등장하는 '조선'은 어떤 조선을 말하는 것이며, 왜 북경 북쪽 지역에 이 강이 있는가 하는 것입니다.

〈무경총요〉가 편찬된 것은 이성계(李成桂)의 이 씨(李氏) 조선 건국보다 348 년이 앞섭니다. 따라서 압록강 이남에 건국되었던 '이성계의 조선'과는 전혀 무관한 것이기 때문에 당연히 고조선을 이야기하는 것입니다. 이는 바로 고대 조선의 주 무대가 대륙 깊숙이 중원에 자리하고 있었다는 것을 설명하는 기록입니다."

- '조선하'가 북경 부근에 있었다는 것은 어떤 의미인지요.

"잠시 정리를 해보면, 중국 한족(漢族)의 전통적인 활동지는 주로 섬서성(陜西省)입니다. 조선하는 고대 요서 조선 수도의 서쪽에 있던 강입니다. 이렇게 보면 고대의 모든 기록이 다 맞아떨어집니다.
〈사기〉 열전에 섭하(涉河)가 건너서 왔다는 강도 조선하일 것이고, 위만이 건너서 왔다는 강도 조선하일 겁니다. 당연히 수(隋)나라가 조선을 치기 위해 건너왔다는 패수(浿水)도 이병도의 주장처럼 청천강이 아니고 조선하일 가능성이 큰 것이죠. '청천강 패수 설'과 '대동강 낙랑설'은 일제가 만든 식민사관과 반도사관의 핵심 요소입니다."

- 〈무경 총요〉는 어떤 책입니까.

"이 책의 저자 증공량(曾公亮)은 북송(北宋) 왕조의 중신(重臣)입니다. 그는 이 책 외에도 〈신당서〉와 〈영종 실록〉 편찬에 참여한 당시의 대표적인 역사학자이자 군사 가입니다. 〈무경 총요〉는 북송 왕조의 대표적인 역사학자이자 군사가가 황제의 명을 받아 4년 동안 정력을 기울여 펴낸 역작으로 정사(正史)에 뒤지지 않는 권위 있는 사료입니다. 여기에 나오는 조선하가 허위일 수 없고, 저들이 허위로 조작하여 조선하를 기재할 하등의 이유가 없습니다."

- 그 조선하라는 지명이 지금도 남아 있습니까.

"제가 고증을 해보니 오늘날 북경 부근의 '조하'(潮河)가 바로 조선하입니다. 저의 이번 책 《잃어버린 상고사 되찾은 고조선》에서 〈사고전서〉의 자료를 바탕으로 '조하'가 왜 '조선하'인지 자세하게 고증했습니다. 최소한 원(元)나라 말년까지는 '조선하'라는 명칭이 존속했습니다. 명, 청(明淸) 시대에 이르러 '조선하'가 '조하'로 변경된 것 같습니다.

이때에 이르러 조선은 약화될 대로 약화된 압록강 이남의 손바닥만 한 땅을 소유한 나라에 불과했고, 중원의 황제에게 조공을 바치고 책봉을 받는 속국 신세였습니다. 이런 상태에서 중원 수도 근처에 조선하가 있다는 것은 중국의 자존심이 허락하지 않았을 것이고, 역사적 분쟁을 야기할 수도 있는 불편한 명칭이었을 겁니다."

청나라 오임신이 저술한 〈회도산해경광주〉. 〈산해경〉은 한나라 이전인 선진(先秦) 시대의 사료로 동아시아에서 가장 오래된 지리서다. 이 책

'해내경' 편에 고조선의 위치가 기록되어 있다. 심 원장은 "중국의 여러 학자들이 '해내경'은 '조선기'(朝鮮記)라고 했는데, 고조선사와 관련된 직접 사료를 확보한 것"이라고 말했다.

동아시아 최고 지리서 〈산해경〉, '동해 안쪽에 나라가 있으니…'

- 혹시 노룡현 쪽이 고조선의 주 활동 무대였다는 것을 증명할만한 다른 기록도 있는지요.

"〈산해경〉(山海經)의 '해내경'(海內經) 편을 보면 '동해의 안쪽, 북해(北海)의 모퉁이에 나라가 있으니 그 이름을 조선이라 한다'고 되어 있습니다. 그리고 또 〈산해경 광주〉는 산해경에 나오는 '해내경'과 '대황경(大荒經)'을 '조선기'(朝鮮記)라고 했습니다. 즉 '(고)조선의 역사를 기록한 것'이라는 의미인데, 고조선사와 관련된 중요한 직접 사료를 확보한 셈이 됩니다.

〈산해경 광주〉는 청(淸) 나라 때 오임신(吳任臣)이란 학자가 쓴 〈산해경〉 주석서입니다. 〈산해경〉은 선진(先秦) 시대의 사료로 동아시아에서 가장 오래된 지리서입니다. 서한(西漢) 시대의 유명한 학자인 유흠(劉歆)은 〈산해경〉이 하(夏)나라의 우(禹)왕과 백익(伯益)의 저작이라고 했습니다. 이분이 근거 없는 말을 했을 리는 만무합니다.
〈사기〉에도 〈산해경〉이 인용된 것을 보면 선진시대의 사료인 것은 확실합니다. 그동안 우리 고대사에서 사료가 없다는 것이 문제였는데, 한 대(漢代) 이전 고조선의 직접 사료인 〈산해경〉 중 '해내경'과 '대황경'을 집중적으로 연구할 필요가 있습니다."

- 〈산해경〉에 말한 '동해의 안쪽, 북해의 모퉁이'가 노룡현 부근입니까.

"풀이할 것도 없이 글자 그대로입니다. 지금의 황해를 예전에는 '동해'라고 했습니다. 한족의 근거지인 섬서성을 기준으로 보면 북해(北海)는 현재의 '발해만'밖에 없습니다. 발해의 다른 이름이 '북해'입니다.

〈해내경〉은 첫 줄에서 조선의 위치를 언급하면서 '북해의 모퉁이'라고 했습니다. 삐죽 튀어나온 곳을 모퉁이라고 하지는 않습니다. 그러니까 하북성 발해만 지역에 있는 진황 도시 노룡현 부근이 바로 〈산해경〉이 말 한 지역이 됩니다.

〈태평환우기〉에 '노룡현에 조선성이 있다'고 하고 '바로 기자가 봉함을 받은 지역'이라고 했습니다. 진나라나 한나라 때는 이 지역을 '요서'라고 했습니다. 즉 조하의 동쪽이 요동, 조하의 서쪽이 요서로, 지금의 요동 · 요서하고 다른 기준입니다.

이처럼 옛날의 모든 기록이 고조선과 낙랑의 중심적 위치를 일괄적으로 진황도시 노룡현 일대로 맞아떨어지게 기록하고 있습니다. 고조선이 현재의 요동이나 반도에 위치할 수가 없는 이유입니다."

- 예전에 조하(조선하)를 기준으로 요동·요서를 나눈 근거는 무엇인가요.

"〈산해경〉에 요수(遼水)는 동남쪽으로 흘러서 발해로 들어간다고 했습니다. 그렇다면 지금의 요동·요서를 나누는 오늘날의 요수(요하)를 보세요. 서남쪽으로 흐르지 않습니까? 요령성에서 지리 구조상 강이 동남쪽으로 흐를 수가 없습니다. 그렇다면 요령성의 요하는 옛날 〈산해경〉에서 말해온 그 요수가 될 수가 없습니다. 나중에 요하로 바꾼 거죠.

거기에 반해 조하는 정확하게 동남쪽으로 흘러서 발해로 들어갑니다. 기록이 정확하잖아요. 이병도 같은 분들은 요동·요서에 대한 개념도 없었을 겁니다. 그냥 낙랑군이 요동군 동쪽이라고 하니까 대동강 유역이라고 본 것인데, 이는 〈삼국사기〉의 고구려가 요서군에 10성을 쌓았다는 기록과도 맞지 않는 주장입니다.

요동군에 한나라의 군이 설치되어 있는데 어떻게 압록강에 있다는 고구려가 요동군을 넘어서 성을 쌓을 수 있습니까. 강단 사학은 앞뒤가 안 맞으면 무조건 오류나 오기(誤記)라고 주장하고, 그것도 안 되니까 〈삼국사기〉의 초기 기록을 부정하기에 이른 것입니다."

- <u>그냥 옛 기록에 있는 그대로만 따르면 다 맞는다는 말씀이시네요.</u>

"〈사고전서〉에 기록된 대로 요하를 조하로 보고, **노룡현 지역을 '요서**

고조선'의 평양으로 보면 고대사 전체가 다 맞아 들어갑니다. 그동안 사료가 없다 보니까 우리가 소모적인 논쟁으로, 더듬이 길 찾듯이 고대사를 다루었는데 이제 사료를 통해 다 밝혀졌으니까 더는 논쟁을 할 필요가 없어졌습니다.

강단 사학은 새로운 사료가 나와도 자기들 통설하고 안 맞으면 연구할 생각은 하지 않고 배척을 합니다. 왜냐하면, 〈사고전서〉에서 밝혀진 사료는 강단 사학이 그동안 쌓아온 모든 것을 부정하는 것이기 때문입니다. 모든 공든 탑을 허무는 것이 너무 아까우니까 아예 거들떠보려 하지 않고, 또 보려고 해도 원전을 읽을 만한 능력이 안 되다 보니까 그동안 이런 내용이 보이지가 않았던 겁니다."

심백강 원장이 최근 펴낸 《사고전서 사료로 보는 한사군의 낙랑》과 《잃어버린 상고사 되찾은 고조선》. 심 원장은 계속해서 <사고전서>의 삼국시대 관련 사료를 펴낼 계획이다.

"북한이 만든 시조 단군릉은 가짜"

- 바로 그 강단 사학의 뿌리가 일제가 만든 반도사관에 기초하고 있다는 것이 우려된다는 말씀이시죠.

"일본 사람들이 단군조선은 '신화(神話)'라고 해서 부정하고, '기자동래설(箕子東來說)'은 '거리가 멀어 말도 안 된다'며 부정했습니다.
이런 논리로 단군조선 1000년, 기자조선 1000년을 잘라내고, 위만(衛滿) 조선부터 우리의 실제 역사로 보았습니다. 이렇게 해서 우리 역사를 2300년으로 만들었는데, 일본의 2500년보다 역사가 짧아지게 됩니다. 이처럼 일본은 식민사관을 통해 우리 역사의 길이를 단절시켰고, 역사의 무대를 축소해 놓았습니다."

- 재야사학에서 〈환단 고기〉(桓檀古記) 등의 사료를 가지고 우리 역사를 설명하기도 하는데요.

"먼저 알아야 할 것은 〈환단 고기〉 등을 가지고 역사를 연구하는 사람들을 가리켜 주로 '재야 사학자'라 하고, 신채호, 정인보 선생처럼 정사(正史) 사료를 가지고 연구를 한 사람들은 '민족 사 학자'로 구분한다는 겁니다.

문제는 〈환단 고기〉는 우리나라밖에 없는 사료이기 때문에 중국이나 일본에서 인정하지 않습니다. 반면 〈사고전서〉는 한중일(韓中日) 삼국이 인정하는 정사 사료입니다. 사료는 연대가 오래될수록 가치가 있는데, 이런 원 자료를 부정한다면 역사학자라고 할 수가 없죠."

- 말씀대로 중국 중원(中原)에서 활동하던 우리 민족은 어떤 계기로 한반도 쪽으로 영역을 계속해서 축소해 왔는지요.

"동북아시아에는 수많은 민족이 흥망(興亡) 했습니다. 돌궐, 흉노, 말갈, 여진…. 그 모든 민족이 중국에 동화되어 버렸지만, 오직 우리만이 아직도 남아 있지 않습니까? 우리는 영토, 언어, 전통, 민족, 역사를 모두 유지하면서 남아 있습니다. 바로 그 사실이 중요합니다. 로마가 아무리 강성한들 지금 무엇이 남아 있습니까?

하지만 우리는 단군이 세운 그 조선이라는 이름에, 그 민족이 그대로 남아 있는 겁니다. 세계사에서 이처럼 생명력이 긴 민족이 별로 없습니다. 이것은 바로 수천 년의 역사적 뿌리가 있기 때문에 가능한 것입니다. 순환 반복하는 것이 역사의 법칙이니까 **언젠가는 다시 옛날의 찬란했던 영광을 회복할 날이 있을 것입니다"**

- 고구려의 처음 주 무대가 노룡현 일대라면, 지금의 북한 평양(平壤)은 어떻게 된 것인지요.

"제가 다음번에 〈사고전서〉의 자료를 모아서 책으로 펴낼 부분이 바로 삼국의 역사입니다. 우리 역사는 고려 때까지만 해도 주 무대가 동북을 포함하는 역사였습니다. 반도(半島) 쪽으로 완전히 축소된 것은 고려 이후 조선조에 넘어오면서입니다.

고구려의 발상지가 바로 중국 노룡현 지방이고, 현재의 평양 천도는 그 한참 후에 이루어진 것입니다. 당태종이 고구려를 칠 때 고구려의 수도가 바로 노룡 지방입니다. <u>이때 당(唐) 나라에 요서 평양(노룡 지역)을 내주고, 현재의 평양으로 옮겨온 것입니다.</u> 이 문제는 다음번 책에서 자세하게 다룹니다."

- 북한은 "평양에서 단군의 시신이 발견되었다"라며 단군릉을 조성했습니다.

"고조선이 워낙 오래 존속되었기에 훗날 단군의 후손이나 왕족의 일부가 평양에 건너와 거주했을 개연성은 있지만, 그 무덤이 시조(始祖) 단군일 수는 없습니다. 단군에게 제사를 철저하게 지냈던 조선 시대에도 평양 일대 민간에서 단군 무덤이라고 전해오는 묘를 시조 단군의 무덤으로 인정하지 않았습니다."

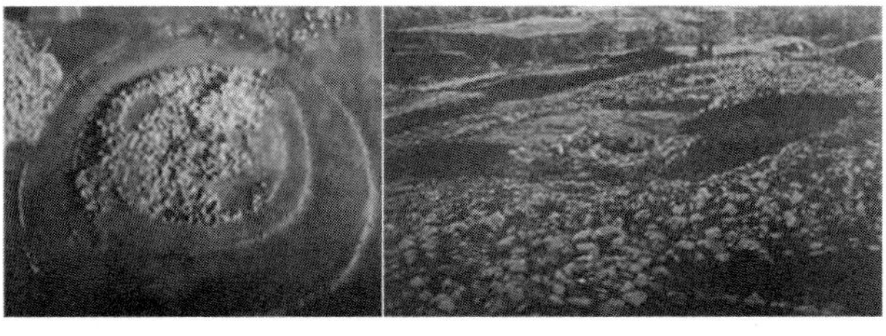

요녕성 우하량 홍산 문화 유적에서 발굴된 삼원 구조의 원형 제단(좌)과 내몽고 홍산 문화 유적지에서 발굴된 대규모 적석총 유적. / 이미지 출처: 우실하 저 '동북공정 너머 요하 문명론'(소나무)

동아시아 최초의 국가 고조선 쏟아지는 유물·유적 증거

- 기록과 함께 유물·유적 같은 고고학적 증거가 받쳐 주어야 더욱 힘을 얻는 것 아닙니까.

"우리 민족이 원래 중원의 주인입니다. 동아시아에서 최초로 나라를 세운 것이 바로 우리 동이족이 세운 '고조선'입니다. 이는 홍산 문화(紅山文化)가 발굴되면서 입증되었습니다. 기록뿐 아니라 유물과 유적까지 뒷받침하는 것이죠. 홍산 문화가 꽃 핀 곳이 바로 우리 민족의 주무대였던 요서군 지역입니다.

홍산 문화의 3대 특징은 여신을 모신 사당과 원형 제단, 적석총이라고 할 수 있습니다. 어느 문화의 '특징'이라는 것은 다른 지역에서는 그 특징이 나타나지 않는다는 의미입니다. 즉, 섬서성처럼 중국 한족 문화가 융성한 지역(황화 문명권)에서는 이런 특징을 가진 유적이 발굴되지 않습니다.

이 가운데 적석총은 우리 동이족 매장 문화의 가장 큰 특징 중의 하나입니다. 중국 황제는 무덤 조성 시 평지에 흙을 끌어 모아 토갱(土坑)을 만들었습니다. 능(陵)과 태묘(太廟), 제단(祭壇) 등은 부락 단계에서는 볼 수 없는 국가의 상징인데, 대규모 제단이 황화 문명에 앞선 홍산 문화에서 발견이 되었습니다.

홍산 문화는 국가의 전야(前夜) 단계라고 합니다. 황화 문명이 아직 국가 단계에 들어가지도 못했을 때 벌써 국가의 전 단계에 진입했다는 의미입니다. 즉 우리 동이족(東夷族)이 거주하는 곳에서 먼저 문명이 시작되어 황화 문명권으로 넘어간 것입니다."

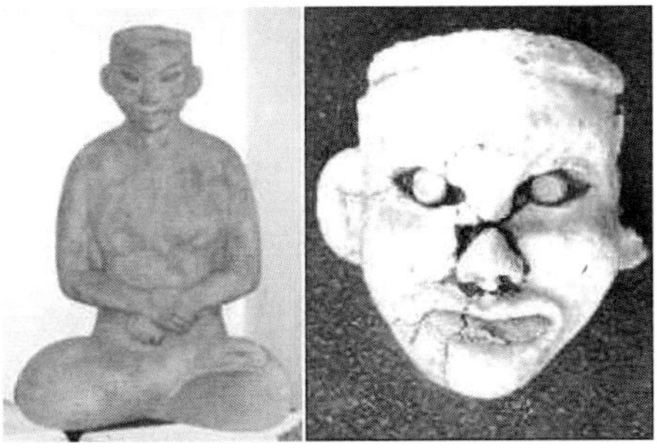

홍산 문화 여신 묘 유적지에서 발굴된 여신상. 오른쪽은 두상이고, 왼쪽은 복원한 반가부좌상이다.

- 홍산 문화가 우리 민족이 창조한 문화라는 것이죠.

"그것은 중국 학자들도 인정하는 부분입니다. 고조선이라는 나라가 하루아침에 땅에서 솟아나올 수는 없잖아요. 이러한 문화의 전야(前夜) 위에서 고조선이 건국된 것입니다. 한반도 내에서 고조선이 건국되었다면 무슨 증거가 나와야 하는데 아무것도 나오지 않고 있습니다. 고인돌을 가지고 고대국가의 건국을 증명할 수는 없는 노릇입니다.

바로 중원 대륙의 우리 민족이 살던 곳 요서 지역에서 국가의 건국을 상징하는 유물이 최초로 나오는 것입니다. 그러니까 중국의 저명한 고고학자들이 '중국 문명의 서광(曙光)이 홍산 문화에서 열렸다'고 했습니다. 문명의 시작이 황화 문명이 아니라는 것입니다. 한족의 무대는 섬서성이고, 동쪽은 동이족, 그 가운데 우리 '박달 민족(배달민족)'

의 주 무대였습니다. 박달 민족 국가를 한자로 쓰면 〈관자〉에 나오는 '발 조선(發朝鮮)'이 되는 데, 현재 이 지역에 '아사달'이나 '박달'과 연관된 무수한 지명이 남아 있습니다."

- 중국은 홍산 문화도 중화 문명의 일부라고 주장하며 동북공정을 하고 있지 않나요.

"홍산 문화를 발굴해놓고 보니까 기존 중화 문명보다 앞서는 문명의 출발점이라는 것이 밝혀졌습니다. 건국도 홍산 문화에서 먼저 이루어졌고요. 홍산 문화에서 발굴된 용(龍)이 황화 문명에서 발굴된 용보다 연대가 앞섭니다. 봉황(鳳凰)도 최초로 이쪽에서 나왔고요.

그러다 보니 '황화 문명에서 문명이 시작되어 오랑캐에 문명을 전파했다'는 기존의 이론이 뒤집어지게 된 것입니다. 중국 문명의 출발점이 달라지다 보니까 아예 중국의 시조인 황제(黃帝)를 이쪽 지방으로 갖다 놓는 작업을 진행 중입니다."

"중국의 동북공정을 뒷받침하는 우리 강단 사학 이론"

- 동북공정(東北工程)의 정확한 의미는 무엇인가요.

"한족 입장에서 동북지방은 동쪽과 북쪽 사이의 하북성, 요령성, 길림성입니다. 즉 동쪽과 북쪽 사이를 일컫는 말인데 그동안 이 지역의 역사는 공백으로 되어 있었습니다. 연나라가 이 지역을 차지했다고 주장은 해왔지만, 명백한 게 하나도 없잖아요. 그래서 이 지역의 역사를 이론적으로 정립하는 것이 바로 '동북공정'입니다. 동북공정은 중국 사람뿐 아니라 우리 강단 사학에도 책임이 있습니다. 지금까지 한국의 강단 사학이 이룬 많은 연구가 중국의 동북공정을 뒷받침하는 이론이기 때문입니다."

- 동북공정에 맞서기 위해 학회도 만들고, 정부의 움직임도 있지 않습니까.

"중국의 동북공정에 맞서겠다고 출범한 연구재단도 그간의 연구결과를 보면 기존의 일제나 이병도의 반도사관 학설을 크게 벗어나지 못하고 있다는 것이 큰 문제입니다. 그렇다 보니 중국의 동북공정에 맞서기 위해 미국 상원 외교위원회에 보낸 자료가 결국 중국의 동북공정을 뒷받침하는 자료에 불과한 결과가 되었습니다. 우리는 중국의 동북공정을 일일이 비판할 필요가 없습니다. 〈사고전서〉에 기록된 '요서 고조선' '요서 낙랑' '요서 고구려'(**여기서 말하는 요서는 오늘날의 요서 지역이 아니라 진한시대의 요서군 지역임**)만 바로 세우면 동북공정은 저절로 해결됩니다. 〈사고전서〉에 기록된 모든 사료는 중국의 조상이 만든 중국 측 자료이고, 그 내용도 역사적 사실과 맞아떨어지기 때문입니다."

중국 섬서성 함양 박물관에 보관되어 있는 '두로 영은 비' 중의 조선국 기록 부분.

- 우리가 합리적이고 치열하게 연구한 자료를 가지고 반박하면 중국도 인정할 것은 인정할 수밖에 없다는 의미군요.

"당연합니다. 사료를 가지고 이야기를 하는데 그것을 어떻게 부정하겠습니까. 예컨대 선비족(鮮卑族)은 고조선의 후예들입니다. 그런데 1500년 전에 세워진 선비족의 '두로 공신도 비문'이 지금 전해집니다. 어떤 이의 비문을 쓸 때는 당연히 그 사람의 조상(뿌리)부터 이야기하는데, 그 첫마디가 바로 '조선 건국(朝鮮建國) 고죽위군(孤竹爲君)'이라고 했습니다.

영은 비 중의 조선국 기록 부분.

즉 '조선을 건국하고 고죽이 임금이 되었다'고 한 겁니다. 선비 모용부(慕容部)가 나라를 세우고 활동한 지역이 요서와 요동 지구, 그리고 하북성 서북과 남부 지역을 포괄하는데, 이곳은 기자조선이 건국하고, 고죽국이 통치하고, 이후 한나라가 위만조선 지역을 관할하기 위해 사군을 설치한 곳입니다.

〈삼국사기〉에 '고구려가 본래 고죽국'이었다고 했는데, 제가 사료분석을 하니 고죽국은 고조선에서 갈라져 나온 우리 동이족이 세운 나라가 분명합니다. 고죽국은 백이·숙제의 고사로 유명합니다. 이 고죽국이 바로 요서에 있었던 겁니다."

- 갑자기 '고죽국'까지 나오니까 좀 어렵습니다. 다시 한 번 정리를 해주시죠.

"그러니까 발해 만에서 가까운 노룡 지역에 조선성이 있었는데 시대에 따라 '고죽성', '요서성'으로 불렸습니다. 요서성은 진시황이 이쪽 지역을 요서군으로 삼았기 때문입니다. 춘추시대에는 고죽국이 있었으니 '고죽성'이 있었던 것이고, 고조선 때는 조선이 있어서 '조선성'이란 이름이 있었던 겁니다. 시대에 따라 이름이 달라지고 있지만, 지금까지 이야기를 종합하면 중국 동북지방 전체가 우리 역사이고, 우리 조상의 무대였다고 보시면 됩니다."

"교과서 개정으로 왜곡된 역사 바로잡아야"

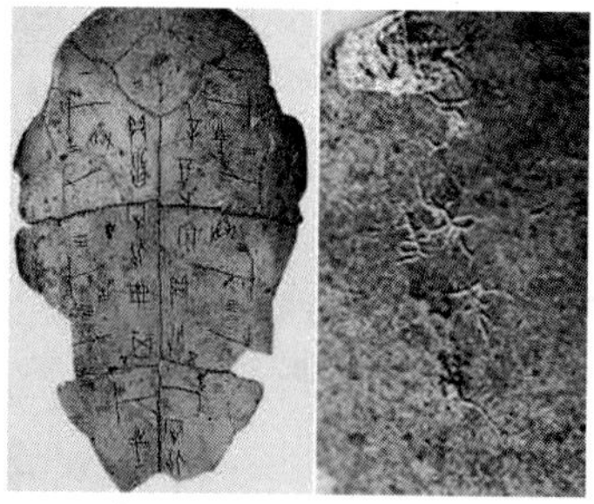

갑골 문자(좌)와 이보다 앞서는 골각 문자(우).

- 동북아에서 우리 민족이 최초로 국가를 세웠고, 은나라도 우리 민족의 한 갈래가 세웠다면 은나라의 갑골문자(甲骨文字)는 우리 민족이 만든 글자로 봐도 됩니까.

"갑골문자는 한자(漢字)가 아니라 '은나라의 문자' 즉 은문자(殷文字)입니다. 갑골문자에서 4000천 자(字) 가량이 해독되었는데, 미 해독 문자도 상당합니다. 이 정도의 문자가 통용될 정도라면 이미 이에 앞서 갑골문을 탄생시킨 문자 체계가 있었다고 보는 것이 합리적입니다. 그 문자는 당연히 우리 민족이 만들었습니다**(수년 전 산동성 창려현 지방에서 갑골문자보다 1000여 년 앞선 골각 문자가 발견됨=편집자 주).**
한자(漢字)는 갑골문자를 한족이 더욱 발전시킨 문자입니다. 정리하면 한자는 당연히 갑골문을 토대로 한족이 발전시킨 글자이지만, 이 문자를 발생시키고 문명 자체를 연 서광은 우리 민족에서 시작되었다는 것입니다. 따라서 중국 문명의 뿌리이자, 시초를 열어준 것이 우리 민족이라는 것을 알고 자부심을 가져야 합니다."

- 혼자서 중국의 1차 사료를 수집 · 정리하기가 쉽지 않았을 텐데요.

"현재 우리 역사는 일본 사람들이 만들어 놓은 반도사관에서 단 한치도 벗어나지 못하고 있습니다. '단군은 신화이고, 기자는 허구이며, 위만은 연나라 사람이니까 우리 민족은 타율적이며, 지배를 받아야 하는 열등한 민족'이라는 것이 식민사관의 핵심입니다. 문제는 이런 식민사관을 아직도 학교에서 그대로 배우고 있다는 것입니다. 이런 왜곡된 역사를 바꾸려면 교과서를 개정해야 합니다. 제가 이렇게 자료를 정리해 놓아야 교과서를 개정할 수 있기 때문에 생명을 바쳐서 작업합니다. 중국과 일본은 자기 민족에 대한 긍지를 살리는 역사를 가르치지만, 우리는 대륙으로 한 번도 진출해보지 못하고 한반도 안에서 지지고 볶고 싸우는 민족으로, 도저히 민족과 역사에 대한 자부심을 가질 수 없는 역사를 가르칩니다. 로마나 한(漢) 왕조보다도 훨씬 위대했던 고조선만 바로 서면 동서화합, 남북통일도 문제가 없습니다."

- 동북공정에 맞서고 역사를 바로 세우는 사업은 범국가적으로 해야 하는 일 아닌가요?

"사학계의 주류가 식민사관에서 벗어나지를 못하고 있는데 아무리 학회나 재단이 만들어진들 연구가 제대로 될 리가 없습니다. 일연 스님이 고조선에 대해 단 몇 줄의 기사를 남김으로써 우리 역사에서 고조선을 살려내는 공헌을 했습니다. 만약 일연 스님이 그 기록조차 안 남겼다면 후대에 누가 고조선에 관심을 가졌겠습니까. 제가 하는 이 일도 우리 고대사를 새롭게 쓰는 계기가 될 것으로 확신합니다. 고조선을 제대로 살리기 위해서는 사료가 있어야 하는데, 제가 바로 그 사료를 찾아내서 세상에 내놓고 있는 겁니다."

심백강 원장이 하북성 진황도시 노룡현에 있는 '백이숙제가 독서하던 곳'이라는 표지석 옆에서 기념촬영을 하고 있다. 심 원장은 "고죽국은 우리 민족의 한 갈래가 세운 나라"라고 말했다.

"〈사고전서〉 학파의 탄생을 기대한다"

- 우리 사학계에 하실 말씀은.

"국사학자라면 원전(原典)을 읽을 수 있어야 합니다. 영어 능력보다 한문 원전을 읽을 수 있는 사람을 교수로 임명해야 합니다. 사료를 보지 못하는 사람을 고대 사학자라고 할 수는 없는 일입니다. 제가 지금까지 내놓은 '요서 낙랑' '요서 고조선' 자료를 가지고도 박사학위 논문이 수십 개가 나올 수 있습니다. 저는 북경 북쪽의 '조하'가 '조선하'라는 것을 밝히는데 3개의 자료를 인용했지만, 후학들이 더 연구하면 더 많은 자료를 찾을 수 있을 겁니다. 〈사고전서〉는 동양 삼국이 공히 인정하는 정사 사료입니다. 〈사고전서〉 사료를 바탕으로 한국사를 바로 세우면 미해결의 장으로 남아 있던 여러 난제를 얼마든지 해결할 수 있습니다. 〈사고전서〉를 통해 한국사의 근간을 바로잡고, 동북공정에 대응하며, 한중(韓中) 양국이 대립각을 세우는 여러 문제에 대해 상호 우의(友誼)를 손상하지 않으면서 해결의 실마리를 찾을 수 있습니다. 〈사고전서〉 학파의 탄생을 기대합니다."

심백강 박사는 인터뷰를 마치면서 다음과 같은 말을 꼭 하고 싶다고 했다.

"광복 이후 모든 분야에서 세대교체가 이루어졌습니다. 정권도 여(與)에서 야(野)로, 야에서 여로 여러 차례 교체가 있었습니다. 하지만 70년 가까운 세월을 조금도 변화 없이 식민사학을 계승한 이병도 학파가 줄기차게 주도하고 있는 것이 역사학계입니다. 이제 늦었지만, 역사학계도 하루빨리 세대교체가 이루어져 새로운 바람이 일어나야 합니다. 정부 차원에서 그러한 흐름을 주도하기 어렵다면 국민이 나서야 합니다. 요사이 한국 사회에 인문학 바람이 부는데 인문학의 핵심은 역사입니다. '역사 광복'을 위해 나라의 주인인 국민이 지혜와 힘을 모을 때입니다."

고대 사학자 심백강 인터뷰- 사료로 찾은 고조선의 강역(上)

"고조선은 중국 북경을 지배했다"

등록일 : 2014-10-23 오후 6:24:00 | 수정일 : 2014-10-23 22:51

상기 기재된 인터뷰는 왜곡된 우리의 상고사를 잘 설명해 주고 있다고 하겠다. 인터뷰에서 말하였듯이 있는 사실 그대로 역사를 바라보면 되는 것이다. 고죽국이 고구려라 하였으면 고구려인 것이고 옛날 환국이 이었으면 환국이 있는 것이다. 그런데 자신들의 얄팍한 지식으로 "어디는 어디가 아닐까? 환국은 제석이 아닐까?" 하다 보니 역사왜곡을 하고 있는 것이다.

고조선의 주 무대가 노룡현 요서 평양임에 한사(삼)군의 위치라던가, 고구려의 뿌리가 고죽국이고, 고죽국의 뿌리가 고조선이면 고죽국의 백이숙제와 은의 관계를 정립할 때 상(은) 역시 그 뿌리가 고조선이고 갑골 문자 역시 골각 문자에서 전래한 동이의 문자인 것이라고 동일하게 주장하고 있는 것 아닌가? 이렇듯 동이의 활동 무대가 한반도가 아님이 확실한데, 식민사관에 얽매이어 우리의 역사 무대를 한반도에 국한시키다 보니 고죽국을 황해도 해주로, 태백산을 묘향산으로, 평양을 한반도 평양으로 축소 이동시켰다. 나아가 한사군이니, 기자조선이니 하는 것들이 다 그렇게 한반도로 축소 왜곡되었고, 기자가 한반도에 왔느니, 오지 않았느니, 낙랑군이 한반도에 있었느니 하는 말도 되지 않는 역사 논쟁을 통해 역사를 왜곡시킨 것이다. 더 웃기는 것은 황해도 해주에 있었다는 고죽국의 역사를 역사 교과서에 수록하지 않고, 교육하지 않고 있고 있음은 한반도의 해주가 아니었음을 자신들 역시 간접적으로 인정하였기에 그러한 것이 아닐까? 王準이 **월해**하였다고 분명히 기록되었음에도 불구하고 한반도의 평양에 왕검성의 위치를 지정하는 말도 되지 않는 역사를 말하고 있으니 이 얼마나 모순된 역사가 아니겠는가? 또한 상(은)의 갑골 문자 이전 1,000년 이전, 골각 문자가 발견되었다고 하는데, 없던 문자가 하루아침에 만들어질 수 없듯, 이것이 필자가 주장하는 환국의 환자가 아니고 무엇이겠는가? 그 문자가 무엇에 의해, 어떻게 만들어졌는지, 어느 누구도 말하고 있지 않다. 단지 황제가 창힐에게 명하여 만들었다고 하는 왜곡된 기록을 그대로 사실로 하여 믿고 있다. 그러나 필자는 그것의 대한 정체와, 왜, 누구에 의해, 언제, 어떻게 만들어졌는지 본서에서 이미 밝혔고, 그러기에 그것은 漢字가 아니라 桓(韓)字라고 확신 있게 말하고 있는 것이다.

다음은 필자가 주장하는 왕검성의 위치를 명확히 확인하고 져 성헌식 사단법인 고구려 역사 문화 보존회 학술위원장의 기고문을 더하고 져 한다.

패수는 우리 고대사에서 매우 중요한 역사 지명이다. 그 이유는 다음과 같다.

1) '한서 지리지'에는 패수현이 한사군의 핵심인 유주(幽州)의 낙랑군에 속했다고 기록돼 있다.
2) '수경'에는 위만이 망명하면서 건넌 강으로 당시 조선과 한나라와의 경계로 전한다.
3) '신당서'에서는 고구려의 남쪽 경계이다.
4) '삼국사'를 보면 고구려와 백제가 여러 번 전투를 한 곳이다.

패수는 한나라와 고대 조선의 경계였다가, 나중에는 고구려의 남쪽 경계가 되는 강이다. 패수를 어디로 보느냐에 따라 한사군의 위치와 고대 조선, 고구려와 백제의 강역이 달라지는 것이다. 패수의 위치를 비정하려면 위 4종의 사서를 비롯한 여러 기록의 조건을 충족시켜야 한다. 혹자는 패수가 시대에 따라 달라져 여러 개의 패수가 있는 것처럼 말하기도 하지만, 하나의 패수를 두고 학자들마다 위치를 달리 파악했던 것으로 보인다. 패수 압록강, 청천강, 대동강 설은 어불성설이다.

'신당서'에는 "고(구)려는 본 부여의 별종이다. 동으로 해(海)를 건너면 신라가 있고 남으로 해(海)를 건너면 백제가 있다. (중략) 남쪽 끝이 패수다(南涯浿水)"라는 기록이 있다.

이를 두고 정약용과 일제 관학자 쓰다 소우 키치(津田左右吉)는 '압록강 패수 설'을 주장했다. 반면 '삼국사'에서는 "평양성의 남쪽은 패수와 닿아 있다", "패강의 어귀를 지나면 바로 신라의 서북이 된다" 등의 중국 기록을 근거로 대동강을 패수로 파악했으며, '세종실록지리지'와 조선사 편수회 간사였던 이나바 이와 기치(稻葉岩吉)는 '삼국사'를 인용해 같은 주장을 한다. 하지만 이들 주장은 **중국 기록의 '평양'을 한반도의 평양으로 잘못 인식한 데서 나온 견해다.**

이병도는 청천강을 패수라 보고, 패수현을 청천강 상류에 있는 영변으로 비정했다. 노태돈과 송호정 등 지금의 주류 사학자들에게 계승되고 있는 이론이다. 송호정 등 한국교원대학교 역사교육학과 교수팀이 2004년에 출판한 책에서도 패수를 청천강으로 파악하고 있다. 압록강, 대동강, 청천강 설 모두 패수가 한나라와 조선의 경계로 한사군의 중심 낙랑군이 현재의 평양에 있었다는 학설과 맥을 같이할 뿐, 패수가 고구려의 남쪽 경계라는 기록에는 전혀 맞지 않는다. 가령 청천강이 패수라면 고구려 수도인 평양성의 북쪽이 고구려 남쪽 경계가 되는 말도 안 되는 상황이 되기 때문이다. 패수의 흐름을 전하는 기록을 봐도 압록강, 대동강, 청천강 설은 설자리가 없다. 전한의 상흠이 썼다는 '수경'에는 "패수는 낙랑군 루방현에서 나와 동남쪽으로 임패현을 지나 동쪽 바다로 들어간다"라고 적혀 있다. 허신의 '설문해자'도 같은 내용을 전한다. 패수가 서쪽에서 동쪽으로 흘러가는 강이라는 말이다. 그런데 압록강, 청천강, 대동강은 모두 동쪽에서 서쪽으로 흘러가는 강이다. 패수를 서쪽으로 흐르는 강이라고 본 견해는 '수경'에 주(注)를 단 역도원이 "번국의 사신이 말하길 성(평양성)은 패수의 북쪽에 있고, 그 물은 서류한다."라고 한 기록을 근거로 하고 있는데, 이는 역도원이 아니라 명나라 때 역사왜곡을 위해 고의적으로 고친 것으로 보인다.

◆ 낙랑군에 속한 패수의 옆에는 갈석산이 있어야

패수의 위치를 파악할 때 유의해야 할 점은 패수는 항상 갈석산과 같이 따라다니는 지명이라는 사실이다. 갈석산에 대해 '한서 무제기' 주(注)에는 "갈석은 요서군 루현에 있다"라고 했고, '수서' 지리지에는 "북평군 노룡현에 갈석산이 있다"라고 했으며, '사기 색은'에는 "갈석산은 한나라의 낙랑군 수성현에 있으며 장성이 이 산에서 시작된다"라고 했다. 이를 종합하면 갈석산은 요서군과 낙랑군과 북평군의 3개 군에 걸쳐 있는 큰 산이다.

이병도는 갈석산이 있다는 수성(遂城)현을 황해도 북단에 있는 수안(遂安)으로 파악했다. '비정하고 싶다' **'자세하지 아니 하나' 등의 학자답지 않은 수식어를 동원해 서술한 뒤 내린 결론이다.** 수성현과 수안군이 같은 '遂'자를 쓰고 있기 때문인 것으로 보이는데, 수안은 고구려와 신라 때는 장색 현, 서암군의 속현 등으로 불리다가, 고려에 와서야 '遂'가 들어간 수산(遂山)으로 불리게 된 곳이니 전혀 맞지 않는 논리이다. 갈석산에 수나라 양제, 당나라 태종 등 9명의 중국 왕이 올랐다는 기록과 연결해 봐도 갈석산이 있는 수성은 황해도일 수가 없다. 수양제는 고구려를 침략했다가 평양성의 북쪽에 있는 살수(청천강)에서 거의 전멸 당했고, 당태종은 압록강보다 훨씬 더 북쪽에 있는 안시성에서 후퇴했는데, 이들이 평양성 남쪽에 있는 황해도 수안 갈석산에 오를 수는 없는 노릇이다. "갈석은 요서군 루현에 있다"라는 '한서 무제기'의 기록을 좀 더 따져보자. 주류 사학계는 '요서'를 서 만주에 있는 요하 서쪽으로 본다. 만약 갈석산이 황해도 수안에 있었다는 주장과 이 기록이 부합하기 위해서는 갈석산은 황해도에서 만주 서쪽까지 이르는, 한반도보다 훨씬 큰 산이 되어야 한다. 한 마디로 어불성설인 것이다.

◆ 패수의 올바른 위치 비정은 우리 고대사 복원의 핵심

일제가 만든 반도사관의 그림자는 하루빨리 걷어내야 한다. 이를 위

해 무엇보다 절실한 것이 패수의 올바른 위치 비정이다. 필자는 추가적인 사서 기록을 근거로 패수의 위치에 대한 새로운 이론을 제시하고자 한다.

패수의 위치를 찾을 수 있는 또 다른 사서로는 '금사(金史)'가 있다. 그 지리지에는 회주(懷州)라는 곳을 설명하며 "4개현과 6개의 진이 있다. 패수(浿水)가 있고, 수무(修武)현에 탁록성이 있다. 무척(武陟)현에 태행산이 있고 천문산(天門山), 황하(黃河), 심수(沁水), 송곽진이 있다"라고 기록하고 있다. 여기에 나오는 태행산, 심수, 수무, 휘주, 무척, 천문산 등은 청나라 때 만든 '대청광여도'를 보면 모두 황하 북부 허난성에 있는 지명들이다. 패수도 당연히 그곳 어딘가에 있어야 할 것이다. 이외에도 '삼국지'와 '대원대일통지'와 '명일통지'와 '중국 고대 지명 대사전' 등의 기록이 있고, 조조가 지은 '관창해'라는 시에 대한 기록과 유적으로는 백이숙제의 묘가 있다. 고구려의 남쪽 경계였다는 패수의 위치에 대한 필자의 연구가 맞는다면 고구려는 황하 북부의 허난성까지 이르는 실로 엄청난 영토를 지배하며 대륙을 호령했던 것이다. 이런 역사를 무시한 반도사관은 우리 역사의 무대를 한반도 안으로 좁혀 놓고 있다. 하루빨리 우리 역사가 제대로 복원되길 기대한다.

이상에서 고대 역사를 새로운 시각으로 정리한 몇몇 학자들의 연구를 알아보았다. 상기 학자들이 주장하는 조선의 영토라던가 고구려의 영토는 필자가 주장하는 것과 같이 한반도와는 비교도 할 수 없을 정도의 대 제국이었다. 앞서 단군신화에서 "환웅 서자가 동으로 이주하면서 삼위태백하고 신단수 아래로 내려와서 신시를 건국하고 곰족의 웅녀와........”

유목 민족이었으리라. 그 민족이 토착 세력인 웅족과 결합하였을 것이고 유웅국을 개화하며 조선을 건국하였으리라! 그 민족이 흉노족이라고 비하하는 동이의 선비족이고, 훈족이고, 몽고족이고, 거란족이고, 말갈족이고, 돌궐족이고, 여진족이고 .... 환국의 요하 문명에서 이어져 조선과 부족국가의 제천 문화와 선진문물을 겸비한, 고구려 벽화 속 수렵도의 궁(夷)이라던가, 말편자라던가, 아스카 문화를 계승한 신라의 황금 금관이 이를 증명하고 있지 않는가? 비록 한반도에 이르러 농경사회의 정착 민족으로 자리 잡았지만 그 이전 우리 한민족은 중앙아시아에서 유럽과 동아시아에 거쳐 한반도에 이르는 실크로드 이전 대 초원의 길을 방목하고 이주하며 말 달리던 기마 유목 민족이었음을 증명하고 있는 것이다. 그러한 민족이 무서워 진시황은 만리장성을(사실 만리장성의 경계가 그들이 인정하는 그들의 영토 개념이며 경계다.) 서둘러 건설하였고 선비족의 후손인 수나라와 당나라는 천자의 패권을 놓고 고구려와 싸워야 했을 것이다. 한족이 중원의 주인이 된 적이 몇 번이나 있던가? 유웅국의 황제 헌원, 은(상)나라, 수, 당나라, 원나라, 청나라 그들의 뿌리는 어디인가? 그들이 환웅 서자의 후손임에 필자가 중국 최초의 나라인 상(은)나라 역시 동이가 세운 조선의 제후국임을 더하여 말하고 있는 것이다.

언어학적으로는 유라시아 대륙에는 알타이 지역을 중심으로 동쪽으로는 캄차카반도에서, 서쪽으로 발칸반도까지, 북으로는 시베리아의 북부에서, 남으로는 중국 서남부까지 미치는 광대한 지역에서 알타이어가 사용되지 않는가? 종족에 따라서 투르크어, 몽골어, 퉁구스어로 구분하는데 우리의 예맥어는 골고루 섞인 것이라고 보면 된다. 놀랍게도 중국의 한족은 알타이어와 전혀 관련이 없다. 알타이어에서 우리와 연관된 몇 가지 핵심 단어들을 살펴보면 매우 흥미롭고, 우리의 잃어버린 정체성을 찾는 데 도움이 된다. 우선 '한'이라는 단어이다. 우리 국호는 대한민국, 즉 '한(韓)'의 나라라는 뜻으로 앞서 환하다는 '밝다'에서 왔다고 밝힌바 한(khan, kan, han)을 환자로 바꾸면 桓, 韓, ·汗, 干, 丸, 등으로 변한다. 그래서 돌궐 제국의 계민가 한, 몽골제국의 칭기즈 칸처럼 임금을 뜻하는 말로 사용됐고 신라의 거사 간 박혁거세 호칭 역시 이와 같다 하겠다. 한글의 '한'은 또한 크다(大)라는 뜻이고, 한강의 '한'은 길고(長), 커다란 뜻이다. 또 수도라는 의미로 사용된 예는 고구려의 환도, 백제의 한성, 발해의 홀한 성(상경 성) 등이 있다. 국명으로 사용된 경우도 많았다. 우리 '한국'을 비롯하여 킵차크한국(러시아를 300년 지배), 시비르한국, 부하라한국, 히바한국, 크림한국, 카잔한국, 아스트라한국 등 무려 39개가 있었다. 또 '한'이 '밝'임에 우리 민족을 '백의민족'이라고 부르면서 흰빛을 숭상하였다. 하지만 이때 '백'은 흰색의 'white'가 아니고, 빛을 뜻하는 'bright', 즉 광명이라고 앞서 1 부에서 필자가 이미 밝힌 바 있고 백두산을 가리키는 '불함산' '백두산' '태백산' 등은 다 빛과 연관이 깊고, 바이칼 호의 불칸 바위, 카자흐스탄의 발하슈, 바르글, 부르글 호 등도 연관이 있다. 그리고 부여의 해모수, 해부루, 고구려의 초기 왕들의 해씨는 밝음을 나타내는 해를 뜻하는 말이다. 신라의 박혁거세의 '朴'도 빛, 즉 광명을 뜻한다. 우리는 사대주의와 모화사상에 탐닉하여 우리의 뿌리와 영토와 정신과 종교를 모두 잃어버린 것이다. 이에 대한 학문적 연구가 하루속히 이루어져 역사뿐만 아니라 언어와 인종에 이르러 환국과 조선의 실체를 밝혀, 인류 최초의 시원 문명과 잃어버린 우리 인류의 종교를 하루빨리 찾아야겠다.

상기 내용을 정리하면

1) 상(은)과 고죽국은 혈맹의 나라이고 같은 민족이 세운 나라이다. 따라서 조선의 제후국이다.

고죽국은 분명히 고구려라 했고 연대표에서 보듯이, 상(은)나라 역시 동이가 세운 같은 나라이기에 백이숙제가 수양산에 들어가 죽은 이유이다. 자기와 아무 관련이 없는 나라가 망했는데 죽을 이유가 없지 않은가? 그런데도 수양산에 들어가 순국했다. 왜 그랬을까? 앞서 말한 동일 민족이고, 동일 국가이며 동일의 종교를 가지고 하늘에 제천하며 예배를 드리던 동일한 신국이었기 때문이며 그 외에는 어떠한 이유가 있을 수 없다. 不事二君의 유교정신이 아니다. 신사참배를 거부하다 순교한 것과 같이 8조 법금의 1조인 나 외에 다른 신, 삼신상제 외에 다른 신을 섬기지 말라는 종교를 가진 조선의 8조 법금을 지키기 위해 순교한 동이 최초의 순교자이다. 종교와 국가만이 목숨을 바칠 수 있는 유일한 명분이 있는 까닭이다.

2) 중국 최초의 나라 상(은)나라의 풍습과 종교 의식과 갑골 문자는 조선의 제천 예배 문화와 환자에서 전래된 것이다.

황제 헌원의 유웅국이 환웅 서자의 제후국인 것 같이 상 역시 조선의 제후국 중 하나이다. 그들의 갑골 문자는 골각 문자에서 기원하였다고 앞서 심 원장 인터뷰에서 말하였고, 환국의 환자에서 전래된 것이라고 필자가 밝혔다. 또한 그들의 제천 예배 문화와 음복 문화가 조선의 풍속과 일치했다고 하고 주의 무왕에 의해 멸망당했을 때 동쪽으로 돌아갔다고 기록하고 있고, 기자가 이를 뒷받침하고 있고, 백이숙제가 수양산에 들어가 순교함이 이를 더하여 증거하고 있는 것이다. 문헌에 따르면 그들은 제천 시 소와 양 대신 인신을 공양하였다고도 하는데, 부족국가에서 말하는 제천 문화의 한 유형이라 할 수 있겠고, 미주 대륙의 인디언 역시 유사한 제천의식이 이루어졌다고 하는 바, 홍익인간에 반하는 환국에서 파생한 몽고족의 타락한 예배 문화의 한 형태로, 원시 기독교의 예배 문화에서 파생한 것이라 할 수 있다.

3) 낙랑 공주는 낙랑군의 딸이 아니라 낙랑국의 딸인 것이고 한사(삼)군중 하나인 낙랑군은 고조선의 평양이 노룡현 요서 지역이라 할 때 한반도에 있지 않았다.

공주란 한 국가의 왕의 딸을 말하는 것이다. 군의 딸을 공주라 함은 언어학적으로도 오류다. 또한 조선의 영토는 유물이라던가. 기록을 보더라도 반도가 아니라 중원이다. 자꾸 조선의 영토를 한반도에 국한하려다 보니 오류가 발견되는 것이다. 고죽국의 백이 숙제의 묘가 한반도에 있는가? 한사군인지 한 삼군인지 자기네들도 이 어쩐 일이냐고 모르겠다고 하는 판에……… 한반도에 있지도 않는 말도 안 되는 웃기는 이야기를 식민 사학자들은 말하고 있는 것이다.

漢分置三郡(한분치삼군)	한 나라가 세군으로 나누어 다스렸는데
謂玄菟樂浪帶方(北帶方)위현토낙랑대방(북 대방)	이것이 현토, 낙랑, 대방이다.(북 대방)
通典亦同此說(통전역동차설)	당나라 두우가 편찬한 통전에도 이와 똑같이 말한다.
(漢書, 則眞臨樂玄四郡)(한서 즉진임락현사군)	한나라 책에는 진, 임, 락, 현, 사 군이라 한다면)
(今云三郡)(금운삼군)	여기서는 삼군으로 되어 있고
(名又不同)(명우부동)	이름 또한 같지 않으니
何耶(하야)	이 무슨 이유인고?

상기 삼국유사의 내용만 보더라도 사마천이 황제를 왜곡함과 같이, '전한서'의 작가와 '통전'의 작가가 제 각각이라 하여 역사왜곡이 명백함을 증명하는데, 일 제국 식민 사학자들은 더하여 왜곡한 것임이 명백함에도 우리는 식민 사관에 얽매이어 정사인 양 교과서에 수록하여 가르쳤으니 연암 선생이 통탄에 통탄을 하지 않겠는가?

4) 환문은 동이족인 환웅 천자께서 창세기의 사건을 고이 담아 가지고 온 인류 최초의 문자이다.

환웅 천자가 단군의 외가인 有熊國에 전파한 것이고, 소전이 황제에게 가르쳐 주었던 것이지, 황제가 창힐에게 명하여 만든 것이 아니다. 현재 환문의 유래를 상(은)의 갑골 문자에 기인한다지만 본서에서 환문의 창조 목적과 원리를 밝힌 이상, 그리고 골각 문자의 유물이 발견됨에 따라 다시 써야 할 역사 사안이다. 다시 말해 조선의 후예들이 홍익인간과 광명이세의 종교 이념에 따라 은(상)을 건국하고 문명을 전파했음에 환문은 조선의 문자이고 환국의 문자인 것이다. 선비 족 역시 비문에서 조선의 후예라고 밝힌 바, '鮮'은 조선의 '鮮'이라 글자에서 기원하였고, "양(羊)과 내(魚)가 함께 하여 곱다."라는 조선의 제천 종교에서 유래한 환웅 서자의 후손인 동일 종교를 가진 동일 민족이라는 문자 유전인자의 증거이다. 그들에게도 하루속히 기독교의 종교가 전파되기를 기원한다.

5) 기자 조선의 실체

唐裵矩傳云(당배구전)	당나라 배구의 배구전에서 말하기를
高麗本孤竹國(고려본고죽국)	고구려는 본래 고죽국이었는데
(今 海州)	(지금의 해주)
周以封箕子爲朝鮮(주이봉기자위조선)	주나라에서 기자를 봉하면서 조선이라 하였다.

상기 문맥을 볼 때, 기자를 주나라에서 조선에 봉함에 있어 고죽국에 한정하여 말하고 있음을 추론할 수 있다. 왜 생뚱맞게 고죽국을 말한 후 조선을 말하고 있는가? 조선이 삼 조선에 의해 국가가 운영되었다고 앞서 밝혔듯이, 여러 제후국을 거느린 대 제국임을 자신들조차 인정하였기에 고죽국에 한정하여 "기자가 다스린다."라

고 하여 기록할 수밖에 없는 작가의 의도가 엿보인다. 다시 말해 기자 조선은 기자가 다스리는 조선의 제후국 중 하나인 고죽국에 한정하여 말하는 것이지 기자 조선이 조선 전체를 말하는 것이 아니라는 것이다. 그러기에 배구전에서 고죽국을 말한 후에 기자 조선을 말하고 있는 것이다. 진번 조선의 만이가 조선의 전체를 말하는 것이 아니라 조선의 일부를 말하는 것과 같은 이유이다. 다음이 이를 뒷받침한다고 할 수 있겠다.

壇君乃移於藏唐京(단군내이어장당경)。	단군은 이에 장당경으로 옮겼다.
後還隱於阿斯達爲山神(후환은어아사달위산신)。	후에 아사달에 돌아와 숨어 산신이 되었는데.

앞서 단군은 제사장이라는 호칭이지 고유명사가 아니라고 말하였다. 조선의 여러 제사장 중, 고죽국의 단군 제사장에 기자를 봉함에, 고죽국의 제사장 단군왕검은 장단경으로 임명되었다는 뜻으로 보아야 문맥이 맞고, 대조선 제국에 대해 이해가 되는 것이다. 한반도에 국한한 영토 개념으로 장단경과 아사달을 바라보니 앞뒤에 모순이 생기는 것이고 고죽국을 한반도의 해주로 몰아넣으니 기자가 조선에 왔다느니, 오지 않았다느니 말도 되지 않는 논쟁을 하고 있는 것이다. 앞서 진번 조선의 王準이 조선의 전체를 말하는 것이 아닌 이유와 같은 것이고 삼국유사 역시 주나라에서 기자를 봉함에 고죽국에 한정하여 말하고 있음이다. 한편 조선의 제후국인 상(은)을 멸망시킨 주나라가 대조선 제국에 버금가는 그러한 선진문명과 국력을 갖춘 국가였을까?

앞의 연대표에서 보아서 알 수 있듯이 상(은)나라는 "조선이 요순시대에 건국되었다."라고 함에 조선에 비하면 초기 신생 씨족 국가이고, 주나라는 더 말할 것도 없다. 기자가 어떤 사람인가? 상(은)나라의 주왕에게 간언하다 미치광이가 된 김시습과 같은 충신이다. 후기 조선에 사육신과 생육신이 이었듯이 상(은)에도 비간과 같은 사신(死)이 있었지만 기자와 같은 생신(生)도 있었다. 그런 사람이 비간과 같이 죽지는 못할망정, 백이숙제와 같이 수양산에 들어가 은둔하다 죽지는 못할망정, 자신의 나라를 멸망시킨 주나라의 신하가 되어 조선의 제후국 중 하나인 고죽국의 왕으로 봉한다고 해서, 다시 말해 이방원이 정몽주에게, 아니면 세조가 김시습에게 경상도 관찰사로 봉하니 정몽주, 김시습이 관찰사가 되어………라고 하는 말과 뭐가 다르랴! 말이 도무지 되지 않는 구절이고 가장 큰 역사왜곡의 실체 중 하나인데, 여러 전후 사정을 고려할 때 기자는 동이 출신으로 주나라가 상(은)나라를 멸망시킬 때 원래 고향인 조선으로 돌아갔고 조선의 단군왕검께서 그의 충절을 높이 평가하여 기자를 고죽국의 왕으로 봉하니 기자가 고죽국 일대를 다스린다 하여 그 일대를 기자 조선이라 부른 것을

周以封箕子爲朝鮮(주이봉기자위조선)　　주나라에서 기자를 봉하면서 조선이라 하였다.

주나라에서 기자를 봉하였다는 어처구니없는 역사왜곡을 하고 있는 것이다. 고죽국이나 은(상)은 다 조선의 제후국인 것이고 조선에서 기자를 고죽국에 봉한 것을 자기들이 봉한 것처럼 하여 역사를 왜곡하였다고 보는 것이 더 타당한 것이다. 필자의 이러한 가설이 틀렸을까? 상(은)나라의 충신이었던 기자가 상(은)나라를 멸망

시킨 주나라, 다시 말해 백이숙제가 배은망덕한 나라라고 하여 수양산에 들어가 죽었게 만든 그 나라의 왕이 기자를 조선에 봉하니 기자가 고죽국 조선의 왕이 되었다는 말을 어떻게 이해하라는 말인가? 앞서 환자의 문자 유전인자를 통하여 조선의 선진 문명을 소개하였듯이, 기자가 조선을 통치함에 선진 중국 문물이 조선에 전해졌다고 하는 어처구니없는 말 같지 않은 말을 하고 있고, 더 나아가 일 제국 식민사학자와 그 추종자들이 기자가 한반도에 왔느니? 오지 않았느니 하는 말도 되지 않은 말을 하고 있는데 정작 당사자인 우리는 아무 말도 하지 못하고 있지 않는가? 위만 조선 역시 다 그런 것들이 아니겠는가?

기자와 관련된 상(은)나라의 실체를 더 알아보기로 하자.

고고학자 푸쓰녠(부사년)은 "은(상)나라는 동북쪽에서 흥했으며, 망한 뒤에 동북으로 돌아갔다"라고 단정했다. 이번에 발굴된 원북상성의 경우 중심축이 동북으로 13도 정도 기울어져 있다. 이는 전형적인 상나라 도성의 방향인데, "**고향(발해 연안)에 대한 짙은 향수**를 나타낸 것(궈다순 · 郭大順 랴오닝성 문물 연구소 연구원)"이라 해석되고 있다. (중략) 이형구 교수는 "고구려 · 백제의 선조인 부여 역시 점을 치고, 술과 노래를 좋아하며, 백색을 숭상하는 등 은(상)의 풍습을 빼닮았다"면서 "하늘로부터 왕권을 받았다는 뜻인 역법(曆法) 마저 은의 역법을 썼다"라고 말했다고 하는데 그 역법은 조선에서 사용한 것이라고 해야 논리에 맞는 것이다. **왜곡 사학자들은 기자나 위만이 중국의 선진문물을 한반도에 전래했다고 하는데 그**

렇다면 요하 문명은 어떻게 설명할 수 있겠는가? 조선의 영토와 유웅국과 조선과의 관계와 홍산 문화 유적지와 환자에 각인된 문자 유전자와 상기 상(은)의 문화를 보더라도 이치에 맞지 않다.

은나라의 갑골문자나 풍습은 동이의 풍속과 일치하고 환웅이 처음 나라를 열었을 때 웅족을 후(侯)에 봉해 유웅국이 됐고 임금의 호를 소전이라 하였으니 곧 신시의 후군(侯君)이라고 기록함에 상(은)나라 역시 조선의 제후국이고 고죽국 역시 조선의 제후국이 되는 것이다. 고죽국에 봉해졌다는 기자 역시 상(은)나라의 충직한 백성이었기에 상(은)나라가 망하자 그들 백성 대부분이 동으로 돌아갈 때 기자 역시 조선으로 돌아간 것이고, 고죽국의 왕으로 단군께서 기자를 봉하였던 것을 반대로 주나라에서 봉하였다고 역사를 왜곡한 것이다. 그들이 기록한 역사가 이해가 되지 않는 이유는 역사 왜곡을 하긴 해야겠는데 사실을 적을 수는 없고 하여 거짓으로 왜곡하다 보니 모순이 발견되는 것이다. 낙랑군과 낙랑공주가, 한(삼)사군이, 월해했다는 王準의 기록에서 명백한 역사 오류의 예를 찾을 수 있다. 상(은)과 조선과 고죽국이 아무 관련이 없었다면 백이숙제가 모든 벼슬을 버리고 수양산에 들어가 죽을 이유가 없는 것이다. 앞뒤가 맞지 않는 역사 왜곡의 극치임을 명백히 보여주고 있는 대표적 예라 하겠으며 다시 기록되어야 할 역사라고 생각된다.

한편 은의 풍습에 대해 고고학자들은 부족국가의 제천에 관한 풍습을 말하였는데 이 문화가 무슨 문화인가? 朴에서와 같이 생명나무에 복을 기원한 것이다. 飮福酒라고 했다. 제천 후 신과 교류하는 것이 술이라고 앞서 말했다. 백색을 좋아했다. 하나님은 빛이시기에 밝고 환했다. 국호 朝鮮과 韓에서와 같이 양으로 제천한 후 가죽 옷을 곱게 차려입고 음복주를 마시며 님을 기다림은 환국의 기독교 문화에서 온 것들이다. 예수님은 가나의 혼인 잔치에서 그리고 최후의 만찬에서 포도주는 예수님의 피에 비유하여 음복하셨다. 에덴동산에서 아담과 하와가 제천 후 가죽 옷을 입고 메시아를 기다리라는 원시 기독 종교의 제천 문화에서 비롯된 것들이고 오늘날 구교의 미사 후에 성찬식이나 개신교의 성찬식이 이와 같은 것들이다. 조선의 종교와 문화를 이해하지 못하고서는 풀 수 없는 역사인 것이다.

하나님은 사막에서조차도 꽃을 피우고 수로를 내시며 밑동이가 잘려 나가 도저히 살수 없다고 믿어지는 그루터기에서조차도 생명을 내게 하시는 분이시다. 2,000년간 인류 역사 속에서 나라 없이 방랑하며 세상을 떠돌아다니던 그 민족에게 나라를 되찾게 해준다고 분명히 예언하고 있음은 **"천지가 없어지기 전에는 율법이 일점 일획도 결코 없어지지 아니하고 다 이루리라(마 5장 18절)"** 라고 한 말씀을 응하려 하심이 아니겠는가? 그렇게 함은 세상 사람들이 "이 어찌 됨이요?"라고 물으면 그들로 하여금 **"여호와 하나님이 그렇게 함으로써 역사를 주관하시고 그것을 보고 하나님이 없다고 부정하지 말라"**라고 성경에 분명히 기록하고 있다. 사탄의 괴수 진시황의 분서갱유와 漢에 의해, 환국과 조선의 모든 종교가 불살라 없어졌지만 환문 속에서, 공무도하가 속에서 남아 있는 흔적은 지울 수 없었던 것이다. 단군신화가 담겨있는 건국신화가 역사같이 기록이 되었다면 삼국유사는 벌써 불살라져 우리가 그 내용조차 알 수 없었을 것이다. 그것이 하나님의 법칙이다. 앞서 말한 밑동이 잘려나간 그루터기에 생명을 내듯이 이야기 환문 속에 그분의 이야기를 숨겨 놓고 아들이 비밀을 해석하는 날 세상 사랑들이

"이 어찌 됨이요?" 묻거든

"나 여호와가 그렇게 하였노라고 내가 나를 위해 그렇게 하였으니 그 된 사실로 나를 믿어 반드시 구원받으라고" 길 귀퉁이에 몰래 던져 놓으셨다고 시인은 말하고 있는 것이다.

❖ 한문 풀이

朝 : 日과 月의 합성어로 밝은(明) 빛, 환함을 형상화함

鮮(고을 선) : 魚와 羊의 합성어로 魚는 '나'를 지칭하는 인칭 대명사이다. 나와 양이 함께 있어 곱다. 善, 美, 祥, 義....... 공통어는 羊이며 羊은 메시아를 나타내는 상징어이다.

朝鮮 : 국호에 "내가(魚) 羊의 제를 드려 곱게 빛난다." 또는 '내가 하나님과 함께해서 성결하다."라는 지극히 기독교적 이름을 내포하고 있다.

韓 : 日과 韋의 합성어이다. 가죽 옷(韋) 곧 그리스도의 옷을 입고 죄를 사함 받아 빛(日) 난다. 韓, 칸, 桓, 朴(밝), **박달. 배달 檀, 壇, 白, 伯** .... 빛나서 환하다. 그래서 환하신 님이고 배달민족이라 함은 밝으신 하나님의 백성이라는 뜻이다. 모두 환하신

빛이신 하나님에서 유래한 단어들이고, 하나님의 옷, 그리스도의 옷을 입어서 밝아 깨끗하다.

韋 : 가죽위, 소(牛)와 양(羊)을 희생하여 죽이고, 하나님께 예배하고 기도한 후 소(牛)와 양(羊)의 가죽(韋)을 옷으로 만들어 입어 밝고 청결한 상태(韓). 여기서 가죽 옷은 그리스도의 말씀을 상징함.

朴 : 생명나무(木)에 기도하고(卜) 죄 사함 받아 밝다. 환하다 桓의 또 다른 하나님의 환자식 표현이다. 까닭에 조선에서 내려간 신라의 국조 혁거세가 성으로 사용한 이유이다. 신단수니 하는 말들이 다 생명나무(木)를 나타내는 것들이다.

金 : 쇠와 철을 나타낸다. 銕, 夷에서 보았듯이 철과 활 역시 우리 민족(夷)이 최초로 사용했다는 문자의 증거며 그들은 우리를 철(金)과 활(弓)을 사용하는 큰 어른(大)이라 불렀다. 이는 환웅 서자가 이미 에덴동산에서 사용하였던 창과 칼의 문명을 환국에 가지고 왔다는 간접적 증거이며, 신라의 대표적 성이 朴, 金이고 우리 민족을 대표하는 성임은, 우리의 고유 종교가 기독교이고, 기독교의 제천문화에서 유래한 것임을 증거하는 문자 유전인자인 것이다.

夷 : 오랑캐가 아니다. 활(弓)을 사용하는 큰 어른(大)이라는 뜻이다. 이유인즉 하나님은 빛이다. 문자와 활, 창, 칼과 같은 선진 문명을 사용하는 환웅 서자는 '천자'라고 증명하는 문자 유전인자인 것이다.

銕 : **(金+夷)** 철과 활을 최초로 사용한 동쪽의 큰 어른이라는 뜻이다.

初 : 옷(衤)과 칼(刀)의 합성어로 최초의 금속 무기는 내가(我) 손(手)에 창(戈)을 들어 동물을 희생(犧) 시켜 피의 제를 지낸 후 가죽 옷

(韋)을 재단하기 위해 사용된 최초의 칼(刀), 初다. 칼은 옷을 만들 때 처음으로 사용하였다고 환자는 말하고 있으며 창세기의 아담이 제천 후 가죽 옷을 만들 때 사용한 칼이 바로 인류 최초로 사용한 금속 칼이라고 성경과 환문은 부연 설명하고 있는 것이다.

裁 : 十 + 戈 + 衣 마름질 하다. 옷을 짓다. 성경과 관련된 단어라 하겠다.

다음은 모 출판사가 출판한 고등학교 역사 교과서의 왜곡에 관해 필자가 지적한 내용이다.

민원유형	교과서 수정 >고 1~3 >사회 >한국사 >㈜금성출판사 >김종수 외7 >>교과서 >검정 >2016	신청일	2016-07-15 10:04:12
민원내용	제도에 대해 말하는 것과 존칭에 대해 말하는 것은 분명히 다릅니다. 그것은 답변일수 없습니다. 그들이 천황이라고 하니 우리도 천황이라는 식의 표현...그것은 의전상, 예의상 가능한 것이지 우리의 교과서에서 까지 사용하는 것은 부당하다고 사료됩니다. 수정하세요....제가 언론에 반드시 거론합니다. 개돼지같이 국민을 생각하는 인간의 사고방식으로 국가를 생각하니 나라가 이 모양입니다. 고종은 황제로 쇼와천황은 쇼와일왕으로 수정하십시요 황국 제국 주의 사관으로 역사를 바라보니 남의 나라를 침번한 것을 진출이라 하고 안중근 의사를 폭거라 하고 성노리개를 강제성이 없다고 하고 그것뿐입니까 그러기에 그들이 뭐라고한들 우리가 뭐라고 할 수 없다고 하는 것은 그들의 그러한 사고가 남들에게 피해를 주니까 하는 말입니다.		

답변내용	저희 교과서에 관심을 가져 주셔서 감사합니다. 선생님께서 의견을 주신대로 2017년 고등학교 한국사 교과서 발행 시에 천황 용어를 일왕으로 수정, 반영하도록 하겠습니다. 감사합니다.

몇 번의 수정을 거듭 촉구하고 언론 운운하였더니 돌아온 답변이다. 처음에 그들은 "그들이(일본인) 천황이라고 하니까 우리도 그렇게 하였다."라고 하였다. 그러면 "독도가, 안중근 의사를 그들이 그렇게 한다고 우리도 그렇게 하여야 되느냐?"라며 수정할 것을 거듭 요청함에 돌아온 답변이다. 우리 자신의 주체성이 아닌 일제의 식민사관에 그만큼 우리가 젖어있다는 산 증거이다.

필자는 몇 년 전 고등학교에서 영어를 가르친 적이 있다. 우연히 학생들의 한국사 교과서를 접하고, 참을 수 없는 분노를 느껴 상기 내용을 수정할 것을 요청하였고, 강원도 교육청 나이스(교육청 포털 사이트)에 올려, 역사 선생님들에게 호소를 하였더니 많은 선생님들이 격려와 지지를 하시며 "어떻게 하면 되겠느냐?"며 문의를 하시기에 생각하던 중 우리 역사에 대해 글을 집필하기로 결심했던바 당시 지원을 아끼지 않았던 많은 역사 선생님들에게 본서를 통해 감사의 말씀을 올리며, 상기 내용이 수정이 됐는지, 되지 않았는지 확인 방법이 없어 이 책을 읽는 분 중, 본 교과서와 관련 있는 분들은 수정 확인 여부를 부탁드리고, 수정해야 할 것이 또 하나 있는데 **한국사 교과서 발행 시에……**

국사(國史)

국사를
한국사라고 하면

국어를
한국어라 해야 하는데

당신들
한국 사람이 아니고

왜놈이요

(중략)

한국사가 아니라
국사라고
표지부터 수정한 후

검정인지
국정인지
얘기하소.

6. 조선의 유적과 유물

1) 고인돌

고인돌은 북유럽과 서유럽과 시베리아 반도를 거쳐 지중해의 북쪽 연안 지방, 중동, 인도, 동남아시아 등지와 중국의 복건성(福建省), 절강성(浙江省), 산동(山東)반도, 요동(遼東)반도, 길림성(吉林省)남부, 한반도 전역, 그리고 일본의 규슈 지역에 고루 분포되어 나타나는데, 전 세계의 40%에 해당하는 약 4만 개 정도 추정되는 고인돌이 한반도에서 발견된다. 죽음이라는 인류가 가지는 공통된 문제이기에 세계 곳곳에 분포되어 있지만, 조선의 영토에서만큼 고인돌이 많이 발견된 곳이 없는 곳으로 보아 조선은 문자에서와 같이, 원시 기독교의 제천 예식을 그대로 행하였다는 증거물 중 대표적인 예라 할 수 있다. 고인돌의 용도는 무덤으로 추정하여 왔으나, 별자리가 그려진 것도 있고 하여 농경사회에 필요한 연, 월력과 천문학의 지표(북두칠성 등 별자리가 각인된 것도 있고 고구려의 적석총 등으로 승계)로 인생과 우주 천문학의 신비를 연구하고 탐구하려는 호기심에 기인한다고 하지만 궁극적인 용도로는

아담의 선악과 사건 이후 제단을 쌓고 번제를 드려 희(犧)생의 제(祭)를 통해 죄(罪:올가미에 걸림)를 용서받고 져 행하여 졌던 제천의 제단이었다고 성경은 한결같이 기록하고 있다. 흠 없고 죄 없는 제물의 피로 그들의 몸을 씻는 예배 의식을 통해 義善美鮮 여김 받고, 양

과 소의 가죽 옷을 곱게 차려 입고(韓) 메시아를 기다렸다. 신비롭고 상서로운(祥) 현상(여자의 후손인 메시아의 출현)을 고대하며 별자리를 연구한 고대 천문대인 동시 부활을 꿈꾸던 고대인의 무덤인 종합 예술품이 고인돌이다. 그래서 鮮이고 韓이고 祥인 것이다. 示, 亶, 壇 등은 다 이러한 고인돌 제단을 형상화한 것이고, 성경은 아담과 아벨이 제천을 드림과 같이, 노아도 단을 쌓고 제단 위에 犧牲의 양과 소를 죽여 하나님께(示) 제천하였으며(아브라함 역시 이삭의 번제를 통해 제천을 드리려 함과 같이) 여자의 후손인 그리스도가 십자가에서 제천을 드린 것이 인류 최후의 피의 제와 예배로 종결된다. 그것이 생명나무로 나아가는 길을 막으신 길을 열기 위한 구약의 역사이다. 우리의 역사서는 웅녀가 신단수 아래서 아이를 달라고 기도했다고 기록하고 있는바 이는 창세기의 여자의 후손을 보내겠다던 福의 사상에 기인한 것이고 단군왕검을 낳으시매 그분을 제사장이라고 기록하고 있다. 이삭이 그리스도를 예표하는 것과 같이 단군왕검은 이 땅에 오실 대 제사장인 그리스도를 예표하는 것이다. 모두 죽음과 관련된 문제를 해결하기 위한 인류의 공통된 진리에 대해 증거한다고 하겠다. 고인돌은 인류 최초의 제단이요, 성전이요, 천문대이며, 무덤인 것이다. 에덴동산에서 실락 후 피의 제와 예배를 지내오던 것이 기원전 B. C인 구약의 역사이고, 그리스도의 십자가 제천 후에 교회에서 드려지는 예배가 기원후 A. D의 역사인 것이다. 요하 문명의 원형 제단 유물은 이집트와 남미의 피라미드, 신라의 첨성대 등의 부활을 꿈꾸던 계승 발전된 고인돌 제천문화의 유물이요, 유적인 것이다. 그들은 제천 후 그곳에서 별자리를 연구하며 여자의 후손을 기다렸다. 동방박사는 별자리를 연구하다 별을 좇아 베들레헴으로 가서 그렇게 인류가 고대하던 그리스도를 만난 복 받은 사람들이다. 십자가의 사역 전 옥합 병을 깨뜨려 그리스도의 발에 부은 것과 같이, 가나의 혼인 잔치에서 물을 나른 사람만 기적을 본 것과 같이 아는 사람만 아는 것이고 본 사람만 보듯, 깨닫는 사람만이 깨닫는 것이다. 그래서 祥인 것이다. 태초부터 우리 인류에게는 삶과 죽음에 관한 인생 문제의 공통된 보편성이 있었다. 인간이 동물과 다른 이유 중 하나이기도 하며, 진화가 아니라는 증거이기도 하다. 성경은 이를 선악과와 생명과로 비유하여 기록하고 있고, 환자는 약속이나 한 듯 인류의 공통된 보편적 진리에 따라 여자의 후손을 간직하여 구원받으라는 福사상으로 귀결된다. 조선의 후손인 신라인들은 이러한 제천과 메시아사상을 더욱더 발전시켜 첨성대라는 유물로 완결시켰다. 첨성대는 조선의 후예인 제사장 朴에 의해 건국된 나라로서 조선의 제천 예배의식을 그대로 전수받아 신단수인 생명나무(木)에 복(卜)을 빌며 제천의 예배를 드리고, 별자리를 연구하면서 여자의 후손인 그리스도의 출현을 고대하며 祥을 고대하던 신라인들의 결과물이다. 물론 후일 이방 종교와 우상에 빠져 타락을 길로 가지만 그 어느 민족보다도 하나님의 구원의 역사와 구세주 출현을 기다리며 창세기의 하나님 말씀을 간직하며(福) 메시아의 사상을 가지고 있던 민족이었기에, 첨성대라는 제단과 별자리를 연계하여 서벌 도시에 환웅 서자가 그랬던 것과 같이 신시를 건축한 것이다. 첨성대를 중심으로 왕릉과 궁궐이 별자리와 일치하여 건설됨은 이 나라의 종교가 불교가 아니라 불교 이전 우리 고유의 종교가 있었다는 증거이고, 전 세계의 40%에 해당하는 고인돌이 한반도에 분포한 이유요, 그것을 환문과 성경과 조선이라는 삼한 제도가 증명을 하고 있는 것이다. 우리 고유의 종교가 이러한데 우리는 우리의 종교를 고등 종교로 승화시키지 못하고 무속신앙으로 타락시켰다. 우리 것을 업신여기고 사대 문화와 이방 종교에 심취하여 전국의 명산마다 우상과 샤머니즘의 무속 신앙으로 전락하였음은 안타까운 일이 아닐 수 없다. 그것이 죄의 종이 된 인류의 타락성이다. 출애굽 한 민족이 금송아지를 만들어 절하고, 유일신을 섬기던 솔로몬의 성전에서 이방 신을 섬기고, 베드로에게 반석의 교회를 세우겠다던 중세 가톨릭이 면죄부와 여신을 섬기는 종교로 부패하고, 오늘날 기독교가 물질에 노예가 되어 물질이라는 우상숭배의 종교로 변질된 역사의 동시성이다. 하나님을 떠난 이러한 모든 정신적 소산물들은 결국 에덴동산에서 뱀인 바알 사탄에서 비롯된 것이고 우리 인류가 하나님을 떠나 귀신과 하나가 되어 媿가 된 것이라 환자는 문자 유전자 속에 정확히 각인하여 우리에게 일깨워준다. 역사가 반복되는 이유이기도 하다.

2) 문학

公無渡河歌(공무도하가)

公無渡河(공무도하)	님아 강을 건너지 마오
公竟渡河(공경도하)	님은 결국 강을 건너 시네
墮河而死(타하이사)	물에 빠져 죽어
當奈公何(당내공하)	지옥에 나락하였으니 가신님 어찌 할꼬

우리 민족 고유의 한과 정서가 가장 잘 스며, 녹아내리는 유일하게 전해오는 우리 민족의 최초의 문학이다. 문학은 그 시대, 그 나라의 정신이요, 종교다. 2000년간의 조선의 역사 중 수많은 작품이 있었을 텐데 왜 이것만 전해질까? 단순히 죽음을 통한 남녀의 이별을 노래한 것일까? 결코 아니다. 남녀의 이별이 아니라 그 이상의 것이 있었기에 잃어버리지 않고 우리에게 전해오는 것이다. 환문과 삼국유사가 그렇듯이, 강은 죽음의 강이다. 생과 사를 나누는 황천 강이다, 선악과와 생명과를 나누는, 하나님과 사탄을 나누는 생과 사의 강이다. 祝과 鬼를 나누는 생과 사의 강이다. 조선의 종교와 조선의 정신문명이 무엇인지 밝혀주는 노래이다.

선악과(果)를 먹으면 정영 죽는다고 먹지 말라(禁)고 신신 당부했다. 그러나 님은 뱀(由 불, 바알 사탄)의 유혹에 넘어가 선악과를 먹고 鬼가 되어 영혼이 죽게 되었다고 노래하고 있는 것이다. 해석하면

선악과 먹으면 정녕 죽는다 하였는데 (禁)
결국 먹어버렸네 (始)
영혼이 사탄에게 빼앗겨 죽게 됐으니 (祝, 酉, 匹--->鬼 凶, 亡)
아 (지옥에 나락하였으니) 이 어이할꼬?

奈 : 어찌 내, 어찌 나

1. 어찌 2. 능금나무(장미과의 낙엽 활엽 교목) 3. 대처하다(對處--), 대응하다(對應--) 4. 견디어 내다 a. 어찌 (나) b. **지옥**

(地獄), 나락(那落·奈落) (나)

大+示 전능하신 하나님이 大 아래에 있다. 죽게 된 인간을 한탄하시는 하나님의 마음을 잘 표현한다고 하겠다.

巫 : 무당 무, 두 사람을 연결해주는 것. 곧 제사장을 뜻하는 말인데 무당이라는 샤머니즘적 용어로 변질됨. 여기서 두 사람은 남자와 여자를 곧 아담과 하와를 나타낸다.

靈 : 삼위일체의 하나님과 인간과 연결해주는 것 그것을 靈이라 환문은 형상화하였다.

이것이 신라의 처용가로 그대로 이어진다. 앞서 말했듯이 南韓의 소삼한 중 馬韓은 王準이 건국하였던 것과 같이 辰韓인 신라 역시 조선이 漢에 의해 망한 후 신단수 그늘 아래 생명나무(木)를 고대하며 복(卜)을 빌던 조선의 제사장인, 단군왕검이신 거서간 朴 혁거세가 건국한 나라이다. 조선의 종교 문화가 그대로 모두 부족국가에 전래된 것과 같이 신라에게도 그대로 전래된 것이다

공무도하가가 그렇듯이 처용가의 내용 역시 님(여기서 님은 남녀의 관계가 아니라 하나님(신)과 나의 관계인 鮮과, 祥과, 祝의 관계가 鬼가 되어 亡, 凶이 된 상태를 말함)을 잃은 슬픔을 노래하고 있다. 인류 최초의 죽음의 사건을 다룬 창세기의 선악과 사건을 모르고서는 이해를 할 수 없는 것이다.

"서울 밝은 달에 밤들이 노니다가

들어와 잠자리 보니
가랑이가 넷이도다.
둘은 나의 것이었고
둘은 누구의 것인가?
본디 내 것이지마는
빼앗긴 것을 어찌하리오?" (양주동 역)

에덴동산에서 하와와 아담이 사탄과 놀아나 鬼가 되어 빼앗겨 버린 상황을 노래 한 것이다. 본디 하나님 것이었는데, 사탄에게 빼앗겨 버렸으니 어찌하리오! 하며 탄식하는 하나님의 심정을 표현한 가사라 할 수 있다. 환자는 이를, 인류의 영혼인 儿이 하나님(示)에서 사탄에게(由)로 빼앗겨 버린 상황을 祝과 鬼를 사용하여 媿가 되었다고 정확히 증거하고 있다고 1부에서 밝혔다. 성경에서 우리 인류를 여자에 비유하였기에 우리를 그분의 신부라고 하였다. 선악과를 먹고 사탄과 내통하는 자를 영적 간음한 자라 하여 음녀라고 하고 있는 것이다. 하나님은 10계명 중 제 1, 2계명에 하나님 외에 다른 신을 두지도 말고, 우상을 만들지도 말고, 그것에 절하지도 말라고 하셨다. 질투하는 하나님이라 하심은 하나님이 생령을 불어 창조한 소중한 존재라는 것이고, 인류를 사랑 타 못해 창조주께서 질투하면서까지 사랑할 수밖에 없는 귀한 존재라는 것이다. 선악과 사건으로 사탄에게 빼앗긴 우리의 영혼을 다시 찾아오고 져 십자가에서 죽어가면서까지 우리의 죄를 씻고 져 한없이 사랑하시던 사랑의 하나님이시며, 사탄(우상)에게 질투를 하면서까지 사랑한다는 눈물의 메시지인 것이다.

아리랑 아리랑 아라리요
아리랑 고개를 넘어간다~

나를 버리고 가시는 님은
십 리도 못 가서 발병 난다

아리랑에 관해 여러 가지 설이 있지만, 언제 만들어졌는지, 무슨 뜻인지 정확히 밝히지는 못한다. 단지 고려 말, 또는 후기 조선 초 혹은 말로 추정을 하나 고조선과 신라의 문학을 대표하는 공무도하가와 처용가의 주제를 극복하고 완성하는 노래로 승화한다. 공무도하가나 처용가는 님을 죽음과 사탄에게 빼앗겨 버려 "어이할꼬!"하며 체념한 상태로 의지도 희망도 없지만, 아리랑은 죽음과 사탄의 권세에서 이겼으니 돌아오라는 희망 섞인 노래이다.

나의 정체성이 무엇인가? 1부에서 말했듯이 손(手)에 창(戈)을 들어 양과 소를 희생(犧牲) 시키고, 그 고기로(肉) 제(祭)를 지내 예배(禮拜)와 기도(祈禱)로 하나님께 나가면 의선미선(義善美鮮) 여김 받고 가죽옷(韓)을 입고 메시아를 영접하면 병이 나지 않고 살 수 있다고 말한다.

아리랑 아리랑	나(我)를 다스려(理) 義, 美로운 님(郎)아
아라리오	나(我)를 다스려(理) 善, 鮮하시오
아리랑	나(我)를 다스려(理) 韓, 祥로운 님(郎)아
고개를 넘어간다	祝 않고 鬼되려는가
나를 버리고	祝 않고

가시는 님은　　　　　　鬼되고 魄되면
십 리도 못가 발병 난다.　십 리도 못가 亡하고 凶 된다.

또는

아리랑 아리랑　　　　　날(我) 떠나는(離) 님아(郎)
아라리오　　　　　　　날(我) 정령 떠나려는가(離)
아리랑　　　　　　　　날(我) 떠나는(離) 님아(郎)
고개를 넘어간다　　　　죽음의 고개를 넘어간다.
나를 버리고　　　　　　나를 버리고
가시는 님은　　　　　　가시는 님은
십 리도 못가 발병 난다.　십 리도 못가 亡하고 凶 된다.

아리랑의 뜻은 문맥상, 그리고 여러 상황을 고려할 때 **나를 버리고 가시는 님**을 말한다. 노래에 그 뜻을 설명하고 있지 않는가? 농경 사회에서 마을을 구분 짓는 것은 그들이 볼 수 있는 고개였다. 그 고개를 넘어가면 님은 눈에 보이지 않고 언제 올지 모른다. 사랑하는 누이가 시집갈 때, 사랑하는 주검의 행려가 마을을 나갈 때, 사랑하는 님이 전쟁터로 끌려갈 때, 붉은 소나무에 나약한 몸매 얹고 옥 고름 적시며 눈에 보일 때까지 고개를 지켜보며 울어야 했다. 아니 아주 오래전 울 아배 가죽 옷 입혀 에덴동산에서 내 쫓을 때 바라보이는 머나먼 고개까지 지켜보며 눈물 흘렸던 그 노래가 아리랑이다.

에덴동산/ 가죽옷 입혀 쫓아낼 때/ 哀요, 楚라/
당내공하 한탄하심 공무도하가에 깊이 새겨/

눈물 짓는 아리랑이었음을/ 난 정말 몰랐었어요!

아담과 하와에게, 가인에게 말씀하신 하나님의 눈물 어린 간곡한 호소이다. 아니 오늘을 살아가는 우리에게 하나님이 간곡히 돌아오라고 하시는 마지막 말씀이다.

네가 선(善)을 행하면 어찌 낯을 들지 못하겠느냐 선을 행하지 아니하면 죄가 문에 엎드려 있느니라 죄가 너를 원하나 너는 죄를 다스릴지니라(창 4장 7절)

이보다 애절하게 하나님의 사랑을 심은 노래는 이 세상에 없기에 세계인으로부터 사랑을 받는가 보다. 잃어버린 자녀를 찾아오기 위한 성경의 슬픈 역사를, 아리랑이라는 민요 가락 속에 가슴 아픈 애틋한 사랑을 심어 놓았음은 우리 민족이 하나님(桓因)의 서자 환웅(桓雄)의 천손임을 밝히는 증표가 아니겠는가?

Crossing the Bar

Sunset and evening star,
And one clear call for me!

And may there be no moaning of the bar,
When I put out to sea,

But such a tide as moving seems asleep,

Too full for sound and foam,

When that which drew from out the boundless deep
Turns again home.

Twilight and evening bell,
And after that the dark!

And may there be no sadness of farewell,
When I embark;

For tho' from out our bourne of Time and Place
The flood may bear me far,

I hope to see my Pilot face to face
When I have crost the bar.

[출처] "Crossing the bar" by Alfred Load Tennyson|
작성자 maybe

십자가 넘어 / 테니슨(영국)

해지고 저녁 별 반짝이는데/ 날 부르는 소리/ 이 세상 눈 감을 때 십자가(속세)의 슬픈 신음 없기 바라네./ 세상 고통 너무나 커 움직여도 잠자는 것 같은 깊은 상처 / 끝없는 깊음 속 에덴동산 본향 돌아갈 때 솟아난 물결/ 황혼의 저녁 벨 소리 후 젖어오는 어둠/ 이승 떠나려 배 닻 올릴 때 이별의 슬픔 없길 바라노라/ 시공을

넘어 파도가 나를 멀리 싣고 갈지라도/
십자가 넘어 황천길 다다를 때 나 주님 얼굴 직접 뵈리니........ (작가 역)

앞서 역사에 대해 정의하였다.

사탄에게 빼앗긴 인류를 찾아 나오기 위한, 생명나무로 나아가는 길을 막으신 역사를 열기 위한, 십자가에서 모든 죄를 담당하시고 생명나무로 나아가는 길을 여신 역사라고 정의하였다. 약속이나 한 듯 공무도하가나 처용가는 에덴동산에서 인류(儿)가 鬼됨에 凶하고 亡해 어찌할꼬! 한탄하며 낙심하는 노래이다. 다시 말해 선악과를 먹고 인류는 그 죄의 삯으로 죽게 되었다. 그래서 "**너는 흙이니 흙으로 돌아간다.**"라고 말한 것이고 노래는 한결같이 남의 것이 되어 죽게 되었느니 "어떡하랴?"라며 한탄하는 것이다. 그러나 A. D의 역사는 어떠한가? 십자가에서 인류의 죄 삯을 모두 지불하시고 믿기만 하면 생명나무로 나아가 영생할 수 있다고 말씀하신다. 약속이나 한 듯, 시인은 "십자가 넘어 생과 사의 경계선이 cross the bar인 황천 강을 건너 주님 얼굴 뵈올 것이니 울지 말라!"라고 노래하고 있고, 민요 역시 잃었던 우리를 십자가 제배 후 鬼에서 祝이 되게 하였으니 다시는 죽음의 강을 건너지 말고 제하고, 예배하고, 기도하고, 韓하여 그리스도를 영접하라고 노래하고 있는 것이다. 남녀의 이별 이전 我와 非我 그리고 하나님과 나의 관계인 에덴동산의 선악과 사건을 이해하지 못하고는 이해할 수 없는 것들이다. 하나님의 품을 떠나 사탄과 함께하여 죽게 되었다. 그것이 鬼

다. 그 鬼된 잃어버린 나를 찾아 나온 것이 곧 인류의 역사다. 그 인류를 찾아 나온 역사를 성경은 암탉이 병아리를 모으려고 한 것에 비유하였고, 아리랑 고개를 넘어가면 십 리도 못가 발병 난다고 노래한 것과 같이, 하나님 품으로 빨리 돌아오라고 집 나간 탕자와 길 잃은 양에 비유하여 설명하고 있는 것이다.

너희 생각에는 어떠하냐 만일 어떤 사람이 양 백 마리가 있는데 그중의 하나가 길을 잃었으면 그 아흔아홉 마리를 산에 두고 가서 길 잃은 양을 찾지 않겠느냐 진실로 너희에게 이르노니 만일 찾으면 길을 잃지 아니한 아흔아홉 마리보다 이것을 더 기뻐하리라 이와 같이 이 작은 자 중의 하나라도 잃는 것은 하늘에 계신 너희 아버지의 뜻이 아니니라. (마 18장 12~14절)

또 이르시되 어떤 사람에게 두 아들이 있는데 그 둘째가 아버지에게 말하되 아버지여 재산 중에서 내게 돌아올 분깃을 내게 주소서 하는지라 아버지가 그 살림을 각각 나눠 주었더니 그 후 며칠이 안 되어 둘째 아들이 재물을 다 모아 가지고 먼 나라에 가 거기서 허랑방탕하여 그 재산을 낭비하더니 다 없앤 후 그 나라에 크게 흉년이 들어 그가 비로소 궁핍한지라 가서 그 나라 백성 중 한 사람에게 붙여 사니 그가 그를 들로 보내어 돼지를 치게 하였는데 그가 돼지 먹는 쥐엄열매로 배를 채우고자 하되 주는 자가 없는지라 이에 스스로 돌이켜 이르되 내 아버지에게는 양식이 풍족한 품꾼이 얼마나 많은가 나는 여기서 주려 죽는구나 내가 일어나 아버지께 가서 이르기를 아버지 내가 하늘과 아버지께 죄를 지었사오니 지금부터는 아버지의 아들이라 일컬음을 감당하지 못하겠나이다 나를 품꾼의 하나로 보소서 하리라 하고 이에 일어나서 아버지께로 돌아가니라 아직도 거리가 먼데 아버지가 그를 보고 측은히 여겨 달려가 목을 안고 입을 맞추니 아들이 이르되 아버지 내가 하늘과 아버지께 죄를 지었사오니 지금부터는 아버지의 아들이라 일컬음을 감당하지 못하겠나이다 하나 아버지는 종들에게 이르되 제일 좋은 옷을 내어다가 입히고 손에 가락지를 끼우고 발에 신을 신기라 그리고 살진 송아지를 끌어다가 잡으라 우리가 먹고 즐기자 이 내 아들은 죽었다가 다시 살아났으며 내가 잃었다가 다시 얻었노라 하니 그들이 즐거워하더라. (누 15장 11절~24)

1. 어서 돌아오오 어서 돌아만 오오
지은 죄가 아무리 무겁고 크기로
주 어찌 못 담당하고 못 받으시리요
우리 주의 넓은 가슴은 하늘보다 넓고 넓어

2. 어서 돌아오오 어서 돌아만 오오
우리 주는 날마다 기다리신다오
밤마다 문 열어놓고 마음 졸이시며
나간 자식 돌아오기만 밤새 기다리신다오

3. 어서 돌아오오 어서 돌아만 오오

채찍 맞아 아파도 주님의 손으로
때리시고 어루만져 위로해주시는
우리 주의 넓은 품으로 어서 돌아오오 어서

인류는 한 사람이 죄를 범하여 우리 모두가 죄의 종이 되어 鬼가 되었다. 너무 억울하여 물었다

"왜 나는 먹지 않았는데 나까지 그 죄를 담당해야 하나요?"

"아들아 네가 억울해 할까 봐 나 홀로 십자가를 지었잖니! 너는 믿기만 하면 돼."

우리의 죄를 십자가에서 홀로 모두 담당하셨다. 그러기에 그분께 나아가 예배드리고 믿기만 하면 된다고 어서 돌아오라고 외치고 있는 것이다.

한 사람의 순종치 아니 함으로 많은 사람이 죄인 된 것 같이 한 사람의 순종하심으로 많은 사람이 의인이 되리라. (롬 5장 19절.)

7. 요하 문명의 특징

삼국유사에서 말하는 환국과 조선 역사에 대한 많은 연구가 있어야겠지만 필자는 환자가 진화론같이 그냥 저절로 만들어진 것이 아니라, 인류가 공통적으로 경험한 사회 약속의 원칙과 언어가 가지는 보편, 타당성의 원칙에 따라 역사적 사실에 기초하여 만들어졌음을 밝혔다. 이는 우리가 지금까지 알아왔던 단순히 생존하기 위한 생물학적 가치로 역사가 작용한 것이 아니라, 신의 뜻과 목적 성취에 대한 절대 의지가 작용한 결과물이기에 기존의 역사 사관이 아닌 새로운 섭리 사관으로 접근하여 잘못된 역사관에 따라 왜곡된 역사의 흔적을 찾아 모두가 공감할 수 있는 객관적 사실에 기초하고 져, 동시대의 주변국의 이해관계와 국제 정세, 국가의 영토, 유물과 지리서 등을 참고하였고, 환자를 통해 재해석함으로써 실증사학에서 표방하는 과학적 증거를 제시하였다. 다음은 이해를 더하고 져 유물을 통하여 현재 밝혀진 우리 고대 역사인 요하 문명을 소개하고 져 한다.

요하 문명이란?

홍산(紅山)은 내몽골 자치구 적봉시(赤峰市)의 동북방에 인접한 산의 이름이다. 1920년대 이후 중국 내몽골 자치구와 요령성의 접경 지역에서 기존의 세계 4대 문명보다 무려 1~2천 년이나 앞선 인류의 시원 문명이 발굴되었다. 이 만리장성 밖의 문명이 이른바 '홍산 문화' 일명

'요하 문명' 또는 '발해 연안 문명'이다. 우하량 유적 등 홍산 지역에서 발견된 유적을 보통 협의의 홍산 문화라고 하고, 그 이후 내몽고 자치구 동부, 중국 요령성, 하북성 경계의 연산 남북 일대, 만리장성 일대에서 우하량 유적과 같은 계통의 여러 문화들이 계속 발견되었는데 이들을 통틀어 광의의 홍산 문화라고 한다. 만리장성은 흉노적의 침입을 막기 위해 진시황이 쌓은 성이다. 이를 기준으로 볼 때 漢족과 우리의 영토를 가름할 수 있는 척도로 볼 수 있는 것이고 홍산 문화의 영토를 기준으로 볼 때 흉노는 중화주의 사상에서 나온 동이족을 폄하여 부른 우리 민족으로 보아야 한다는 것이다.

왜 홍산 문화가 중요한가?

우하량에서는 무려 BC 3500년 전까지 거슬러 올라가는 적석총[塚], 여신 묘[廟], 대형 원형 제단[壇]을 모두 갖춘 동북아 최고(最古) 문명이 발굴되자 세상은 깜짝 놀랐다. 이 문명은 인류의 4대 문명이라 불리는 이집트 · 메소포타미아 · 인더스 · 황하 문명보다 1~2천 년이나 앞선 인류의 시원 문명으로서, 이미 5,500년 전에 종교를 중심으로 제정일치의 국가조직을 갖춘 상고 문명이 존재했다는 것을 보여주는 문명이기 때문이다. 결국 우리의 역사와 와 세계사를 다시 써야 하는 것이다. 이와 관련하여 중국은 홍산 문화를 '제5의 문명', '신비의 왕국'으로 막연하게 규정하며 자신들의 문화로 둔갑시키고 있다.

홍산 문화의 주인공인 동이족은 누구인가?

발해 연안에서 발굴된 빗살무늬토기, 홍륭와 문화에서 발굴된 옥 귀걸이 등을 분석해보면 중국 한족의 것과는 계통이 다름을 보여준다. 실제로 중국은 홍산 문화 발굴 지점이 자신들이 오랫동안 동이 땅이라 폄하하던 만리장성 이북이라는 점에 매우 당혹했다. 홍산 문화가 증명하듯 환국에서 발원한 배달의 동이족은 고대 동북아 문화를 창조하고 꽃피운 주체 세력이었다. 문명 초기부터 동이족은 회수와 황하유역, 산동 반도에 걸치는 중국 동해안 일대, 남만주, 발해만 일대, 한반도에 걸쳐 거주하면서 고조선이라는 강대국을 세웠던 것이다. 이렇듯 동이는 문자 유전자 속에 각인된 것과 같이 선진문물인 큰 활(夷)과 철(銕)을 사용한 대제국을 건설한 주인공이었다. 東夷가 오랑캐라는 말의 동의어가 된 것은 화하족이 중국 역사의 주도 세력이 되면서부터이다. 특히 존화양이(尊華攘夷)를 내세운 것은 주나라 이후의 일이다. 홍산 문화 발굴 이후 중국은 동이의 문화를 자신들의 문화로 둔갑시키기 위해 다민족 역사관을 세워놓고 동북공정을 집행한 것이다.

> "전형적인 북방문화입니다. 그것은 한반도로 해서 일본으로 이어지고 있습니다. 결국은 요하 문명은 동북아시아의 시원 문명임과 동시에 주요한 세력들은 몽골, 만주, 한반도, 일본으로 이어지는 북방문화 계통이라는 것입니다." <우실하 교수>

> "요하 일대는 우리 민족과 매우 깊은 관계가 있습니다. 그 범위도 요하를 훨씬 벗어나서 요동 반도와 한반도에 이르는 발해

연안 벨트를 이루고 있습니다. 그래서 저는 이것을 요하 문명이라고 한정해서 말하기보다는'발해 연안 문명'이라고 부르는 것이 합리적인 표현이라고 생각합니다." <이형구 교수>

홍산 문화는 동이족 문화라는 근거

1) 적석총 장례문화는 민족의 고유 사상을 그대로 반영합니다. '돌무지무덤'이라 불리는 **적석총은 우리 한민족 고유의 무덤 형태입니다. 중국 한족은 도광묘를 씁니다. 적석총, 고인돌 등 거석문화는 우리 문화입니다**. 근래 학자들은 거석문화가 태양신 숭배와 연관돼있다는 말을 합니다.

우하량 적석총 복원도 : 우하량 근처에서 발견된 한 변 100m의 거대한 적석총, 이집트의 계단식 피라미드보다 천년이 앞선다. 거대한 건축물들을 쌓으려면, 제사장을 중심으로 하는 계급과 사회분화가 이루어진 강력한 제정일치 사회가 형성되었을 것이다. 이러한 거대한 적석총을 쌓으려면 엄청나게 많은 인원을 필요하므로 중국 학계에서는 홍산 문화 후기 단계를 초기 국가 단계, 초기 문명 단계라고 보고 있다. 홍산 문화에서 적석총이 발견되고 있기 때문에, 학자들은 홍산 문화가 적석총이 다수 발견되는 고조선, 고구려, 백제, 신라 등의 한민족문화의 연원이라는 견해를 내놓고 있다. 장군총의 한 변의 길이는 30미터, 31미터다. 그런데 평면도를 보면 홍산 문화의 적석총과 구조가 똑같다. 물론 연대와 크기는 홍산 문화 거대 적석총에 비교할 수 없지만. 장군총뿐만 아니라 광개토 대왕릉, 북한이 발굴했다는 단군릉도 모두 7층, 9층의 피라미드식 적석총 구조다. 또 집안시의 환도산성 아래 '산성하 무덤 군'에 아직도 수천 기의 크고 작은 피라미드 적석총이 널려 있다. 모두 홍산 문화 적석총과 연결된다.

<우실하 교수>

2) 통형관토기(원통형토기)

3) 여신상과 곰 토템

홍산 문화의 우하량 여신 묘 제단 터에는 희생으로 사용된 곰의 아래턱뼈가 발견됐고 여신상 옆에서는 흙으로 만든 실물 크기의 곰 상이 발견됐다. 옥으로 만든 곰룡, 즉 옥웅룡(玉熊龍)도 다수 발견됐다. 그러나 홍산 문화의 곰 토템은 지역이나 시기적으로 단군신화의 웅녀와 연결될 가능성이 높다. 한민족 문화의 원류일 수 있는 것이다. 웅녀상은 여러 개가 있었을 것으로 추정되며 조상신 숭배로 보인다. 웅녀국의 후예들이 아닌가 생각되며 특이한 것은 여신상이 너무나 사실적인 인간의 모습을 나타낸 것인데, 이것은 '神化된 인간'을 숭배한 것으로 인격신을 섬겼던 우리 한민족의 정서와도 맞는다고 한다.

4) 빗살무늬 토기

요하 일대에서 발굴되는 빗살무늬 토기는 중국 중원의 황하 일대에서는 전혀 보이지 않는 북방 계통의 문화이다. 요하 문명의 주도세력들은 중원에도 영향을 미쳤겠지만 빗살무늬가 전파되는 길로 이동한 세력임을 알 수 있다. 결국 문명 출발 후부터 만주와 한반도 그리고 요서 지방과 발해만 연안은 중원과 다른 독자적 문화권을 형성하고 있었으며, 이 문화는 결국 예맥족(고조선과 고구려)으로 이어졌다. 빗살무늬 토기들이 나온 곳들을 살피면 이른바 발해 문명권, 다시 말해 중국인들이 말하는 동이족의 영역임을 쉽게 알 수 있다. 한편 토기에 빗살이 그어져 '빗살무늬'라 명명하였지만 환국과 조선의 정신문명과 여러 상황을 고려할 때 그 무늬는 빗살이 아니라 환한 '밝음'을 나타내는 '빛'을 형상화 한 것이기에 '빗살'은 '빛살'의 오류라 필자는 주장하며 이에 관해 많은 연구가 있어야 될 것이라 사료된다.

5) 유적에서 발견된 최초의 온돌

현재까지 발굴되어 알려진 유물은 약 1,000여 점이지만 그 이상 상당수가 발견되고 있으며, 회로 반죽하여 흙과 함께 만든 아궁이가 약 30여 점 이상의 장소에서 발견되고 있다. 더욱, 특이한 점은 이곳에서 온돌에 불을 지폈으며, 밭농사를 지은 흔적이 있는 유적이 대량으로 발굴되고 있어, 전 세계 최초로 온돌 아궁이 문화로 밝혀지고 있다. 아궁이에 불을 지피는 한민족의 고대 선조들의 온돌문화를 이곳 흥륭와에서 찾을 수 있다는 것은 역사적으로 매우 중요한 발견이라고 할 수 있다.

이 외에도 홍산 문화가 우리 민족과 관련되었다는 많은 증거들이 있지만 생략하기로 하고, 홍산 문화의 유적과 유물은 **삼국유사에서 말하는 석유 환국의 실체를 증명하는 중요한 유물이라 하겠다. 인류 역사상 세계 어느 민족이 환국을 언급하고 있고, 그 역사 기록을 간직하여 전달되고 있는 민족이 세계 어디에 있단 말인가?** 그러한 역사적 기록과 유물이 분명히 있었는데 그 나라가 없었다고 반박할 수는 없는 것이다. 역사 왜곡의 주범인 실증사학에서조차 반발할 수 없는 역사적 진실이고 실체인 것이다. 그 나라는 원형 제단을 쌓고 제천하던 제정일치의 기독교 국가였음을 밝히고 있는 것이고, 부족국가의 제천 예식이 하루아침에 생겨난 것이 아니라 환국과 조선에서 전래되어온 종교문화라고, 더하여 부정할 수 없는 역사 사안이라 환자까지 말하고 있는 것이다.

8. 환국과 조선은 왜 망하였는가?

조선은 漢에 의해 멸망하였다고 기록하고 있다. 오랜 전투의 피로에 따른 내분으로 망했다고 하나 그것은 역사의 외형만 본 것이지 역사의 내면을 보지 못한 것이다. 일연 스님은 고구려의 멸망을 불교를 수용하지 않고 도교와 같은 이교에 심취하여 멸망하였다고 하였는데, 수도하는 사람이기에 그나마 역사의 내면을 보려고 하였던 것 같다. 후기 조선이 왜 일제에 망하여 40년의 식민지 지배를 받아야 했는가? 역사의 내면을 바라보는 섭리 사관을 주장하는 사람들은 그렇게 말할 수 없는 것이다. 이를 3부에서 자세히 다루기로 하겠다.

하나님을 잊어버린 너희여 이제 이것을 생각하라 그렇지 아니하면, 내가 너희를 찢으리니 건질 자 없으리라 감사로 제사를 지내는 자가 나를 영화롭게 하나니 그의 행위를 옳게 하는 자에게 내가 하나님의 구원을 보이리라 (시편 50장 22~23절)

제3부

다시 찾은 환한 님 나라, 조선 대한

창세기의 내용을 고스란히 담고 있는 환자에서의 **歷史**가 생명나무(ノ+林)로 나아가는 길을 막으신(止) 두 사람의 이야기라는 정의가 참이기에 그 목적을 성취하기 위하여 역사는 기원전(B.C)과 기원후(A. D)의 역사로 나누셨고, 종말에 생명나무로 나아가 생명과를 먹고 영생함으로써 창세기의 창조 목적을 완성한다는 것이 성경의 주제요, 역사의 목적인 것이다.

- 본문 중에서 -

1. 다시 찾은 잃어버린 역사(歷史)

1) 타락

禁 : 선악나무(木) 생명나무(木) 두 그루(林)
선악과(果) 먹은 후(님, 示께서) 생명과(果果) 禁하셨다.

鬼 : 선악 열매(田), 생명(丿) 있는 **뱀**이(由) 여자에게(儿) 다가와 (鬼) 아니 죽는다.

魂 : 혼(魂)에 대해 얘기함에(云)

媿 : 남자와 함께 있어야 할 여자(儿) **뱀**(由)과 함께하여 鬼 되니 부끄러워라(媿)

襟 : 여자가(人, 女) 하나님이(示) 금지한 나무(林) 보매

婪 : 탐스러워

摩 : 손대고

拏 : 오른(又) 손(手)으로 따

始 : 입(口)에 넣던 첫날(始)

躶, **裸** : 눈이 밝아, 벗은 줄 알고 무화과 잎으로 치마 삼고

躱 : 이에(乃) 나무(木)에 몸(身)을 숨긴지라

2) 최초의 검사(檢), 裁判 그리고 예배(禮拜)

來 : 나무에(木) 숨은 두 사람(人人) 부르시어 물어 본 즉

唊 : 두 사람(人人) 하나님(大)께 망령되이 핑계 대며 말이(口) 많지만,

사랑 너무 커 죽일 수도 없는 쓰라린 슬픔이여!

女 : 돕는 자가 다스림을 받고

男 : 지키는 자가 땅(田)을 가는 벌(力) 주셨지만

我 : 정녕코 죽일 수 없어 손에(手) 창(戈) 들게 하여

犧, 我 : 죄 없는 (秀) 당신(牛, 羊) 죽여야만 했던 나(我)

判 : 칼(刂)로 반 나눠(半)

祭 : 제물(肉) 손에 들어 용서해 달라(又) 내 보이고(示)

拜 : 양 제물(羊) 손에 들어 (手)

祈 : 하나님(示)께 몸가짐 다스려서(斤)

禱 : 목숨(壽) 빌게 한 기도(祈禱)와 예배(禮拜).

檢 : 에덴동산(宀), 선악나무(木)와 관련한 두 사람(人人 口口) 검사하여

裁 : 창(戈)으로 옷(衣)을 재단하고

判 : 칼(刂)로 선악 분리하여 裁判하신

案 : 아 잊지 못할 에덴동산(宀) 여자(女)와 나무(木)에 관련된 창세기

사건(案)이여,

羊 : 양(羊) 피로

口, 人, 魚, 我 : 나의(口, 人, 魚, 我) 죄악 맑게 씻어

善 : 착하다

美 : 아름답다

鮮 : 곱다

義 : 의롭다 하심으로

韓 : 가죽 옷(韋) 입혀 환하다 (日) 여기시며

祥 : 여자의 후손(羊)을 기다리라 신비로움(礻) 더해

福 : 에덴동산(田) 다시 찾아 주신다고

祝 : 祝福 더했으니

3) 실락, 역사의 시작(歷史)

歷 : 에덴동산(厂) 생명(丿)있는 두 번째 나무(林) 막으시고(止)

困, 棘 : 가시로 울타리 쳐 막으니 주검 있는 인생길, 가시밭길

初, 哀 : 칼로(刀) 가죽 옷(衤) 처음 지어 입혀(衣) 쫓아내신 말 못 할 슬픈 사연(哀)

楚, 思 : 짝만(疋) 보면 서글픈 생명나무(林), 에덴동산(田) 떠오르고 또 떠올라(心) 에덴동산. 창세기 슬픔이여!

4) 치유

犧 : 죄 없고 흠 없는 (秀)

소(牛)와 양(羊)을 창(戈)으로 제물 삼아

男 : 땅을(田) 갈 자(男)와

女 : 섬겨야 할 자에게

韓 : 가죽 옷(韋) 입혀 위로해 주시고

양의 피로

아벨의 죄 씻어

치유해주신 크고 놀라운 사랑

십자가에서

어린 양 제물 되어

철~철~철

붉은 피 흘리실 때

義 : 나(我)를 그 그늘 아래 두워

의(義= 羊+我)롭다 하심으로

검은 죽음에서까지

사랑에 빛나는 은총 다함없어라!

5) 歷史를 나누심(부활. 생명나무 나아가는 길을 여심)

그토록 통곡하고
흘린 뜨거운 눈물도

끝내 기쁨이어라!

죽지 아니하면
다시 살 수 없었기에

최후의 죽음 결코 끝이 아니기에
믿어달라는 눈부신 언약 아니었을까?

죽더라도 울지 마라
세상 끝 날까지
고통 중에도 함께 하리니

사랑할수록 사랑할 수밖에 없는 애틋한 사연

죽어서라도 다시 살아
더더욱 정녕코 사랑한다는 항변

부활에 환희 아니셨는지요?

6) 감사

천지를 창조하신 그분이
환하신 삼신상제(三神上帝)
여호와 나의 아버지였음을

아버지께서
태초 전 아들을 사랑하사

피조 만물뿐 아니라 환자에조차
구원의 말씀 숨겨 놓으시고

환난 날
이 어찌 됨이요! 라
정녕 아니 물어볼 수 없게 하여

도무지 핑계치 못하게 만드셨으니

아!
끝없는 사랑 이루다 말할 수 없어

두 손 모아
기도(祈禱) 하고 있었다.

7) 예언

다윗이 춤추지 않으면
돌이 소리 지르듯

그날이 오면

기뻐서 죽사오매
인경을 머리로 들이 받고
죄인 몸 가죽이라도 벗겨
북 만들어 둘러메고는
벌거숭이 춤이라도 춘다고 노래하였는데

木子가 李 씨 되고

殺我者誰　女人戴禾(倭의 파자)　　人不知
活我者誰　十八加公(松의 파자)

殺我者誰　　雨下横山(雪의 표현) 天不知
活我者誰　　浮土溫土從土(온돌방의 표현)

그날에

殺我者誰 小頭無足　　　　鬼(神) 不知

活我者誰 寺畓七斗洛 浮金冷金從金 奄宅曲阜
三人一夕　利在田田　道下止 하라

얼씨구
절씨구
지화자 鄭 씨 좋아

주님
오시는 날
아니 통곡하지 못할지니

주 예수여 어서 오시옵소서
죄인이 주님을 사랑하나이다.

통곡하며 울부짖고 있었다.

❖ 환문 풀이

裁 : 마를 재, 창(戈)으로 양을 죽여 옷(衣)을 정결히 구분 짓다. 창세기의 선악과 裁判과 관련 있는 단어임.

2. 예언의 목적

성경과 환문이 시공간적으로 아무런 관련이 없었던 것 같았다. 그저 종교라는 것이 인간의 정신문명에 기인하여 생겨난 정신적 소산물이라고 무신론자들은 말하고, 이방 종교인들조차 더러는 메소포타미아 문명 속에서 아브라함이라는 인물을 통해 유대인을 중심으로 한 유대 종교가 예수라는 젊은 청년의 십자가 죽음으로 기독교가 출현하여 세계화되었다는 정도로. 그러나 우리는 성경 속, 창세기의 천지 창조와 선악과 사건과 노아의 홍수 사건에서까지 환자가 낱낱이 녹아 숨 쉬고 있음을 살펴보았다. 종교(과학) 없이 과학(종교)을 논하지 말라는 말도 있듯이, 성경 없이 환문을 논하지 말고, 성경과 환문 없이 역사를 논하지 말라고 필자는 주장한다. 앞서 성경 속에 수많은 역사 사건이 있었음에 인류가 겪은 역사적 사실을 낱낱이 형상화하여 환자 속에 각인한 것을 우리는 보아왔고, 지금까지 그렇게 전래되어 온 믿기지 않는 동화 같은 이야기가, 동화가 아니라 실제 있었던 역사 사실임을 깨닫게 해주는 이유는 환자라는 문자가 사물의 형상만을 단순하게 형상화하여 만들어진 것이 아니라, 실제 있었던 역사 사건들을 인류가 공통으로 경험하면서 언어가 가지고 있는 보편, 타당성의 약속에 따라 사실에 근거하여 만들어졌음에 실제적 사건임을 가늠할 수 있다는데 의의를 찾을 수 있는 것이고, 또 그렇게 할 수 있었던 것은 역사에 대한 창조자의 절대 의지가 작용했기에 가능한 것이었다. 이 세상에 어느 종교가 인류가 직면한 인생과 나(我)와 죽음에 대해, 성경에 기초한 환자의 비밀을 통해 한 치의 오차도 없이 정확히 정의하여 설명할 수 있단 말인가? 세계의 어느 종교가 역사를 B. C와 A. D로 나누고 종말을 말하고 있단 말인가? 지금도 그분은 완성되지 않은 선과 악에 대한 창조본연의 피조 세계를 완성하시기 위해 창조 중이신 것은, 창조주이시고 역사를 주관하시기에 가능한 것이다. 창조주 하나님 외에는 그 누구도 해결할 수 없는 문제이기에, 2부에서 말했듯이 창조주 하나님 외에 종교를 말하는 것은 언어적 모순이요, --- **에덴동산(宀)에서 우리를 지켜보시는 이(示)를 가르치는 것**이라고 정의함--- 에덴동산과 관련된 종교 외에 종교를 말하는 것은, 환자 언어가 가지는 정의로써 종교라고 말할 수 없는 것이라 앞서 말하였다. 에덴동산에서 여자의 후손을 보낼 것을 말씀하신 것과 같이, 구약인 B. C 역사 속에서 반복하여 500회 이상에 이르러 예언하시었고, 그 예언에 따라 창조 4000년 후에 여자의 아들은 이 땅에 오시어, 뱀의 머리를 밟고, 뱀은 그의 다리를 상하게 했다는 성경의 말씀을 한 치의 착오 없이 정확히 성취하였다. 이러한 예언 성취를 예수님은 십자가에서 "**다 이루었다.**"라며 말씀하시고 숨을 거두셨다. 다음은 이를 증거하는 말씀들이다.

천지가 없어지기 전에는 율법의 일 점 일 획도 결코 없어지지 아니하고 다 이루리라(마 5장 18절)

한 성경이 어떻게 이루어지겠느냐 하시더라(마 26장 54절)

"이제 일이 이루기 전에 너희에게 말한 것은 일이 일어날 때에 너희로 믿게 하려 함이라." (요 14장 29절)

오늘 하루

오늘
하루만이라도

걸을 수 있고
볼 수 있기를 소망하는 사람 있다.

오늘
하루만이라도

더 살게 해달라고
애원하는 사람 있다.

풍족한 재물은 없어
궁핍할지언정

오늘 하루
눈뜨면 볼 수 있고
걸으면 돈 벌수 있는 건강과

죽으면서까지
내 죄를 위해 기도해주시던 사랑하는 그분 있어 좋다.

소돔과 고모라를 멸할 때 아브라함에게 알리신 것 같이, 노아 홍수 때도, 하나님은 환난 날에 그가 택하신 백성을 구원하신다고 하심과 같이, 일을 행하심에 있어 먼저 그의 종 선지자에게 그분이 행하시려는 일을 반드시 먼저 알려주신다고 말씀하셨다. 그것을 우리는 예언이라 말한다. 성경은 이렇게 수많은 예언으로 기록되어 있고, 그 예언을 성취하기 위해 달려온 하나님의 발자취인 것이다. 요한복음에서 예수님은 십자가의 사역을 앞두고 제자들에게 십자가 죽음 후, 사흘 후에 다시 부활할 것을 거듭하여 말씀하시지만 당시 제자들은 그 말뜻을 이해하지 못한다. 예수의 수많은 기적을 보와 왔음에도 불구하고, 당시나 지금이나 인류에게 죽음이란 어쩔 수 없는 숙명적 사실이고, 다시 살아난다는 것은 믿을 수 없는 일이기에, 당연한 일로 받아들일 수 있지만, 그럼에도 불구하고 예수님은 삼일 후에 다시 살아 부활하신다는 장래 일을 미리 말함으로써, 당신이 하나님의 참 아들임과 생명과 임을 선포한다. 그러나 제자들은 그 일을 믿지 않는다. 아니 그 말씀이 무슨 말씀인지조차 모른다. 그러던 그들이 부활하신 사건을 직접 목격한 후, 예수님이 말씀하셨던 모든 것이 사실이고, 참 진리임을 믿게 된다. 예언에 대한 효능은 '믿음'이라고 정의하고 있다. 다시 말해 **미래에 일어날 불가사의 한 일을 미리 말함으로써, 일이 이루어진 뒤 믿을 수 없었던 그 일을 우리로 하여금 믿게 하려는 목적으로** 예언을 주신다고 말씀하셨다. 성경에서 예수 그리스도의 출생을 수백 번 언급되어 있는 것과 같이, 환자 속에서도 제의 문화 속에 양이신 그리스도의 죽음과 그의 피로 우리가 깨끗하게 되고, 그의 옷을 입음으로써 생명나무에 나갈 수 있는 자격을 주심을 환자를 통해, 우리 국호 속에(朝鮮, 三韓. 大韓) 각인되어 있음을 앞서 언급하였고, 그 말씀이 수많은 예언을 거쳐 역사 속에서 한 치의 착오도 없이 정확히 성취되었다. 구약의 모든 약속과 수많은 예언들이 오셨던 예수 그리스도에 대해 증거하고 있는 것과 같이, 신약의 예언들 역시 다시 오실 예수님에 대해서 예언함에, 일점, 일획도 없어지지 않고 모두 다 이루신다고 말씀하셨다. 그것이 바로 역사이다. 창세기의 내용을 고스란히 담고 있는 환자에서의 **歷史**가 **생명나무(丿+林)로 나아가는 길을 막으신(止) 두 사람의 이야기**라는 정의가 참이기에 그 목적을 성취하기 위하여 역사는 기원전(B C)과 기원후(A D)의 역사로 나누셨고, 종말에 생명나무로 나아가 생명과를 먹고 영생함으로써 창세기의 창조 목적을 완성한다는 것이 성경의 주제요, 역사의 목적인 것이다. 이처럼 歷史라는 환자가 가지고 있는 정의에 따라, 환자에서 말하는 犧牲의 祭와 拜의 문자와, 삼국유사에서 기록한 환웅 천자가 환인의 서자, 곧 하나님의 서자이며, 조선의 제천이 여자의 후손 곧 친자이신 독생자 그리스도의 도래를 증거하기 위하여 지내온 역사적 사실이고, 그 예배가 하나님으로부터 온 진리라면, 성경에서 예언함과 같이, 우리 민족에게도 어떠한 방법으로든 동일하게 환자로 주셔야 한다는 것이 필자의 주장이다. 이 세상을 창조한 전지전능하신 창조주이시기에, 참 진리와 참 종교는 둘이 아니라 하나이기에, 구원 방법도 하나인 것이고, 그 모든 것들은 그 하나의 진리에 대하여 증거하여야 참 진리이다. 유물론적 자연 발생적 진화론과 같은 거짓 사상으로는 그 어떠한 것도 설명할 수 없기에 그런 거짓 이론들과는 차원이 다른 참 진리인 것이다.

여자의 후손을 예표하는 성경의 대표적 예를 살펴보면,

아담과 하와는 희생의 소와 양을 대속의 제물로 제천하고 가죽 옷을 입었고, 아벨과 노아 역시 소와 양의 제천으로 善이라 여김 받고, 아브라함 역시 그의 독생자 이삭의 번제를 예표로, 출애굽 때 문설주에 바른 양의 피로, 출애굽 후 광야 시절에는 모세의 구리 놋 뱀으로, 그리고 희생의 제를 통한 제사장의 제천의 예배가 곧 구약의 역사이고, 예수 그리스도의 십자가 제천으로 피의 제천, 곧 구약의 제천은 종결된다. 그리고 환문은 이를 한 치의 틀림이 없이 문자로 형상화하여 증거한다.

判 : 칼로 반을 나누다 半+刂, 半은 제물을 칼로(刂) 반으로 나눠 쪼갠 것을 형상화.

劍 : 에덴동산(厂)에서 땅에(一) 있는 두 사람(口口, 人人)을 칼(刂)로 자르다. 檢 역시 에덴동산의 선악과 사건에서 파생 한 문자이며, 제사장이라는 단군왕검의 어원이기도 하다.

여호와께서 그에게 이르시되 나를 위하여 삼 년 된 암소와 삼 년 된 암염소와 삼 년 된 숫양과 산비둘기와 집비둘기 새끼를 가져올지니라 아브람이 그 모든 것을 가져다가 <u>그 중간을 쪼개고 그 쪼갠 것을 마주 대하여 놓고</u> 그 새는 쪼개지 아니하였으며(창 15장 9~10 절)

아브라함이 하나님께 드린 예배의 내용이다. 이는 선악과를 먹은 아담과 하와가 에덴동산에서 드린 최초의 예배 모습이기도 하다. 선악과를 먹으면 반드시 죽는다고 하였지만 그들을 너무나 사랑하여 죽일 수 없었던 하나님은 대속의 예물로 죄 없는 짐승을 **犧**생 시켜, 둘로 쪼개어 그들의 죄를 씻는 차선의 방법을 택하신 것이다. 환자 **判, 劍, 裁**……는 이를 형상화하여 문자 유전자 속에 그대로 심어 놓으신 것이다.

에덴동산에서 생명나무로 나아가는 길을 막으신 두 사람의 이야기인 歷史를 이루는 것, 생명나무의 길로 나아가 생명과를 먹고 영생을 하는 것, 그리고 영원한 하나님의 나라를 건설하여 영생하여 창조 본연의 목적을 회복하는 것이 歷史라는 환문 문자가 가지고 있는 언어의 정의이다. **"선악과를 먹으면 반드시 죽는다."**라는 말씀의 전능성을 이루기 위해 인류의 불순종 죄는 반드시 대속 받아야 했기에, 그 약속을 성취하기 위해 창조 4천 년 후 여자의 후손은 이 땅에 오시어 골고다에서 십자가의 제물이 되어 **"다 이루었다."**라며 영혼을 하나님께 맡기셨다. 그 소리가 무슨 소리인가? 선악과의 죄를 씻기 위해 에덴동산에서 흠(죄) 없는 양과 소가 죄를 대속하여 희생의 제물이 될 때(犧) 울었던 그 소리를 아담과 하와는 들어야 했고, 아벨이 들어야 했고, 노아가 들어야 했고, 아브라함이 들어야 했고, 환웅 서자가 들어야 했고, 단군이 들어야 했고, 박혁거세가 들어야 했다. 골고다 언덕 위에서 유대 민족이 들어야 했고, 정 도령이 오시던 날 우리가 들어야 했다. 그대 소(양) 울음소리가 들리지 않는가? 십자가에서 희생의 제물이 되어 **"다 이루었다."**라는 소(양) 울음소리가 정말 들리지 아니한가? 그러나 그들은 그 울음소리를 듣지 못하였다. 그를 따르던

막달라 마리아와 같은 일부 사람을 제외하고는 모두들 "네가 하나님의 아들이라면 십자가에서 내려와 보라!"라고 조롱하였고, 침을 뱉고, 욕설을 하며 비웃었다.

> **"예루살렘의 딸들아, 나를 위하여 울지 말고 너희와 너희 자녀를 위해 울라. 보라 날이 이르면 사람이 말하기를 잉태하지 못하는 이와 해산하지 못한 배와 먹이지 못한 젖이 복이 있다........ 저들의 죄를 사하여 주옵소서! 자기들이 하는 것을 알지 못함이니이다."**

라며 죽어 가면서까지 우리의 죄를 위해 하나님께 기도하시었다. 이 얼마나 무서운 저주인가? "**자기들이 하는 것을 알지 못함이니이다**" 라며 울면서 기도하였다. 뭘 모른다는 것인가? 인류의 죄를 대속하기 위해 에덴동산에서 드렸던 아담의 희생의 제, 아벨의 제, 노아의 제, 아브람의 제, 조선의 제, 부족국가의 제, 삼국의 제, 그리고 예수님의 십자가의 예배가 하나님께 드리는, 역사를 나누는 최종 예배인데 그들은 그것이 무엇인지를 모른다고 용서해달라며 하나님께 우리를 위해 기도했는데, 그것조차 무엇인지 몰랐었고, 지금도 많은 사람들이 그 소리가 뭔 소리인지를 모른다. 그 소 울음소리를 들은 시인은 이렇게 노래하고 있는 것이다.

> 죽으면서까지/ 내 죄를 위해 기도해주시던 사랑하는 그분 있어 좋다.

우리 민족에게는 오랫동안 전래되어 온 참 진인이신 정 도령과 관련한 정감록이라는 메시아사상이 있다. 대부분의 사람들이 말할 것이다. 그것과 성경이 무슨 상관이 있냐고? 말하여지는 사람들이 성경과는 아무 관련이 없는 사람들인데, 아니나 다를까? 교회 모 장로님이 이 글을 보시더니 염려했던 것과 같이 당연히 그렇게 말씀하신다. 그러나 정말 그럴까? 하나님은 당신이 말하고 싶은 것, 또는 하시고 싶은 것은 나무, 아니 당나귀를 통해서도 말씀하셨고, 돌을 통하여도 말씀하신다고 하셨다. 아무 관련이 없다고 믿었던 환자와 우리 민족의 고대사가 다 기독교의 원시 제천의 역사요, 우리 민족의 국호가 다 성경과 관련 있는 예수 그리스도를 간증하는 문자이었음을 앞서 살펴보았듯이, 이 세상을 창조한 전지전능자이시고 참 주인이시기에, 이 세상의 모든 피조물을 사용하는데 아무 문제가 없는 것이다. 하나님과는 아무 관련이 없는 바사와 애급과 같은 이방인을 사용하여 징벌의 도구로 사용하는 것을 우리는 성경 역사 속에서 수없이 보아 왔다. 그러기에 하나님의 역사를 성취하는데 그런 것들은 아무런 문제가 될 수 없는 것이다. 이 세상에 어느 종교와 어느 문자가 있어 인류의 歷史와 나(我)에 대한 정체성을 정확히 정의하였던가? 이 세상을 창조한 참 주인이시기에, 풀 하나까지 다 그분의 소유이기에, 그분이 사용하시고자 함에, 그분이 사용할 권리가 있는 것이고, 사용하는데 아무 문제가 없는 것이다. 그러기에 기독교와는 아무 상관이 없는 일연을 통해 환국을 밝히고 있지 않는가? 세계 최초의 나라는 환국이었으며, 그 나라는 하나님의 나라였고, 부족국가의 제천의 종교는 단군 조선과 환국에서 전래된 것이고, 환자 역시 환국 백성의 문자였다고, 모름지기 참된 종교라 함은 시작함에 이유와 목적도 있어야겠지만, 목적 성취에 대한 종말의 예언도 있어야 한다.

소 울음소리를 들어야 정 도령을 볼 수 있다고 했다. 그러나 그들은 소(양) 울음소리를 듣지 못하였기에 그리스도를 볼 수 없었던 것이다. 약속이나 한 듯 그들의 나라는 돌 하나 남기지 아니하고 성전이 무너지고, 나라 없는 백성이 되어 2,000년간 세계를 방황했어야 했고, 마지막 날 히틀러에게 죽음을 당해야 했다. 이 말씀을 깨닫는 자는 결코 신은 죽었다고 말할 수 없을 것이다. 그렇다면 우리의 역사는 또한 어떠한가? 환문과 제천의 종교 속에 여자의 후손을 간직하라고(福) 하신 제천의 종교를 우리는 모두 내다 버리고, 우상을 섬기는 민족으로 타락하였다. 솔로몬 사후 나라가 찢어지고, 그것도 부족하여 바벨론으로 끌려감과 같이, 이교도와 이민족으로 하여금 민족을 멸하시고, 고대사의 밑동이 잘려나가 아직도 고대사와 옛 영토는 물론 우리의 고유 종교가 무엇인지?, 우리가 누구인지? 역사를 모른 채 살아간다. 수많은 고난의 역사 속에서조차 정신 차리지 못하고 우상과 조상신을 섬기기에 여자의 후손인 정 도령을 보냈지만, 그들은 십자가의 소 울음소리를 듣지 못하였다. 그 결과 어떻게 되었는가? 우연이란 결코 없는 것이고 역사란 이유와 원인이 분명히 있는 것이다.

"하나님을 잊어버린 너희여 이제 이것을 생각하라 그렇지 아니하면, 내가 너희를 찢으리니 건질 자 없으리라"

무섭지 아니한가? 역사가 그렇게 흘러오지 않았는가? 그것을 모르고서는 소(양) 울음소리를 들을 수 없고, 鄭 도령이 누구인지를 알 수도 없고, 여자의 후손인 그리스도가 누구인지 알 수도 없는 것이다. **鄭** 도령이 누구인가? 파하면 성령 입은(酉), 또는 유대(酉大) 마을(阝) 사람(人) (**酉+大+阝+人=鄭**)이 아닌가? 이성계를 木子라 하였고 倭를 女人**戴**禾라 하였고 이여송을 **十八加公**이라 하였듯이 예수 그리스도를 **鄭** 도령이라 함은 성령의 사람(酉)인 유대 나라 사람인 예수 그리스도에 대한 환자식 표기인 것이고, 이성계나, 왜나, 이여송을 파자로 예언함과 같이 정 도령을 지칭함에 환자의 파하는 방법까지 한 치의 오차가 없이 정확히 일치하는 것에 아무런 문제가 없는 것이다. 이에 대한 내용은 부록에서 자세히 다루기로 하겠다.

❖ 환문 풀이

判 : 판단할 판, 가르다. (半+刂, 제물을 칼로 반으로 나누어 선과 악을 심판하심을 형상화함)

刂 : 칼 도

僉 : 다 첨, 모두. 에덴동산(厂)의 땅(一)에 있던 아담과 하와口口, 人人 두 사람을 형상화하였고, 劍, 檢은 모두 에덴동산의 선악과 사건에서 파생한 문자임.

劍 : 칼 검, 자르다, 가르다.(칼로 두 사람을 가르다)

檢 : 검사할 검

鄭 : 정나라 정. 酉+大+阝+人 유대 나라 사람의 가차로써 예수 그리스도를 회자로 사용함, 한편 酉는 앞서 配와 같이 성령을 담은 사람이라고 1부에서 설명함.

倭 : 왜 나라 왜. 女+人+禾라고 정감록에서 일본을 파자로 사용함.

宗 : 마루 종, 존숭하는 사람. 宀+示 에덴동산에서 지켜보시는 하나님.

李 : 성 이. 木+子, 十+八+子, 또는 생명나무(木)에 예배(卜)하는 자. 정감록에서 이성계를 파자로 사용함.

松 : 소나무 송, 十+八+加+公 정감록에서 이여송의 松을 파자로 사용함.

3. 성경에 예언된 그리스도의 대표적 예

성령이 빌립더러 이르시되 이 병거로 가까이 나아가라 하시거늘 빌립이 달려가서 선지자 이사야의 글 읽는 것을 듣고 말하되 읽는 것을 깨닫느뇨 대답하되 지도하는 사람이 없으니 어찌 깨달을 수 있느뇨 하고 빌립을 청하여 병거에 올라 같이 앉으라 하니라 읽는 성경 구절은 이것이니 일렀으되 저가 사지로 가는 양과 같이 끌리었고 털 깎는 자 앞에 있는 어린 양의 잠잠함과 같이 그 입을 열지 아니하였도다. 낮을 때에 공변된 판단을 받지 못하였으니 누가 가히 그 세대를 말하리오 그 생명이 땅에서 빼앗김이로다 하였거늘 내시가 빌립더러 말하되 청컨대 묻노니 선지자가 이 말 한 것이 누구를 가리킴 이뇨 자기를 가리킴 이뇨 타인을 가리킴 이뇨 빌립이 입을 열어 이 글에서 시작하여 예수를 가르쳐 복음을 전하니. (행 8장 29~ 35절)

빌립이 광야를 걷는데 멀리 마차가 보이고 성령님이 그 마차로 가까이 가라 하신다. 빌립이 달려가 보니 누군가가 선지자 이사야의 글을 읽는 소리가 들렸다. 한눈에 봐도 이방인인 그에게 빌립이 말한다.

"읽는 것이 이해가 됩니까?"
"설명해 주는 사람이 없는데 어떻게 이해할 수 있습니까?"

하고 빌립에게 마차에 함께 오를 것을 청하였다. 그가 읽던 구절은 이사야서 53장이다.

'이사야 선지자가 지금 말하는 사람은 누구입니까, 자신을 말하는 겁니까, 아니면 다른 사람을 말하는 겁니까?'

그러자 빌립은 그 성경 말씀에서 시작하여 예수에 이르기까지 복음을 전한다. 구약의 예언 중 여자의 후손에 대한 대표적인 예언이다. 이사야 선지자는 이사야 53장에서 십자가 고난에 대한 예언을 예수 탄생 1,000년 전에 이미 예언하였고, 정확히 십자가 사역 이후 에티오피아의 내시 간다게가 예배드리려 예루살렘으로 가던 중 읽는 예언서다. 그가 누구인가?

"이사야 선지자 자신 이뇨 아니면 다른 사람 이뇨?"

라고 묻는 간다게에게 그가 바로 우리의 죄를 위해 죽으신 예수 그리스도라고 말함에 감동받고 세례를 받았다는 내용이다. 선악과를 먹은 아담과 하와에게 여자의 후손을 보내겠다고 말씀하시고, 에덴동산에서 쫓아내셨고, 500회에 거쳐 구약에서 한 약속을 정확히 창조 4,000년 후인 A. D 0년에 그분께서 이 땅에 오셨고, 33년 후 뱀의 머리를 상하게 한다는 십자가의 약속을, 다시 말해 사망 권세를 이기고 부활한다는 歷史, 곧 생명나무로 나아가는 길을 막으신 그 길을 여신 것이다. 예수가 아직도 그리스도가 아니라고 말하는 유대인들에게 이사야 53장을 읽어보라고 누누이 말하는 선교사를

본 적이 있다. 그러나 성경에서 말했듯이 그들은 보아도 보지 못할 것이요 들어도 듣지 못할 것이라는

예루살렘아 예루살렘아 선지자들을 죽이고 네게 파송된 자들을 돌로 치는 자여 암탉이 그 새끼를 날개 아래 모음 같이 내가 네 자녀를 모으려 한 일이 몇 번이냐 그러나 너희가 원치 아니하였도다. 보라 너희 집이 황폐하여 버린바 되리라 내가 너희에게 이르노니 이제부터 너희는 찬송하리로다. 주의 이름으로 오시는 이여 할 때까지 나를 보지 못하리라 하시니라. (마 23장 37~39절)

주의 이름으로 오시는 이여 할 때까지 주를 보지 못할 것이라 말씀하셨다. 너희 집이 황폐화되었다. 이 말씀이 무엇을 말하는가? 예수님 사후 예언의 말씀처럼 예루살렘 성전이 이교도에 짓밟히고 돌 하나 남기지 아니하고 파괴되었다. 2,000년간 나라 없는 백성이 되어 세상의 이방인이 되고 마지막엔 인종청소라는 명분 아래 600만이 가스실에서 학살당한 역사가 눈에 보이지 아니하기에 그들은 아직도 이사야 53장이 눈에 들어오지 않는가 보다. 그렇다면 우리의 역사는 또한 어떠한가? 남의 역사가 아니다. 鄭 도령이 기독교인지를 몰랐기에 그를 믿는 사람들을 박해하였고 조상을 숭배하지 않는다는 이유로 서양 귀신, 사교라 하여 수많은 사람을 죽이는 것도 부족하여, 쇄국정책을 하다 일제에 나라를 송두리째 빼앗겨 버린 나라가 이 나라다. 때가 되면 그들에게도 눈을 뜨게 하고 귀를 열게 하여 그분이 그리스도임을 알게 한다고 하였는데 그것 또한

하나님의 뜻이다. 그들로 하여금 그분이 그리스도인지를 모르게 하여 이방인으로 하여금 믿게 하시려는 하나님의 뜻인 것이다. 이사야서 53장을 아무리 얘기한다 한들, 귀가 닫히고 눈이 닫히면 보아도 보지 못하고, 들어도 듣지 못한다고 하였으니 깨닫는 자들은 그래도 축복받은 자들이다. 이 얼마나 감사하랴! 식민지 시대에 우리가 할 수 있는 것이라고는 선교사들이 전해주는 하나님 믿는 것 외에는 아무것도 할 수 없었다. 출애굽 한 민족에게 광야에서 믿을 것이라고는 하나님밖에 없게 하신 것과 같이, 환국과 조선의 제천의 종교를 버리고 자신의 고유 종교인 기독교를 서양 귀신이라 매도하고, 정 도령을 부정하며, 이방 우상 종교와 조상신을 섬기는 그들에게 하나님은 두 번 다시 속지 않기로 결심하시고, 반만년 역사에도 없는 나라를 통째로 넘겨 생명나무를 택할 건지 선악나무를 택할 것인지 양자택일하라고 하나님은 심판하시었다. 구약의 모든 내용이 그리스도를 증명하듯이, 환문의 예언 또한 그리스도를 증거하고 있었는데, 그들은 소 울음소리를 들을 수 없어 이스라엘이 예수를 십자가에 못 박은 것과 같이, 그를 믿는 자들을 목매달아 죽였다. 그 흔적이 아직도 해미읍성 고목에 보이는데, 어찌 십자가에 버금가는 탄압이 아니었겠는가?

4. 다시 찾은 포도원

창조주이신 하나님은 한 분이시다. 그분이 어느 특정 민족만을 택하여 그 민족만을 구원받게 하였다면 그 자체 또한 모순이다. 진화론이 아닌 창조론이 참이라면, 인간이 한 부모로부터 왔고, 모든 인류가 한 부모의 자손이라면 더욱더 그러하다. 하나님은 모두 다 사랑하신다. 독재 살인마 로마의 네로에서부터 히틀러조차, 김일성과 그의 자손, 제국주의 사탄 히로히토에, 이교도에, 거짓 메시아까지 사랑하신다. 그것이 부모의 마음이다. 이스라엘의 아브라함을 선택하심은 사탄에게 빼앗겨버린 자녀를 찾기 위한 하나님의 눈물어린 발자취이고, 막아버린 생명나무로 나아가는 길을 열기 위해, 다시 말해 歷史의 목적을 성취하기 위해 여자의 후손을 보내시기 위한 눈물 어린 역사 노정인 것이다. 그러나 그들은 사탄이 되어 그리스도를 부정했다. 하나님이 이스라엘만을 사랑하시어 아브라함을 부른 것이 아니다. 하나님은 인류의 낳으신 아버지이시기에, 모든 인류를 사랑하시기에, 하나님을 믿는 모든 자들에게 자녀 되는 권세를 주신다고 말씀하셨다. 아브라함을 택하심은 B .C의 역사를 마감하고 A. D의 역사를 열기 위한 불가피한 선택이었다. 그러나 그들은 자기들만이 선택된 선민이라 착각하고 교만하여 사탄이 가인의, 유다의 머릿속에 들어가 조종한 것 같이 鬼가 되어, 진리이시고, 빛이시고, 인류의 죄를 대속하고 져 희생(犧) 제물인 양이요, 소인 그리스도를 보지 못한 것이다. 셈의 후손에게 찬송하라는 사명을 주신 그의 후손 환웅 서자에게, 제천의 예배를 드리며 福을 간직하라는 우리 민족에게, 참 진인이신 메시아 정 도령 사상을 주시었지만, 그들 역시 정 도령이 누구인지 알지 못하였다. 우리 고유의 종교를 업신여기고 외래 이방 종교에 탐닉한 조선이 그러했고, 고구려와 신라가 그러했고, 고려가 그러했고, 후기 조선이 그렇게 하며 쇄국정책을 하다 열강의 희생물이 되어 반만년 역사에도 없었던 나라를 통째로 빼앗기고 40년간 노예 아닌 노예 생활을 해야 했다. 그것이 하나님을 떠난 민족에게 더 이상 희망이 없다는 역사의 교훈이오. 공무도하가의 교훈이오. 아리랑의 교훈이다. 찬란했던 동방의 등불이었던 그 역사가 밑동이 송두리째 잘려나가, 요하 문명이라는 뼈다귀 같은 죽은 유적만 남은 채, 우리는 우리가 누구인지, 정체성을 모른 채 식민 사관과 사대 사관에 사로잡혀 오늘날까지 살아간다. 노옹이 고난의 역사라고 말한 이유이다. 그러나 시성은 말하고 있다. 다시 한 번 등불 밝히는 날, 동방의 밝은 빛이 되어 세계의 주인이 된다고 우리를 깨우치고 있는 것이다.

왜 그렇게 하셨을까? 역사를 완성하려는 절대불변의 하나님의 뜻이 있었기에, 환자를 주시고 충효의 예절과 삼신이라는 선민사상을 주시며 정 도령이라는 메시아사상을 간직하라는 福을 주시었다. 백이숙제의 충절과 정몽주와 사육신의 불사이군의 정신이 있어 순결을 지킨 민족이 또한 이 민족이요, 병인양요와 신사참배를 거부하며 순교자를 낸 나라가 또한 이 나라다. 동방의 밝은 빛이 되어 마지막 날에 세계를 인도하는 주인이 다시 되라고 창세 이전 택하시고 과업을 완수하라는 사명을 선교사와 시성에게까지 더하여 예언을 주시고, 朝鮮과 大韓이라는 국호를 주시며, 하나님이 보호하사 우리나라 만세라는 노래를 주시었다. 그리고 마지막 날 아들에게 숨어 있는 환자의 뜻을 통해 우리 민족의 정체성과 종교를 회복하고, 메시아의 비사를 풀어 세계 만민에게 복음을 전파하여 환난 날 반드시 그들을 구원하라는 사명을 다하라고 말씀을 더하신 까닭이다. 다음은 2,000년 전에 이미 예언하신 예수님의 말씀이다.

다시 한 비유를 들으라 한 집 주인이 포도원을 만들고 산울로 두르고 거기 즙 짜는 구유를 파고 망대를 짓고 농부들에게 세로 주고 타국에 갔더니 실과 때가 가까우매 그 실과를 받으려고 자기 종들을 농부들에게 보내니 농부들이 종들을 잡아 하나는 심히 때리고 하나는 죽이고 하나는 돌로 쳤거늘 다시 다른 종들을 처음보다 많이 보내니 저희에게도 그렇게 하였는지라 후에 자기 아들을 보내며 가로되 저희가 내 아들은 공경하리라 하였더니 농부들이 그 아들을 보고 서로 말하되 이는 상속자니 자 죽이고 그의 유업을 차지하자 하고 이에 잡아 포도원 밖에 내어 쫓아 죽였느니라 그러면 포도원 주인이 올 때에 이 농부들을 어떻게 하겠느뇨 저희가 말하되 이 악한 자들을 진멸하고 포도원은 제때에 실과를 바칠만한 다른 농부들에게 세로 줄지니이다 예수께서 가라사대 너희가 성경에 건축자들의 버린 돌이 모퉁이의 머릿돌이 되었나니 이것은 주로 말미암아 된 것이요 우리 눈에 기이하도다 함을 읽어 본 일이 없느냐 그러므로 내가 너희에게 이르노니 하나님의 나라를 너희는 빼앗기고 그 나라의 열매 맺는 백성이 받으리라. (마 21장 33~43절)

포도원은 유럽을 거쳐 미국을 거쳐 지구 한 바퀴를 돌아 근대 본향인 우리 땅으로 다시 돌아왔다. 그곳이 예수님이 말한 땅 끝이다. 북녘은 아직도 사탄에 사로잡혀 김일성 부자 손을 태양신으로 섬기고 있고, 중국과 러시아는 유물론의 우상에 사로잡혀 유물 신을 섬기고 있는 우리 민족이 반드시 회복하여야 할 옛 조선의 영토요 주권이다. 그 종교가 가는 곳마다 축복이 이어졌다. 성경이 필사되므로 언어학에서부터 종교에 이르기까지 예술과 과학 분야에 영향을 미치었고 세계를 이끄는 선진 국가로 축복을 해 주신 것이 영국이고, 오늘의 미국이며, 세계에서 가장 가난했던 우리나라가가 세계 무역 10대 강국으로, 한강의 기적을 이끌며 세계 속에 우뚝 솟은 이유이며, 세계 제1의 선교사를 파송하는 국가인 이유이다(인구 대비). 이것이 기적이다. 모세가 홍해를 가른 것보다 더 놀라운 기적이 아니겠는가? 한국전쟁 이후 폐허가 된 이 땅 위에 모두가 도저히 재기할 수 없다고 얘기하였지만 수많은 순교자들의 피가 제단에 뿌려져 죄악 맑게 씻고 **鮮**하고 **韓**하여 성령의 옷을 곱게 차려 두루마기를 빠는 민족이기에 축복을 해준 것이다. 제천의 문화를 잃어버리고, 도교와 불교와 같은 이방 신에 심취하고 우상 숭배했던, 종교같이 않는 유교라는 종교에 심취하고, 조상신이라는 우상을 섬겼던들 그들에게 고난의 역사를 주신 것이고, 그래도 정신 차리지 못하니까 노예생활로 연단시키고 마지막 남북으로 判하여 檢하시고 계시는 것이다. 이스라엘을 남북으로 나누어 심판하셨던 것과 같이........

5. 고난의 역사(잃어버린 역사)

성인은 인생을 어떠한 원인이나 목적이 없이 생명이 가지는 단순한 生老病死의 순환 법칙에 따라 발생하는 '苦'라고 정의하였지만, 집 떠나면 고생이라는 간단, 명료한 명제를 찾지 못해, 오늘도 수많은 사람들이 진리를 찾는답시고 헛수고하는 것을 보면 안타깝기 그지없다. 환문에서는 에덴동산에서 실락할 때 哀, 楚, 棘, 困……와 같이 생명나무로 나아갈 수 없는 인류의 삶을 문자 유전자 속에 각인하였다고 1부에서 정의하였다. 하나님을 떠나 낙원을 잃어버린 고달픈 인생을 예수님은 탕자와 암탉이 병아리를 모으려는 것에 비유하여 설명하였고, 민요 아리랑 역시 잃어버린 나(我)를 찾아 다스릴 것(理)과 그렇지 않고 나(我)를 떠나면(離) 십 리도 못가 발병 난다고 아리랑(我理, 離郞)이라 하였으니 공통된 주제는 "자신을 잃어 다스리지 못하고 본향인 낙원, 또는 하나님을 떠나 고아가 된 우리 인류의 고된 삶"을 말하고 있다. "'安'은 편안하고, '字'는 사랑하다."라는 뜻이다. 문자는 "女, 子가 에덴동산(宀)에 있으면 모두 편안하고(安), 사랑 안에 거한다(字)."라고 말한다. '好' 역시 "남녀가 함께하면 좋다."라고 말한다. 그런데 여자가 남자와 하나님을 떠나 선악과(果)의 생명 있는(丿) 사탄(田)과 함께하여 鬼가 되어 媿가 되었다. 죄(田)의 종(鬼)이 되었기에, 죄의 노예가 되었고, 남자와 함께 있어야 할 여자가(好) 귀신과 함께하여 부끄럽다고 문자 '媿'는 정확히 말하고 있다. "선악을 알았기에 땅의 저주를 받아 땀 흘려 노동을 해야(男) 그 소산을 먹을 수 있었고, 산고의 고통을 더함과 동시 남자의 다스림을 받아야 했고(女), 흙이니 흙(土)

으로 돌아간다."라고 성경에서는 말하고 있고, 환자는 이를 더하여 증명함에 생로병사의 모든 이유와 원인을 밝히고 있는 것이고, 생명나무에 나아갈 수 없는 삶을 '困'과 '棘'이라 하여 삶을 '苦'라고 밝히고 있는 것이다. 석가가 환국의 종교와 환문이 정의하는 '생로병사'와 '苦'를 알았을까? 몰랐다. 원인을 몰랐기에 해결 방법도 없었다. 그러나 성경은 원인을 분명히 제시하기에, 해결 방법 또한 분명히 제시하고 있다. 비록 죄를 지어 낙원에서 쫓겨났지만 죄를 짓지 말고 하나님을 찾아 '鬼'되지 말고 '祝'될 것과 그 말씀을 간직하여 명심하라고 '福'을 율법과 함께 주셨다.

> 이는 곧 너희 하나님 여호와께서 너희에게 가르치라 명하신 바 명령과 규례와 법도라. 너희가 건너가서 얻을 땅에서 행할 것이니 곧 너와 네 아들과 네 손자로 평생에 네 하나님 여호와를 경외하며 내가 너희에게 명한 그 모든 규례와 명령을 지키게 하기 위한 것이며 또 네 날을 장구케 하기 위한 것이라. 이스라엘아 듣고 삼가 그것을 행하라. 그리하면 네가 복을 얻고 네 열 조의 하나님 여호와께서 네게 허락하심 같이 젖과 꿀이 흐르는 땅에서 너의 수효가 심히 번성하리라." (신명기 6장 1~3절)

비록 실락하여 에덴동산은 아니지만 하나님의 규례와 명령을 지키면 복을 받고, 젖과 꿀이 흐르는 땅에서 번성한다고 하였다. 그러나 역사는 어떻게 되었는가? 선악과를 먹어 죄의 종이 된 인류는 죄를 다스릴 능력이 없었다. 카인에게 죄를 다스려 '義'를 행하라고 하였지만 그는 죄의 노예가 되었기에 죄를 통제할 능력이 없어 결국 살인의 죄를 더했다. 그것이 우리 인류의 정체요, 구세주가 필요한 이유이다.

> 오라 우리가 여호와께로 돌아가자 여호와께서 우리를 찢으셨으나 도로 낫게 하실 것이요 우리를 치셨으나 싸매어 주실 것임이라. 여호와께서 이틀 후에 우리를 살리시며 셋째 날에 우리를 일으키시리니 우리가 그의 앞에서 살리라. 그러므로 우리가 여호와를 알자 힘써 여호와를 알자 그의 나타나심은 새벽빛같이 어김없나니 비와 같이, 땅을 적시는 늦은 비와 같이 우리에게 임하시리라 하니라. 에브라임아 내가 네게 어떻게 하랴 유다야 내가 네게 어떻게 하랴 너희의 인애가 아침 구름이나 쉬 없어지는 이슬 같도다. 그러므로 내가 선지자들로 그들을 치고 내 입의 말로 그들을 죽였노니 내 심판은 빛처럼 나오느니라. 나는 인애를 원하고 제사를 원하지 아니하며 번제보다 하나님을 아는 것을 원하노라. 그들은 아담처럼 언약을 어기고 거기에서 나를 반역하였느니라. 길르앗은 악을 행하는 자의 고을이라 피 발자국으로 가득 찼도다. 강도떼가 사람을 기다림 같이 제사장의 무리가 세겜 길에서 살인하니 그들이 사악을 행하였느니라. 내가 이스라엘 집에서 가증한 일을 보았나니 거기서 에브라임은 음행하였고 이스라엘은 더럽혀졌느니라(호세아 6장 1~10절)

아담이 죄를 범하여 하나님을 떠난 것 같이 어떠한 율법의 말씀을 준다 한들 죄의 종 된 우리는 죄의 노예로 살아갈 수밖에 없다. 의인이라 칭함 받았던 노아가 포도주에 취해 그러했고, 하나님의 친구라고 칭함 받았던 아브라함이 자신의 아내를 누이라 하며 비겁함을 보일 때 그러했고, 모세가, 삼손이, 다윗이 우리아를 죽이고 그의 아내를 취하였고, 솔로몬이 일천 명이 넘는 처첩을 거느리며 이방 신을 성전에 끌어들여 십계명을 져버릴 때 그러했다. 이것을 깨달은 선지자는 **"우리가 여호와를 알자 힘써 여호와를 알자!"** 라고 말하고 있는 것이고 죄의 종으로 살아갈 수밖에 없는 어쩔 수밖에 없는 인류의 죄 성을 다윗은 다음과 같이 고백한다.

하나님이여 주의 인자를 따라 내게 은혜를 베푸시며 주의 많은 긍휼을 따라 내 죄악을 지워 주소서 나의 죄악을 말갛게 씻으시며 나의 죄를 깨끗이 제하소서 무릇 나는 내 죄과를 아오니 내 죄가 항상 내 앞에 있나이다 내가 주께만 범죄 하여 주의 목전에 악을 행하였사오니 주께서 말씀하실 때에 의로우시다 하고 주께서 심판하실 때에 순전하시다 하리이다 내가 죄악 중에서 출생하였음이여 어머니가 죄 중에서 나를 잉태하였나이다 보소서 주께서는 중심이 진실함을 원하시오니 내게 지혜를 은밀히 가르치시리이다 우슬초로 나를 정결하게 하소서 내가 정하리이다 나의 죄를 씻어 주소서 내가 눈보다 희리이다 내게 즐겁고 기쁜 소리를 들려주시사 주께서 꺾으신 뼈들도 즐거워하게 하소서 주의 얼굴을 내 죄에서 돌이키시고 내 모든 죄악을 지워 주소서 하나님이여 내 속에 정한 마음을 창조하시고 내 안에 정직한 영을 새롭게 하소서 나를 주 앞에서 쫓아내지 마시며 주의 성령을 내게서 거두지 마소서 주의 구원의 즐거움을 내게 회복시켜 주시고 자원하는 심령을 주사 나를 붙드소서

그리하면 내가 범죄자에게 주의 도를 가르치리니 죄인들이 주께 돌아오리이다 하나님이여 나의 구원의 하나님이여 피 흘린 죄에서 나를 건지소서 내 혀가 주의 의를 높이 노래하리이다 주여 내 입술을 열어 주소서 내 입이 주를 찬송하여 전파하리이다 주께서는 제사를 기뻐하지 아니하시나니 그렇지 아니하면 내가 드렸을 것이라 주는 번제를 기뻐하지 아니하시나이다 하나님께서 구하시는 제사는 상한 심령이라 하나님이여 상하고 통회하는 마음을 주께서 멸시하지 아니하시리이다 주의 은택으로 시온에 선을 행하시고 예루살렘 성을 쌓으소서 그때에 주께서 의로운 제사와 번제와 온전한 번제를 기뻐하시리니 그때에 그들이 수소를 주의 제단에 드리리이다

(시편 51장)

다윗이 나단 선지자의 말씀에 자신의 죄를 회개하며 통한의 눈물을 흘리는 이유는 선악을 알은 우리가 죄 중에 잉태되어 죄의 노예로 살아갈 수밖에 없는 우리의 정체성, '我'를 그대로 설명하고 있는 것이다. 모든 인류가 사탄과 간음하여 선악과를 먹은 아담의 후손이기에 예수께서도 **"너희 중 죄 없는 자가 이 여인을 돌로 쳐라"** 말씀하신 것이고, 죄인이기에 이 죄의 문제를 해결할 분은 선악과를 만드신 창조주 외에는 없는 것이다. 그분은 이 문제를 해결하기 에덴동산에서 '檢'하시고 '裁'하고 '判'하시어 여자의 후손, 곧 메시아 파송에 대한 말씀을 간직하라고 '福'을 주신 것이다.

내가 행하는 것을 내가 알지 못하노니 곧 내가 원하는 것은

행하지 아니하고 도리어 미워하는 것을 행함이라 만일 내가 원하지 아니하는 그것을 행하면 내가 이로써 율법이 선한 것을 시인하노니 이제는 그것을 행하는 자가 내가 아니요 내 속에 거하는 죄니라 내 속 곧 내 육신에 선한 것이 거하지 아니하는 줄을 아노니 원함은 내게 있으나 선을 행하는 것은 없노라 내가 원하는 바 선은 행하지 아니하고 도리어 원하지 아니하는 바 악을 행하는도다 만일 내가 원하지 아니하는 그것을 하면 이를 행하는 자는 내가 아니요 내 속에 거하는 죄니라 그러므로 내가 한 법을 깨달았노니 곧 선을 행하기 원하는 나에게 악이 함께 있는 것이로다 내 속사람으로는 하나님의 법을 즐거워하되 내 지체 속에서 한 다른 법이 내 마음의 법과 싸워 내 지체 속에 있는 죄의 법으로 나를 사로잡는 것을 보는 도다:오호라 나는 곤고한 사람이로다 이 사망의 몸에서 누가 나를 건져내랴 우리 주 예수 그리스도로 말미암아 하나님께 감사 하리로다 그런즉 내 자신이 마음으로는 하나님의 법을 육신으로는 죄의 법을 섬기노라 그러므로 이제 그리스도 예수 안에 있는 자에게는 결코 정죄함이 없나니 이는 그리스도 예수 안에 있는 생명의 성령의 법이 죄와 사망의 법에서 너를 해방하였음이라(롬 7장 15절~8장 2절)

역사를 B. C와 A. D로 가르는 '判'의 역사이기도 하고, 유대교가 세계 종교로써 인류의 근본 죄의 문제를 해결하는 고등종교로 거듭나는 이유이기도 하며, 필자가 통한의 눈물을 흘리며 그리스도를 구세주로 영접하며 눈물이 범벅이 되어 하나님의 사랑을 체험했던 순간이기도 하다. 선악과를 먹음으로써 악이 나를 지배하여 죄의 종이 되었지만, 그리스도의 십자가 제를 통해 내가 '義'하여 '鮮'되고 '韓'됨에 결코 정죄함이 없음으로, 죄의 종으로부터, 사망의 노예로부터 해방되어, 하나님의 아들이 되었음을 선포하는 사도바울의 눈물 어린 감동의 메시지다. 이 얼마나 감격스러운 일인가? 인생이 '생로병사'인 이유는 생명나무로 가는 길을 막아 '困'이요 '棘'인데, 그래서 '苦'라고 하였는데, 십자가에서 역사를 나누고, 생명나무로 나아가는 길을 열어, 죄와 사망의 법에서 해방하였으니 '鬼'에서 '祝'이요, '凶'과 '亡'에서 '酉'와 '配'와 '匹'이요, '媿'에서 '好'요, '困'과 '棘'에서 '安'이요 '字'되어 '福'이 되었다고 환문은 한 치의 차이 없이 정확히 성경과 일치하여 증거하는데 누가 아직도 인생을 '苦'요, '생로병사'라고 말하는가?

1) 역사의 시작(환국과 조선)

'**大韓**'은 앞서 말했듯이 조선의 '三韓' 통치 제도에서 유래한 국호이다. 요하문명의 원형 제단과 고인돌 문화는 삼신상제를 숭배하던, 원시기독교의 희생의 제를 지내던 예배 문화에서 비롯한 것이라고 1. 2부에서 말했다. 犧생의 예배 문화가 아벨과 노아로 이어지면서, 환웅 서자와 단군왕검에게 그대로 전래되었다. 국호가 '朝鮮'이다. 羊과 내(魚)가 함께하니 고와서 '**鮮**'이라 여김 받았고, 가죽 옷(韋)을 곱게 차려입어 '**韓**'이라 여김 받았다. '환국'과 '조선'을 일컬어 '황금시절 동방의 밝은 등불'이라고 말하고 있지만, 조선의 멸망에 대하서는 漢의 발달된 철기문명과 오랜 전란의 피로 때문이었다고 피상적으로 기록하고 있다. 그러나 필자는 앞서 말했듯이 죄의 종이 되어 반복적으로 죄를 지을 수밖에 없기에 인류의 벗을 수 없는 죄악성에 기인한다고 하였다. 인류 문명의 공통된 보편성이 그것을 말하고 있지 아니한가? 조선의 제후국인 상(은)나라의 경국지색과 주지육림은 요하 문명 중 홍산 문화의 여신상과 용봉 문화를 간접적으로 말하고 있지 않는가? 노아 때도, 소돔과 고모라 때도, 솔로몬 때도 인류가 하나님을 떠나 죄를 지을 때, 하나님은 찢는다고 분명히 말씀하셨고 조선이 망한 후 부여, 고구려, 동예, 옥저, 삼한의 7 부족국가들이 그것을 증명하는 것 아니겠는가? 역사가 반복하는 이유이다. 다윗이, 솔로몬이 십계명을 어긴 것과 같이, 8조 법금 중 하나인 하나님과 나의 관계를 어긴 것이다. 하와가 사탄과 놀아나 '媿'된 것과 같이 제일 큰 죄는 살인도 간음도 아니다. 제일 큰 죄는 하나님을 떠나 사탄과 함께하여 죄(由)의 종(鬼)이 된 것이라고 창세기는 말하고 있지 않은가? 그러기에 公無渡河(님아 강 건너지 마소)라 했다.

> **"하나님을 잊어버린 너희여 이제 이것을 생각하라 그렇지 아니하면, 내가 너희를 찢으리니 건질 자 없으리라"**

라고 말씀하지 않으셨는가? 그리고 또

> **"오라 우리가 여호와께로 돌아가자 여호와께서 우리를 찢으셨으나 도로 낫게 하실 것이요 우리를 치셨으나 싸매어 주실 것임이라"**

라고 앞서 성경의 말씀을 기록하지 않았는가? 하나님의 말씀에는 오류가 없다. 전능성의 이유이다. 하나님을 떠난 그들은 남북으로 찢어지고 그것도 모자라 노예가 되어 손발이 꾀이고, 눈알이 뽑힌 채 바벨론으로 끌려가야 했던 역사 사실이다. 후기 조선이 임진년에 문명을 전달해준 왜에게 침략을 받고도 정신을 차리지 못하니까, 나라를 통째로 넘겨 노예생활을 하게 했던 것과 같이, 문명을 전달해준 漢에게 망했다. 역사서는 말한다. 발달된 철기 선진 문물을 가진 漢에게 망했다고 하나, 銕과 夷라는 환자의 뜻을 알고, 하나님의 뜻을 아는 사람들은 그렇게 말할 수는 없는 것이다. 하나님의 말씀은 절대적이고, 역사 목적을 성취를 위해 인류가 범한 범죄는 반드시 탕감 받아야 하기에, 그 목적 성취를 위해 끊임없이 반복하여 나타나는 역사의 동시성이며, 하나님의 뜻이 역사에 반영된 결과물들이라 하겠다.

2) 부족 국가와 삼국 시대

말씀과 같이 7개 부족국가로 찢으셨다. 수많은 살상이 있었을 것이고 살아남은 자는 노예로 끌려갔을 것이다. 조선의 역사가 송두리째 밑동이 잘려나가 전래되는 것이라고는 8조 법금 중 3조요, 공무도하가 외에는 없다함이 그것을 증명한다. 역사와 문화와 종교가 이방인에게 도륙당한 것이다. 그러나 환웅 서자에게 약속하신 복과 하나님을 경외하는 민족이기에 **"치셨으나 싸매어 주실 것임이라!"** 라는 말씀에 따라 고죽국을 계승한 고구려와 여러 부족국가를 세워 양과 소를 희생하여 하나님께 예와 배하는 제천의 종교만은 그대로 전래되었다. 부여의 영고, 고구려의 동맹, 동예의 무천과 남 삼한의 수릿날과 계절제와 같은 제천 행사를 통해 하나님께 예배하였다. 소도 제도는 제정 분리의 종교 국가임을 밝히는, 그래서 오늘날까지 전래되어 오고 있는 단오제 같은 민속 문화는 고등종교로 발전하지 못하고 원시 무속신앙과 결탁하여 기복(祈福)하는 문화 형태로 전래되고 있는바 이는 원시 기독교의 제천의 문화에서 파생된 제천 예배의 한 종류라 하겠다. 그러나 역사는 말한다. 부족국가에 제천의 예배가 있었다고 분명히 기록하고 있지만, 안타깝게도 우리의 역사는 그 제천이 어디에서 유래한 것인지, 그 제천이 무엇인지, 그 종교가 무엇인지 또한 밝히지 못하고 있으니 아! 이 얼마나 안타까운 현실이며, 몽매한 후손이란 말인가? 부족국가의 제천행사가 없었던 것이 하루아침에 생겨난 것이 아님은 어느 누구도 부정하지 못하리라! 말씀에 따라 찢으셨고 다시 싸매주신다고 하심에 조선을 찢으시고, 나라를 나누었지만, 이름은 다르더라도 모두 환웅 서자와 단군왕검이 하나님께 드린 제와 배의 예배의 역사라는 것을 밝히지 못하고 있고 저급한 샤머니즘 정도로 여기는 것 같아 안타깝기 그지없다. 자아를 잃어버린 민족, 우리가 누구인지 알려고 하지 않았기에 우리의 역사는 고난의 역사일 수밖에 없었던 이유이다.

고죽국은 고구려의 뿌리이며, 선비족의 뿌리이기도 하다. 동맹이라는 제천행사로 조선의 종교와 문화를 계승하였고, 소삼한(신라, 백제, 가야) 제도의 국가 틀 속에서 신라와 백제로 발전한다. 역사에서 말하는 삼국 시대이다. 신단수(생명나무)에 복을 빌기 위해 朴이라는 제사장(단군왕검)인, 거사 간 박 혁거세가 환국과 조선의 고인돌 제천문화를 계승하고, 백제 역시 부족국가인 부여의 영고 제천행사를 계승한다. 백제의 부여라는 지명은 2부에서 말했듯이 사람이 이주하면 지명도 가지고 갔다고 한 것을 증명하듯 부족국가인 부여의 후손이 남하하여 세운 도시의 이름임을 또한 증명함에 평양의 왕검성이 현재의 한반도에 있는 평양이 아니라는 것을 명백히 확증한다 하겠다. 또한 신라인들은 고인돌과 환국과 조선의 원형제단을 계승 발전시켜 첨성대를 만들고 첨성대 제단 위에서 희생의 제와 배를 드리고 상서로운(祥=示+羊 하나님과 양이신 그리스도) 천문을 연구하면서, 생명나무이신 메시아의 출현을 고대하였다. 첨성대를 중심으로 경주는 하늘 별자리를 이용하여 설계한 환국 신시의 완성판이라 하겠다.

-- 성경에서는 예수 출생 당시 동방박사가 별을 좇아 베들레헴에 이르러 경배하였다고 기록하고 있다. 현대 과학에서 그 별을 목성과 토성으로 밝히고 있으며, 목성과 토성이 일직선에서 앞으로 가는 듯 다시 뒤로 후퇴하는 현상의 주기를 832년으로 밝히고 있고, 물고기 별자리(魚)와 양 별자리(羊))에서 볼 수 있었다고 한다. <창조과학 김명현 교수>

환자 鮮이 가지고 있는 놀라운 문자 유전 인자라 할 수 있겠다. 메시아의 예언과 출생을 고대한 것은 유대인뿐만이 아니었다. 성경에서 말하는 동방박사를 바벨론에 끌려간 유대인의 후손으로 추정하고 있으나 우리민족 역시 福과 祥과 신단수 아래에서 아들을 달라며 삼신상제께 기도한 국조모인 웅녀의 신화 속에서 그리고 민족 신앙 속에서 전래되는 정도령 사상에서 그 흔적을 찾을 수 있겠으나 결코 우연이라 할 사안이 아니라 하겠다. 첨성대에서 별자리를 연구함은 메시아의 출생을 확증하였던 환국과 조선의 메시아사상에 기반을 둔 제천행사에서 그 유래를 찾아 볼 수 있다고 확신하며 메시아를 고대하던 수많은 인류 중 유일하게 동방박사에게만 허락한 것은 하나님의 축복이었을 것이다. 이 모든 행성의 주기를 이미 인류 창조 전 하나님께서 예정하셨다는 김명현 교수님의 말씀과, 더하여 환문인 우리 국호의 鮮에 별자리를 예정하신 하나님의 놀라운 능력을 어찌 감탄하지 않을 수 있겠는가? 태초 전 내가 너를 예정하여 불러 세웠나니……… 아버지여 어찌 그리 미쁘시고 놀다우신지요! --

중원의 남방으로 내려가 문명을 개화한 묘족의 신단수와 사마신은 삼국유사에서 말하는 신단수 아래에 내려와 신시를 열었다는(神壇樹下 謂之神市) 신화를 고증하는 것이 아니겠는가? 왜의 신사참배와 같은 문화 역시 일본에 환문이 전달된 것과 같이, 망 조선 후 유민 일부가 월해하여 환국과 조선의 제천문화를 전달한 증거물이라 하겠다. 제천의 행사가 그렇게 다양하게 여러 곳으로 전래되었지만 오늘날 그 뿌리가 어디에서 기원하였는지, 그 신앙의 대상이 무엇인지, 정체성을 모두 잃어버려 안타깝기 그지없다. 고인돌, 석총 원형 제단, 묘족의 종교행사와 일본의 신사참배, 첨성단과 첨성대 그리고 환자 등에서 우리는 신단수 나무 아래서 생명나무에 나아가기 위해 희생의 제를 지내던 원시 기독교의 예배 흔적을 찾아볼 수 있지만, 이에 관한 보다 깊은 체계적이고 학문적인 연구가 하루속히 이루어지길 바란다.

사탄(由)은 믿는 자를 유혹하지, 믿지 않는 자를 유혹하지 않는다. 믿지 않는 자들은 이미 성령이(儿) 떠나 사탄과(由) 함께하여 '鬼'가 되어 '亡'하고, '凶'이 되었기에, 유혹할 하등의 이유가 없다. 공산주의나, 김일성이가 다 믿음의 종교에서 나오고, 이단들이 믿음의 종교에서 수없이 나오는 이유이며, 유대교와 중세 가톨릭이 부패한 이유이다. 그 자를 성경에서는 온 천하를 꾀는 자라 하였다. 하나님의 천지창조 사역에 동참하였는데, 하나님을 떠나 하나님을 대적하는 자로 전락하였기에 거짓이요, 악이요, 죄요, 사망이며 선악나무의 선악과이다. 환자는 그를 바알(皿, 불, 즉 善惡果의 열매인 由에 생명이 있는 것╱을 형상화)이라 하였고 그와 함께한 사람을 **鬼**라고 1부에서 밝혔다. 우리 민족 역시 사탄 뱀(由, 불)에 유혹되어 바알 신인 여신을 성전에 끌어들여 우상을 숭배하였고, 8조 법률 중 하나인 하나님과 나의 관계를 끊어버리고, 우리의 정신과 정체성을 모두 잃어버렸다.

역사가는 말한다. 부족국가가 고대국가로 성장하는 기준의 단계를 불교의 수용 여부라고, 정말 그럴까? 고구려는 소수림왕 때 불교를 수용하였다. 이방 우상 종교와 종교 같지 않은 인간의 종교에 매료되어 동맹인 祭天을 내대 버리고 祭祀라는 귀신을 섬기는 민족으로 전락하였으니 네 원수들이 예루살렘 사방에 가두고 멸망시킨다고 통탄한 그들의 역사와 다를 게 뭐가 있었겠는가? 석가가 생로병사의 문제를 해결하였는가? 원인을 모르니 해결 방법도 모르는 것이고 피조물이기에 종교가 아닌 것이고, 그러기에 인생의 근본 문제를 해결할 수 없는 것은 당연한 것이다. 오늘날 불교를 섬기는 수많은 동남아 민족들이 어떻게 살아가는가? 아시아의 황금시절에 동방의 등불이었던 이 나라는 기독교의 원형 예배를 갖추고 하나님께 제천하며 메시아를 고대하던 나라였다. 환자라는 문자와 에덴동산에서 창과 칼을 사용했던 철기문명을, 10계명에 버금가는 8조 법률이 있고, 공무도하와 같은 이별의 문학이 있어 세계 문명을 개화하고 중원을 호령하던 동아시아의 아니, 인류 최초의 하나님 나라를 개천한 선진 문명의 나라였다. 세계 4대 문명 이전 요하 문명이 있었다고 유적은 말하고 있으며, 역사서는 석유 환국이라고 분명히 기록하고 있고, "동방의 밝은 등불" 이었다고 분명히 말하고 있다. 그런데 그 나라가 어떻게 되었는가?

8조 법금과 십계명에 분명히 우상을 만들지 말라 하였는데 그들은 법을 어기고 자기들 편리한 대로 하나님의 말씀을 가감하고 수정한다. "**반드시 죽는다.**"가 "**죽을까 하노라!**"에서 다시 "**죽지 않는다.**"로 변질되는 것과 같다. 그것은 "아마도" "혹시" 또는 "그럴 것이다."라고 말하고 진리인 양 기정사실화하는 거짓말하는 자들이다. 그들이 由불이라는 바알 사탄이고, 그들의 하수인은 鬼이다. 솔로몬이 십계명을 몰랐을 리 없을 터인데, 그는 율법을 어겨 하나님을 떠났다. "**너희가 나의 율법을 지키지 아니하고 나를 떠났기 때문이다**"라고 분명히 망국 원인을 기록하고 있다. 조선을 보아라! 동방의 찬란한 등불이었던 그 나라가 어떻게 되었는가? 홍익인간에 반하는 인신 공양과 주지육림과 같은 성적 타락에 달기 같은 요사한 媿는 노아 시대 "**하나님의 아들들이 사람의 딸들에 반하여**......"와 솔로몬 시대 "**수백천의 처첩에 이르는**......." 라고 기록하고 있다. 무엇을 말하는가? 하나님만을 섬겨야 할 환국, 조선이 요하 문명 속 여신상이 웬 말이냐? 용 문화가 웬 말이냐? 제천의 예배를 지내던 환웅 서자의 후손이 다산을 기원하는 여신과 모신의 웅신을 섬기고 由(바알) 귀신을 섬겼으니, 8조 법금 중 하나님과의 관계를 끊고 우상을 섬겨 公竟渡河하여 죽게 되었고, 말씀에 따라 나라를 찢었지만, 고대 삼국 역시 또 다시 죄의 종이 되어 우리의 고유 종교를 내다 버리고 왜래 이방 종교에 심취하였으니 불국사, 다보탑, 석굴암, 황룡사....... 다 우상을 섬긴 증거물들이 아닌가? 그는 하나님을 대적하는 자라 했다. 犧牲의 祭天을 하여야 義善美鮮이라 여김 받는 종교가 측은지심이라는 인간성을 들고 나와 "살생을 하지 말라"라고 말한다. 하나님의 구원의 역사를 방해하는 자다. 그러기에 由(바알)이요, 鬼인 것이다.

漢에 의해 조선이 B. C 194년에 망하고 한사군을 설치하였다고 하는데 삼국유사에서는 배구전과 통전의 기록을 인용하여 내용이 서로 달라 "자신들도 어찌 됨이요(何耶)?"라고 하는데 그것을 정사인 양 교과서에 수록하여 교육하고 있고, 위치 선정도 제대로 하지 못하고 있는 것이 오늘날 우리 고대사의 현주소이다. 또한 기자라던가, 위만이 중화의 선진문물을 도입하고 철기문화를 .... 등등 말하는데

첫째

만리장성은 춘추전국시대부터 진나라에 이르러 장기간에 거쳐 완공된 북방 이민족의 외침을 막기 위해 쌓은 성이다. 다시 말해 만리장성 밖은 자신들의 영토가 아니라고 인정한다는 말과 같은 의미고, 한족과 이족을 구분하는 경계선이라 할 수 있다. 지역 경계 설정 시 반드시 고려해야 할 중요한 증거라 하겠다.

둘째

상기 첫째에서 말한 것과 같이 만리장성을 기준으로 할 때 그것은 분명히 그들의 문명이 아닌 동이와 북방민족(흉노)의 문명이다. 요하 문명은 세계 4대 문명보다 1천 년이 앞선 세계 최초의 인류 문명이며 요하 문명의 피라미드가 세계 최초의 피라미드인 것이다. 그 나라를 삼국유사는 조선이라 하고 고기를 인용하여 환국이라 하는 것이다. 무속의 종교가 아닌 고등 종교와 문자와 법률과 銕과 夷에서와 같이 철기문명을 갖춘 고도로 발달된 문명국가이며, 피타고라스의 수학을 이해하여 생활 속에 적용하였으며, 세련된 옥기를 가공하여 옥 문화를 발전시켰다. 석기로, 청동기로 그렇게 정교하게 옥을 가공할 수 있는가? 현재의 역사에서 말하는 원시 청동기 문명과 같은 원시 문명이 아니라는 것이다.

셋째

그들의 영토 개념과 문화가 그러하기에 한나라가 사군인지, 삼군인지 말하는데, 사실이 아니고 역사왜곡이기에 자신들도 자신 있게 기록하지 못한 것을, 식민사학자들이 마치 정사인 양하여 한반도에 있었다는 말도 되지 않는 역사를 왜곡하고 있는데 도대체 우리나라의 역사학자들이라는 사람들은 "독도가 일본 땅이고, 안중근 의사가 범죄자다."라고 그들이 그렇게 말하기에 "우리도 그렇게 말한다."라고 말하는 것과 뭐가 다른가? 도대체 정신이 있는 것인지, 기자 조선 역시 필자가 1부에서 말했듯이 위만 조선과 함께 다시 해석해야 할 사안이다.

漢이 강력한 국가라서 조선이 망한 것이 아니라, 말씀에 따라 조선이 간음과 우상을 섬겨 하나님을 버렸기 때문에, 하나님이 바벨론, 바사, 애급 등과 같은 나라들로 하여금 이스라엘의 징벌의 도구로 사용하신 것과 같은 것이다. 기자와 위만이 漢족의 선진문물로 조선을 발전시켰던 것이 아닌 것과 같이, 漢이 선진 철기 문물을 갖추어 조선이 망한 것이 아님을 우리는 알아야 한다. 조선 유민 중 일부가 가야로 이주함에 가야의 철기 문물이 그것을 증명하고, 더하여 '金'씨 성을 사용함에 문자 유전자가 그것을 증명하지 않는가? 그런 나라가 어찌 신생 국가인 漢에게 망하고, 문자도 없는 야만 민족인 왜에 통치를 받을 수 있었겠는가? 임나일본부설은 식민 제국 사관에 의한 어처구니없는 역사왜곡의 실체인 것이다. 그들이 황제 훤원과 기자를 어떻게 왜곡하였는지 필자는 2부에서 자세히 밝혔듯이 고대사는 반드시 다시 써져야 할 것이다.

환웅 서자에게 약속하신 메시아를 기다리는 천손의 자녀였기에, 동맹이라는 제천행사를 통해 예배드리는 민족이었기에, 고구려는 잃어버린 조선의 옛 영토를 회복하여 다시 중원을 호령하는 대 제국으로 성장할 수 있었고, 백제는 해양 대국으로, 신라 역시 가야를 합병하며 삼국으로 성장할 수 있었다. 비록 나라는 찢었으나, 그들의 믿음이 가상하여 말씀과 같이 다시 상처를 처매 주셨지만, 나라가 망하려다 보니 삼국이 모두 하나같이 환웅 서자와 단군이 드리던 제천의 종교를 모두 내다 버리고, 단군이라는 인물을 숭배하는 조상신과 살생을 금하는 우상숭배의 종교와 웅신 상에 심취하여 하나님을 버렸다. **"하나님 외에 그 누구도 섬기지 말고 우상을**

만들지 말라"라고 하였는데, 마리아는 성자의 어머니로서 존경의 대상이지 신앙의 대상이 아님이 분명한데 마리아 상을 만들어 우상을 섬김과 같이, 그들 역시 단군이 신앙의 대상이 되어 단군사당과 웅신 상을 짓고, 제를 지내며 오늘날까지 때만 되면 제사를 지낸다. 민족 전통문화의 계승과 孝라는 차원에서 여러 이유를 말하고 있으나 그것은 분명히 우상숭배이다. 사탄이 하와에게 "먹으면 죽지 않는다."라고 유혹한 것과 같이 생명존중 사상에 입각하여 "살생을 하지 말라"라고 한다.

광개토 대왕과 장수왕이 있어 중원을 지켰음은 그래도 하나님께 예배하던 제천문화가 있어 가능했지만 우상을 섬기는 媿의 나라가 된 이후 그 나라가 어떻게 되었는가? 사대 모화사상에 빠지고 이방 우상 종교에 심취하여 홍익인간하고 광명이세하던 종교의 이념을 모두 내다 버리고, 전 국토의 명지마다 우상의 산당을 차려놓고 제사를 지냈으니, 수나라는 물리쳐 나라는 지킬 수 있었겠으나, 당나라 때 나라가 꼬꾸라져 중원을 잃어버리고, 역사가 뿌리째 밑동이 잘려나가 요하 문명이 있었는지, 조선이 있었는지, 없었는지 실화의 나라인지, 신화의 나라인지 갑론을박하고 있고, 반도 귀퉁이에 목숨만 살아 저들끼리 양반이니 쌍놈이니, 동인이니 서인이니 하여 파벌 지어 서로를 모함하고 죽고 죽일 때, 갈 곳 없는 우리 환웅 서자의 제천의 종교는 무속신앙과 같은 샤머니즘으로 퇴색하여 삼신할미로 변질되고, 복이나 빌고 아기나 점지해 주는 민속신앙으로 전락하였으니 하나님을 십자가에 매달은 것과 뭐가 다르겠는가?

일연 스님은 고구려가 망한 것은 불교를 멀리하고 도교와 같은 이교에 심취하여 망했다고 했다. 그러면 백제는, 고려는....... 수도하는 사람이라 민족의 정기를 찾고 져 삼국유사를 집필하여 오늘날 우리가 볼 수 있어 다행이다. 그러나 그도 자신의 종교의 틀에서 벗어날 수 없었던 범중이다. 우리 고유의 종교인, 我와 桓雄, 祭拜와 祈禱하는 祭天의 종교를 알았더라면, 환국을 帝釋이라 하지 않았을 것이고, 고구려가 망한 것이 제천의 예배인 동맹을 버리고, 살생을 금지하는 佛의 우상 제사를 지냄으로 나라가 망했음을 알았을 텐데, 그러나 그것 또한 천만다행이다. 제석의 나라이기에 신화의 나라이고, 신화의 나라이기에 요하 문명이 그대로 묻혀있고, 삼국유사가 불살라지지 않고 내가 볼 수 있고, 환자를 풀이하여 하나님의 나라를 밝히고 있으니 이 또한 전지전능하신 하나님의 은혜가 아니겠는가?

환국, 조선, 고구려, 발해 이후 우리가 언제 중원을 평정하며 동방의 등불이었는가? 그 나라의 공통점은 제천의 종교를 가지고 있었다는 것이다. 그러나 고려와 후기조선은 제천의 종교가 있는가? 없다. 그 나라가 망하였는가? 아니다. 우리가 망했다. 환웅 서자는 제천문화로 홍익인간하고, 단군왕검은 오제와 상(은)나라를 광명이세하고, 동명성왕과 광개토 대왕은 漢과 隨와 흉노와 왜에 문명을 깨우치며 하나님의 나라를 전파하며 그들의 사명을 다했지만, 우리는 우리의 고유 종교와 정신문화를 모두 잃어버리고 우상에 심취하고 媿가 되어 하나님께 간음하였다. 우리가 죽으면 환웅도, 단군도 고구려도 모두 개죽음이 되는 것이고, 우리가 살면 제천 문화가 살아 환웅과 단군과 고구려가 사는 것이고, 우리나라가 살아 세계가 사는 것이고 하나님의 나라를 밝히는 밝은 등불이 되는 것이다.

3) 남북국 분열 시대(신라, 발해)

이제부터 비극의 시작이다. 조선이 망할 때 그래도 우리의 것을 잊어버리지 않으려고 부족국가와 삼국에 제천의 예배 문화를 전래하여 민족의 얼은 잃지 않고, 하나님께 예배하고 기도하며 메시아를 고대하며 복음의 말씀을 간직하였다. 신라가 비록 통일 같지 않은 부끄러운 통일을 하였다 하더라도 첨성단과 같은 첨성대가 있어 민족의 얼과 정신을 지켰기에 그것이 기특하여 신라로 하여금 당을 물리쳐 나라를 지켰고, 동맹 제천을 통해 하나님께 예배하던 고구려가 기특하여 대조영 장군으로 하여금 발해를 두어 말갈과 함께 중원을 지켜냈다. 그러나 신라의 후기나, 발해의 건국에는 제천에 관한 종교는 없다. 의상이니, 원효니, 낙산사니, 황룡사니, 석굴암이니 하는 이방 종교만 있을 뿐이다. 나라를 찢어 남북으로 나누었음에도 불구하고 그들은 자신의 정체성이 뭔지, 자신들의 종교가 무엇인지 모두 잃어 하나님의 사명을 잃어버렸기에, 같은 민족을 배척하고 중화사상에 빠져 관제와 지명과 의복과 풍습까지 중국 모방의 독 병에 걸려 하나님을 떠났으니, 본디 내 것이었는데 사탄에게 빼앗겨버렸다고 한탄하고 있는 것이 아닌가? 발해가 있어 그나마 중원을 지켰지만 얼마 가지 않아 거란, 여진, 몽고, 송, 명하는 민족들에게 주인 없는 싸움의 각축장이 되어 버렸으니, 홍익인간과 광명이세의 선비정신이 모두 물거품 되어 압록강 건너 고난의 짐으로 돌아왔다. 고구려가 불교를 멀리해서 망했다고 했는데 신라와 고려가 불교를 멀리해서 성장도 채 못하고 망했는가? 그나마 고대 삼국이 중원을 지킬 수 있었던 것은 우리의 얼과 정신을 지키려는 종교가 있어서 가능한 것이었다. 말이 조선과 고구려를 계승한 것이지 어디 우리 민족 고유의 종교와 철학이 어디 있었는가? 그러기에 선각자는 이러한 비극의 역사를 "나를 잃어버린 죄"라 단정하였다. 단군조선과 고구려 시대에 있었던 이름대로 '선비'건만 선비의 정신은 다 팔아먹고 고린내 나는 도학자와 유학자와 불자만 있었으니 우리 고유의 선비정신을 잃어버린 것이다. '선비'가 뭔가? '선비'는 순수한 우리말이라고도 하며 '학문을 닦는 행동과 예절이 바르며 의리와 원칙을 지키고 관직과 재물을 탐내지 않는 고결한 인품을 지닌 사람'이라 정의하고 있다. 하나님을 桓因이라 하였고 그분의 아들을 桓雄이라 환자를 이용하여 기록하였듯이, 선비는 '士'라 하여 많은 사람들이 다양하게 해석하고 있지만, 필자는 朝鮮의 '鮮'에서 기원을 찾고 져 한다. 최초의 선비를 '단군'이라고 말했듯이 국호인 조선의 '선'에서, 선비의 어원을 찾음에 무리는 아니라 사료되며 '선비'가 가지는 뜻에도 부합한다. 환문이 갖고 있듯이 **'鮮비'**는 '선이'로서 **'양(羊)과 내(魚)가 함께하여 <u>고운 이, 또는 고운 무리</u>'**라고 정의되기에 단군 조선과 고구려에서 최고의 인격(성령)을 갖춘 환웅(하나님의 아들)을 대신하여 '곱게 선이'라 하여 '선비'라고 한 것이다. 환환님을 '桓因'이라 한 것 같이, 유교의 '군자'하고는, 도올 김용옥 선생이 말하는 선비하고는 비교할 수도 없는, 종교를 내포하는 고결한 명칭이다. 鮮卑 족 역시 그 어원을 살펴보면 오호(五胡) 가운데 고대 북아시아에 살던, 몽골족과 퉁구스족의 피가 섞인 유목 민족. 중국 전국 시대부터 싱안링(興安嶺)의 동쪽에서 유목 생활을 하였던 민족을 일컫는 말인데 무려 1,500년 전의 선비족이 남긴 '두로 공신도비(豆盧公神道碑)'에는 요서에 건국한 전연(前燕)에 대해 설명하면서 '조선 건국(朝鮮建國)' 즉 '조선이 그 지역에서 건국했었다'고 딱 잘라 말하고 있음에 우연히 생긴 말이 아니고 조선의 후예요, 조선의 영역이 요서에 있었다는 것을 확증해줌에 환문과 삼국유사에서 기록한 단군조선의 실체를 증거하는 물증이라고 할 수 있다. 이 비에는 '조선이 건국하고 고죽을 임금으로 삼았다.'라고 적혀있다. 유신(庾信)이 쓴 '유자산집(庾子山集)(권14)'에 실려 있는데 정식 명칭은 '周隴右總管長史贈太子少保豆盧公神道碑'이다. 현재 전하는 유자산집은 隋書, 唐書, 宋史에 기록된 원형을 유지하고 있지 않으며, 남아 있는 것 중에 가장 이른 것은 明代에 편찬된 것이라고 보는 것이 학계의 일반적인 평가이다. 두로 공영은 신도비문의 '朝鮮建國'이라는 내용을 통해서 고조선이 선비족의 발상지인 시라무렌강 유역에서 건국되었고, 요서 대릉하 지방 창려도하 땅의 선비족이 자신들의 조상을 고조선에서 유래한다고 인식한 것이다. 비문을 인용해 보면, "군의 휘는 영은이요, 자는 모이다, 창려도하 사람이다. 본 성은 모용이다. 연 문명제 황의 후손이다. 조선 미(기)자가 고죽에 책봉되었는데 백이의 나라이다. 한나라 때엔 4개의 성(낙랑 성, 현토 성, 진번 성, 임둔 성)이었고 그 이전 진나라(진시황) 땐 한 제후(조선 제후)였고 조선이 건국하자 고죽을 임금으로 삼았다.

君諱永恩字某, 昌黎徒河人, 本姓慕容, 燕文明帝皝之後也. 朝鮮微(當作箕)子之封孤竹伯夷之國, 漢有四城秦為一候 … 乃為銘曰 朝鮮建國, 孤竹爲君"

선비족을 오환(烏桓) 중 하나라고 하였으니, 환자에서와 같이 '烏桓'은 밝다는 '桓국'의 '桓'에서, '烏'는 고구려의 '三足烏(태양 속에 흑점을 보고, 태양 속에 사는 검은 새)'에서 유래를 찾을 수 있고, 선비의 '鮮'은 조선의 '鮮'에서, 그리고 고죽국을 언급함에 고죽국을 고구려라 하였으니 선비족은 없던 민족이 하루아침에 생겨난 것이 아니라 조선 후예 중 오환의 일부인 것이다. 조선을 말씀에 따라 여러 민족으로 찢음과 같이, 그들은 북방민족의 선비족으로 남아 동호(東胡)의 한 민족이라 하였는데, 그 동호가 누구를 말하고 있는가? 胡(오랑캐 호, 되 호)는 夷와 함께 주변국을 폄하여 불렀으니 동호라 함은 바로 우리 민족을 말하고 있는 것이 아닌가? 이렇게 수많은 증거들이 있는데 그 나라가 어떻게 가공의 나라고, 신화의 나라가 될 수 있겠는가?

한편 수나라, 당나라 역시 선비족의 후예이고 고구려 역시 조선의 후예임에 그 뿌리를 조선에 기반을 두어야 할 것으로 사료되고, 인류 초기의 시원 문명 때는 인류가 장수하며, 오늘날과 같이 국가 간 비극적인 전쟁은 없었다. 그때를 가리켜 시성은 "인류 문명의 황금 시절이었다."라 하고 그 나라를 "동방의 밝은 등불"이라 하였다. 그러나 인류가 하나님을 떠나고, 하나님께서 간직하라는 福 사상을 잃어버려 고아가 될 때, 인류는 형제를 잃어버렸다. 수직으로는 신과 나의 관계를, 횡적으로는 형제와 자매를 잃어 이웃을 버리고, 전쟁에 도가니에 묻혀 서로가 죽이고 죽이는 비극의 역사가 시작되면서, 진정한 我와 歷史의 의미를 잃어버렸다. 우리의 사명이

여기에 있는 것인데 우리는 우리의 사명을 모두 잃어버렸다. 수, 당이 선비족의 후예이면 조선의 후예요, 고구려의 형제인 것이다. 그러나 그들은 하나님을 떠나 형제를 잃어버렸기에, 욕심에 눈이 멀어 천하를 두고 천자의 자리를 쟁탈하려 하였으니 요순시대와 덕 사상을 버렸고, 조선의 경천사상과 선비정신을 잃은 결과요, 비극의 역사인 것이다. 그렇게 볼 때 황화 문명과 삼황오제와 하, 상(은), 수, 당, 원, 청 등 하는 나라의 원뿌리는 모두 요하 문명의 주인인 환국의 후손들이 건국한 동이족의 역사이며, 문자가 말하고 있듯이 홍익인간과 광명이세하기 위한 성취의 역사인 것이다. 어느 나라가 이보다 더 훌륭한 건국이념을 가지고 있단 말인가? 우리가 역사와 나(我)를 잃어 사명을 잃었고, 하나님을 잃었기에 인류의 역사는 사탄의 사상에 종(鬼)이 되어 적자생존과 같이 생존투쟁을 위해 살아온 전쟁의 역사였던 것이다.

4) 고려 시대

"고죽국과 고구려를 계승했다."하여 국호를 '고려'라 하였지만 건국이념에 조선과 고구려와 고죽국의 제천 사상은 없다. 우리 본래의 제천하는 종교 국가로서의 가치를 잃었기에 우리의 종교는 민속의 저급한 샤머니즘과 같은 무속신앙으로 전락하였고 이방 우상 종교가 국교가 되고, 유교가 국가의 이념이 되어 관제에서, 의복, 명칭, 제도에 이르러 모두 중국 것을 숭상하여 모방하였으니 이 얼마나 슬픈 일인가!

하나님을 잃고, 역사를 잃었기에, 나를 잃고, 역사의 목적과 종교적 사명을 잃었기에 주인 의식 없는 종의 노예 역사였던 것이다. 수도를 송도로 정하였지만 평양으로 천도할 것을 마음에 담고 해마다 순행하며 특별히 생각한 것이 있었겠으나 뭔 생각을 했을까? 거란과 여진을 배척하였고, 발해의 역사조차 발행하지 못하였으니 당시 한반도에 국한한 신라 중심의 영토가 그들의 영토 개념이었다. 일연이 말하는 평양이나 고죽국의 해주는 한반도에 머무를 수밖에 없는 정신적 한계를 잘 말하고 있는 것이 아니겠는가? 한때 묘청이 일어나 중원 정벌을 꿈꾸었지만 사대주의자 김부식에게 꿈을 접어야 했고, 이성계로 하여금 주인 없는 요동 정벌을 시도는 하였으나 권력에 눈이 먼 그들의 욕심에 의해 또다시 넘어져야 했다.

> "김부식이 승리하고 조선사가 사대적, 보수적, 속박적, 유교사상에 정복되고 만일 반대로 묘청이 승리하였더라면 조선사가 독립적, 진취적 방향으로 진전하였을 것이니, 이 전역을 어찌 조선 역사상 일천 년래 제일 큰 사건이지 아니하랴!"

라고 단재께서 통탄하였으니 말해 뭐 하겠는가? 고려가 압록강 건너 고구려의 옛 부흥을 꿈꾸며 중원의 주인이 되어 잃어버린 나(我)를 찾았더라면 거란과 여진에게 고초를 겪지 않았을 것이고, 몽고로부터 원의 속국이 되지 않았을 텐데 그들은 중원을 평정할 이념과 사상을 갖춘 종교를 잃어 힘을 잃었다. 서희와 윤관으로 하여금 고토를 일부 회복하였지만, 윤관이 죽고, 묘청이 죽고, 최영이 죽는 순간 역사는 축이 부러진 수레같이 반도 귀퉁이에서 허공을 향해 굴러가야만 했다.

과거 법이니, 종묘니, 사직이니, 국자감이니 유교가 완전히 국교가 되고, 중국의 관제를 배우고 교육을 배우고 이방 우상 종교를 배우고 겉에서부터 속에 이르기까지 중국 닮는 것이 마치 국가의 기틀을 다진 것 같이 말하고 있지만 진정 그것이 역사의 사명이었다면 역사 말하기를 그만두자. 백성이 어찌 되든지, 사대주의가 생기고 현상 유지하려는 자기네들의 세력을 유지하려는 권력 계급이 되어 나라 도둑 토벌에는 그렇게 약하면서 공신 토벌에는 어찌 그리 강했던가? 여진을 정벌한 윤관을 거꾸러트림은 이순신이 노량의 전투에서 전사한 이유요, 우리 고유의 경천사상과 홍익인간의 제천 종교를 잃어버리고 후기 조선에 그대로 전래되었기 때문이다. 제천의 종교를 버리고 하나님을 잃어버렸으니 역사와 나를 잃은 것이요, 중원을 잃은 것이고, 중원을 잃어버렸으니 세계와 민족을 잃은 것이고 사명을 잃었으니 백성을 잃은 것이고 고난의 역사였던 것이다. 거란은 누구고, 여진은 누구며, 몽고는 누구인가? 그들이 漢 족인가? 다 환국의 후손들이요, 우리의 함께 가야 할 형제들이다. 자아를 잃어 역사를 잃어버렸으니 사명을 잃고 집안싸움이나 할 때 그들은 중원에서 무럭무럭 자라 징벌의 도구로 사용하였으니 하늘은 하늘의 사명을 잃어버린 민족을 그대로 두지 않는 것이 역사의 법칙이다. 몽고의 침략으로 천손의 나라에서 부마의 나라로 전락하였다. 몽고가 쇠퇴하여 명이 일어났을 때 중원의 주인이 될 수 있는 또 한 번의 기회가 있었지만, 모두 실패했다. 역사적 사명 깨닫기 보다는 권력의 욕심에 눈이 멀어 신하의 나라가 되기를 자청함에 속국이 되었고 사화에 임진란, 병자란에 마지막에는 청, 일, 러,

미, 영,…….. 하는 열강들의 각축장이 되었고, 결국 일제에 나라 빼앗겨 오천년 역사에도 없는 종에 종이 되었으니, 우리의 본래 모습을 잃어버리고 종교 같지 않은 종교와 조상신에 매료되어 당리당략과 사색당파로 하늘의 뜻을 깨닫지 못하였기 때문이다. 고구려, 발해 이후 우리가 언제 반도 밖을 한번 나가 역사를 창조한 적이 있었는가? 사대 모화 주의와 이방 우상 종교에 몸을 기대 산들 매일 북방 침입과 남방 왜구 침입에 시달리고 피폐할 때로 피폐하다 마지막 날에는 전쟁도 제대로 한번 못하고 통째로 나라를 잃어버렸으니 고구려가 망한 것은 결코 우연히 아니라 불교를 배척하고 도교에 심취하여 멸망하였다고 말하였지만 고려는 불교를 숭상하지 않아서 중원을 한번 평정하지 못하고 거란에, 여진에, 원에 부마국이 되고 남쪽으로는 왜에 시달리다 망하였는가? 선진 유럽의 역사가 곧 기독교의 역사다. 복음만을 외치던 영국이 해가 지지 않은 나라가 된 이유요, 종교의 자유를 찾아 신국을 건국한 미국이 오늘날 세상을 이끄는 이유이다. 환국과 조선과 고구려가 제천과 메시아를 고대하며 원시 기독교인 제천의 예배를 드림으로써 하나님의 나라를 고대할 때 그 나라는 세계를 이끌며 2,000년이라는 장기간의 세월 속에 세계를 통치하던 동방의 밝은 등불이었다. 그러던 나라가 불교의 나라가 됨에 어떠하였는가? 오늘날 대부분 동남아의 불교 국가들이 어떻게 사는가? 북한은 또 어떻게 사는가?

그러므로 나 여호와가 이와 같이 말하노라 보라! 내가 재앙을 그들에게 내리리니 그들이 피할 수 없을 것이라! 그들이 내게 부르짖을지라도 내가 듣지 아니할 것인즉 유다 성읍들

과 예루살렘 주민이 그 분향하는 신들에게 가서 부르짖을지라도 그 신들이 그 고난 가운데서 절대로 그들을 구원하지 못하리라. 유다야 네 신들이 네 성읍의 수와 같도다. 너희가 예루살렘 거리의 수대로 그 수치스러운 물건의 제단 곧 바알(불,由)에게 분향하는 제단을 쌓았도다.(렘 11장11~13절)

대답하여 이르시되 내가 너희에게 말하노니 만일 이 사람들이 침묵하면 돌들이 소리 지르리라 하시니라 가까이 오사 성을 보시고 우시며 이르시되 너도 오늘 평화에 관한 일을 알았더라면 좋을 뻔하였거니와 지금 네 눈에 숨겨졌도다. 날이 이를지라. 네 원수들이 토둔을 쌓고 너를 둘러 사면으로 가두고 또 너와 및 그 가운데 있는 네 자식들을 땅에 메어치며 돌 하나도 돌 위에 남기지 아니하리니 이는 네가 보살핌 받은 날을 알지 못함을 인함이니라 하시니라. (누 19장 40~44절)

자신의 고유 종교가 메시아사상을 간직하라는 기독교의 福의 종교임을 모두 잃어버리고 도교와 불교와 유교와 조상신에 우상을 숭배하며 바알이라는 뱀과 용과 같은 사탄을 섬기는 나라로 전락해버렸다.

"그 수치스러운 물건의 제단 곧 바알(불,由)에게 분향하는 제단을 쌓았도다.(렘 11장 11~13절)"

라고 이유를 분명히 말하고 있지 않는가? 그것이 어떻게 이스라엘 민족에게만 한 말씀인가? 환문 **我는 뭐라고 말하는가?** 손(手)

에 창(戈)을 들고 살생을 해야 내가 살 수 있는 기독교의 종교가, 살생을 하지 말라는 사탄의 종교로 변질되고, 온 국토의 명산마다 우상, **바알(불,由)을** 섬기는 나라로 변질되었다고 말하고 있지 않는가? 하나님의 나라를 건설하여 홍익인간하고 광명이세하라는 사명을 잃어버린 민족이 되어 버렸으니 이 어찌 통탄하지 않단 말인가! 중원을 호령하던 광활한 제국이 이교도들에게 짓밟히고 찬란했던 요하 문명의 역사와 삼신상제께 제천하며 祈禱와 禮拜로 메시아를 기다리던 피 흘림의 我의 종교가 송두리째 밑동이 잘려 나가, 원수들이 사면으로 가두고 반도라는 것도 부족하여 반도의 반에, 수많은 이방의 침입에 고난에 고난을 당하였다. 이유가 무엇인가?

"네가 보살핌 받은 날을 알지 못함을 인함이니라."

라고 예수님은 원인을 분명히 밝히고 있다. 아시아의 황금시절에 동방의 등불이던 이 나라가 반도도 모자라 반도의 반이 되고 사방이 원수들로 둘러싸여

"너를 둘러 사면으로 가두고 또 너와 및 그 가운데 있는 네 자식들을 땅에 메어치며 돌 하나도 돌 위에 남기지 아니하리니"

라고 말했으니 하나님을 떠나 이방 종교에 심취했고, 더 나아가 메시아를 부정하던 이스라엘 백성에게 국한하여 한정된 말이겠는가? 백 번을 양보하여 일연 스님이 말한 대로 고구려가 불교를 멀리하고

도교를 탐닉해서 그렇다 하자. 그렇다면 고려는 어떻게 설명하랴.

"몽고가 쳐들어오자 흉악은 거란에 비할 바가 아니었다. 몽고 군사가 지나가면 개 닭소리가 없었다고 하고 고종 41년 차라 대가 왔던 한때에 사로 잡혀간 사람만 해도 3십만이 넘는다. 하고 서울 시가지에 진을 치고는 여자들의 젖을 잘라 삶아 먹었다. 라고 하였으니 말만 들으면 가히 짐작하겠다. 이것이 역사냐, 이것이 진정 나라냐?" <함석헌의 뜻으로 본 역사 중에서>

얼마나 비참하였으면 "이것이 역사냐, 이것이 진정 나라냐?"라고 말했겠는가? 촛불 혁명 이전에도 어처구니없는 일들이 없었던 것이 한둘이 아니다. 석가를, 유교를, 조상신을, 도교를 그렇게 믿고 의지했건만, 이 민족이 이교도들에게 그렇게 짓밟히었는데 팔만대장경이, 부처가 이 민족을 구해주었는가?

"신들에게 가서 부르짖을지라도 그 신들이 그 고난 가운데서 절대로 그들을 구원하지 못하리라."

창조주께서 확정하여 말씀하시고 있다. 불교의 폐단이 얼마나 심했으면 신라가 망하고, 고려가 망하고, 조선이 망했겠는가? 일연 스님은 깨달아도 잘 못 깨달은 것이다.

가시리

가시렵니까? 가시렵니까?
(나를) 버리고 가시렵니까?[1]

날더러 어찌 살라고
버리고 가시렵니까?

붙잡아 두고 싶지만
서운하면 아니 올까 두렵습니다.

서러운 임 보내드리니[2]
가시자마자 곧 돌아오십시오

공무도하가와 처용가는 "사탄에게 빼앗긴 잃어버린 님을 어떻게 하느냐!"라며 희망이 없는 체념하는 노래이다. 그러나 歷史를 B. C와 A. D로 나누고 생명나무로 나아가는 길을 열은 후의 노래는 희망이 있는 노래다. 가지 말라고, 붙잡아 두고 싶지만 나를 떠나면 너도 서럽고, 죽음뿐이니, 생명이 있는 내게로 빨리 돌아오라고 자율성을 주시며 삶의 방법을 제시한 희망 섞인 아리랑 이전의 노래이다. 그러나 그들은 돌아오지 않았다. 고려가 망한 그 이유이다.

5) 후기 조선 시대

환국과 단군 조선 시대의 찬란했던 요하 문명과 옛 영토를 회복하기 위한 기회는 우리 역사 속에 여러 번 있었다. 수와 당을 물리치며 중원을 호령하던 대 제국 고구려가 어처구니없이 중원에 무너져 고꾸라지고, 외세의 힘을 빌은 신라가 형편없는 통일을 하는 것을 보고 땅을 쳐야 했고, 자아를 잃고 방황하는 고려가 중원 회복의 여러 기회를 놓치는 것을 보고 이를 갈아야 했다. 국호를 朝鮮이라 하여 옛 조선의 영광을 다시 찾는가 하였는데 이는 고려보다 더 형편없는 국가가 되어 버렸으니 안타까움을 말해서 또 무엇 하랴!

조선이라는 어원이 어디서 유래한 것인지, 자신(我)이 누구인지? 우리의 고유 종교가 무엇인지? 도모지 찾으려 하지 않고 모화사상에 빠져 유교와 성리학에 심취하였다. 정작 그들은 유교와 공자의 사상이 어디에서 기원했는지, 동이의 기원이 어디서 유래하였는지 알지도 못하였고 찾으려 하지도 않았다. 여진, 거란, 말갈족과 같은 민족이 중원의 주인이 되고, 바다 건너 문명을 전달해준 왜가 서양 문물을 받아들여 개화했을 때조차도 야만인이라 무시하고 배척하며, 모화사상에 젖어 유교가 마치 최고의 덕목이고 가치인 양 사대의 예를 다해 국호에서부터 세자 책봉에 이르기까지 신하의 나라가 되기를 자청하였으니, 축이 빠진 수레바퀴가 앞으로 나가려 삐거덕 소리 내는 고난의 역사였던 것이다. 어떠한 종교 사상과 이념이 없이 덕이 아닌 꾀로 세운 쿠데타 정권이기에 자기 정권의 합법성을 내부에서 찾기보다는 외부에서 정통성을 인정받고 저, 사대의 예를 다해 그들의 백성이 되기를 스스로 원하였으니, 훗날 이것이 독이 되어 임란과 병란의 원인이 되기도 하였다. 고려에 이어 '禮'라는 보잘것없는 유교에 한정하여 반도 사관에 국한한 사대 보수적, 속박적 국가론과 우상과 샤머니즘적 무속 신앙은 숙명론적 운명론에 더해 선비다운 진취적이고, 독립적이고, 자유 의지론 적인 국가를 꿈꿀 수 없었기에, 자신들의 권력 유지를 위해 위로는 사대의 예로 정성을 다하고, 아래로는 백성을 개돼지처럼 여겨 짜먹을 대로 짜먹고, 권력 다툼으로 파당 짓고, 붕당으로 국론이 분열되어 국력을 낭비하고 있었으니, 홍익인간과 광명이세의 정신은 이디 가고 부패한 선비 정신뿐이었다. 민족의 역사적 사명과 주체적 주인 의식이 조금이라도 있었으면, 원이 물러가고 명이 일어날 때 주인 없는 요동을 정벌하여 문명을 개화하는 동아시아의 주인이 되어 세계를 이끌었을 턴데, 요동정벌 불가론을 내세우며 위화도에서 회군하는 것에 한 치의 부끄러움 없이 당당했음은 중원의 넓은 대륙을 잃어버리고도 반도에 머무르는 곳에 만족해야 했던 일천년에 거친 사대의 중병에 썩어 곪아빠진 고름을 잘나내지 못한 결과였고, 인과 덕이 아닌 욕심으로 세운 나라니 최영과 정몽주를 죽여야 했고, 권력욕에 눈이 멀어 왕자들을 죽여야 했다. 아무리 세종의 문화정책이 훌륭했다 한들 덕이 아닌 욕심으로 만들어진 나라니 모두 물거품이 되어 쓸데없는 일이 되어 버렸다. 자신의 할아비가 한 것같이 어린 조카를 몰아내고 왕이 되어, 사육신과 생육신의 피바람이 또 몰아치고, 그들의 원통한 죽음이 한이 되어 연산의 미친 노름에 무오사화, 갑자사화라 하였고, 간신 한명회는 죽어서 조차 목이 달아나야 했다. 거기에 명종 때에는 을묘사화, 기묘사화라 하여 국력을 낭비해야 했으니, "이것이 역사고 나라냐?"라고 묻는 사람들아!" 역사를 아는 사람이라면, 역사가 역사 목적을 달성하기 위해 인류 죄악사를 탕감하기 위한 반복의 역사였음을 아는 사람들은, 태조와 태종과 세조의 죗값을 사화에서 받아냈다고 해서 의심할 수는 없는 것이다.

그래도 정신을 차리지 못하니까, 이번에는 왜로 하여금 도요토미 히데요시가 쳐들어온다고 경고하여 알렸건만 그 왜란이 사실임을 알면서도 반대된 자는 쳐들어오지 않는다고 하였고, 쳐들어오지 않는다는 자에게 왜 쳐들어오지 않느냐고 물으니, 쳐들어오는 것이 사실인데 상대가 쳐들어온다고 하니 자신은 쳐들어오지 않는다고 말해야 했다고 하였으니 말해 무엇 하랴! 이것이 그 잘난 유학자들이다. 쳐들어온다는 것과 쳐들어오지 않는다는 의견이 반반인데, 쳐들어오지 않는다는 것에 비중을 더 두었으니 평화를 원한다면 전쟁을 준비하라는 율곡의 유비무환이 모두 물거품이 되었고 막상 쳐들어오니 임금이라는 자는 꽁지가 무섭게 도성을 버리고 도망이나 가는 그런 나라가 조선이다. 朝鮮, 양(羊)과 내(魚)가 함께 있어 죄 사함 받고 고와 밝은 나라 조선이란 나라, 이 나라가 왜 이렇게 되었는가?

왜가 쳐들어온다고 분명히 경고하였는데 왜 대비를 하지 않았을까? 자신들의 정권욕에 눈이 멀어 백성이야 죽든 말든, 당파싸움에 국론이 분열되어 정이 반이 되고, 반이 정이 되는 알 듯, 알 수 없는 그 원인이 무엇인가? 의견 대립이야 동서고금 어느 국가에서도 있는 것이지만, 대립이 되더라도 국가와 국민의 이익을 위해 국론이 통일되는 것은 당연한 것이고, 국민의 생존과 관련된 안보에 관한한 더욱 그러할진대 임진왜란은 물론, 병자호란 때도, 구한말 때도, 더 나아가 오늘날 남북이 대치된 상황에서조차 보수니, 진보니, 좌파니, 종북이니 하여 국론이 분열되고 있으니 이것을 어떻게 설명해야 하는가?

집권당은 자신들의 계속적인 권력 유지를 위해, 반대당은 빼앗긴 자신들의 권력을 되찾기 위해 상대의 약점을 잡기 위해 혈안이 되어 서로가 반대를 위한 반대나 하고 있고, 거짓말을 일삼으며 내로남불이라고 싸움질하다 정말 전쟁이 일어나니까 제일 먼저 도망가는 놈들이 그 놈들이고, 백성이야 도망갈 수 없으니 그 자리에서 죽는 것이고, 그냥 죽을 수 없으니 죽을 때는 죽더라도 낫자루라도 하나 들고 싸우다 죽자하고 일어난 것이 의병이 아닌가? 진정 피해는 힘없는 백성의 몫이었다. 이유가 도대체 뭘까?

> "민족적으로 자기를 잃어버린 것이 그 원인이다. 우리나라 역사에서는 이 자아를 잃어버렸던 일, 자기를 찾으려 하지 않았다는 이 일이 백가지 병, 백가지 폐해의 근본 원인이 된다. 나를 잊었기 때문에 이상이 없고 자유가 없다. 민족적 큰 이상이 없기 때문에 대동단결이 안 된다. 민족을 묶어 내는 것은 폭력이나 법이 아니고 민족적 이상이다. 뜻이 하나일 때 통일은 저절로 된다. 또 자유가 없기 때문에 당파를 짓게 된다. 당파싸움의 목적은 작은 세력을 다투는 데 있으니 강한 자에 대해 비굴히는 놈일수록 심한 법이다. 그러므로 당쟁은 노예근성에서 나온 것이다. 망국민일수록 싸움이 많다. 그러나 나라를 찾으려면 죽기로써 서로 양보하고 한 이상

을 세워 싸움을 그치지 않고는 안 될 것이다. (중략) 본성이 착한 민족이 사랑에 기아를 느끼게 되었고 의협심이 많던 사람들이 질투가 그 천성을 이루게 되었다. 비열해지고, 교활해지고, 음험해지고, 나약해졌으니 하나님은 장차 이 민족을 어떻게 할 것인가?"
<함석헌 뜻으로 본 역사 중에서>

그렇다. 우리 모두는 우리(我)를 잃었다. 우리는 우리가 누구인지, 역사가 무엇인지, 잃어버린 것이 무엇인지조차 모르고 살았다. 그러기에 사는 이유를 모르고 목적을 모르기에 이상을 잃어버리고 자기 자신의 욕심에만 눈이 멀어 파당 지어 모함하고 눈에 보이는 현실 이익에만 사로잡혀 사는데 그저 만족하였다. 그러나 역사는 분명히 목적이 있는 것이고, 그 목적을 향해 그저 나아갈 뿐이다. 그 역사의 목적에 능동적으로 대처하며 살아가느냐? 아니면 그저 역사의 흐름에 운명론적 숙명론으로 살아가느냐는 우리에게 달렸지만 기나긴 역사 속에서 우리의 종교와 자아를 잃고 우상과 사대의 중병에 걸린 노예근성으로 이민족을 살릴 수는 없다. 눈이 멀고 귀가 먹어 보고 싶은 것만 보고 듣고 싶은 것만 보려고 하는 것이 노예근성이기에 외침에 대비해야 한다는 율곡의 유비무환의 정책은 물거품 되고, 도요토미 히데요시가 침략한다는 정보는 아무런 소용이 없었던 것이다. 역사의 사명을 잃은 자 하늘이 용서하지 않는다 말하지 않았던가?

(임진왜란)

이 세상의 임금은 사탄이요, 도둑이요, 강도라 하였다.

"그러므로 예수께서 다시 이르시되 내가 진실로 진실로 너희에게 말하노니 나는 양의 문이라 나보다 먼저 온 자는 다 절도요 강도니 양들이 듣지 아니하였느니라 내가 문이니 누구든지 나로 말미암아 들어가면 구원을 받고 또는 들어가며 나오며 꼴을 얻으리라
도둑이 오는 것은 도둑질하고 죽이고 멸망시키려는 것뿐이요 내가 온 것은 양으로 생명을 얻게 하고 더 풍성히 얻게 하려는 것이라" (요 10장 7~10절)

환웅 천자와 단군왕검은 모두 하나님의 서자로서 환웅이시다. 그들은 창세기에서 말하는 여자의 후손을 기다리라는 메시아사상과 잃어버린 낙원을 찾아주신다는 복음의 말씀을 간직하고 제천하며 기도와 예배를 드리던 믿음의 사람들이고, 홍익인간하고 광명이세하며 위민백성하던 분들이었는데, 시간이 흐르면서 우리 민족의 고유 종교 사상을 모두 잃어버렸다. 자신의 이익을 위해 서로가 서로를 모함하여 죽이고, 파당 짓고, 위록지마하고 가렴주구 하며 백성의 고혈을 착취하는 죄가 다스리는 억압의 사탄의 역사로 변질하였다. 세상의 임금을 예수님은 도둑과 강도에 비유하였고, 인류사가 고난의 역사였음은 죄의 노예가 돼 하나님을 떠나버렸기 때문이라고 말하고 있는 것이다. 우상을 섬기는 종교와 부패할 대로 부패한 정치 지도자들이 죄의 노예가 되어 세상을 통치하였기에 인류의 역사가 피로 얼룩진 투쟁사로 전개됨에 양들을 착취하고 죽이는 이리에 비유한 것이다. 삼국을 거치며 고구려의 정신을 잃고, 고려와 후기 조선을 거치며 얼마나 많은 백성들이 실락의 고통 속에 살아야 했는가? 복음의 종교는 없어지고 속박의 유교사상과 밑도 끝도 없는 우상 종교, 왕도정치가 아닌 패도 정치와 계속되는 내외 전란으로 백성이 더 이상 일어설 수 없어 숨만 쉬는 산송장 되어 하늘에 울부짖을 때 너무나 불쌍하여, 환웅 서자에게 약속하신 여자의 후손을 보낸다는 메시아사상인 정감록 사상을 주었다. 단군조선 시대 이후 요순임금의 태평가를 노래하던 황금시절이 언제 있었던가? 홍익인간하고 위민백성 하던 시대가 어디에 있었던가? 전쟁이 일어나니 저 한 목숨 살자고 도망가니, 성난 백성이 분을 참지 못해 임금이 사는 경복궁에 방화하지 않았던가? 그것이 하나님의 마음이었을 것이다.

임진왜란의 폐해에 대해

"소위 구원하러 왔다는 명군은 백성의 것을 마구 빼앗고 전국의 소, 돼지, 개, 닭은 명나라 군사가 다 잡아먹고 농사에 쓸 것 조차 없었다. 술에 취한 명 병이 길에 토각질을 하니 사람들이 서로 달려들어 다 투어 주워 먹고 약한 놈은 그것도 못 먹어 울부짖으니 이것이 사람의 세상인가? 굶어죽은 귀신의 지옥인가? 우리는 이 지옥에서 죽지 않고 죽으려고 해도 못 죽고 살아남은 사람의 자손임을 알아야 한다."

<함석헌 뜻으로 본 역사 중에서>

라고 기록하고 있으니 그 난리가 어떠했겠는가? 임진과 정유의 7년 전쟁은 동아시아 3국이 모두 참전한 국제전으로, 가장 큰 손실을 입은 나라는 조선이었다. 조선은 전국 8도가 전장으로 변해 전국토가 황폐화되고 수많은 인명의 살상으로 인구가 급격히 감소하였고, 명나라는 전쟁으로 국력이 소모되어 재정 압박이 가속되었고, 각종 징세에 반대하는 농민들의 봉기와 지방 봉건 군벌들의 반란이 잇따라 일어났다. 만주에서는 명의 세력이 약해진 것을 틈타 누르하치가 여러 여진족을 통일한 뒤 1616년 칸(汗)에 즉위하여 후금(後金)을 세우고 명·청 교체의 기틀을 마련하였고, 일본은 전쟁을 통해 도요토미 정권이 붕괴되고 도쿠가와 바쿠후(德川幕府)가 등장했다. 임진왜란의 결과, 지금까지 동아시아 유교 문화권에서 후진국으로 인식되었던 일본과 여진족이 새로운 강자로 부상하고, 중화 문화의 정통을 자부해온 명과 조선이 상대적으로 쇠약해져 17세기 이후 동아시아의 국제 질서는 새롭게 변화되었다.

(정묘호란과 병자호란)

이 전쟁의 원인을 알기 위해 우리는 만주족의 뿌리를 알아야 한다. 퉁구스족의 일파로서 본래 여진(女眞) 또는 여직(女直)이라 불렀고, 춘추전국시대에는 숙신(肅愼), 한(漢)나라 때는 읍루(挹婁), 남북조시대에는 물길(勿吉), 수(隋), 당(唐)나라 때는 말갈(靺鞨)로 불리었다. 10세기 초 송나라 때 처음으로 여진(女眞)이라 하여 명나라에서도 그대로 따랐으나, 청나라 때는 만주족(滿洲族)이라고 불렀다. 말갈족의 부족 가운데 속말 말갈(粟末靺鞨)과 백산 말갈

(白山靺鞨)은 고구려에 복속하였다가 대조영(大祚榮)이 고구려의 유민들을 이끌고 발해를 건국한 뒤 피지배층으로 복속되었다. 쑹화강[松花江]과 헤이룽강[黑龍江] 하류 지역에 근거를 두고 발해에 대항하였던 흑수 말갈(黑水靺鞨)은 발해가 멸망한 뒤, 그 고토(故土)에 준거한 여진족은 새로 건국한 고려(高麗)와 관계를 맺었다. 1234년 금나라가 몽고에 멸망하자 여진족은 만주지방에서 부족 단위로 할거하였고, 원(元) · 명(明) 교체 이후에는 압록강 · 두만강 연안에서 빈번히 소란을 피웠다. 고려를 이은 조선은 초기에 여진족에 대하여 회유와 무력의 양면 정책을 폈다. 그 뒤 명나라가 임진왜란 때 조선에 원병해 준 것이 계기가 되어 국력이 차차 쇠약해지자 이 틈을 타 여진족은 세력을 확장해 나가다가, 1616년(광해군 8) 여진의 추장 누루하치[奴兒哈赤]가 흥경(興京)에서 후금(後金)을 세우고 1627년(인조 5)에는 정묘호란, 1636년에는 병자호란을 일으켜 조선을 침탈하였으며, 삼전도 치욕을 겪은 조선은 청나라에 조공하게 되었고, 수많은 백성이 포로로 끌려가 머나먼 이국땅에서 노예로 죽어가야 했다.

그들이 누구인가? 漢 족인가? 중국의 마지막 왕조 더러는 '金'나라는 신라 김 씨의 성에서 왔다고들 하나, 철을 사용한 치우 환웅의 '金'에서, 나아가 '我'와 '初'의 환자 유전자 속에서 그 유래를 찾을 때, 환국, 배달 조선, 그리고 고구려, 발해의 후손이요, 동이의 후손이다. 고구려가 중원을 지배하고, 발해가 중원의 주인 되어 역사의 사명을 다하려 할 때 그들은 우리와 같이 한 민족, 한 백성이 되어 나라를 부흥시켰지만, 고구려와 발해가 힘없이 쓰러져 국가를 잃어버렸을 때 철저히 광야에 홀로 남아 야만인이 되었고, 신라와 고려와 조선이 우리 것을 모두 잃고 이교와 사대 모화사상에 젖어 야만인이라 배척할 때, 역사의 사명을 자각하라는 하나님의 징벌의 도구가 되어 우리에게 돌아왔다.

원인이 뭔가?

누가 좀 말해주어야 되는 것 아닌가? 고려에서는 일연 스님이 고구려가 망한 것에 참이 아닌 거짓이라도 원인에 대해 말이나 했지! 고려에서는 불교를 국교로 하여 부처를 그렇게 잘 숭배했고, 후 조선에서는 유교와 조상신을 그렇게도 잘 섬겼는데 지구상에 그러한 비극의 역사를 가지고 있는 나라가 세상에 어디에 있었단 말인가? 이스라엘은 그래도 이사야, 예레미야, 에스겔이라는 선지자가 있어 원인이라도 말해주었는데 이 나라는 그러한 선지자도 없는 나라다. 이 민족의 민중이 불쌍하고 너무나 불쌍하여 이순신으로 하여금 바다를 지키게 하여 백성을 지켰고, 임경업으로 하여금 삼전도 치욕으로 짓밟힌 민족의 자존심을 지켰다. 어떻게 그런 진흙탕 속에서 이순신과 같은 훌륭한 인물이 나올 수 있는가? 12척의 배로 명량을 지킴이 그것을 증명하며, 해군 총사령관이 다 이긴 마지막 전투에서 적의 유탄에 맞아 순국했다는 것은 인류 전쟁사에서 도저히 있을 수 없는 일이기에 그렇다는 것이다. 살아 돌아와 봤자 시기하는 임금과 당파 싸움에 거룩한 생명이 진흙탕 속에 더럽혀지는 것을 알았기에 하늘은 그의 목숨을 거두신 것이다. 아니다. 그것이 아니라 이민족의 백성이 거짓 왕과 왜놈에게 유린당하는 것이 불쌍하고 또 불쌍하여 하나님이 이 백성을 구원하기 위해 거룩한 생명을 내신 것이다. 하나님이 머무는 거룩한 곳에 거룩한 성령을 둘 수 없기에 전쟁이 끝남과 동시 그의 목숨을 거둬 간 것은 하나님이 생명을 내셨기에 거둔 것이다. 고려 때는 윤관 장군이, 조선 때는 임경업 장군의 모함이 그것을 증명한다. 김자점이란 놈이 장군을 시기하여 심기원의 역모에 연루되었다 하여 고문 끝에 숨이 끊어지니 죽을 때 슬피 탄식하여 하는 말이 "천하의 일이 아직도 끝나지 않았는데 나를 죽이는 것은 큰일을 그르치는 것이 아니냐?"라고 하였으니 이게 이 나라요, 우리의 참 모습이다.

임란 후 실학과 같이 우리를 찾자고 발해사 발간과 대동여지도와 같은 반성의 운동이 일어났지만, 밑동이 잘려나간 민족의 역사와 사명을 잃어버린 그놈들이기에 반성은커녕 자신들의 시꺼먼 욕심의 지옥으로 더 파고 들어갔으니 세례 요한이라도 있었으면 회개하라고 하였을 턴데 민족의 종교와 나를 잃어버렸기에 모두가 물거품이 되고 말은 것이다. 이놈들에게 무서운 것은 백성이 아니라, 백성의 주인 되신 하나님도 아니다. 외국 오랑캐인 되놈과 왜놈이요, 나라 안에 큰 인물이 생기는 일이다. 오랑캐 되놈과 왜놈이 강해지면 거기는 식민지처럼, 사대의 예로 노예같이 복종하면 그만이므로 그들에게 전쟁에 지는 것도 걱정이 되지 않고, 주권이 없어지는 것도, 문제 되지 않는다. 그러기에 구한말 친일파, 친러파, 친청파, 친미파 등등하여 그놈들에게 오직 두려운 것은 위대한 사람이 나서서 자기네들 권력을 빼앗을까 그것이 걱정될 뿐이다. 그러기에 도둑이요, 민중의 강도요, 양의 탈을 쓴 늑대와 같은 교활한 사탄이라고 말한 것이다. 외세를 끌어들인 신라의 반 쪼가리 통일에서, 이교와 사대사상이 고려와 후기 조선의 정신 신앙이 되면서, 광해가 사대

외교에서 중립외교를 했을 때 사대의 예를 다해야 한다며 부르짖던 그 잘난 유학자들이고, 마지막에는 주화파와 척화파가 서로 나눠 명분 찾기에만 급급했던 그들이다. 임진왜란의 잔혹한 전쟁을 겪으면서 실학이 나와 개혁을 하려고 하였어도 개혁을 하지 못한 것은 수천 년에 걸친 이민족의 기니긴 세월 속에서 축적되어 몸에 밴 종살이로 살아가던 사대 노예 정신이기에 개혁을 할 수 없었던 것이다. 새 포도주는 새 부대에 담아야 했는데 그들은 그것을 몰랐다. 윤관과 남이와 임경업 장군을 모함하여 죽였기에, 노량에서 내가 장군의 목숨을 걷어갔다고 하나님은 말씀하고 계시는 것이다.

일연 스님은 불교를 숭배하지 않아서 역사가 그러했다고 하였으나 원인을 잘 못 찾았고, 함석헌 옹은 고난의 역사임에 우리를 잃어버렸고, 우리를 찾으려 하지 않았기에 그렇다고 하였다. 위대한 깨달음이다. 우리가 누구며, 나는 누구며, 역사는 무엇인가? 거란, 여진, 만주, 몽고, 왜는 다 누구의 후손인가? 환국 백성의 후손이요, 조선의 후예이다. 요하 문명 속에 중원을 지배하며 홍익인간하고 재세이화하던 이 민족의 후예들이다. 우리의 역사가 꼬꾸라져 사탄에게 유린되매, 하나님을 잃고, 형제를 잃어버렸다. 누구의 잘못인가?

문명을 개화하던 우리가 우리의 것을 잃어버리고 사대주의에 노예가 되어 이방 우상 종교에 심취하여 자신의 고유 종교를 모두 다 내팽개쳐 우리의 형제를 오랑캐라느니, 야만인이니 업신여기고, 배척하며 중원을 잃어버린 결과이다. 역사는 게으름뱅이를 기다려 주지 않는다. 거란이 수교를 요청했을 때, 고려는 어떻게 하였는가? 명이 일어날 때 요동을 정벌하고, 중원의 주인이 되어 거란과 여진을 북방 오랑캐라 하지 않고, 그들을 옛 조선의 형제로 품에 안고, 중원의 주인이 되었더라면 적어도 명국의 속국은 되지 않았을 것이고, 왜를 적어도 조선과 백제의 후손이 도일하여 세운 우리의 민족의 후손임을 자각하고, 그들을 야만인 취급하지 아니하고 화친 외교를 통해 중립 외교인 균형외교를 취하였다면, 정명가도의 명분을 주지 않아 임진왜란은 없었을 것이고, 병자호란도 없었을 것이다.

아니다. 그것도 아니다. 역사에는 가정이 있을 수 없다. "역사를 잃어버린 민족에게는 내일이 없다"라고 말하지 않았는가? 메시아를 메시아로 보지 않아 십자가에 죽게 하고 하나님을 떠나 하나님이 준 역사와 사명을 잃은 민족에게 하나님은 뭐라고 말했던가? "날 버리고 가신님은 십 리도 못가 발병 난다." 하지 않았는가?

"내가 소리치는 이유는 내가 소리치지 아니하면 돌이 소리지른다."라고 한 이유요,
"평화에 관한 일을 너희가 알았더라면, 네가 보살핌을 받은 날을 알지 못함이라!"

하였다. 하나님의 말씀에 거할 때 우리는 동방의 등불이었다. 그러나 하나님을 떠나 사탄의 음녀가 되었을 때 우리는 "십 리도 못가 발병 난다."라고 하심과 같다. 그들의 역사가 우리의 역사고, 우리의 역사가 그들의 역사고, 인류의 역사인 것이다. 환웅 서자의 천손의 후예가 이방 종교에 빠져 하나님 나라를 건설하라는 메시아사상을 잃어버렸기 때문이다. 고구려가 망한 것은 도교 때문이 아니라 고려가 망하고 후기 조선이 망한 것은 옛 조선과 부족국가의 제천 예배 문화와, 우리 고유의 메시아사상을 잃어버리고 사탄과 간음하고 우상을 숭배하며 하나님이 준 사명을 잃어버리고 역사를 잃어버렸기에 이 민족을 찢어 흩으신 것이고, 이 민족을 사방에 원수들로 가두고 정신을 차리라고 시련을 주신 것이다. "이것이 역사냐?"라고, "이것이 나라냐?"라고 "이것이 인생이냐?"라고 "우리가 죽어도 죽을 수 없어 살아남은 그들의 후손임을 잃지 말라!"라고 노 사상가가 말하였음은 이것을 깨달았기 때문이다.

아리랑, 그 님은 십 리도 못가 발병 난다고 하지 않는가? 단군조선에서, 신라에서 떠난(죽은, 빼앗긴) 님은 "어이할꼬!" 단념하고 한탄하였지만, "**선악과를 먹으면 죽는다**."라고 자율의지를 주심과 같이 고려에서는 무심한 님이 화나면 오시지 않을까 "말없이 보내드리오니 돌아오라!"라고 자율의지 속 희망 섞인 어조로 하소연한다. 그러나 고려와 후기 조선의 역사에서 살펴보았지만, 그들은 여전히 잃어버린 하나님을 찾으려 하지 않고 우상 숭배에 심취함으로 돌아오지 않기에 이번에는 "나를 버리고 가시는 님은 십 리도 못가 병이 난다."라고 애원 아닌 경고로 강권하고 계시는 것이다. 앞서 말했지만 아리랑의 유래와 기원에 대해서는 여러 가지 설이 있지만, 우리 민족 최초의 문학인 공무도하가의 완성체가다. '님을 잃은 슬픔'을 노래하고 있다. 그 님은 선악과를 먹고 죽게 된 나(我)를 말하는 것으로, 창을 들어 犧생의 살생을 통해 祭와 拜를 지내게 하고, 에덴동산에서 가죽 옷을 입혀 쫓아낼 수밖에 없는 하나님의 슬픈 哀의 상태를 말하는 우리 민족의 유일한 작품으로, 조선의 종교와 철학을 잘 나타내 결코 잃어버릴 수 없는 소중한 작품이기에, 조선의 역사와 종교가 이방인과 이교도들에게 송두리째 밑동이 잘려나가 우리가 모두 잃어버렸다 할지라도, 휘트먼이 풀잎에서 노래한 것과 같이, 환문과 일연이 삼국유사에서 환국을 남긴 것같이, 우리 민족으로 하여금 결코 잊어서는 안 되는 소중한 노래이기에, 잊지 말라고 그것만은 남겨두고 '처용가'로, '가시리'와 '청산별곡'으로 전래되다 도무지 회복할 기미가 보이지 않자, 임진, 정유, 병자, 정묘의 란을 주시며 "날 버리고 가면 십 리도 못가 발병 난다"라고 돌아오라고 강권하고 계시는 것이다. '아리랑'은, 잃어버린 자녀를 찾아 나오신 하나님의 눈물 어린 발자취를 가락에 실어 노래로 승화하여 완성시킨 우리 민족의 대표적 민요일 뿐만 아니라 세계 모든 인류에게 적용되는 하나님을 떠난 세계인의 민요이기에, 그 가락과 가사에서 말할 수 없는 恨 서린 애틋함을 통해 카타르시스를 느낀다. 언어가 가지는 인류의 보편, 타당성에 해당하는 것과 같이 음악에서도 예외 일 수는 없는 것이다.

고려가 망한 후 고려 충신 일부가 강원도 정선으로 은둔하여 '정선 아리랑'이 생긴 것 같이, '아리랑'의 기원은 '가시리' 이후 고려 말 또는 조선 초, 또는 네 번의 전란을 겪은 조선 중, 후기로 추정하기도 하는 바, 하나님을 잃고 방황하며 죄의 종이 되어 困과 棘에 신음하는 이 백성이 안쓰럽고 안쓰러워 참혹했던 백성을 달래기 위해 주신 하나님의 눈물 어린 선물이었으리라!

❖ 한문 풀이 : 1부 참조

6. 기독교의 도래와 노예 시대

한반도를 중심으로 동북아에 세계 전과 같은 두 전란이 휩쓸고 지나감에 남은 것은 피폐화된 토지와 공허함이요, 회복할 수 없는 깊은 상처였다. 얻은 교훈이라고는 공리공론에 독단적 명분이나 이념에 치우친 유학(성리학과 양명학)이 실생활의 문제를 해결하는 데에 한계뿐만 아니라 현실 문제 해결에 아무런 도움이 되지 않는다는 것이다. 조선 사회가 가지고 있던 형식적이고 관념적인 통치 질서의 부패와 성리학의 한계에 대한 반성으로 새로운 사회질서를 확립하기 위한 신학문과 신사상의 필요성이 대두되었다. 처음에는 불교와 도교를 비판하면서 허학에 대조하여 실학이라는 용어를 사용해왔던 실사구시의 학문이 고려 때부터 이어오다 조선 후기 사회에서 유형원(柳馨遠), 이익(李瀷), 정약용(丁若鏞), 박지원(朴趾源), 홍대용(洪大容), 박제가(朴齊家), 김정희(金正喜), 최한기(崔漢綺) 등을 중심으로 유학의 새로운 학풍과 사상이 일어났다, 우리를 찾기 위해 기존 신라와 고려에 국한한 영토와 역사 개념을 남북국 시대로 확장하여, 발해사와 대동지지가 제작되며 우리를 찾고 져 노력하였다. 신분제를 개혁하려 했던 허균, 세도정치에 저항했던 홍경래 등의 민란 지도자들, 위정척사를 상소한 홍재학, 반봉건 반외세 투쟁을 벌였던 동학 농민과 임오군란의 주동자들, 자주독립과 근대화를 추구한 갑신정변의 책임자 등이 모두 처형되며 뚜렷한 개혁도 보지 못하고 현실에 머물러 있을 때 기독교가 들어왔고, 반대급부로 동학과 같은 민족 종교가 나타나 민족 계몽 운동이 일어나기도 하였지만

이 또한 이 나라를 개혁하는데 실패했다. 수천 년에 거친 중화 사대 유교 사상과 부패한 우상 종교의 가치관을 극복하는데 실학이 가지고 있는 철학의 부재와 부패한 봉건 지도층이 가지고 있는 가치관을 개혁하기에는 이민족이 너무나 중병에 걸린 것이다. 천주교를 서학이라고 부르며 처음에는 학문의 대상으로 삼았으나 점차 천주교를 신앙으로 믿는 사람들이 늘어 남인을 비롯해 하층 양반, 조선 사회에서 억압을 받던 여성들 사이에서 퍼져 나갔다. 조선 조정은 처음에는 천주교에 너그러운 태도를 보였으나 천주교의 평등사상이 조선의 신분 질서를 위협할 수 있다는 우려와 천주교도들이 조상의 제사를 지내지 않는다는 사실이 알려지면서 박해가 시작되었다. 1791년에 전라도 진산에 살고 있던 유학자 윤지충이 제사를 지내지 않았다는 사실이 알려지자 윤지충은 불효자라며 비판받다가 끝내 관청에 잡혀가 처형하였다. 기독교에서 가르치는 평등사상이나 유일신 사상은, 당시 조선사회를 이끄는 충효의 예에 기반을 둔 유교와 조상 숭배의 절대 가치를 가진 사회를 개혁하는 데 한계에 부닥쳐, 1791년 신해박해로 시작하여, 1801년 신유박해 때 선교사 주문모와 신자 100여 명 처형, 400여 명 유배, 1839년 기해박해 때 프랑스 선교사를 포함한 천주교도 100여 명 처형, 1866년 병인박해 때 프랑스 선교사 9명을 포함한 8,000여 명 처형되었고, 그로 인해 프랑스 함대가 출동해 강화도를 침범하는 병인양요로 이어지기도 했다. 프랑스 함대를 무력으로 물리친 대원군은 이에 고취되어 전국에 척화비를 세우고 쇄국 양이(鎖國攘夷)를 내세우며 쇄국정책을 더욱 강하게 밀고 나갔다. 이로 인해 많은 선교사와 신자들이 죽임을 당하거나 혹독한 벌을 받았다. 그 결과 어떻게 되었는가?

예수 사후 40년 후 A. D 70년에 예루살렘 성전이 이방인에게 파괴되었고, 2천 년간 나라 없는 이방인이 되어 세계를 방랑해야 했다. 1,866년 병인박해 때 프랑스 선교사 9명을 포함한 8,000여 명 처형됨에 40년 후 1,905년 이 나라는 어떻게 되었는가? 그리고 다시 40년 후 1,945년 우리는 해방을 맞았고, 3년 후 1948년 이스라엘과 우리는 건국을 하였으니 어찌 역사에 우연히 라는 것이 있을 수 있겠는가?

외국과 왕성한 교역 통상을 전개한 고려와는 달리 조선 왕조는 건국 초부터 쇄국정책을 고수하여 중국과 일본 두 나라와 폐쇄적인 사대교린 관계만을 유지하다 조선조 말기에 이르러 구미 자본주의 나라들이 통상무역을 요구해옴에 이르러서는 좀 더 완강한 쇄국정책을 실시하였다. 대원군은 중국이 아편전쟁과 태평천국 봉기 또는 영국, 프랑스 연합군의 북경 침공 등의 사건으로 나라가 위태롭게 된 것은 문호를 개방했기 때문이라 믿어 조선 왕조를 수호하는 방법은 오늘날 북한이 독재 정권을 유지하려 하는 것과 같이, 국내 백성에 대한 외부의 영향을 차단하는 길밖에 없다고 생각하여 집권 첫 시기부터 청나라와의 사대적 외교관계 이외의 모든 대외관계를 차단하였다. 대원군은 당시 도쿠가와막부(德川幕府)를 타도하고 새로 정권을 장악한 일본의 메이지 정부(明治政府)를 서양 오랑캐와 같은 무리로 인정하고, 종래 두 나라 사이에 있었던 전통적인 교린 관계마저 거부해 버렸다. 1866년에 천주교에 대한 탄압과 당시 우리나라에 잠입한 프랑스 선교사를 처형한 사건으로 프랑스와 전쟁을 하였고, 1871년에는 제너럴셔먼호 사건을 계기로 미국과 전쟁을 벌였다.

대원군은 "서양 오랑캐의 침입에 맞서서 싸우지 않는 것은 화평하자는 것이며, 싸우지 않고 화평을 주장하는 자는 매국노이다(洋夷侵犯非戰則和, 主和賣國)."라는 글을 새긴 척화비를 전국 각지에 세우고, 단호한 쇄국정책을 천명하였다. 이와 같은 위정척사사상의 바탕에는 봉건 지배 계급의 화이적 명분론(華夷的名分論)에 입각한 주자학의 배타적 이데올로기가 있었다. 당시 서양에 대한 위기의식은 민중들이 제기한 것이 아니라, 봉건 지배층들이 새롭게 성장하고 있던 민중세력의 반봉건 항거를 봉쇄해야 할 절박한 상황과 연관된 보수성에 연유한 의식이었다. 신분제에 의한 봉건 왕조의 사회질서를 유지하기 위해 외부로부터 나라를 격리함으로써 봉건왕조의 멸망을 막아보자는 자신들의 기대와 이익을 반영하고 있었다. 대원군의 쇄국정책이 외래 침략자를 격퇴한 공적으로 찬양되기도 하지만 사실은 대원군이 쇄국정책으로 수호하려 한 봉건적 지배질서는 민중의 편에서 본다면 시급히 청산해야 할 역사적 장애물에 지나지 않는 것이었다. 역사는 반복한다고 하지 않았는가? 임란에 이어 세 번의 전란이 한반도를 휩쓸고 지나감에도, 그들은 자신들의 특권과 이익을 위해 변한 것이 없었으니 망국의 길로 가고 있는 것을 누가 알았겠는가? 오늘날 북한 김정은 정권이 이를 증명하지 않는가?

이 시기 조선이 당면한 역사적 과제는

1) 외국의 선진 과학문명을 받아들여 부국강병과
2) 봉건제도 하의 신분, 계급 제를 타파하고
3) 우상숭배와 미신에 의한 숙명론적 운명론을 타파하여

근대화의 길로 갔어야 하는데, 2,000년 역사에서 개혁하지 못한 노예 사상의 종이 되어 자아를 잃었으니, 있는 것이라고는 썩어빠진 우상의 종교에 조상신 숭배요, 노예 사상의 종이 된 사대 모화사상이요, 정책이라고는 신분제라는 봉건왕조의 특권을 이용한 지배층을 배불리기 위한 백성 수탈 정책이며, 썩어빠진 선비정신이었다. 그들에게 백성을 위하는 우리 고유의 홍익인간과 광명이세의 사상이 어디 있었는가? 기독교의 자유 평등사상과 도전적 자유 의지론은 잃어버린 우리 민족의 고유 종교인 환웅 서자의 메시아사상이었건만,

혹시나 하여 그의 길을 예비하라고 엘리아를 보낸다고 예언하심에 따라, 세례 요한을 보내 메시아의 길을 예비하고, 메시아를 증거하였음에도 불구하고, 역시나 메시아가 메시아로 보이지 않아 십자가에 메달은 것과 같이, 환웅 서자에게 여자의 후손인 '福'과 '祥'을 주어 犧牲과 '祭天'의 '宗教'를 주고 '義善美鮮'하여 '鮮'하고 '韓'하여 진인을 기다리라고 하였는데 미풍양속을 저해한다는 이유로, 자신의 봉건 제도를 와해한다는 이유로, 洋夷니, 서양 귀신이니 하여 사교라고 모두 죽여 버렸으니 그들이 메시아가 메시아로 보이지 않아 십자가에 메달은 것과 뭐가 다르겠는가? 하나님은 배은망덕한 이민족을 장차 어떻게 하시려는가? 400년의 혹독한 노예 생활 속에 신음하는 백성들의 소리를 들으시고 모세로 하여금 애급을 탈출시켰지만, 기나긴 종살이 노예생활에 길들여져 스스로 삶을 개척할 수 있는 자유인이 될 수 없다고 판단하시어, 가나안에 들어가는 것을 허락하지 않으셨기에 그들은 모두 광야에서 죽어야 했다. 고구려가 제천의 종교를 잃어버린 후 일이 천여 년의 기나긴 역사 속에서 사대의 종으로 길들여

져 유교라는 학문이 가지는 이념적, 명분에 한계를 극복하지 못하고, 서구의 선진 과학 문물과 기독교의 평등 자유사상과 주인의식을 받아들일 수가 없었으니 출애굽 하여 광야를 방황하고, 메시아를 메시아로 보지 못하고 십자가에 매달은 그들과 무엇이 다르겠는가? 수많은 내외 전란의 시련을 주시며 자아 반성과 잃어버린 자아를 찾으라고 그렇게 기회를 주었건만, 사대 철학과 우상 종교가 마치 자신들의 고유의 것인 양 착각하고 심취하여, 백성이야 죽든 말든 자기들의 이익만을 위해 파당 지어 당파 싸움이나 하는 민족으로 전락하였고, 자신들이 누리고 있는 신분제를 고수하고 봉건 사회질서를 유지하려는데 만 힘을 쓰려 쇄국함에, 썩어빠진 병폐와 부패한 환부를 우리 스스로 잘라낼 수 없다고 판단하였으니 그들이 우리고, 우리가 그들인 것이다. 그들의 역사 속에서 우리는 우리 민족이 장차 겪을 고난의 역사를 볼 수 있을 것이다.

찬송가를 부르며 사형장으로 나가던 선교사와 비방과 핍박을 견디며 믿다가 잡히면 조용히 묶음을 받고 죽인즉 홀연히 칼을 받던 순교자들의 일, 죽일수록 점점 더 퍼져가는 신앙의 불길, 읽어서 감격하지 않을 것이 없이 썩어져 가던 사회에 새로운 기운을 넣어 개혁하려던 몸짓, 그러나 못했다. 실학도 이 나라를 구하지 못하고 기독교도 이 깊고 깊이 병들어 썩어빠진 고름의 환부를 도려내지 못하였다. 왜 못했을까? 우리가 문물을 전달해준 야만인이라고 업신여기던 일본도 했는데 우리는 왜 못했는가?

그들은 임란 후 300년간 중산계급을 발달시켰고 우리는 임진,

병자 네 란을 거치며 나라가 무참히 파괴되었는데도 개 버릇 남 못 준다고 정치한다고 하는 놈들이 그 전란을 겪으면서도 정신 차리지 못하고, 자기들의 이익만을 위해 파당 지어 당파 싸움에 세도정치에 삼정으로 백성들을 짜먹고 또 짜먹어 개혁할 힘이 이 민족에 없었기 때문에 홍경래와 임술, 갑오 농민이 힘없이 쓰러져 개혁을 하지 못한 것이다. 아니다. 그것이 아니라 하나님이 그렇게 한 것이다. 단군 조선 후 2,000천 년 위민 백성 하지 않고 백성을 착취하는 썩어 빠진 이민족의 정신사상 속에 하나님의 거룩한 사상이 더럽혀질까 염려하여 그들에게 보아도 볼 수 없게 눈을 막으시고, 들어도 들을 수 없게 귀를 가려 소 울음소리를 들을 수 없게 한 것이다. 이스라엘 민족으로 하여금 메시아가 메시아처럼 보이지 않게 하여 십자가에 죽게 한 것 같이, 그리하여 그들에게서 포도원을 빼앗아 열매 맺는 백성에게 주어 세계 인류를 구원하시려고 한 것 같이, 이민족에게 환웅 서자에게 약속하신 여자의 후손인 진인, 정도령을 보지 못하게 만든 것이다. 주인의식이 없는 그들에게 새 나라와 새 사상과 새 종교를 준들, 우상 종교와 미신과 사대의 노예사상에 길들여진 그들에게 스스로 나라를 통치할 능력이 없다고 판단하시어 그들의 눈과 귀를 막아 소 울음소리를 듣지 못하게 한 것이다. 새 포도주는 새 부대에 담아야겠기에 사탄과 간음하는 음녀의 더러운 음부를 도려낸 것이다.

사고

(세월호, 구의역 사고, 비정규 일용직 하청 노동자, 농민 죽음,
박근혜 최순실 사고에 부쳐)

학도, 위안부 징용
앞 다퉈 종용하고

예뻐 보일 수만 있다면
항공기까지 헌납하며

나라 팔아먹은 것도 모자라
하나님까지 팔아먹다

살기 위해 어쩔 수 없었노라는 궁색한 변명
이 땅에 있다.

있는 아부 다 내 보이다

버리고 간 총자루 손에 넣어
남북으로 갈라놓고

온갖 쾌락 즐기려다
총 맞아 죽은(을) 놈(년) 이 땅에 있다.

정치 협잡꾼 매수하려
쓰다 버린 고물 배 구입해서

70대 노인 헐 삯 비정규직 고용하고
제주도 오가며 온갖 불법 저지르다

어린 꿈나무 수장하던 날
꾸역꾸역 처박은 돈 갖고 튀다

아주 재수 없어
객사한 그놈 이 땅에 있다.

모략은 갈보 년 잔 대가리 닮아
짜먹을 대로 짜먹다가

구조 조정한다면서
하청에서 하청으로

비정규 일용직
날품 삶 노예로 몰아넣고

두 놈이 해야 할 일
한 놈이 처리하다

점심
처먹을 시간도 없이

이리저리 날뛰다가
재수 더럽게 없어

전동차에 튀겨 나간 붉은 피는

하나님께 호소하는
아벨의 울 부르짖음이다.

한 번도 아니고
두 번도 아니고

세월 가면 잊혀지고
잊히면 다시 되풀이되는

똑같으며 간교한
세상에 오르내리는

낙하산과 금수저로 치장한

백피아, 관피아, 공피아, 해피아, 철피아, 교피아,
메피아, 산피아.......
피아, 피아. 피아들의....... 세상 천국

거미줄 함정 파놓고 걸려든 생명
피 빨아먹는 흡혈 뚱실년 모양

자손만대 모든 특혜 다 누리려고
할, 애비 쳐놓은 순환 구렁텅 속

재수 아주 더럽게 없어
정말로 운이 더럽게 없어 넘어 자빠졌다고 변명하는

그놈 년들 후손이다,

피아 : 토모스모아의 유토피아에서 파생한 우리 시대의 사회상을 풍자한 신종 합성어
백피아 : 백두산 혈통을 중시하며 권력을 3대까지 세습하는 전형적 금수저의 김 씨 왕가를 말하는 것으로써 필자가 본시에서 처음 사용함

뚱실 : 최순실의 별칭으로 최태민, 박정희 등 친일 부패 정치, 경제 세력 총칭

역사를 모르는 민족에게 내일이 없듯 하나님의 사명을 잃어버린 민족에게 내일은 없다. 단군조선과 상(은)이 영적, 성적으로 타락하여 그 나라를 멸할 때도 기자를 고죽국에 봉해 고구려(고죽국)를 지키셨고, 부여와 고구려로 하여금 중원을 지키셨다. 삼국이 이방 종교에 심취하여 우상을 섬겼을 때도 朴이라는 대 제사장과 첨성대에 제천하는 그 마음이 불쌍하고 불쌍하여 신라만은 남겨두었고 당에 머리를 숙였다 할지라도 그들을 반도에서 몰아내고 발해로 하여금 중원을 지키게 하였다. 고려가 원에 지배를 당했다고 하더라도 삼별초가 있어 민족의 자존감은 잃지 않고, 끝없는 외침에 시련을 주었다 하더라도 이순신으로 하여금 바다를 지켜 나라만큼은 빼앗기지 않았다. 그럼에도 정신 차리지 못하니까 제발 좀 정신 차리라고 업신여기던 여진족 추장에게 5,000년 역사에도 없는 삼전도 치욕을 겪어야 했지만 그래도 나라는 빼앗기지 않았다. 이스라엘 민족이 메시아를 메시아로 보지 않고 자신들만이 선민이라 교만함과 같이, 포도원 주인인 아들을 보냈지만 그것이 우리가 잃어버린 犧牲의 祭天를 지내고 禮拜하던 우리 민족의 고유 宗敎요, 桓雄 庶子에게 말씀하신 여자의 후손, 곧 참인이신 鄭 도령인지를 모르고 洋夷요, 사교라고 모두 다 죽여 버리고 문을 굳게 닫고 쇄국정책을 함에 하나님은 이번에는 이 민족에게 두 번 다시 속지 않기로 작심하고 우리가 문물을 전달하며 일깨웠던 야만인이라고 무시했던 왜로 하여금 반 만 년 역사에도 없던 40년의 처참한 노예 생활을 하게 했다. 36년이라고 말하는데 을사늑약이 있었던 1905년부터 1945년까지 정확히 40년이다. 왜 40인가? 4수는 앞서 말했듯이 사탄에게 잃어버린 우리 인류의 수이다.

창조 4000년 후 예수 탄생, 400년 애굽 노예 시대, 40년 광야 시대, 40일 금식. 40일 홍수 심판 등과 같이 성경에는 4수가 반복함에 일제 강점기 40년은 지극히 성경적이라고 할 수 있고, 이것을 보고 변명하지 말고 핑계대지 말라고. 50도 아닌 30도 41도 아닌 39도 아닌 정확히 40년에 맞추었음은 **"내가 역사를 주관하는 역사의 주인"** 임을 자각하라 하심이 아니었을까?

친일파들은 말한다. 지금까지 최대의 나라요, 최강의 나라라 여겨 사대의 예를 다한 거대 중국도 모자라, 유럽에까지 이르는 광활한 영토를 가진 거대 러시아에 이어, 항공모함을 만들어 태평양을 넘어 미국까지 폭격한 나라인데 해방인들 꿈속에서조차 상상했을까? 없었을 것이다. 일본에 충성을 하는 것이야말로 자신이 잘 살 수 있는 유일한 길인 줄 알았을 것이다. 그러니 항공기까지 헌납하고, 만주로 가서 독립군 토벌에 선봉에 섰고, 천황의 하사품이라 하여 위안부를 윤간했을 것이고, 최면술을 배워 독립군 고문하는데 앞장섰을 것이고, 성경까지 고쳐 가고, 교회당도 팔아먹고, 신사참배 하라면 우상숭배가 아니라 하며 허리가 부러지게 하고, 하나님까지 팔아먹으며 앞장서서 성을 고치라고 하면 서로 다투어 가며 하고, 시국 강연하라면 하늘이 준 사명인 양 있는 재주 다 부려가며, 성전이라 전쟁터에 젊은이들을 총알받이로, 탄광의 지옥으로, 조선의 처녀들은 성 노예로 끌려감에 곱게만 보일 수 있다면 개소리로 짖어도 보여준, 노예 아닌 노예의 삶을 살아야 했다.

학도, 위안부 징용/ 앞 다퉈 종용하고
예뻐 보일 수만 있다면/ 항공기까지 헌납하며

나라 팔아먹은 것도 모자라/ 하나님까지 팔아먹다
살기 위해 어쩔 수 없었노라는 궁색한 변명 이 땅에 있다.

반만년 역사에도 없었던 망국의 노예 아닌 노예생활을 왜 해야만 했을까? 그것도 문물을 전달해준 왜놈이라 무시하던 놈들에게, 앞서 말했다. 수많은 시련과 기회를 주었지만 그들은 눈이 멀고 귀가 먹어 보아도 볼 수 없었고, 들어도 들을 수 없었기에, 제발 정신 좀 찾으라고 마지막에는 약속하신 메시아를 보냈지만 그를 믿는 자들을 모두 죽였고, 자신의 특권만을 위해 쇄국하려 할 때 수천 년에 거쳐 병들은 그들의 노예근성과 우상숭배로 사탄에게 종이 된 그들의 환부를 스스로 잘라낼 수 없다고 판단하시어 이방인을 사용하신 것이다. 바벨론으로 하여금 솔로몬의 더러운 성전을 청소하시고, 히틀러로 하여금 메시아를 죽인 피 값을 받아낸 것과 같이, 사대와 우상과 미신으로 사탄과 간음한 음녀의 더러운 음부를 일세 대에 거쳐 청소하시고, 태조, 태종, 세조의 피 값을 연산에서 받아낸 것과 같이, 정 도령을 믿는 순교자의 피 값을 받아 낸 것이다. 돌 하나 돌 위에 남기지 않는다고 말씀하시지 않았는가? 출애굽 한 민족이 광야에서 모두 죽은 것 같이 하나님을 버려 죄를 받은 것이다.

그러나 그들은 무조건 항복을 했다. 왜 하필 인류 역사상 핵폭탄이 그때 만들어졌을까? 많지도 않았다. 3개 중 2발에 무조건 항복을 하였다. 미국이 그렇게 하였는가? 천만의 말씀이다. 역사의 섭리와 하나님의 역사 개입을 아는 사람들은 그렇게 말할 수 없을 것이다. 40년이라는 수가 그것을 증명하듯이, 2,000년간 나라 없이 세상을 방황하던 민족이 다시 건국된다는 것은 400년간의 애굽의 노예 생활에서 탈출한 것보다 더 큰 인류 역사상 결코 있을 수 없는 일이다. 그러나 일제가 항복하던 그 해 그들은 이스라엘이라는 나라를 건국하였고, 우리 역시 40년이라는 수에 맞춰 해방을 하였으니 "이 어찌 된 일 이뇨?" 라 물으면 나 여호와가 그 묻는 이에게

> **"내가 그렇게 하였고, 내가 역사의 주인이요, 나를 증거하기 위해 나를 위해 그렇게 하였고 그 된 것을 보고 나를 부정하지 말라."**

라고 이유까지 분명히 기록하고 있다. 아무도 몰랐기에 해방은 도적같이 왔다고 말한 이유이기도 하다. 하나님은 사탄과 간음하며 媿된 이 민족에게 위민백성, 홍익인간, 광명이세하며 여자의 후손을 기다리라며 메시아사상인 참인의 도래를 간직하라고(福) 하였고, 마지막 날 鄭 도령을 보냈는데 그를 믿는 그들을 모두 죽이고 쇄국하였으니, 역사를 잃고 하늘이 준 사명을 잃어 천벌을 받은 것이다.

그리고 그 후손들은 또 그렇게 말한다. "살기 위해서 어쩔 수 없었노라!"라고 …….. 그것을 시인은 '궁색한 변명'이라고 말하고 있는 것이다. 그렇다면 안중근 의사는 죽기 위해서 독립운동을 했는가? 우상

을 섬기지 말라고 10계명에 분명히 기록되어 있는데, 조선 기독교는 어떻게 하였는가? 초기 기독교가 조상께 제사하는 것을 우상 숭배라 하여 제사를 지내지 않는다고 수많은 사람이 순수하게 순교를 한 것과는 달리 저들은 눈이 밝아지고 영특해져 타협 잘하길 신사참배는 우상 숭배라가 아니라 하였다. 사탄이 하와에게 "죽지 않는다."라고 말함과 같이, 그렇다면 주기철 목사는 우상 숭배가 아닌데 왜 신사참배를 거부하였는가? 죽기 위해서 거부했는가? 천만의 말씀이다. 살기 위해서 신사참배를 거부한 것이고, 살기 위해서 독립운동을 한 것이다. 한 알의 밀알이 죽어야 살기에, 살기 위해서 죽은 것이다.

11 그 고난의 연기가 세세토록 올라가리로다. 짐승과 그의 우상에게 경배하고 그의 이름표를 받는 자는 누구든지 밤낮 쉼을 얻지 못하리라 하더라.
12 성도들의 인내가 여기 있나니 그들은 하나님의 계명과 예수에 대한 믿음을 지키는 자니라. (계 14장 11~12절)

그래도 순교자를 낸 나라가 이 나라다. 사탄인 주나라를 섬길 수 없고 제천 사상과 메시아사상이 있는 조선을 섬기지 못하느니 차라리 죽겠다고 수양산에 들어가 죽은 백이숙제가 있는 나라가 이 나라요, 넋이 있든 없든 일편단심을 택한 나라가 이 나라다. 충을 못하느니 채미도 하지 않겠다고 죽음을 선택한 나라가 이 나라요, 신유박해와 병인박해가 있어 순교한 나라가 이 나라요, 大韓이 아니면 죽음을 달라고 3.1혁명의 주축이 되었던 나라가 이 나라요, 신사참배를 하느니 죽음을 달라고 외치던 나라가 이 나라다. 너무나 불쌍하여 그들로 하여금 순교의 피를 제단에 뿌리시고 애굽의 노예 생활로부터 구출해낸 나라가 또한 이 나라다.

보아도 볼 수 없고 들어도 들을 수 없을 것이라고 하였듯이 아우스비치 수용소에서 "신은 죽었다."라고 외쳤던 사람들아!, 사탄에게 경배하며 독립군을 고문하던 사람들아!, 아직도 제국 식민 사관에 노예가 되어 우리의 고유 종교와 역사를 잃어버린 것조차 모르고 역사를 팔아먹는 식민 사학자들아! 너희 조상이 여자의 후손인 정도령과 그의 나라를 되찾고자 간증하던 수많은 독립군과 순교자들을 어떻게 죽였느냐?

7. 다시 찾은 하나님 나라 朝鮮, 大韓

400년간 노예의 삶 속에서 애굽을 탈출하여 나라를 건국할 수 있었던 것과 이천 년간 세상의 나그네 되어 떠돌다 1948년에 나라를 다시 건국할 수 있었던 것은 결코 우연히 될 수 있는 일도, 인간이 결코 할 수 있는 일도 아니다. 그 된 일에 대해 성경에서는 분명히 예언하고 있다. 숙명론적으로 말하는 것이 아니다. 歷史가 무엇인가? 역사의 시작은 누가 하였으며 역사를 기원전(B. C)과 기원후(A. D)로 나누신 분이 누구신가? 역사를 주관하시는 역사의 주인이시기에 그분이 그렇게 하신 것이고, 그렇게 할 것이라고 예언하셨기에 그렇게 하신 것이고, 그 된 일을 보고 그분을 부정하지 못할 것이라고 분명히 기록하고 있음에 이 책을 읽은 독자들은 부정할 수 없을 것이다. 역사를 종결하기 위한 하나님의 절대적인 뜻이 있었기에 애굽에서 그들의 고단한 한숨소리를 들으시고, 아브라함에게 약속하신 언약의 땅을 되찾아 주신 것이고, 메시아를 십자가에 못박으라 빌라도에게 외칠 때에 "**그 피를 우리와 우리 자손에게 돌릴지어다.**"라고 그 백성이 외치매 2,000년간 세상에 나그네 되어 고통받다 마지막 날 히틀러에게 600만 명이 가스실에서 죽은 탕감의 죄역사이며, 1948년 이스라엘이라는 나라를 세워 독립할 수 있었던 것은 창세 때 아브라함에게 약속하신 예언의 성취이다. 그리고 우리에게 "이 어찌 됨 이뇨!"라고 물어보라고, 휘트먼에게 물어본 것 같이 ....

1) 3. 1 독립 혁명과 대한민국 임시정부 수립

환웅 서자에게 약속하신 여자의 후손을 보냈다. 그분이 바로 하나님의 친자이신 예수그리스도이다. 당시에 영어와 외국 명을 몰랐기에 桓인, 桓웅, 桓국, 조鮮, 삼韓 등과 같이 모두 환문을 사용할 수밖에 없었기에, '鄭'이라는 환자의 회자를 사용하여 '鄭(酉+大+阝+人) 도령'이라 하였다.

내(我=手+戈)가 죄 없는 양과 소를 창으로 죽여, 犧생(犧=牛+羊+秀+戈)된 양(羊)과 소(牛)를 고인돌(示) 제단 위에 올려, 용서해달라고(又) 祭천(肉+又+示)하고, 예拜(拜=手+羊)로 절함으로써 하나님(示)께 삼가 몸가짐 단정히 하여(斤), 목숨(壽)을 살려 달라고 祈禱(祈=示+斤, 禱=示+壽)하였더니, 하나님께서 나를 양(羊)과 함께 두시어 義善美鮮 여기시며 가죽 옷(韋)을 입혀 韓(日+韋)이라 하시었고, 여자의 후손을 보내 주신다는 구원의 말씀을 간직하여(福) 말세 때 반듯이 구원받으라는 (이하 1부, 참조) 잃어버린 우리 민족의 고유 종교임을 미처 깨닫지 못하였다.

단군조선이 멸망했을 때조차도 우리의 종교는 부족국가의 제천 예배의 행사로 전래되어 잃어버리지 않았지만, 고대 국가가 우상의 종교를 수용한 이후부터 우리의 종교에 관한 제천 예배는 없다. 자신의 것을 업신여기고, 남의 것을 소중히 여기는 사대사상과 남의 종교에 매료되어 우상숭배와 조상신이라는 미신에 심취하여 우리의 것을 모두 잃어버렸으니, 갈 곳 없는 우리 고유의 종교는 저급한 샤머니즘적 민속 신앙으로 전락하였고, 하나님께 드려지는 祭天의 禮拜가 조상과 우상에게 祭祀하는 우상숭배의 종교로 타락하여 죽게 되었으니 앞서 역사를 살펴본 것과 같이 고난의 역사였던 것이다. 임란과 병란의 대 전란을 겪고서도 봉건제도 하의 왕권과 지배층인 양반들의 굳어진 제도 하에서 자기들 지위와 권력 유지만을 위해 전전할 때, 잃어버린 우리 고유의 종교는 유럽과 미 대륙을 거쳐 태평양 건너 되돌아왔음에도 불구하고 우리는 그것이 우리의 고유 종교요, 정 도령인지를 모르고 양이의 사교라 하여 탄압하고 쇄국하며 망국의 길을 갔던 것이다.

그리고 또 한 번의 기회가 왔다. 개신교는 1885년 일본을 거쳐 한국에 입국한 두 미국 선교사, 언더우드(Horace G. Underwood, 1859-1916)와 아펜젤러(Henry G. Appenzeller, 1856-1902)에 의해서 본격적으로 시작되었다. 천주교가 못한 것을 이번에는 개신교가 그 사명을 다하고 져 하였으나 이미 기회를 놓친 상태였다. 천주교가 수많은 순교자를 내면서도 이 민족을 개화하지 못한 것은 단군조선을 잃은 이 민족이 오랫동안 깊숙이 뿌리박힌 고질적인 병폐에 기인한 것도 있지만 천주교가 오랜 시간을 거치면서 전통과 의식, 그리고 귀족화되어감에 생명력을 잃었기 때문이다. 그러나 개신교는 정신에 있어서 천주교와 달랐다. 천주교가 전통과 의식을 중시함에 보수적인 반면, 개신교는 그 전통성의 반항으로 나왔으니 만큼 인간의 자유정신을 존중하며 진보적이다. 형식적인 교리에 얽매인 의식보다는 교리의 깨달음과 하나님의 사랑을 통한 인간의 자율성을 더 존중하고, 귀족적이지 않고 서민적이다. 유대교에 대항하여 천주교가 그랬던 것과 같이, 민주주의와 미국의 프로테스탄트는 다 이 개신교에서 나온 것이다. 산모가 잉태하면 출산해야 함과 같이 밀려오는 대세를 쇄국정책만으로는 더 이상 막을 수 없었다. 문호를 반강제적으로 개방하여야 했고, 서구와 주변 강국의 발달한 문명에 눈을 뜨며, 근대화를 하고 져 자아를 찾으려 독립 국가를 선포함에, 한글을 재정리해 성경을 발행하고, 미신타파와 계급 타파를 통한 평등사회 그리고 새 교육을 지향함으로써 2,000년에 거친 기나긴 이 나라의 곪아빠진 환부를 도려내었다. 배화학당, 이화학당, 학교, 신문, 잡지, 병원 등 이런 것들이 다 이 개신교의 영향으로 된 것이라 할 수 있고, 이러한 개화사상의 요인에 의하여 독립의 필요성을 자각하게 되었지만

하나님은 앞서 말한 대로 이민족에게 두 번 다시 속지 않기로 결심하고 통째로 바벨론으로 넘기셨다. 반만 년 역사에도 없었던 차별과 억압의 노예 세월, 아담이 사탄과 놀아나다 鬼가 되어 하나님을 떠난 것같이 다시는 이민족에게 공무도하 하지 못하게, 아리랑 하지 못하게, 광야에서 만나와 메추라기를 주시는 하나님만을 바라보게 하였다. 그들로 하여금 "종 된 사대주의와 노예의 삶이 아닌 주인 된 하나님의 자녀(祝)로 살라!"라고 고난을 주시며 독립정신을 고취하매 독립 선언서에 따라 온 백성이 독립운동에 참가하는 3.1 혁명이 있었다. 한국 근대 민족사에서 그 혁명만큼 커다란 역사적 의미를 부여할 수 있는 사건은 없다. 물론 3.1혁명이 기독교만의 주도와 참여로 진행된 운동이라는 의미는 아니지만, 실제로 이 혁명은 종교적으로는 천도교를 비롯하여 불교와 기독교가 모두

참여하였고, 계층과 지역, 사회적 계급을 불문하고 전 민족이 함께 참여했기에 통합적인 혁명으로서의 의의가 더욱 큰 것이라 하지만 그것은 노예 생활 속에서 우리 민족의 자아를 찾자는 것이요, 우리 민족의 잃어버린 종교와 정신을 찾자는 혁명이었다. 종교인들이 주축이 되어서 3.1혁명이 일어났고, 그중에서도 당시 2천만 인구 중 1~1.5% 정도의 신도(20~30만)에 불과했던 개신교가 그 한 주축을 담당했다. 조선민족대표 33인중에서 16명이 기독인이었고, 비서명 핵심 인사 48인중 24명이 기독인이었다. 그 대중적 전개 과정에도 많은 기독인들이 참여했다. 특히 지방마다 기독교계 학교의 학생들이 운동을 주도했고, 경의선, 경원선을 따라서 교회가 있는 곳을 중심으로 기독교 인사들이 거주하는 곳이 주된 시위 장소가 됨에, 오늘의 한국 개신교와 비교해 보면 참으로 미약하고 겨우 신생 종교의 위치를 막 벗어난 상황이었지만 당시의 개신교가 그러한 일을 어떻게 담당할 수 있었는지 글을 쓰는 이 순간 성령님이 말씀하신다.

> **"그것은 이스라엘의 종교 이전, 서구의 종교 이전 본래 너희 고유의 종교인 환국의 종교요, 환웅에게 약속한 언약을 지키려 내가 함께 함이라!"**

라고, 그래도 이 말이 믿기지 아니할까 독립선언서의 약속에 따라 상해 임시 정부를 세움에 "변명하지 말라!"라고 "가죽 옷(韋)을 입어 깨끗하다(日)."라고 하여 이름을 '大韓'이라 하였다.

기나긴 역사 속에서 고대 노예제와 봉건제 속에 성장한 왕도니 패도니 하는 유교사상 이전에 요순시대의 태평가와 같은 가사와 소부와 같은 정치철학이 있어 홍익인간과 광명이세와 같은 이상 정치사상이 있었으나, 모두 내다 버리고 억압과 공포와 자신의 욕심으로 이 세상을 통치하니 이 세상의 임금을 늑대와 이리에 비유한 것 아니겠는가? 하나님의 나라를 잃어버린 그 백성은 그들의 노예와 같은 제도 아래서 공포와 착취와 억압 속에서 살아야 했고, 혹독한 그들의 탄압 속에서 난을 일으켜 다시 나라를 세우고, 그 나라가 타락하고 부패하면 다시 무너트리고, 다시 세우고 인류의 길흉화복과 흥망성쇠가 수레바퀴가 돌듯 돌아가고 있었지만, 그것은 목적 없이 그냥 돌아간 것이 아니라 하나님 나라를 건설하기 위해 앞으로 나아가기 위한 돌아감이었다.

잃어버린 찬란했던 옛 역사를 찾자고 묘청이 일어났지만 사대 보수를 극복하지 못하였고, 위민백성 하지 않고 백성을 수탈하는 삼정의 문란과 탐관오리의 부정부패에 홍경래와 동학군이 반봉건 반외세에 저항하는 농민, 민중 운동이었나 이 또한 수많은 살상만 남긴 채 넘어졌다. 그러나 그런 것들이 실패한 것 같지만 실패한 것이 아니다. 폭풍이 부는 들판에도 꽃은 피듯이 주검만이 있었던 이 강토에서 그들의 죽음이 거름이 되어 민중의 의식 속에 종이 아닌 주인 의식이 되어 자라고 있었기에 일제강점기 때 국권을 찾자고 삼천리 전국 방방곡곡에서, 신분을 넘어, 종교를 넘어, 남녀노소 구분 없이, 일본에서 미국에서, 전 국민이 참가한 비폭력 저항 운동이 되어 우리를 깨우쳤다. 그들의 무력에 비록 나라를 찾지는 못하였지만 반만 년 역사 속에 우리가 언제 상놈과 양반이, 좌와 우가, 남과 여가, 지역과 지역이 하나가 된 적이 있었던가? 그것이 하나님의 뜻이라고 그렇게 말씀하였지만, 그들은 하나님을 떠나 아리랑하고 죄의 종이 되어 파당에, 분당에, 모략에, 모함으로 나라를 망쳐버릴 때마다 제발 정신 차리라 하였는데도, 참다 참다 참을 수 없어 나라를 통째로 넘겨 버리니까 이제야 정신을 차렸나 보다.

하나님의 말씀에 순종을 하지 않았던 아담이 아니라, 이삭을 "**번제하라**"함에 순종한 아브라함에게 하나님은

"**내가 이제야 네가 하나님을 경외하는 줄 아노라**"

라고 하셨던 것과 같이, 그것이 바로 환국과 조선의 종교요, 경천애민 사상이요, 홍익인간 정신이었다고 하나님은 이방인을 통하여 우리 민족의 정체성을 깨우치고 있는 것이다. 조선이 망한 후 사대 모화사상과 봉건 패도 정치와 제국주의를 반대하여 역사 속에서 수없이 항거하여 왔지만 모두 실패를 하였다. 그러나 반만 년 역사에 하지 못했던 수많은 난과 항거가 밑거름되어, 3.1혁명으로 열매를 맺으니 비록 타국의 임시 정부였지만 '제국'이 아니라 민중이 주인 되는, 백성이 주인 되는 '대한민국'을 수립하였으니 우리가 하나가 되어 하나님을 찾으니 하나님이 그 나라를 허락해 주신 것이고, 머지않아 그렇게 될 것이라고 하나님이 말씀하신, 반만 년 역사의 쾌거요, 민중이 주인 되어 하나님 나라를 찾자는 운동이 아니라 민중의 혁명이었던 것이다.

2) 해방과 분립 심판

(해방)

출애굽 한 이스라엘 백성들이 우상을 만들어 우상 숭배함에 광야에서 철저히 홀로되어 하나님 외에는 아무것도 의지할 수 없도록 만드신 것 같이, 이천 년 기나긴 역사 속에 하나님을 배역하고 대적할 때 두 번 다시 이 민족에게 속지 않기로 단호히 결심하시고 반만 년 역사에도 없는 조선이라는 나라를 통째로 없애 버려, 광야에서 저들이 할 수 있는 것이라고는 그 어떠한 것도 할 수 없도록 철저히 홀로되게 하였다.

말하지 말라 하니 말하지 못하였고, 글을 버리라니 글을 버리고, 성을 버리라니 성도 버리고, 징용 가라니 강제 징용 가야 했다. 옳지 않은 길인 줄 알면서 반항 한번 하지 못하고 해야만 했다. 살기 위해서 그렇다 하지만 살기 위해서 그런 것이 아니라 죽으러 가는 길인 줄 뻔히 알면서도 어디로 데려가는지 눈을 가리면 가리는 데로 살기 위해 죽으러 갔다. 이비에서 솥뚜껑까지 빼앗기고 빼앗기다 짚신도 모자라 마지막엔 풋 성까지 강탈당하게 하고, 의지할 것이라고는 하나님 외에는 아무것도 의지할 수밖에 없게 철저히 만들고 체념할 때, 머나먼 이국 전쟁터에서 아리랑 소리가 하늘에 닿아 십자가에서 저들을 용서하라고 울부짖는 아들의 음성이 되어 돌 위에 돌 하나 남기지 아니하신다고 하심 같이 히로시마와 나가사키에 돌 위에 돌 하나 남기지 아니하시어 이 민족을 구원하셨다. 아무도 몰랐다고 한다. 도적같이 왔다고 한다. 대국이라 수 백천 년을 섬겼던 나라를 하루아침에 무너트리고, 태평양 너머 미국까지 침범한 나라인데 누군들 알았으랴? 빼앗길 데로 빼앗기고, 강탈당할 데로 강탈당해 생명만 간신이 붙어 할 수 있는 것이라고는 숨만 간신히 헐떡이며

"날 버리고 가시는 님은 십 리도 못가 발병 난다."

라고 울부짖을 때 **"아리랑, 다시는 나를 떠나지 말라!"**라고 하시며 이민족을 구원하신 것이다. 바벨론 유수에 비금가는 고난의 역사였다.

(분립 심판)

임진란 때도 병자란 때도 도적질하던 놈들이 도적질해가는 것을 역사 속에서 수없이 봐왔기에 "도적질하지 말라!"라고 말씀하셨다. 그놈들이 누구인가? 일제의 개가 되어 만주 벌판에서 독립군 잡아 죽이던 일본 관동군 장교 놈들이요, 고등계 형사가 되어 최면술인지, 뭔지 하여 독립군 고문하던 그놈들이 아니던가? 정치계, 경제계, 문화계 말할 것도 없거니와 역사 교육계는 조선사편수회인지 뭔지 하여 제국 식민 사관에 앞장섰던 그놈들 아닌가? 그것이 반복이 되어 지금도 그놈들 후손이 국사를 남의 역사 말하듯이 '한국사'라 말하고 또다시 역사를 도적질하려 한 것을 알았기에 해방은 도적같이 왔다고 말하였다. 어느 누구의 공이 아니라 이 민족이 너무나도 불쌍하여 값없이 주신 하나님의 선물이기에 누구도 자랑하지 말라 하였는데, 그러나 어떠하였는가? 만주에서 마적 질이나 해쳐먹던,

제국주의에 빌붙어서 종노릇 해쳐먹던 미소중일 사대주의 하수인들이 자기들 욕심대로 통째로 도적질해 먹으려다 못 처먹으니 이 민족을 남북으로 갈라놓고 두 놈이 하나씩 나눠 도적질해 갔으니, 이 얼마나 슬픈 비극인가? 그 비극은 그것으로 끝나지 않았다. 나라를 통째로 팔아먹으면서 민중을 개돼지같이 죽이면서 얻은 욕심이 어디 남 주겠는가? 욕심이 욕심을 낳고 그 욕심이 하늘을 찔렀으니, 수천 년의 인류 역사에서 왜 원자 폭탄이 하필 그 순간에 만들어져 임시정부가 대일 선전포고하기 직전 1945년 8월 15일 무조건 항복이냐? 임시정부가 대일 선전포고를 하고 연합군에 합류하여 싸웠더라면 정말로 이 민족이 남북으로 분단이 되지 않았을까?

역사에는 뜻이 있다. 운명론적으로 숙명론적으로 말하는 것이 아니다. 1부에서 말하였듯이 스스로 사고하고 판단하여 선택할 수 있는 도덕심과 죽음까지 감수하며 희생하고 헌신할 수 있는 사랑을 우리의 몸에 심으셨다. 그러나 인류는 선악과를 선택했고 사탄의 지배를 또한 동시에 받게 되었다. 환문은 그것을 **鬼**라고 형상화하였다고 하였다. 애굽을 탈출하여 해방이 되었다. 하나님이 거저 주신 축복이었다. 그러나 그들은 400년간의 노예근성에 사로잡혀 애굽에서의 노예생활이 그리웠다. 스스로 삶을 개척해 나갈 주인 의식이 없었기에 과거에 지내온 노예 습성을 버리지 못하고, 우상을 섬기며 하나님을 불신하였다. 홍해를 건너는 기적의 환희도 그들에게는 잠시뿐이었다. 우리를 왜 광야로 끌고 나왔냐고 불평하는 그들에게 하나님은 하나님을 택할 것인지, 사탄을 택할 것인지 결정하라고 물으셨다. 7일이면 들어갈 수 있는 가나안 땅을, 출애굽 1 세들은 모두 광야에서 죽고, 결국 40

년이나 광야를 헤매다 2세만이 가나안 땅에 입성했다. 모세조차도 가나안 땅에 입성하는 것을 허락하지 않으셨다. 왜 그랬을까? 거룩한 곳을 가증한 것이 범하는 것을 허락지 않으셨기에 그러한 것이다. 노예습성으로 새 나라를 건국하고 통치해봐야 부패하고 타락할 줄을 뻔히 아셨기에 광야에서 모두 다 죽게 만드신 것이었다.

우리는 어떠하였는가? 3.1 혁명의 정신도 잠시 뿐, 해방이 되었지만 나라를 다스릴 능력이 있었는가? 이천여 년의 세월 속에 우리의 고유 종교와 뿌리를 내던지고 하나님의 사명을 잃어버리고, 이방신과 우상에 사대주의와 제국주의의 노예에 더하여, 40년의 노예생활이 우리가 우리의 삶을 개척해 나갈 수 있는, 우리가 우리의 나라를 건국해서 스스로 주인의식을 가지고 통치할 수 있는 능력이 있었는가?

서로가 자신의 아들이라고 주장하는 그들에게 솔로몬이 뭐라고 말했는가? 둘로 나눠서 주라고 하였다. 아이의 친모는 차라리 자신이 포기하는 것이 아기를 살리는 유일한 길이기에 아기를 나누지 말고 다른 이에게 주라고 말하였다. 그 결과 아기를 잃었는가? 진정으로 아기를 사랑하는 어미는 바로 그 여인이었기에 솔로몬은 그녀에게 그 아기를 돌려주었다. 그것이 하나님의 마음이시다. 진정으로 이 민족을 사랑하는 놈이었다면 진정 "이민족을 둘로 쪼개지 말아 달라고!" 하나님께 울부짖었더라면 하나님이 둘로 쪼개지 않았을 것이고 공산주의자에게서 빼앗아 하나님을 믿는 그들에게 주어 하나님의 나라를 건국하였을 턴데, 그런 마음이 없었다. 일제에 빌붙어 쳐 먹던 놈들이 자기 주인이 가버리니 세상 다 만난 미친개 모양, 그 제국주의 놈들이 써먹던 그 비열한 수법 그대로 백성을 억압하며 착취하고, 서로 더 처먹겠다고 좌우가 나눠 싸움질하다 남쪽을 갈라놓으니 또한 놈은 북쪽을 갈라놓았다.

독립 운동하던 사람을 좌익의 빨갱이로 몰아붙여 자유대한의 민주주의의 수호자라고 외치며 애국자라고 하였으니 아 이 얼마나 안타까운 일인가? 나치에 동조했던 사람을 지금까지도 추적하여 공과를 밝히는데 우리는 반만 년 역사에 나라를 팔아먹고 민족을 배신한 매국노조차 제대로 처벌하지 못한 그러한 민족이다. 말해서 무엇 하랴! 일왕을 천황이라 하나님 모시듯 신사참배도 부족하여 충성하겠다고 만주에서 독립군 토벌하던 사람이 장군이 되고, 비행기 헌납하며 충성을 다하겠다던 사대 친일파가 정치, 경제의 거장이 되고, 시국강연 앞장서며 일 제국주의에 협력하는 것이야말로 천황 폐하께 은혜를 갚는 것이라 위안부, 징용 종용하던 자가 언론인, 학자 되어, 그런 자들이 1965년에는 40년 식민 노예생활에 대한 제대로 된 사고 한마디, 문화제 약탈에 대한, 종군 위안부, 강제 징용에 대한 사과 한마디 받아내지 못하고 5억 달러에 나라를 팔아먹었으니 그뿐이랴! 교육계는 아직도 실증사학이라 표방하며 식민 제국 사관에 앞장섰던 자가 아직도 식민사관의 입장에서 저술된 역사서로 그대로 교육을 하고 있으니 말해서 무엇 하랴?

있는 아부 다 내 보이다/ 버리고 간 총자루 손에 넣어
남북으로 갈라놓고/ 온갖 쾌락 즐기려다/
총 맞아 죽은(을) 놈(년) 이 땅에 있다.

새 포도주는 새 부대에 담가야 한다. 그러한 노예근성으로는 도저히 새 나라를 건국할 수가 없다. 해방이 값없이 준 선물이었지만, 그것을 받을 준비가 되지 않았다. 아니 준비가 되지 않았다기보다 새로운 나라를 주기에는 음녀가 너무나 더럽고, 더러워 더러운 음녀에게 새 나라를 맡긴들, 그 나라 역시 더러워질까 봐 분립 심판하시다 도저히 회복할 기미가 없다 판단하시어 가인이 아벨을 돌로 치듯 음녀의 더러운 곳을 청소하신 것이다. 3일 만에 서울이 함락된다. 친일 노예 정치인, 종교인, 교육 문화계, 지주, 자본가 얼마나 숙청당했을까? 우리가 하지 못하니까 하나님이 참다, 참다 할 수 없어 시탄으로 하여금 더러운 음녀의 밑창을 모두 다 청산한 것이다. 페르시아와 바벨론으로 하여금 솔로몬의 더러운 성전을 청소하신 것과 같이, 얼마나 부끄럽고 안타까웠으면 그렇게 하셨을까?

해방이 거저 주어졌다. 솔로몬에게 두 어미가 한 아기의 어미라 서로 주장할 때 진정 그 아기를 사랑하는 자는 친모였다. 그 친모가 아이를 잃었는가? 그 뜻을 알았더라면 진정 이 민족과 이 나라를 사랑하여 독립운동을 하였더라면, 나누지 말고 그냥 주라고 하였을 것이고, 장기집권하려 부정선거는 하지 않았을 것이고, 쿠데타로 정권을 잡지 않았을 것이다.

인간은 원래부터 생각하는 것이 악하다 하지 않았는가? "우리는 하나만 알지 둘은 모른다고 나누지 말고 그에게 주라!"라고 하였더라면 하나님이 이 나라를 공산주의자에게 정말 주었을까? 몰랐다. 아니 모르는 게 아니라 욕심이 눈을 가려 하나님이 거저 준 나라, 반으로 나누라니 반으로 나누었고 사대주의에 빌붙어 욕심 부리던 그 노예근성 버리지 못하고 반민족 특별법 하나 제대로 해결하지 못하고 또다시 도적질하려 할 때 도저히 새 나라를 건설할 수 없음을 알았기에, 아니 그것이라기보다 새 나라를 건국하기에 음녀가 너무나 더러워, 건국한들 다시 더러워지기에 깨끗이 청소하고 져 애치슨라인을 그어 전쟁을 일으키시고, 세계인으로 하여금 참전하게 하여 다시 금 그어놓고 심판하시는 것이다.

아니 그게 아니라 태초에 인류에게 선과 악을 나누시고 자율 의지를 주어 선택하라 하심과 같이 한반도라는 하나님의 제단 위에 인류가 저지른 세상의 더러운 피를 뿌려 정결하게 하시고, 지구 반대편에서 일어난 사탄의 공산 주체사상과 하나님의 섭리 사관을 반으로 나누시고 우리에게 다시 묻고 계시는 것이다.

"내가 역사의 주관자요 나를 떠나서 너희가 아무것도 할 수 없으며 그 된 것을 보고 선악과를 먹을 것인지 생명과를 먹을 것인지 양자택일하라고........"

신라와 고려와 후기 조선의 역사가 어떠하였는가? 눈물의 역사요, 고난의 역사다. "도교에 심취하고 불교를 멀리해서 고구려가 망했다." 라고 말한 일연 스님이 자신의 종교가 얼마나 허망한지를 알았을까? "쓰다가 눈물 어려 붓을 꺾고, 찢고 싶으나 찢을 수 없어 다시 쓰지 않으면 안 되는 이 역사, 이것이 역사냐. 이것이 나라냐?"라고 눈물 짓던 노옹이 우리의 종교가 기독교인지?, 우리가 그 하나님을 잃어버리고, '아리랑'하여 발병 난 것을 알았을까? 임진왜란, 동학 농민 운동, 해방, 더하여 4, 19, 5, 18 다 도둑놈들이 도적질해갔다. 그것도 봉건, 사대 제국주의 졸개들한테, 한 놈은 철저히 사탄의 종이 되어 朝鮮이라는 하나님 나라의 이름까지 빼앗아 갔고, 12월 25일을 빼앗아 4월 15일을 다시 태양을 숭배하는 나라로 만들었다.

태양은 하나님의 피조물이다. 태양을 숭배하던 바벨론과 애굽과 로마의 태양절을 십자가의 제와 예배 이후 하나님이 로마 교황청으로 하여금 그리스도의 발등상에 두고 성탄절로 바꿔 사탄의 권세를 분멸한 역사인데, 사탄의 하수인 鬼가 다시 자신의 생일을 4월 15일로 바꾸고 태양절이라고 한 것이다. 일본 역시 욱일 승천기니 하여 태양을 숭배하고, 일왕을 천황이라 하여 신격화하고, 온갖 잡신을 섬기는 우상숭배의 나라로 전락하여 전쟁을 일으키다 결국 하나님 나라에 패망하였지만, 앞서 말했듯이 그들의 신사참배는 조선의 제천 예배에서 전래된 희생의 양의 예배임에 반드시 회복해야 할 종교 의식이다.

한 놈은 조鮮(魚+羊, 양과 내가 함께하여 고와 깨끗하다)이라는 황웅 천자의 아들인 단군왕검의 기독교 국호를 도용하여 사용하고 있는 것이고, 大韓(日+韋 양으로 제배하고, 양의 가죽 옷을 입어 죄 사함받고 밝고 깨끗하다)은 단군조선의 삼한 제도를 합해 3.1 혁명 후에 임시정부가 사용한 국호를 말씀 성취에 따라 해방 후 우리 민족이 사용한 국호임에 결코 우연히 된 일이 아니라는 것이다. 이 민족이 하나님의 적장자요, 포도원의 주인이라는 말이다. 태초에 빛이 있었고, 그 빛이 빛나고 환하다 하여 '환하신 님'이라 하여 '환한 님', 환자식으로

'桓因'이라 하였음과 동시, 우리 조상들은 성경에 근거하여 창조주를 하나님이라 불렀고 에덴동산에서 犧생의 제를 지내게 하고 가죽 옷을 입혀 義善美鮮여겨 '朝鮮'이라 하였고, 하나님의 삼수 법칙에 따라 '韓'하여 삼한 제도로 통치함에, 마지막 날 가죽 옷을 입고 천국 예식에 참여하라는 환국 백성의 종교요, 우리 조선의 고유 종교임을 밝히는 유일한 증거라 1, 2부에서 밝힌 것 같이, '大韓'이라는 국호는 단군조선 이후 잃어버리고, 빼앗긴 나라를 하나님이 다시 찾아주었다. 인류의 최초의 종교가 우리 민족의 종교이고, 그 종교가 바로 희생의 제천을 드리던 기독교라고 역사와 환문은 동일하게 증거하고 있는 것이다.

환국, 조선, 고구려 때 우리는 중원의 주인이요, 찬란한 세계 문화를 이끄는 동방의 등불이었다. 그러나 고구려 이후 이방 우상 종교와 사대 노예 사상에 물들어 있을 때 우리의 역사는 고난의 恨의 역사였고 마지막에는 반만 년 역사에도 없던 노예생활을 하였지만, 시성이 예언하였듯이 환국과 조선의 종교를 회복한 대한민국은 6. 25의 잿더미 속에서 도무지 재기할 수 없다고 모두들 말하였지만 단 기간에 세계 무역 10대 강국으로 성장하였고 민주주의를 반세기 만에 이뤄낸 세계 역사상 그 유래를 찾아볼 수 없는 유대인을 능가하는 우수한 민족이라 모두들 칭찬을 아끼지 아니한다. 예술과 한류 문화가 세계를 이끌고 경제를 이끄는 세계에 주인이 되었다. 일세기 만에 전 인구의 사분의 일이 하나님을 믿는 기독교 국가가 되었고, 인구 대비 하나님 나라를 전파하는 세계 선교 1 위의 나라가 되었다. 인류 역사상 이러한 나라가 어디 있는가? 환국과 단군조선이 동방과 세계의 주인이 되어 세계 문명과 역사를 이끌며 인류 문명을 개화하였다. 이천 년간 세계 역사 속에 존속했던 그 나라는 이스라엘도 아니요, 로마도 아니요, 알렉산더도 아니요, 칭기즈칸도 아니요, 나폴레옹도 아니요, 오늘날 세계의 패권국가라고 말하는 미국도 아니다. 그 나라는 환국과 단군 조선 외에는 이 세상에 없었다. 그 나라가 그렇게 인류 문명을 이끌 수 있었던 것은 과거에 영국과 오늘날 미국이 그러한 것 같이 하나님께 제천하며 하나님과 함께하고(鮮) 하나님의 옷을 입어(韓) 하나님을 신뢰하였기에 그러한 것이다. 세계를 리드하는 달러에 "In God we trust"라 적혀 있다. 핵폭탄을 만드는 김정은이도 달러 때문에 아우성이다. 무엇을 더 얘기하랴! 우리는 환국이요, 조선이요, 大韓이요, 환웅의 후손이요, 하나님의 적장자로서 남북이 대치하고 있지만 반도를 통일하고 대륙을 넘어 만주와 동토의 유라시아를 넘고, 해양으로는 일본을 넘고 중국해와 불토인 인도양을 넘어 환국과 조선이 인류 문명을 전파하며 경천애민하고 홍익인간한 것 같이 마지막 날 하나님의 나라를 전파하라고 朝鮮이요 韓이요 하나님이 보우하사 우리나라 만세라고 한 것이다. 홍해가 갈라져야만 기적인가? 무엇을 더 말하겠는가?

3) 촛불 혁명

역사는 반복이 되는가 보다. 친일파 후손들이 또다시 아비가 쳐놓은 덫을 만들어서 도적질하려 할 때, 물질에 노예가 되어 타락할 대로 타락한 사이비 교주가 정치 협잡꾼과 작당하여, 왜놈이 쓰다 버린 고물배 헐값에 매입하여 제주도 오가며 어린 꿈나무들 바닷가에 수장하던 날, 그들의 숨넘어가는 고통의 울부짖음을 하늘은 참다 참다 눈물을 참을 수 없어 울어야 했다. 4.19와 5.18때 그들의 행위를 지켜보았다.

그러나 이번에는 친일 사대 매국노들이 국정과 인권을 유린하고 도적질하는 것을 하늘은 두 번 다시 용서치 않으신 것이다. 홍경래와 동학 농민운동 때 봉건 사대주의자들과 제국주의자들에 의해 수많은 사람들이 기관총에 말없이 죽어가고, 3.1혁명의 비 무장 민중들이 일제의 총칼에 무참히 죽어가고, 4.19와 5.18의 민중이 반독재 반외세 외치다 죽어간 영혼들이

"언제까지, 언제까지 이옵니까! 언제까지 참으시나이까?"

라고 하나님께 외칠 때 민중이 촛불이 되어 온 힘으로 막아냈다. 하나님을 경외하지 아니하고, 위민백성 하지 않고, 홍익인간하지 않고, 형제를 사랑하지 아니하고 또 다시 사대 외교로 이 땅에 외세를 끌어들여 이 민족을 비극의 구렁텅이로 몰아넣으려 할 때 이곳에 전쟁을 허락하지 않으신 것이다.

> 자손만대 모든 특혜 다 누리려고/ 할, 애비 쳐놓은 순환 구렁텅 속/ 재수 아주 더럽게 없어/ 정말로 운이 더럽게 없어 넘어 자빠졌다고 변명하는/ 그년 놈들 후손이다,

10월 26일은 안중근 의사가 하얼빈에서 조선의 원흉인 이토 히로부미를 저격한 날이다. 약속이나 한 듯 70년이 지난 후에 같은 날 만주 벌판에서 독립군을 토벌하고 위안부를, 그리고 5억 달러에 민족의 자존심을 팔아먹은 민족의 반역 독재자를 처단한 날이다. 왜 7수일까? 하나님이 하셨기에 7수이다. 그 돈이 어떤 돈인가? 독립만세를 외치며

죽어간 순국선열의 피 값이요, 아리랑을 부르던 위안부의 눈물 어린 피 값이요, 강제 징용자의 피요,………

언제 그들이 목숨 살려 달라 애원했는가? 언제 그들이 자존심 찾아 달라 눈물졌던가? 경제 개발했다고 말하지 말라! 머나먼 이국 땅에서 시체 닦다 서러움에 흐느끼던 간호사의 눈물이요, 무너진 막장 컴컴한 굴속에서 살려달라고 서로 부둥켜안던 광부들의 피눈물이요, 월남 가서 피 흘려 목숨 바꿔 벌은 젊은이들의 피 값이다. 김정일이가 개성공단 인건비 착취하여 핵무기 만든 것과 같이, 뭔 밥을 먹세 해주었다 말하는가? 그 돈으로 우리가 먹고 산 것이다. 아니다. 나도 아니고 너도 아니고 우리도 아니고 친일, 사대, 악덕, 재벌, 매판 자본가 일당들이다. 순국선열과 위안부와 강제징용자와 노동자와 원폭 피해자 등 몸 바치고 피 흘려서 받은 돈을 그놈들이 꿀꺽한 것이기에 중산층이 없는 것이고, 빈부격차가 하늘과 땅인 이유이다. 그러기에 아직도 위안부 문제가 해결되지 않은 것이고, 사법 농단으로 징용자 문제로 일본과 사법부가 시끄러운 것이고, 최면술로 독립군 고문하던 개뿔도 없던 놈이 하루아침에 부자 되고, 그 후손이 또 그 짓거리하려다 10월 26일 총탄 맞은 것과 같이 촛불 탄핵을 맞은 것이다. 왜 하필 10월 26일인가? 하늘은 말하고 있다. 하늘과 역사와 민중 앞에 더 이상 죄 짓지 말라고………

8. 마지막 전쟁 그리고 우리의 사명

인류의 역사는 전쟁사다. 표면적으로는 생존하기 위한 싸움이라고 말하지만 역사의 뜻과 섭리를 아는 사람은 그렇게 말할 수 없다. 한국전은 공산주의자들을 막아내기 위해 세계의 자유 진영의 모든 나라가 참전한 세계 전이기에, 맥아더는 신과의 싸움이라 하지 않았는가? 단순히 살기 위한 인간의 싸움이 아니기에 영적인 시각에서 그렇게 말한 것이다. 그렇다. 신들의 싸움이다. 歷史가 무엇인가? 에덴동산에서(厂) 생명 있는(丿) 두 번째 나무(林)에 나가는 길을 막으신 (止) 두 사람의 이야기(史)라 환문은 정의하고 있다고 1부에서 말하였다. 생명나무에 나가는 길을 막으신 길을 열기 위해 사탄과 싸워 온 역사가 기원전 B. C의 역사요, 선악과를 선택한 인류의 죄를 탕감하고 져 십자가에서 제와 예배를 드리고, 다시 생명나무로 나아가는 길을 여신 역사가 기원 후 A. D의 역사라 하였다.(이하 1부 참조) 지금 우리는 역사의 마지막 기로에 서있다. 생명나무로 나가는 길을 선택할 것인지? 아니면 영원히 선악과를 먹은 상태에서 사탄의 종이 되어 鬼의 존재로 살아갈 것인지? 그것이 A. D의 역사이다. 생명나무로 나가는 길을 막으신 분이 그분이시듯, 생명나무로 나가는 길을 여신 분도 그분이시다. 그것이 환자, 歷史라는 문자 유전자 속에 그대로 각인하여 우리에게 전하고 있는 것이고, 성경과 역사는 그 역사의 뜻을 성취하기 위해 한 치의 착오 없이 그대로 흘러왔음을 증명하고 있다. 역사는 에덴동산에서 잃어버린 인류를 찾아 나오기 위한 하나님과 사탄과의 눈물 나는 싸움이라 정의할 수 있다. 사탄은 계속되는 하나님과의 싸움에서 패하고, 패하다

(2차 세계 대전의 경우 일왕은 신사참배를 강요하던 사탄의 鬼임) 마지막에는 마르크스에 의해 하나님은 물론 자신도 없다는 유물론의 공산주의 이론을 들고 나와 싸우다 망하고, 공산주의 이론이 허구임이 밝혀지니까 주체사상이라는 거짓 이론을 들고 나와 대한민국과 대치하고 있는 북 조선 공산 김 씨의 우상 국가이다. 인류 전쟁사는 종교 전쟁사다. 중동을 비롯한 이슬람교와 기독교, 불교, 등 나중에 모두가 회복하여야 할 종교 전쟁이다. 세계의 중심이 한반도다. 구약 시대에는 이스라엘이 유럽과 아시아와 아프리카를 이어주는 세계의 중심이었지만 신대륙 발견 이후 해양세력과 대륙세력을 이어주는 세계의 중심지가 되었다. 그러기에 지구 반대편에 생긴 유물론의 공산주의와 유신론의 신본주의가 한반도라는 땅 끝에 이르러 남북이 대치되고 미국과 일본이 중국과 러시아가 대치된 신들의 마지막 전쟁이며, 포도원을 옮긴 이유이기도 하다. 이번 전쟁은 낙동강까지 밀렸다가 압록강까지 쳐들어가는 왔다, 갔다 하는 전쟁이 아니라 앉아서 모두가 죽는 전쟁이다. 사탄과 종노릇하며 간음하던 식민 제국 음녀를 멸하게 하고, 다시 무신론의 공산주의와 유신론의 민주주의를 나눠 갈라놓음은 싸우라는 것이 아니라, 우상을 숭배하는 사탄의 종인 鬼에게 3.1혁명에서 하나 되어 사탄을 몰아낸 것과 같이 하나님을 경외하고, 용서하고 서로 사랑하여 하나 되라는 하나님의 물음인 것이다. 하나를 둘로 갈라놓음은(判) 둘이 서로 싸우라는 것이 아니고, 둘이 서로 사랑하며 하나 되어 양의 제와 예배를 드리고 기도와 축복을 받아 생명과를 먹으라는 하나님의 마지막 역사인 것이다. 그래서 **朝鮮**이요, **大韓**인 것이고 하나님이 보우하사 우리나라 만세인 것이다.

북한은 우상을 섬기는, 사탄을 섬기는 가인의 나라이고, 남한은 기독교를 근본으로 하여 건국한 아벨의 나라이다. 하나님은 아벨의 제물을 받으시고 축복하여 세계 부유국가가 되었지만 혼자 잘 먹고 잘 살라고 축복하신 것이 아니다. 환국이 그랬던 것과 같이, 조선이 그랬던 것과 같이 경천애인하여 위민백성하고, 홍익인간하고, 광명이세로 하나님의 나라를 회복하여 반도를 넘어, 환문권 국가를 넘어 남으로는 사탄을 섬기는 일본과 불교의 나라 동남아와 인도양을 넘고, 북으로는 공산주의 사탄의 나라 만주와 동토의 끝자락 유라시아를 넘어 이슬람 중동 국가, 유럽, 아프리카 .... 땅 끝까지 이르러 하나님의 나라를 건설하라는 하나님의 명령이신 것이다. 최고의 극빈 국가요, 인권이라고는 찾아볼 수 없는 악의 국가인 가인을 끌어안고 사랑하여 하나님 품으로 데리고 나오라는 하나님의 준엄한 명령인 것이다. 아벨은 제물을 받지 않은 카인에게

"형! 그렇게 죄를 짓으니 하나님이 제물을 받지 않은 거야!"

라고 뽐내며 교만했다. 마치 노아의 아들, 함이 벌거벗은 노아를 비웃은 것과 같이, 화가 뻗쳐 아벨을 들로 불러 돌로 쳐 죽였다. 인류 최초의 살인이다. 그것은 하나님의 뜻이 아니었다. 하나님은 아벨이 겸손하게 가인에게 다가가

"형님! 아버지와 어머니가 에덴동산에서 선악과를 먹고 무화과 나뭇잎으로 아래를 가렸잖아요. 그것으로는 우리의 죄와 허물을 가릴 수 없기에 양과 소를 창으로 죽이고 그들의 피로 몸을 씻고 제와

예배를 드리고 그들의 가죽을 칼로 마름질하여 입었던 것 들으셨죠! 저한테 양이 한 마리 더 있으니 우리 같이 다시 한 번 예배(拜)드리고 기도해 봅시다."

라고 하였으면 세계 역사가 바뀌었을 것이다. "**義를 행하라**"라는 하나님의 간곡한 하소연에도 불구하고 그는 아벨의 교만함에 하나님의 말씀이 귀에 들어오지 않았다. 형제를 사랑하라고 하였다. 우리의 고유 종교를 잃어버리고 우상숭배에 탐닉한 고구려와 고려를 멸망시켰다. 민족의 대 살상이 있었다. 사대의 예를 나해 수많은 여자를 공녀로 받치고 금은보화를 헌납하고 백성의 고혈을 빼낼 때, 하나님은 헐벗는 백성의 신음소리를 들으시고 그냥 계시지 아니하였다. 사탄으로 하여금 사방을 둘러싸고 전쟁에 전쟁을 겪고 마지막에는 나라를 통째로 넘겨 그 나라를 멸망시키고 다시 반 토막으로 두 개의 국가를 세우시고 분립 심판을 하시는 것이다. 독일이 통일을 할 수 있었던 것은 서독의 국력과 주변국의 도움이 있었겠지만 하나님께 드려지는 예배와 눈물 어린 그들의 기도에 응답하신 것이다. 우리 대한민국은 풍요의 문화 속에 부족한 것이 없이 살아간다. 밤만 되면 휘황찬란한 거리에 온갖 풍요와 쾌락을 즐기다 그것도 부족하여 마약과 매춘이 성행하고 가정폭력에, 믿기지 않는 사건들이 하루가 멀게 뉴스 되어, 소돔과 고모라와 같은 환락의 도시로 윤리와 도덕성이 무너져 가고 있다. 언제 우리가 그렇게 잘 살았던가? 불과 50년 전만 해도 미군 꽁무니를 쫓아가며 초콜릿을 받아먹고, 원조를 받아 끼니를 연명하며 배고픔을 참으며 살아갔는데, 좁힐 수 없는 커다란 빈부격차에, 젊은이들이 일자리가 없어 거리를 방황하고, 서울의 아파트가 20억이 넘어 신혼부부가 집을 마련할 수 없어 결혼율과 출산율이 급감하고, 종교는 타락할 대로 타락하여 교회는 점점 귀족화, 세속화되어 세습직 목사가 세습이 아니라 하고, 정치인은 자신들의 정치적 목적을 달성하기 위해 사법부가 이미 판결한 역사도 부정한 채 막말을 해가며 좌파니, 우파니, 호남이니, 영남이니 국민을 이간질하며 국론을 분열시키고 있고, 친일파 아들이 대통령 하려다 못하니 청와대를 다이너마이트로 폭파해야 해야 한다고 하고 있으니....... 진정 역사의 뜻을 알았고, 평화에 관하여 알았더라면 그렇게 말할 수 없을 것이다. 오늘도 북녘 지하 교회에서는 목숨을 각오하고 하나님 나라를 갈망하며 기도하는 성도들이 있다. 회개하여야 한다. 그렇지 아니하면 화가 우리에게 미치는 것을 우리는 역사 속에서 보아 오질 않았는가? 특히 기독교인들은 이민족의 더러운 죄악에 대해 밤낮으로 하나님께 엎드려 통한의 회개를 해야 하고, 헐벗고 굶주림 속에서도 하나님 나라를 갈망하는 북녘 동포를 위해, 하나님을 모르고 살아가는 세계 인류를 위해 통곡하고 기도하며 사탄과 싸워야 한다.

해상 설경

가지에 쌓고
지붕에 쌓아두면
부러지고 무너진다고

바다는

채 쌓이기 전
낙하 눈송이를 녹이고 있었다.

바다는
곳간에 쌓아두면 썩는다고
곳간에 모두우면 도적 든다고
욕심으로 가득 찬 세상

가시관 뜨거운 피 흘림 되어
하늘 곳간 채우고 있었다.

너희를 위하여 보물을 땅에 쌓아 두지 말라 좀과 동록이 해하여 도둑이 구멍을 뚫고 도둑질하느니라 오직 너희를 위하여 보물을 하늘에 쌓아 두라 거기는 좀이나 동록이 해하지 못하며 도둑이 구멍을 뚫지도 못하고 도둑질도 못하느니라.(마 6장 19~20절)

친 일 사대 제국주의 일당과 후손들이 형제를 사랑하지 않고, 동포를 사랑하지 않고, 권력과 부를 또 다시 도둑질하려 할 때, 안보라는 미명 아래 또 다시 외세를 끌어들여 전쟁의 긴장으로 내몰 때이 민족에게 도륙 당하는 전쟁을 다시는 허락하지 아니 하심은 이토 히로부미를 하얼빈에서 암살했던 그날하고도 정확히 70년 뒤 친일 독재자를 암살하고, 다시 그 졸개가 도적질하고 사대 노예근성에 민족을 전쟁의 공포와 죽음으로 내몰 때, 그날 민중이 촛불되어 봉기하였음은 우연의 일치가 아니라 형제를 끌어안고 사랑하라는 하늘의 명령인 것이다. 안중근 의사가 천국 가서 이 나라를 위해 기도한다고 하였는데 그 기도 소리를 하나님이 들으신가 보다.

"회개하라! 천국이 가까이 왔노라!"라고 세례요한이 외친 것 같이, 제와 예배로, 기도하고, **鮮**하고 **韓**하면, 생명나무로 나아가는 길을 축복을 해준다 함에 하나님이 우리에게 거저 주는 선물이기에 아벨같이 교만하지 말고, 겸손하라고 하신 이유요, 카인같이 시기하지 말고, 화내지 말고, 아벨의 기도 요청에 따라 용서하고, 서로 사랑하여 **彼我**인 곡물의 제배가 아니라, **我**를 찾아 소(양) 울음소리를 듣고, 그의 피로 죄악 씻고, 기도로 **美善義鮮** 여김 받아 **韓**하여 신랑이신 여자의 아들, **鄭** 도령의 잔치에 참가하여, 생명과를 먹으라는 하나님의 마지막 **歷史**인 것이다.

9. 대한민국의 건국 연도

대한의 어원은 단군조선의 삼한 제도에서 왔고 모두 기독교와 관련된 단어들이라고 앞서 정의하였고, 고종황제가 1897년 대한제국을, 그리고 1919년 3.1독립선언 이후 자주국임을 선포함에 따라 독립선언서에 기초하여 임시정부를 수립함에 사용한 국호임에도 불구하고, 오늘날 대한민국 건국 연도에 많은 논란이 있다. 그중 혹자는 국가의 3요소에 따라 국기 성립요건의 충족이 되지 않기에 1948년이 대한민국의 정부 수립 연도로 해야 한다고 주장한다. 임시정부는 국가의 3요소라고 하는 주권, 영토, 국민이라는 요소가 충족되지 않기에 그렇다고 주장은 하나

헌법에서도 말하는 것과 같이 유구한 역사를 거치며 사용된 어원임에도 불구하고 대한민국의 건국 절을 1948년도로 하여야 한다고 주장함에 여러 가지 이유가 있겠지만 한 가지 분명한 사실은 대한이라는 말은 앞서 말한 대로 옛 조선의 삼한 통치제도에서 유래되어 고려와 조선에서조차 우리 민족을 삼한이라 일컬어 사용하였고, 이에 따라 고종황제가 대한 제국이라는 국호를 사용하였고, 3.1혁명의 독립선언서에 따라 독립국임을 선포함에 따라 상해임시정부가 사용한 국호인데 단순히 국가의 3요소의 요건에 충족하지 않기에 건국 절을 1948년 8월 15일로 대한민국의 건국 절로 해야 한다는 논리는 비약적이고 헌법에도 맞지 않다고 하겠다.

첫째 유구한 역사와 전통에 빛나는 우리 대한민국은 3.1혁명을 계승하고
둘째 대한민국의 영토를 한반도와 그 부속도서로 함에

1948년 8월 15일을 건국 절로 해야 한다면 북조선 정권을 인정하자는 논리이다. 1948년 8월 15일의 건국 절은 엄격히 따져 38 이남만을 말하는 것이기에 그렇다는 것이다. 신탁통치로 국론이 분열되자 사대 친미일소 추종세력이 38 이남에 한해 대한민국을 먼저 건국하였고, 그러다 보니 김일성이 역시 38 이북에 9월 9일자로 또 다른 나라를 건국하였던 것이다. 그들 논리에 따르면 1948년 건국된 나라는 38 이남만을 말하는 것이지 한반도 전체를 말하는 것이 아니기에 헌법에도 맞지 않을뿐더러 북한 정권을 인정하자는 논리고 그러기에 통일이라는 당연성에도 모순이 생긴다는 것이다. 김일성이는 반도에 두 나라는 인정할 수 없다 하여 전쟁을 일으켰다. 그들이 누구인가? 민족주의자도 아닌 보수도 아닌 앞서 말한 대로 민족과 민중의 권익은 안중에도 없고 자신들의 정치적 이익에 따라 빌붙어 살아가는 사대 개들이다. 도둑같이 온 해방을 다 처먹지 못하니까 서둘러 38 이남이라도 처먹으려고 부랴, 부랴 1948년 반쪽 아리 정부를 세우고 친일파를 대거 등용함에 반민족 특별법을 제대로 처리할 수 없었고 그러다 보니 정통성이 부족한 것이고, 명분을 찾으려다 보니 건국 절을 1948년이라고 하여 자신의 정통성에 조금이라도 위안 삼고 져 국가의 3요소니 이런저런 핑계 대며 보수에도 맞지 않는 논리를 펴는 것인지는 잘 모르겠으나, 대한이라는 국호는 일제 강점기 이전, 아니 이민족이 삼위태백하고 신단수 아래에 신시를 건국 할 때 하나님이 주신 국호이다.

소위 건국의 아버지라 하는 자와 추종자들은 엄정히 말해 헌법을 위반한 헌법 파괴자들이다. 뭔 일 있으면 이놈 저놈 눈치 보며 민중과는 상관없이 자신들의 정치적 입장에 따라 움직이는 그런 식민사대 수구 반 민족주의자들이다. 진정한 보수란 우리 것을 지키는 것이다. 우리 것이 무엇인가. 분단되어 갈라지기 이전, 식민지 이전 원래의 상태를 지키자는 것이 보수이다. 그러기에 북한의 정권을 인정하지 않는 것이고 개천 후 삼한에서, 식민 이전 대한제국에서, 그리고 분단 이전 대한민국의 정통성을 3.1혁명의 독립선언서에 기초한 임시정부에서 찾자는 것이요, 나아가 둘이 아니라 하나이니 통일의 당위성을 말할 수 있는 것이다.

그러나 그들은 자신의 정치적 욕망에 따라 솔로몬이 아기를 둘로 쪼개라고 함과 같이 둘로 쪼개 반쪽 정부를 수립하였다. 그들은 식민지 시대 친일하며 살아온 것이 부끄러웠던 것은 알았던지 대한민국 독립운동사는 쏙 빼야 하겠고, 그러다 보니 1948년을 건국 절로 하자는 것이고, 그러다 보니 북한 정권을 인정해야 하는 헌법에도 맞지 않는 모순을 자아내는 것이다. 북한의 김일성이도 3.1혁명의 독립선언서에 기초한 상해 임정을 인정하였기에 독립운동을 한 것이고, 이승만이도 인정하였기에 국호를 대한민국이라 하였던 것이다. 그러나 그 두 놈과 추종세력이 "우리 민족은 하나만 알지 둘은 모른다 "라고 하였으면 분단이 왜 되었을까? 민중이야 죽든 말든 미소 사대주의 앞잡이들과 자신들의 정권욕에 사로잡혀 서둘러 반쪼가리 정부를 세운 그자들을 소위 건국의 아버지라 하지만 친 공산주의자 장군이라고 하는 놈은 한반도에 두 개의 나라는 인정할 수 없다 하여 전쟁을 일으켰고 그놈이 쳐들어오게 전쟁의 빌미를 제공하여 반만년 역사에도 없는 참혹한 전쟁의 도가니로 몰아 민족과 역사 앞에 용서받을 수 없는 죄를 범하였으니 그들이 민중을 학살한 살인 사대 반 민족주의자들이라는 것이다. 이러한 명백한 역사적 사실이 분명한데도 불구하고 반 쪼가리 정부를 건국 연도라고 해야 한다고 주장하고 있으니 그자들이 누구인가? 보수라는 말은 옛 것을 지키자는 것이다. 분단 이전, 식민지 이전 광활한 만주 벌판을 지배하며 하나님의 나라를 건설한 동북아의 대제국, 그리하여 동방의 밝은 등불이었던 옛 조선의 삼한을 다시 찾자는 것이 보수지, 두 개의 정부 밑에 친미니 친소니 이놈 저놈 눈치 보며 형제가 원수 되어 총부리 겨누자는 사대주의자를 보수라고 말하는 것은 언어적 도용이요, 논리적으로도 맞는 것이 아니다. 대한민국 정부 수립을 1948년으로 해야 한다는 주장은 한반도에 두 개의 나라를 인정하자는 것이고 그래서 통일의 당위성과 북한 공산주의를 인정하자는 것이기에 헌법에도 맞지 않을뿐더러 친 사대 반민족주의 사상이기에 보수라는 말과도 상관이 없다는 것이다.

10. 한일 과거사 문제

이성계가 위화도 회군을 하지 않고 중원을 통일하여 옛 조선과 고구려의 땅을 회복하였더라면 강대국 틈바구니에 끼여 임진왜란은 몰라도 적어도 병자호란과 삼전도 같은 치욕의 역사는 없었을 것이요, 반도라는 지정학적 이점에 대륙과 해양세력을 이용하여 근대화를 이끄는 아시아의 대국이 되었더라면 르네상스에 버금가는 문화부흥을 이루는 나라가 되었을 틴데, 구한말 상대국 틈바구니에 끼여 눈치보다, 일제에 나라를 빼앗기고, 또 다시 해방 후 남북이 분단이 되지 않았을 것이다. 필자는 그 이유에 대해 하나님을 잃고 위민백성 하지 않고 홍익인간하지 않고 사대사상으로 역사의 사명을 잃었기 때문에 그렇다고 그 이유를 밝혔다. 덕이 아닌 욕심으로 나라를 세우다 보니 백성이 인정하지 않는 것이고, 정통성이 없다 보니 남의 나라에서라도 인정받아야겠고 그러기에 백성이야 죽든 말든 사대의 예를 다해 백성의 고혈을 빼내려 하였으니 그 나라가 잘 될 수 있었겠는가? 영화 '왕이 된 남자'에서 광해는 뭐라고 말했던가? 민중의 의사와는 달리 쿠데타로 정권을 잡은 그 정권이 자신의 정권의 정통성을 얻으려니 반공과 민생고를 들고 나왔고 그리하여 경제 개발이라는 미명 아래 과거 40년간 노예생활을 하던 삶을 5억 달러에 팔아먹고, 과거사에 대한 사과와, 위안부, 전쟁 노역자, 전쟁 희생자, 순국열사, 강제 노동자, 그리고 약탈한 문화재 반환 등 산적한 문제는 뒤로한 채 진정 어린 사과 한 마디 받아내지 못했으니 이완용이 버금가는 매국노가 아닌가? 역사는 반복된다고 하지 않았나?

오늘날 까지 위안부와 징용자 배상 문제로 한일 간 경제 전쟁이 벌어지고 있다.

거짓말로 속여서 강제로 끌려간 위안부들이 살아 증언을 하는데 그들은 강제성이 없었고 돈을 벌려고 자발적으로 하였다고 말도 되지 않는 말을 하고 있고 오늘날까지 계속하여 사과와 배상을 요구하고 있고, 저들은 배상은 벌써 이미 다 했는데 자신들이 돈 벌려고 자발적으로 하였던 것에 왜 자꾸 사과하라고 하냐고 하고, 누구의 잘못인가?

조선통신사가 임란 후에 방일하여 제대로 된 사과 한마디 제대로 받았는지 모르겠지만 저만 살겠다고 도망간 그놈이 전쟁 통에 희생된 유가족을 치유하였을 리가 없었을 것이고, 분하고 원통한 그들의 마음을 밝히 아셨기에 그들의 원혼을 달래고 져 하늘은 이순신 장군으로 하여금 노량에서 한 놈도 살아 돌아가지 못하게 하고 그의 고결한 목숨을 걷어 가시었다. 왜 그랬을까? 하늘은 피눈물 흘리며 억울하게 죽어간 한 맺힌 백성의 한을 알았기에 그 한을 풀지 아니하고서는 도저히 잠을 이룰 수 없기에 그로 하여금 노량에서 강탈하고 겁탈하던 놈들을 하나도 남김없이 물에 쓸어 넣고 그의 목숨을 거두셨다. 백성은 안중에도 없고 양반이니 상놈이니 노론이니 소론이니 싸움질하는 더러운 진흙탕 속에서 자신들의 이익만을 위해 살아가는 비겁한 곳에 거룩한 생명을 더럽히지 않으려고 그의 목숨을 걷어간 것이고, 또 다시 우리에게 하늘은 묻고 있는 것이다.

임란 뒤에도, 해방 이후에도 제대로 된 사과 한마디 받아내지 못했다. 65년도 한일협정을 하면서 위안부에 대한 말조차 없었다. 그리고 몇 십 년 뒤 아비가 한일에 대해 양심은 있어 미안했던지, 위안부 논의를 거론함에 피해 당사자와는 아무런 협의도 없이 자신들의 정치적 입지에 따라 진정성 있는 사과 한마디 받지도 못하고 다시는 거론하지 않는다는 조건으로 10억 엔을 또 받아 냈다. 이 나라는 김일성이보다 자존심도 없는 나라인가 보다.

65년도에 이미 굴욕적인 협정이지만 배상은 이미 끝난 것이고 국가간 협정이 비록 불평등하다고 할지라도 한번 맺은 협정은 준수되어야 한다. 우리 정부는 희생자들과 아무런 상의도 없이 협상을 하였고, 그들에게 배상조차 거론 하지 않고, 경제개발이라는 명분아래 모두 써버렸으니 필자가 도둑놈들이요, 식민 사대 반 민족주의자들이라는 것이고, 우리가 먹고 산 것이 아니라 그놈들이 꿀꺽한 것이라 말하고 있는 것이다.

사법부는 국가간 배상은 끝났지만 개인간 배상은 아직도 유효하다고 말을 하나 65년도 배상은 포괄적 개념이기에 협상 당사자인 한국 정부가 배상을 하여야 한다. 그러기에 지금까지 거론이 되지 않았던 것이고, 반세기가 지난 뒤 피해자들에게 미안했던지 다시 거론하여 불가역적으로 하고, 10억 엔을 받고 또 다시 강제 징용자를 배상하라고 하니, 다음은 또 원폭 피해자인가?

우리 민족이 언제부터 그런 거지 근성을 가졌던가? 삼성전자가 벌어들이는 1년치 세금만으로도 배상이 충분히 이루어 질턴데, 싸움질하며 세금 도적질하는 국회의원과 놀고먹으면서 관광 외유로 국격을 떨어트리는 의원들의 정치비용, 장관, 정치인, 낙하산 사외 이사, 선거비용 등 낭비하는 비용을 절감하면 충분할 텐데, 그들은 자신들이 낭비하는 국비는 아깝고, 국가간 협약을 무시한 채 또 다시 배상을 요구하고 있으니 저들이 우리를 어떻게 생각할까! 위안부와 강제징용자등의 배상은 우리 정부가 하여야하는 것이고, 정부는 진정성 있는 사과와 재침 방지를 요구하여야 하는 것이다.

소 녀 상

맨발의
단발머리 앳띤 좌상

성전(聖戰)이라

이비(耳鼻)에서 솥뚜껑까지
빼앗기고 빼앗기다

신발도 모자라 풋 성(性)까지 강탈당한

종속 보존 짐승이 아니고서야
도저히 아니 믿겨 말 섞고 싶지 않는 불편한 진실
멀끔히 먼 하늘 바라봄에

님 오실 때
드릴 것은 짓밟을 수 없었던 오직 마음뿐이란 한(恨)
울음.

부끄러운 양심은 있었던지

정녕코 강제성은 없었노라
배상 끝났으니 소녀상 철거하라

살아생전 아니 정말 죽어서조차
진심 어린 사죄 한마디 치유받고 용서하고파

"그대들이 정녕 죄를 범하지 않았다 하면
 하나님을 거짓말하는 이로 만드는 것을……"

모든 것을 경제 논리로 바라다보니, 민족정신의 자존심이라던가, 상처를 바라보지 못하는 것이다. 그러기에 진정어린 사과한마디 받아내지 못하고 망언과 재발에 대한 구실을 주는 것이고, 더하여 역사왜곡과 독도문제가 거론되는 것이다. 진정한 용서란 피해자가 용서한다고 하였을 때 되는 것이고 진정한 회개란 눈물 어린 통한의 고백임을 자백할 때 하나님이 용서하는 것인데 그들은 침략이 아니라 진출이라 하고, 나라를 찾겠다고 항거한 사람을 범죄자라 하고, 돈 벌려고 자발적으로 한 것이지 강제성이 전혀 없노라 하고, 아직도 자신들이 저지른 만행에 받은 피해만을 생각하지 주변국에 피해를 준 상처를 모르는 ……. 하늘은 그들의 재침략 속셈 아시고, 또 피해자들의 상처와는 상관없이 민족의 자존심을 팔아먹으며 자기들 배만 채우려는 정치하는 놈들의 시꺼먼 속셈을 아셨기에 이순신 장군으로 하여금 한 놈도 살아 돌아가지 못하게 명랑에서 모두 섬멸하시고, 그의 고결한 목숨을 걷어 가신가 보다.

용서하자. 용서해 달라하기에 용서하자는 것이 아니라 용서해 달라고 하지 않기에 용서하자함이요, 나를 채찍질하여 달려가기도 바쁘고, 나의 죄를 용서해 달라하기도 바쁘기에 남 탓할 시간이 없어 용서하자함이요, 잊자함의 용서가 아니라, 잊지 말자함의 용서요. 그러한 일을 또 다시 당하지 말자함의 잊지 말자함의 용서이다. 용서하자! 다시는 그런 무능력한 지도자와 자신들 배만 채우는 더러운 정치 경제인을 세우자함의 용서가 아니라, 다시는 상처받은 국민을 치유하고 보담아 쓸어 담을 수 있는 유능한 지도자를 세워 부국강병 하자함에 잊지 말자함의 용서요, 하늘에 **鮮**하고 **韓**하지 못함에 우리의 죄를 용서받자함에 용서요, 우리가 그들을 용서해야 그분이 우리의 죄를 용서할 수 있음에 용서하자함의 용서이다.

11. 한국 기독교에 고함

"우상을 섬기지 말라"라고 말씀하셨다. 우상은 사탄이다. 출애굽한 민족이 금송아지에 절한 것은 금송아지에게 절한 것이 아니라 막막한 사막에서 막연하게 느껴지는 하나님 말씀보다 눈에 보이는 돈이라는 물질이 살아가는데 더 필요한 것이라 믿어져 그런 것이다. 눈에 보이는 금덩어리가 자신의 생명을 지킬 수 있다고 더 믿어지게 하여 하나님 보다 더 소중하게 느껴졌기에 그들은 돈을 섬긴 것이다. 이 세상에 존재하는 모든 것은 모두 하나님의 피조물들이다. 하나님보다 더 사랑하는 것은 다 우상이다. 절간에 불상만이 우상이 아니라 돈 벌기 위해, 목숨을 연명하기 위해 하나님 보다 더 소중히 여기는 것은 모두 다 우상이다. 그것을 몰랐기 때문이라기보다는 신앙을 자신의 입맛에 맞추어 믿으려 하였기에, 선악과를 먹으면 **"반드시 죽는다."**라고 말씀하셨는데 **"죽을까 하노라"**로 변질되어, 선악과를 먹은 것과 같이 "신사 참배는 우상이 아니다."라 하고 절하였다. 인간이 만들어낸 분명한 우상임에도 불구하고 그들은 우상이 아니라 경배했으니 이는 분명 사탄에게 권세를 받은 짐승의 수 666인 것이다. 안중근 의사가, 주기철 목사가 죽고 져 신사참배를 거부한 것이 아니라 살기 위해 신사참배를 거부한 것이고 독립운동을 한 것이다. 그러나 많은 기독교인들이 친일을 하며, 우상숭배가 아니라 말하고 신사 참배에 참여했다. 그들이 어떻게 되었을까?

교회가 점점 세속화, 물질화되어, 대형화, 귀족화되어 가고, 하나님보다 돈과 성을 더 사랑한다. 장로라는 사람은 권력의 우상에 눈이 멀어 나라를 반 쪼가리 나눠 건국하고, 부정선거로 장기 집권하다 망하고,

또 다른 장로는 돈이라는 물질의 우상에 노예 되어 거짓말에 들통 나 감방 가고, 목사라는 사람은 성이라는 우상에 노예가 되어 부녀자를 겁탈하고, 돈과 권력의 우상에 노예가 되어 회칙을 고쳐가면서까지 하나님 말씀을 바꿔 목사직을 세습한다. 신사참배가 우상이 아니라고 말한 것 같이 자식에게 넘기는 것을 세습이 아니라 변명하고 임원들도 사탄의 가면을 쓴 목사에 취해 세습이 아니라 회칙을 통과시켰지만 분명히 세습이다. 왜 교회 목사직을 세습시킬까? 돈이다. 물질이고 권력이다. 그것이 바로 사탄이 하는 짓거리다. 그 교회는 사탄으로 가득 차서 하나님의 말씀이 눈에 보이지 않고 귀에 들리지 않아 사탄을 섬기면서 신사참배는 우상숭배가 아니라고 한 것과 같이 세습이 아니라 똑같이 말한다. 그 교회는 조선이 바알이란 여신상을 성전에 끌어들이고, 간음한 것 같이, 마리아라는 여신상을 끌어들여 면죄부를 팔아먹으면서 죄를 사해주는 증표라며 말하는 중세 교회같이 세습이 아니라고 말하지만 하나님은 세습이라고 분명히 말하고 있고, 돈과 물질이라는 우상을 섬겨 鬼가 되어 媿되었다고 분명히 말씀하고 계신다. "**그날에 내가 너희의 믿음을 보겠느냐!**"라고 말씀하신 주님의 음성이 귀전에 울리 운다. 한국 교회여! 3.1혁명 때 목숨을 아끼지 아니하고 하나님을 부르짖던 그 순수함은 어디다 버렸는가? 회개하라, 주님의 때가 다가왔다.

> **"주여, 주여 우리가 주의 이름으로 선지자 노릇 하며 주의 이름으로 귀신을 쫓아내며 주의 이름으로 많은 권능을 행하지 아니 하였나이까 하리니 그때에 내가 그들에게 밝히 말하되 내가 너희를 도무지 알지 못하니 불법을 행하는 자들아 내게서 떠나가라 하리라(마 7장 22~24절)"**

13. 이단 종파에게 고함

진리가 하나이듯 하나님도 한 분이시고 성자도 한 분이시다. 그런데 진짜가 왜 그리 많은가? 이만희가 진짜라면 문선명이는 가짜고, 문선명이가 진짜라면 정명석이는 가짜고 정명석이가 진짜라면 둘 다 가짜인데, 거기에 일왕과 히틀러에 김일성이까지 나서서, 뭔 진짜가 그렇게 많은가? 진짜가 많다는 것은 모두 다 가짜라는 것이다. 진짜라고 외치는 사람들아! 진짜라는 이유를 밝혀라! 진짜는 하나이고 그분은 아직 오시지 않으셨다. 이유인즉 구약과 신약의 예언들이 아직 다 성취되지 않은 이유이다.

갈릴리 사람들아 어찌하여 서서 하늘을 쳐다보느냐 너희 가운데서 하늘로 올려지신 이 예수는 하늘로 가심을 본 그대로 오시리라 하였느니라(행 1장 11절)

분명히 그렇게 기록하고 있음에도 불구하고 자기들 멋대로 해석한다. 물론 말세에 가짜가 많을 것이라고 경고하였고 그러한 것이 다 지나가야 오신다고 예언하였으니 당연한 일이겠지만 앞서 말한 대로 진짜는 하나이기에 그들은 모두 다 가짜라고 성령님이 내게 가르쳐 주셨다. 믿기지 않겠지만 필자는 하늘로 올라가심 그대로 오시리라 던 그분을 직접 보았다. 바울이 다메섹에서 주님을 보았고 스데반이 순교할 때와 하늘 문이 열리면서 성부 우편에서 나를 위해 기도해주시던 그분의 모습과 그분의 기도 소리를 들었다. 성부께서 "**아들아 사랑한단다**"

라는 음성을 3번이나 들었고 모두 다 가짜라고 그들에게 "**주의 때가 다가왔으니 무릎 꿇고 사죄하라**"라는 성부의 방언이 통역되어 분명히 들은 사람이다. 믿음의 사람 중 현대는 성령의 은사가 없다고 주장하는 사람이 더러 있는데 그것은 성경을 모르고 하는 말이다. 성령의 임재가 있듯이 사탄의 임재도 있는 것이고 중요한 것은 그것이 누구로부터 왔냐는 것이다. 필자는 성령님과 교제하면서 아담과 하와, 가인과 아벨, 노아의 환상과 아브라함과 이사야와 예레미야와 에스겔을 통하여 슬픈 인류의 역사를 또한 보았고 예수님의 십자가 사역과 제자들의 흔적을 체험하고, 제자들이 성경의 가르침을 받은 것 같이, 필자도 가르침을 받고 그 경험에 기초하여 이 책을 저술하는 것임을 또한 밝히는 이유는 이 책이 거짓이 아니라 참이요 진리요 그분을 증거하는 참 예언임을 강조하기 위함이다.

> **누가 어떻게 하여도 너희가 미혹되지 말라 먼저 배교하는 일이 있고 저 불법의 사람 곧 멸망의 아들이 나타나기 전에는 그날이 이르지 아니하리니 그는 대적하는 자라 신이라고 불리는 모든 것과 숭배함을 받는 것에 대항하여 그 위에 자기를 높이고 하나님의 성전에 앉아 자기를 하나님이라고 내세우느니라 (데살로니가후서 2장 3~4절)**

그 자들이 누구인가? 김일성이요, 히로히토요, 히틀러요, 마르크스요, 이단 교주들이다. 자신들이 오리라던 그분이시라면 성경에서 예언된 말씀이 성취되어야 한다. 예수님이 오셔서 이사야의 예언과 시편의 예언들을 성취하셨던 것과 같이, 그러나 재림의 수많은 예언들이 아직 성취가 되지 않았는데 그것을 어떻게 설명하랴!

13. 역사의 종말

역사의 끝은 무엇이고 언제인가?

하나님은 6일(단계)에 거쳐 천지를 창조하시고 일곱 째 되던 날 안식하셨다. 에덴동산 중앙에 선악을 알게 하는 나무와 영생할 수 있는 생명나무를 두시고 인류에게 “**선악을 알게 하는 나무의 열매는 먹지 말라!**”라고 하셨고 “**그것을 먹으면 반드시 죽는다.**” 라고 하셨다.” 인류에게 자율 선택의지를 주셨던 것과 같이 오늘날 살아가는 우리에게도 그대로 적용되며 유효하다. 선악과를 먹은 아담과 하와는 생명나무에 나아가 생명과를 먹고 영생할 수 있는 것을 금지하였고 에덴동산에서 쫓겨났다. 1,000여 년을 살면서 자식을 낳아 오던 중 오늘날의 ‘나’라는 존재가 있게 된 것같이 나는 **我**이다. 손(手)에 창(戈) 들고 소와 양을 죽인 아담이요, 나와 우리의 정체인 까닭에 我離郞이다. 나는 손에 창을 들고 바라바같이 십자가에 그리스도를 못 박은 죄인이다.

여자의 후손 곧 그리스도를 기다리라며 에덴동산에서 쫓아낸 것이 역사의 시작이고, 여자의 후손을 보내 십자가의 祭의 예배를 통해 아담의 모든 죄를 담당하시고, 다시 생명나무로 나아가는 길을 열어주신 것이, 바로 B. C와 A. D의 역사라 말하였다. B. C는 생명나무로 나가는 길을 막으신 그 길을 열고 자함의 역사고 A. D는 생명나무로 나아가는 길을 여신 그 길을 가기 위한 역사이다. 역사의 시작을 그분이 하심과 같이 역사를 기원전과 기원후로 나누신 분도 그분이시고, 역사를 종결하시는 분도 그분이시다.

역사의 종말은 무엇인가? 생명나무로 나아가 생명과를 먹고 영생하는 하나님의 창조본연의 이상 세계를 실현하는 그날이 환문의 정의에서와 같이 역사의 종말이다. 인류의 선악에 대해 악을 멸하고 죽음을 멸하시기 위해 지금도 창조 중이시다. 여기에는 인류의 자율성이 부여되었기에 인류는 반드시 둘 중 하나는 선택하여야 한다. 에덴동산에서 쫓겨난 우리는 B. C의 역사를 종결하고 A. D의 역사를 여시며 생명과를 먹을 것인지, 생명과를 먹지 않을 것인지 선택의 심판에 서 있으며, 이 세계를 살아가는 우리에게 생명과를 먹어야지 반드시 살 수 있다고, 생명나무로 나오라고 말씀하시며 기다리시는 것이다.

복음이 땅 끝까지 전파되고 환문이 해석돼 예언의 말씀이 해석되고, 田田이 생명과이고, 十勝地가 십자가의 승리로 부활하신 교회이고, 鄭도령이 그리스도임을 밝혀지고 역사가 무엇인지, 역사의 종말이 언제인지, 밝혀져 저희가 도무지 핑계 댈 수 없다고 하실 때 도둑같이 온다고 말씀하셨다. 도둑같이 오셔서 선과 악을 그리고 사망까지 심판하시고, 성경에 성취되지 않은 모든 예언을 이루시기에 모두 다 가짜라고 말한 이유이다. 그를 믿는 자들에게 생명나무에 나아가 생명과와 생명수를 값없이 거저 주신다고 말씀하셨다. 그것이 역사의 종결이다. 에덴동산에서 생명나무로 나아가는 길을 막으신 것을 허락하는 것이 기원후 현재의 역사라면, 역사의 종결은 생명나무로 나아가 생명과를 먹는 것이 환자, 歷史가 가지고 있는 언어의 정의요, 성경의 결론인 것이다.

나는 알파요 오메가요 처음과 나중이요 시작과 끝이라 그 두루마기를 빠는 자들은 복이 있으니 이는 저희가 생명나무에 나아가며 문들을 통하여 성에 들어갈 권세를 얻으려 함이로다. (계 22장 13~14절)

15. 환자가 漢字가 아닌 또 다른 이유

첫째

음소(音素)란 "언어를 더 이상 작게 나눌 수 없는 음운론 상의 최소 단위. 하나 이상의 음소가 모여서 음절을 이룬다."라고 정의하고 있다. 모택동(毛澤東, 마오쩌둥), 북경(北京, 베이징), 상해(上海, 상하이) 풍신수길(豐臣秀吉, 도요토미 히데요시) 이등방문(伊藤博文, 이토 히로부미)과 같이 우리말은 환자 하나, 하나에 하나의 음소를 가지지만 중국어나 일본어는 상기에서 보듯이 하나의 단어에 여러 음소를 가진다.

둘째

발음에 대한 구강 모형의 변화이다. '出入'을 발음할 때 [chūlip]이라 우리말은 나가고 닫히는 구강의 변형을 가지지만 중국어는 [chūrù]라 발음하여 구강이 닫히지 않는다. 만든 자가 거기에 맞게 만드는 것이다. '가'라는 음소가 'ㄱ'이라는 구강 모형을 형상화한 것 같이,

15. 대한민국이 나아갈 길

필자는 앞서 우리 민족의 기원과 정체를 밝혔고, 우리 민족의 역사가 왜 고난의 역사인지를 또한 밝혔다. 모르는 게 죄다. 알면 그렇게 행동하지 않는다. "너 자신을 알라"라고 하였다. 이성계가, 이승만이, 김일성이, 본서에서 말하는 나(我)와 歷史를 알았더라면 하나님을 알았을 것이고, 그랬으면 역사의 사명을 알았고, 우리 민족의 사명을 알았고, 우리 민족과 인류가 나아길 길을 알았을 것이다. 이승만, 박정희, 전두환, 노태우, 김영삼, 김대중, 노무현, 이명박, 박근혜, 문재인,

이승만은 하야하고, 박정희는 총탄 맞고, 전두환, 노태우는 감방 가고, 노무현은 자살하고, 이명박, 박근혜도 감방 가고, 이렇게 초라하다. 말이 많다. 주사파가 나라 망친다고, 햇볕 정책으로 북한 정권을 살렸고, 한미 동맹에 금이 간다고, 그래 미국은 그래도 기독교 국가며 하나님을 믿는 나라다. 주변국같이 침략하여 이 민족을 노략질하지는 않았다. 우리와 친하게 지내야 할 이유다. 그런데 한미 동맹에 금이 간다고 아우성이며 이 민족을 걱정한다. 그렇게 이 민족을 걱정하고 사랑하는 사람들이 독재에, 도적질에 그래서 총탄 맞고 감방 갔는가? 다음에는 좌파가 아닌 우파를 찍어 한미 동맹을 굳건히 해야겠다고 하는데 그들은 국민이 촛불 들기 전 뭘 하였는가? 장기집권에, 독재에, 도적질에, 국정 농단에 오죽했으면 환관 당이라고까지 했을까? 여배우가 성 스캔들로 자살할 때 그들은 또 뭘 하였는가? 사법부가 권력의 눈치

를 보고 양심을 팔아 판결함에 빌라도 보다 더 비겁한 놈들이다.

반대를 위한 반대, 내로남불, 자신의 정책을 국민들에게 알려 국민들로부터 신임을 받을 생각은 아니하고 남의 잘못을 부풀려 국민들로부터 인정받으려는 조선 시대 분당 짓고, 파당 짓고, 모함하고, 비방하고, 사법부에 오류가 없었던 것은 아니지만 법치주의라고 하는 국가에서조차 사법부로 이미 판결 받은 5.18 광주 민주화 운동을 간첩이 난을 일으켰다 하고, 세금을 축내는 좀비들이라 하고, 희생된 유족에게 또다시 상처 주는 막말이나 해대고, 그랬더니 도둑놈들이라 하고 그렇게 저질들이다. 역사는 반복한다고 하지 않았는가? 독립 운동가를 빨갱이라고 하고, 친일파가 독립 운동했다고 하지 않았는가? 그놈 년들의 조상은 민중이야 어떻게 되든 말든 권력을 구걸하다 나라 팔아먹은 친 사대 제국주의 후손인가 보다. 아서라, 말아라, 문 대통령이 김정은이에게 구걸하는 것 같아 정권을 바꿔보려고 하였는데, 네놈들이 또다시 정권을 잡으면 사이비 교주와 결탁하여 도둑질 또 해쳐먹을 것이고, 세월호 같은 대형사고가 또 터질 것이고 다시 촛불 혁명 날 것 같은데, 무슨 대책을 내놓고 종북 좌파정권이라고 해야지, 자신들조차 특별한 대책도 없이 색깔론으로 파당 짓는다. 구조적으로 핵을 포기할 수 없는 김정은이 에게 무슨 대책이 있겠는가?

그러지 말자! 하나님은 역사를 주관하시는 분이시고 선과 악을 판결하시는 분인 것을 우리는 인류 역사에서 속에서 보아오지 않았는가? 미국의 남북전쟁 당시 링컨은 매일 기도하였다. 적군은 기도하지 않았을까? 노예해방이 인권문제를 해결한다는 명목적인 목적이 있었지만 근본 원인은 산업화에 따른 노동력 부족의 경제 요인이 더 컸을 것이다. 그러나 거기에는 미국이라는 세계 제일의 국가를 건설하려는 하나님의 더 큰 목적이 있었기에 하나님의 역사 개입이 있었던 것이고, 링컨의 기도 목적이 하나님의 역사 목적과 일치하여 하나님이 링컨의 기도에 응답하신 것이다. 아메리카를 왜 美國이라 하였을까? 우리 민족은 그 나라를 양(羊)아래에 있는 사람(人)이라 하여 일본과는 달리 아름다운 나라라고 하였다. 우연의 일치일지는 모르겠으나 그 나라로 인하여 우리나라가 잃어버린 종교를 다시 찾았고, 朝鮮이 해방되고 大韓이라는 나라를 다시 세우고, 6. 25 때는 그 나라로 하여금 공산세력으로부터 구하였고 지금도 공산주의 사탄의 세력으로부터 보호를 받고 있지 않는가? 문자 유전자의 해석에 따르면 십자가에서 義善美鮮여김 받고 가죽 옷을 입고 韓하라는 뜻임에 韓國과 美國이 우방이 아닐 수 없는 이유이고 더 나아가 일본 역시 日에 韋하여야 한다 함은 일본 역시 성경의 말씀인 가죽 옷을 입어야 한다는 뜻이다. 朝鮮의 제천문화에 가죽 옷(韋)을 입어야 성결하다 함에 신사참배를 복원하라는 뜻이기도 하고 북 朝鮮 역시 대한민국의 韓에 의존하여 성결해야 구원을 받을 수 있다는 문자가 가지는 정의이다. 오늘날 북 핵이 인류의 평화를 위협한다. 북한이 세계 최악의 인권 국가인 줄을 모르는 것이 아니나 북 핵이 해결될 수만 있다면, 인권은 부수의 문제임을 미국의 남북전쟁에서, 그리고 오늘날 정치인들의 말과 행동에서 볼 수 있다.

문제는 하나님의 역사 목적이 어디 있는지를 우리는 알아야 한다. 솔로몬이 타락했을 때 하나님은 바벨론으로 하여금 솔로몬의 왕국을 멸망시켰듯이, 조선이 썩었을 때 漢나라와 일제로 하여금 멸망시켰고, 대한민국이 타락했을 때 김일성이를 심판의 도구로 삼아 대한민국을 청소하시었다. 그러나 인류가 하나님과 함께 할 때 불기둥과 구름기둥으로 보호하시고 홍해를 건넜으며, 1960년대에 있었던 중동전쟁 때는 사면이 적으로 둘러싸였다 할지라도 6일 만에 전쟁을 끝내지 아니한가? 왜 기적같이 6일 만에 전쟁을 끝냈는가? 7일은 안식일이기에 예배를 드려야 했기에 하나님이 6일 만에 끝낸 것이다. 그리고 그 된 것을 보고 하나님이 없다고 말하지 말라고 하는 말씀이 들리지 아니한가? 이 얼마나 놀라운 일인가? 우리가 하나님과 함께하면 김정은이의 핵은 썩은 고물이지만 하나님을 떠나면 소돔과 고모라의 불기둥이 될 것이다.

그런데 오늘날 대한민국을 보아라! 연예인과 정치인과 종교인들의 물적, 성적 타락, 생활고에 일가족이 자살하는데 자신들 배만 부르다고 남의 아픔을 모르는 욕심으로 가득 찬 세상, 문제만 생기면 밥 먹듯이 아니라고 오리발 내미는 거짓 지도자들, 위민백성과는 상관없이 자신들의 밥그릇 넓히려고 수단과 방법을 가리지 않고 어떻게 서든 권력과 물질을 소유하려는 가증스러운 정치, 종교, 경제, 학계........., 서로가 서로에게 욕 아닌 욕을 하는데 저질 흙탕물 속에서 무엇을 바라겠는가? 그렇게 정치를 잘했으면 정권을 왜 빼앗겼는가? 남을 욕할 때가 아니라 임진왜란, 병자호란, 식민지, 6.25가 왜 일어났는지 알아야 하고, 역사의 주관자이신 하나님께 철저히 참회의 기도를 하여야 한다.

나(我)를 알고 역사(歷史)를 알고 義를 알고 鮮을 알고 韓을 알고 하나님을 알았더라면 경천애인하고, 홍익인간과 광명이세가 무엇인지 알았더라면, 한반도가 허리 잘려 휴되고 髁된 것 알았더라면 통곡의 기도를 하였을 턴데

"주여 저들을 불쌍히 여기소서! 자신들이 하는 짓이 무슨 짓인지 모르나이다."

라고 기도하시던 주님의 소리가 귓전을 맴돈다.

요한 계시록과 정감록 비교 해설

삼국유사의 일연 스님은 고구려가 망한 원인을 불교를 받아들이지 않고 도교와 미신에 탐닉한 결과이며 고구려가 멸망한 것이 결코 우연히 아니라고 하였지만 그분은 그래도 수행하시는 분이기에 그나마 그것까지는 깨달았지만 깨달아도 잘못 깨달았다. 앞서 말했듯이 불교 때문이 아니라 도교 때문이 아니라, 인류의 시원 문명인 환국의 종교와 조선의 고유 종교인 삼신 제천 종교. 기독교의 원시 제천 종교를 잃어버리고, 우상 종교를 받아들이고 우상에 매료되어 메시아사상을 잃어버렸기 때문이다. 잘못 깨달은 것은 차라리 모르니 만 못하다. 역사학자들은 부족국가와 고대국가의 경계를 불교 수용 여부에 기준을 두는 것으로 아는데 이는 환국과 조선의 종교를 모르는 무지의 결과이다. 고구려가 불교를 받아들이지 않았는가? 백제와 신라는 온통 다 불교 문화재뿐이다. 그리고 불교를 국교로 받아들인 고려는 어떻게 되었고 후기 조선은 또 어떻게 되었는가? 세계 최초의 요하 문명을 창조한 환국과 조선은 하나님을 숭배하며 인류 시원 문명을 개화하며 동북아를 넘어 세계를 리드하며 광명이세하고 홍익인간하던 국가로 2,000년 이상을 존속하였다. 인류 역사상 어느 나라가 있어 그랬는가? 그러던 나라가 웅족의 토테미즘을 극복하지 못하고 여신상을 성전에 끌어들여 우상을 섬겼다. 10계명에 버금가는 8조 법금에서 우상을 섬기지 말라고 하였는데, 그들은 다산을 믿는 모계사회의 우상을 극복하지 못하였다. 또한 상(은)나라에서 본 것과 같이 주지육림의 성적 타락은 소돔과 고모라요, 인신 공양을 함으로써 경천애인과 홍익인간의 정신을 잃어버렸다. 그것이 인류 역사다. 노아 때 홍수로 멸하고, 아브라함 때 소돔과 고모라를 유황불로 멸했듯이 漢에 의해 조선을 멸하였다. 漢이 선진 문명국이라서 조선이 망한 것이 아니라 조선이 성적, 종교적으로 타락하였기에 말씀에 따라 찢으신 것이다. 부여와 고구려, 낙랑과 동예, 옥저, 그리고 한반도의 소 삼한과 바다 건너 왜와 남중원의 묘족으로 흩으심에 말씀에 따라 역사가 그렇게 되지 않았는가? 고조선의 제천행사는 고구려 동맹, 부여 영고, 동예 무천, 삼한 수릿날과 소도 제도 그리고 오늘날 왜의 신사 참배와 묘족의 사마신 행사로 전래되었다. 그러나 그들 또한 불교와 유교, 도교 등 이방 종교가 유입됨에 따라 사대 모화주의에 빠져 우리 고유의 종교와 문화를 모두 잃어버렸기에 역사가 밑동이 잘려나가 송두리째 없어졌고, 우리는 우리가 무엇을 잃어버렸는지조차 모르고 살아왔다. 한반도에 국한한 반도 사상의 편협성으로 서로가 서로를 모함하고 파당 지어 국론이 분열되고, 우리 민족의 역사가 고난의 역사인 이유요, 오늘날까지 남북이 분단하여 싸우는 이유요, 좌우로 나뉘어 국론이 분열되어 나를 찾지 않았기에 오늘날까지 중원의 옛 영토를 허락하지 않으신 이유이다. 역사라고는 역사 같이 않는 단군신화와 몇몇 유물과 여기저기서 자기네들 입장에서 기록한 누더기 역사뿐이다. 잃어버린 8조 법 중 3조 법 그리고 남에 의해 전해지는 공무도하가와 漢文이라고 빼앗겨 버린 문자 정도,

이유는 이스라엘 민족이 아브라함과의 약속을 어기고 우상을 섬기다 바빌로니아로 끌려가고, 메시아를 십자가에 죽여 나라 없이

세상의 나그네가 되어 고난의 삶을 살아온 역사와 같은 것이다.

인류 시원 문명인 종교 문화를 모두 잃어버리고 반도로 축소되고 그것도 모자라 반도의 반 토막에 고난의 역사였던 것은 원시기독교의 제천의 예배와 환웅 서자에게 약속한 메시아사상을 잃어버리고 중화주의 사대 모화사상과 이방 종교와 미신에 심취하여 나를 찾지 않은 바로 그 이유다. 그 결과 화려했던 조선과 고구려의 기상은 모두 잃어버리고 수많은 외침으로 원나라의 지배에, 명, 청 때는 중국의 속국을 거쳐 마지막에는 통째로 일제에 나라를 빼앗기며 거지 처녀가 되었다. 이를 일컬어 길가에 쭈그려 앉은 늙은 갈보라고 표현하였으니 말해서 무엇 하랴! 불교의 폐단이 얼마나 컸으면 훈요십조에서, 무학을 스승으로 하는 후기 조선에서 억불정책으로 펼쳤겠는가? 옛 조선의 제천문화는 모두 잃어버리고 유교와 중화, 모화 사대주의에 빠져 중국을 대국으로 섬기고 조상을 숭배하는 우상숭배의 나라로 나를 잃어버렸으니 연암 박지원과 신채호 선생이 그렇게 통탄하였던 이유이다. 양반들은 자신들의 사리사욕에 빠져 임진왜란과 병자호란을 겪고서도 도저히 회복할 기미가 보이지 않으니까 환웅 서자에게 약속하신 정 도령을 보냈었지만, 수천 년 거친 사대 종살이 노예사상에 눈과 귀가 멀어, 모두 다 십자가에 못 박아 죽이고 쇄국정책을 하다 제국주의자들에게 나라를 빼앗겨 노예처럼 살게 했으니 하늘에 벌을 받은 것이다. 이러한 고난의 역사를 老 사상가나 일연 스님은 우리 고유 종교인 삼신 제천 신앙을 잃어버리고 하나님을 떠나버린 이유였음을 깨닫지 못하였다. 우리의 고유의 종교가 있다는 것은 알았지만 그 종교가 기독교인지는 깨닫지 못했었다. 오죽하였으면 민요에 나를 버리고 가시는 님은 십 리도 못 가서 발병 난다고 하였을까? 너무나 가슴이 아파 에덴동산에서 가죽옷을 입혀주심 같이 발 병날 때는 나더라도 환란 날에 대처하는 방법을 환자 속에 숨겨 놓은 것이 정감록이다. 일연 스님을 통하여 하나님은 석유 환국이라 하여 일찍이 하나님 나라가 있었음과 동시 환문을 통하여 여자의 후손에 대한 메시아사상을 선포하였다. 비록 그는 석유 환국을 자신의 종교에 근거하여 '제석야'라 하였지만 환국인 환한 나라가 있었다고 밝힘에 다행이요, 고구려의 망국 원인을 종교에서 찾아, 필자가 역사를 정리할 수 있는 명분을 주어 하나님께 감사하다.

우리가 우리(我)를 잃고 우리의 종교를 잃었을 때 우리 민중을 지배하여 온 종교는 불교도 아니요, 유교도 아니요, 도교도 아니다. 우리 고유의 종교가 고급 종교로 승화하지 못하고 민속 무속 신앙 속으로 들어가 함께 살아온 삼신할미의 종교요, 운명론에 젖어버린 숙명론적 샤머니즘이다. 모든 종교에 숙명론적 사상이 없는 것은 아니지만 '예언'이냐 '운명'이냐의 구분은 그 주체가 "누구에게 있느냐?"의 구분이다. 하나님을 떠난 이 민족에게 하나님의 예언은 없었고 운명론적 숙명론만 있었다. 역사가 송두리째 없어졌진 것도 억울하지만 더 억울한 것은 환국과 조선과 부족국가의 제천행사가 이방 우상 신과 사대 모화사상에 빠져 고등종교로 발전하지 못한 것이고, 고난의 역사를 더해 숙명관의 압박받는 자의 철학으로 종살이하는 신앙으로 자리매김이 억울한 것이고, 현재까지 그 제천 종교의 정체를 밝히지 못하는 학계의 무지와 무관심이 억울한 것이다. 이기는 자는 전투적인 생활관을 가진다. 져 버리는 놈들의 철학은 현실에 안주하고 현실에 만족하여 밖의 세상을 보지 못한다. 자기들끼리 밥그릇 싸움하는 통에 자기들끼리 모함하고 시기하다 외부에 침략을 받는다. 그것이 신라의 역사요, 고려의 역사요, 후기 조선의 역사요, 6. 25의 비극인 것이요, 남북 분단의 역사요, 오늘날 우리 국회의 모습이다. 당파싸움이 다 그래서 생겨난 것 아닌가?

그러나 이러한 숙명 사관은 섭리 사관과 크게 다르지 않다. 다른 것이 있다면 미신과 종교와의 차이이듯이 하나가 미신적 운명 사관이라면 하나는 하나님의 의지에 의한 절대 섭리사관이다. 이민족이 비록 샤머니즘적 미신론에 빠져 혼을 타락시키고 진취의 기상이 없어져 흥하고 망하는 것을 하나님의 뜻으로 보지 않고 운명론으로 보아 풍수와 참서와 같은 신앙에 심취해 사회개조의 정신을 말살시키고, 혁명의식을 제하여 버림에 유사 사이비 종교와 인조 종교를 만들어 내었지만, 하나님은 진흙탕 속에서도 꽃을 피우시는 분이시다. 수많은 외침의 고난과 착취만 하는 지배 계층 속에서 백성들은 그들의 하수구가 되어 세계의 쓰레기와 오물을 한 몸으로 받아 정화시켜야 했다. 지구 반대편에서 생긴 공산주의와 자본주의가 지구 한 바퀴를 돌아옴에 우리는 세계의 하수구가 되어 그들을 정화했어야 했다. 지진이 난 땅에도 샘은 솟고, 폭풍이 휘몰아간 대지에도 생명을 내게 하시는 분이 하나님이시듯 역사를 하나님의 창조 본연의 목적을 실현하기 위한 절대적 의지가 작용한 것으로 본다면 그것은 역사가 가지는 역사, 즉 생명나무로 나가기 위한 절대 불변의 목적을 성취하기 위한 뜻의 전개과정이다. 둘은 서로 다르나 서로 같다. 차이점이라고 한다면 하나님이 역사를 운행을 함에 우리가 하나님 편에 서느냐, 아니면 사탄 편에 서느냐의 차이며, 전자가 참이면, 후자는 거짓이요, 전자가 종교라면, 후자는 미신이고, 전자가 역사적 사실이라면, 후자는 운명론적 숙명론이요, 미신이라는 것이다.

하나님은 창세기에서 아담과 하와에게 여자의 후손을 보내겠다고 약속하셨고 환웅 서자는 그 福의 약속에 따라 犧牲의 祭를 드리고 祭拜와 祈禱로 義善美鮮이라 여김 받고 朝鮮이라 하고 韓이라 하여 여자의 후손을 기다렸지만, 우리는 조선과 부족국가에서 지내오던 제천의 예배 형태를 흔적 없이 모두 잃어버렸다. 일연이 삼국유사에서 환국과 제천의 흔적을 남기었고, 정감록이라는 예언서를 주시어 오늘날 전래되고 있는바, 환문이 환국에서 왔고, 환문이 성경의 창세기와 인류 시원의 역사를 밝히는 인류 최초의 문자이고, 환한 님이 우리 인류에게 주신 문자라 한다면, 그리스도에 대한 예언이 구약 성경에 500회 이상 언급된 것 같이, 창세기에서 말씀하신 여자의 후손, 곧 그리스도에 대한 예언도 환문으로 반드시 주어져야 한다는 것이 필자의 주장이다. 이유인즉 이 세상에 진리는 하나이고 일맥상통하기 때문에 성경이 그 진리에 대해 증거하는 것 같이, 참 예언이요, 참 종교라면 그래야 하는 것이고, 그렇지 않다면 그것은 거짓이요, 진리가 아니기에, 종교가 아닌 것이고 미신이라는 것이다.

많은 사람들이 정감록과 기독교와 무슨 상관이 있느냐고 묻겠지만, 역사를 주관하시는 분은 역사의 절대 목적을 성취하기 위해 성경과 아무 관련이 없다 한다고 할지라도 문제가 되지 않는다는 것이다. 애굽을 통해 이스라엘 민족을 형성하시고, 바빌로니아를 통해 더러워진 솔로몬의 성전을 청소하심이 그러함 같이 일연을 통해 환국을 밝히시고, 일연을 통해 고구려의 망국 원인을 밝히시고, 사탄을 섬겼던 일본으로 하여금 더러워진 2000년의 우리 민족을 청소하심을 볼 때 하나님이 역사를 운행을 함에 우리가 하나님 편에 서느냐, 아니면 사탄 편에 서느냐의 차이다. 무당도 예언을 한다. 우리는 그것을 '점'이라고 한다. 그러나 하나님이 하시는 것을 우리는 '예언'이라 한다. "예언의 말씀이냐? 아니면 미신이냐?"의 차이는 창조주 하나님의 창조 본연의 절대 목적에 대한 예정이냐 아니면 숙명론과 운명론에 체념한 사탄과 인간의 미신이냐의 차이일 뿐이다. 둘이 같으면서 다른 이유이다.

진리에 대해 증명하시기 위해서 오신 분이 예수 그리스도이다. 그 예수 그리스도의 시각으로 보아야 성경의 모든 예언의 말씀들이 해석이 된다. 그렇지 아니하면 유대교와 같이, 수많은 사이비 이단 종파가 된다. 1, 2부에서 살펴본 것과 같이 환문 역시 그러하고, 歷史라는 환문의 정의 역시 기원전(B. C)과 기원후 (A .D)가 해석되는 것이고, 我와 桓國과 朝鮮과 大韓이라는 국호가 해석이 되는 것이고, 정도령(酉+大+⻏+人) 역시 예수 그리스도의 시각으로 바라보아야 해석이 되는 것이고, 우리의 역사와 세계의 역사가 해석이 되는 것이다. 정감록이나 격암유록이 위서인지, 진서인지 진위여부에 앞서 1부에서 살펴본 환문으로 필자는 그 내용을 대부분 해석을 하였다. 추후 출판할지의 여부는 미결정이나 중요한 것은 그리스도의 시각으로 바라다보니 모든 것이 해석이 된다는 것이다. 이는 진리가 하나이듯, 그분이 진리라는 것을 증거하는 것이고, 환웅 서자에게 약속하신 여자의 후손인 메시아를 잃은 이 민족이 불쌍하여 아리랑 하지 말라 라며 하나님이 주신 예언의 말씀이요, 선물이라는 것을 간접 증명하는 자료라고 사료되는바,(병자에게 의사가 필요하듯 믿는 자들을 위한 것이 아니라 사이비 우상 유사 종교에 심취한 믿지 않는 이에게 필요하듯,) 본서에서 필자는 그 예언 중 중요하다고 판단되는 일부를 요약하여 밝히는바, 판단은 독자들이 몫이라 하겠다.

고려 건국과 후기 조선의 건국, 임진왜란, 병자호란에 대한 전란의 예언이 기록되어 있고, 마지막 환란 날에 우리가 대처하는 방법에 대해 또한 기록하고 있다. 임진란으로 명과 도요토미 히데요시가 역사의 뒤안길로 사라지고, 새 나라가 들어섬에 다시 병자란을 겪었음은 바사와 바벨론과 같은 외부세력을 사용함과 같은 역사의 동시성이라 할 수 있다. 소재 국으로는 동아시아 일본과 중국을 출현시켜 모두 세계대전에 버금가는 사건임에 이 또한 환문 권 환웅 후손들에게 예언을 주심으로써 그 된 일을 보고 믿고 말세 때 반드시 구원 받으라는 하나님의 간곡한 사랑의 말씀이리라 사료된다. 민족에 국한한 것이 아니라, 동양에 국한한 것이 아니라, 세계 모든 인류에게 해당하기에 세계 역사 속에 나타난 것이다.

나를 죽이는 것(殺我者誰)과 나를 살리는 것(活我者誰)을 구분해 대구를 사용하며 나를 해치는 것이 사람(人)에서 하늘로(天) 그리고 신(神 또는 鬼)으로 점층법을 사용하고 있으며, 주체를 정확히 명시하였다. 세계의 중심은 한반도이다. 중국이 세계의 중앙에 있는 것이 아니라 한반도가 대륙과 해양세력의 중심에 있는 것이라 앞서 말했듯이 세계의 두 사상인 유물 사관과 유신 사관이 분립되어 남북으로 대치되고 주변으로 미국과 일본 그리고 러시아와 중국이 대치함은 결코 저절로 우연히 된 것이 아니라, 선과 악의 마지막 분립 심판이다. 에덴동산에서 선악나무와 생명나무를 두고 인간에게 자율성을 주심과 같이, 아벨과 가인에게 양의 제배를 드릴 것인지?, 아닐 것인지? 이스라엘을 남 유다와 북 이스라엘로 분립한 것과 같이 헬레니즘과 헤브라이즘으로 나눔과 같이 종교개혁과 르네상스를 나뉘심과 같이 무신론의 공산주의와 유신론의 민주주의를 나뉘심과 같이 나선형 확장을 하며 지나온 반복의 역사이며 생명나무로 나아가기 위한 하나님의 절대 불변의 목적이 역사 속에 전개된 결과물들이다. 실증사학이니 제국주의 사관이니, 유물사관이니, 민족사관이니, 계급 투쟁설이니, 진화론이니, 하는 이론으로는 설명이 불가능한 것이다. 그러기에 역사는 역사가 정의하는 올바른 종교 사관이어야 한다고 필자가 앞서 밝힌 이유이다.

조선 건국 이성계 곧 李를 木子라는 파자를 사용하고 있으며 임진왜란에 대해

殺我者誰　女人戴禾(倭의 파자)　　人不知
活我者誰　十八加公(松의 파자)

나를 죽이는 자는 왜(倭=女人戴禾)이고, 나를 살리는 것은 명의 장수 李如松(松=十八加公)의 송을 정확히 파하여 가리킨다. 당시 일본에서 조선 정벌 당시 조선에서 널리 읽히는 정감록을 탐독하고 도요토미 히데요시는 조선에는 산악이 험악하고 호랑이가 많으니 소나무가 있는 산속으로는 깊숙이 들어가지 말라 경계하였다고 하나 그것은 소나무가 아니라 명나라 장수 이여송의 '松'을 파하여 '十八加公'이라 하였으니 놀라지 않을 수 없고, 임진왜란의 병폐는 사람에 의한 것이지만 사람인지 모른다고 하였다.

병자호란에 대해

殺我者誰　雨下橫山(雪의 표현) 天不知
活我者誰　浮土溫土從土(온돌방의 표현)

병자호란 때 나를 죽이는 것은 '雨下橫山'은 '雪'을 나타내는 것으로써 하늘인지를 몰랐었고(天不知), 다시 말해서 전쟁의 폐해가 인재에 앞서 천재라고 밝히고 있으며 이는 엄동설한의 혹한과 폭설이었기에 피난을 가는 것보다는 혹한과 폭설을 피할 수 있는 浮土溫土從土 즉 온돌방을 말하였다. 병자년에 남한산성으로 피난 간 인조의 상황을 아주 잘 설명해준다고 하겠다.

이상의 두 사건은 역사상 이미 벌어진 일이고 마지막 3번째 환란 날은 앞으로 일어날 일이다. 예언은 앞서 말한 대로 일이 일어난 후에 그 일을 믿게 하려 한다는 유익의 목적도 있지만 잘못된 해석으로 웃지 못 할 해프닝으로 예언에 대한 폐단이 없었던 것 또한 사실이 아니지만, 앞서 잘못 깨달은 것은 모르니 만 못하다고 말하였듯, 올바른 해석을 통해 우리 인류가 환란 날에 살아남아 구원받으라. 심이 하나님의 뜻이라 믿어 의심치 않는다. 환문이 성경에서 왔음을 앞서 살펴보았듯이 예언서가 환문으로 이루어졌기에 이 또한 성경이 없이는 풀이가 불가능한 것은 당연한 이치이다. 많은 사람들이 정감록의 마지막 부분에 나름대로 해석하여 말하고 있으나 임진왜란과 병자호란이 일어나기 전에 그 예언의 뜻을 정확히 해석한 사람이 몇 명이나 있었을까? 일이 일어난 후에 그것을 들여다보니 그게 "이런 뜻이었구나!"라고 생각하는 사람들이 대부분이라 생각됨에 그 예언서의 해석 진위에 대한 검증 역시 중요하다 하겠고 예언의 목적과 효능에 대해 그 예언된 일이 한 치의 착오 없이 그렇게 되었음을 보고 다가올 미래의 일을 미리 알고 대처하라는 것이라고 앞서 말하였다. 그렇다면 또한 예언서에 예언된 내용을 어떻게 해석할 것인가? 그리고 그 해석이 옳은 것인지, 틀린 것이지 어떻게 판단할 수 있는 것인가?

첫 번째

예언에는 타 종교에서 말하는 종말론과 상호 연관성이 있어 그 내용과 이루어진 일들이 일치하여야 한다. 앞서 말했듯이 정감록과 성경의 계시가 무슨 연관이 있냐고 반문하겠지만 승려를 통해 환국이 있었음을 밝혔고, 성경의 창세기 사건을 환문의 글자 유전자 속에 알알이 각인시켜 말해주고 있음에 아무런 문제가 없는 것이고, 시공간을 초월하여 인류가 공통으로 경험한 사건에 따라 언어가 가지는 사회적 약속에 따라 일치되었음에, 예언 역시 그것이 참이고 진리라 한다면 공통적으로 일치하여야 한다. 환문 속에 창세의 역사 사건을 문자 속에 심어 놓으심과 같이 예언 역시 환문 속에 일치하여야 증거하여야 한다.

두 번째

역사의 시작에 목적이 있었으면 그 종말 역시 시작의 원인과 목적에 부합하여 성취되어야 한다. 앞서 말하였듯이 원인과 이유를 모르니까 그냥 저절로, 홀연히 아무 이유나 목적도 없이 인간의 동물적 생존 본능에 따라 살기 위해 발달되었다는 진화론 또는 물질적인 존재로 규정한 유물론과 같은 그러한 유치한 이론으로는 설명이 불가능하다. 역사는 분명 이유가 있는 것이고 그 목적을 성취하기 위해 끊임없이 달려왔고, 그 목적이 성취되는 날이 역사의 종말이기에 그 종결 역시 역사가 가지는 원인과 목적에 부합하여 일치하여야 한다. 역사란 하나님의 절대 불변의 목적 성취에 대한 의지이기에 그러한 것이다.

세 번째

예언의 효능에 대해 말했듯이, 마지막 날에 반듯이 그러게 될 것이기에 믿고 준행하라는 하나님의 절대 의지가 작용한 것이고, 일이 있기 전에 반드시 그가 하시는 일을 그의 종 선지자에게 먼저 보여 알려주신 후 행하신다고 하였음에 말씀에 따라 참 예언은 반드시 존재하는 것이다.

넷째

앞서 말한 대로 진리는 하나이다. 따라서 그 예언이 참이라면 서로 일맥상통하여 참에 대해 동일하게 증명하여야 한다. 만약 그러하지 않다면 둘 중 하나는 가짜이던지 아니면 둘 다 가짜이다. 예수 그리스도가 진리이기에 성경의 내용들이 한결같이 예수 그리스도를 증거하는 것과 같은 이유이다.

마지막 환란 날에 대한 예언

殺我者誰 小頭無足　鬼(神) 不知
活我者誰 寺畓七斗落 浮金冷金從金 奄宅曲阜
三人一夕　利在田田　道下止 하라

나를 죽이는 것은 무엇인가? “머리는 작고 발은 없는데 鬼(신)인지 모른다.”라고 하였다. 인류의 시원 역사를 가지고 있는 창세기의 성경 역사는 인류의 역사를 선악과와 관련한 인류의 타락 사건으로부터 시작한다. 인류가 직면한 선과 악, 삶과 죽음에 관한 문제가 모두 선악과 사건으로부터 시작하여 생명나무로 나아가는 길을 막은 길을 열기 위한 기원전(B. C)과 기원후(A. D)의 역사로 나누어 전개되어 왔다. 인류의 역사가 성경과 환문에서 정의한 것과 같이 모두 생명나무로 나아가기 위한 역사요, 그 목적을 성취하기 위하여 역사는 성경과 환문에서 그 말씀을 고스란히 그대로 담고 있고, 그러한 까닭에 환문이 우연히 만들어진 것이 아니라 하나님의 뜻과 목적을 성취하기 위해 역사 속에서 전개된 결과물들이라고 앞서 밝혔다. 이 세상에 진리가 하나이듯이 세상 창조의 역사와 종말의 역사가 하나로 일치되어야 함은 진리는 하나이기에 일치하여야 하며 그렇지 않다면 가짜라는 것이다. 재림 주님이 그렇게 많다. 그중 하나만 참이지 나머지는 모두 다 가짜인 것과 같은 이유이다. 말세에 분명히 다시 오신다고 말씀하셨지만 오늘날 자, 타 칭 자신이 재림 주라고 하는 사람들이 한 둘이 아니다. 물론 자기들 나름대로의 이론과 교리를 가지고 말들은 하나 분명한 것은 그 수많은 사람들 중 진짜는 하나라는 것이고 나머지는 모두 다 가짜라 함은 구약의 모든 예언들이 여자의 후손인 그리스도를 예표하여 가리킴과 같이 예언서 역시 다시 오실 참 진인에 내해 하나로 귀결되어 증거하여야 한다는 것이다. 내용에 서로 공통점이 없고 상반된다면 그 진리는 진짜가 아니라 가짜이다. 모든 길은 로마로 통한다고 하였듯이, 만유는 한 체성이듯이, 진리가 둘이 될 수 없는 이유는 창조주는 한 분이시오, 역사를 시작한 분도 그분이시기에 종결도 그분이 하시기에 그렇다는 것이다.

우리 민족의 최고의 예언서로 일컬어진 정감록의 예언들이 임진왜란과 병자호란에 대해 예언하였고 마지막 날 정 도령의 출현을 예언하였다. 참 진인의 출현을 예언함으로써 알지도 못하는 기독교의 출현을 일천년 전에 이미 제목에서와 같이 鄭鑑錄이라 하여 "정 씨를 분별하는 기록"이라 하였으니 이 얼마나 놀라운 사실인가.? 이 세상의 참 진인은 한 분이시고 진리도 하나이기에 성경도, 환자도, 정 도령이라는 정감록 메시아사상도 다 만유의 왕이신 예수 그리스도를 증거하고 있지 않는가? 그분은 빛과 함께 있어 환하다 하여 하나님이라 하였다. 그래서 환자는 그분을 일컬어 환인이라 하였고 그분의 아들을 환웅이라 하였고, 그분이 통치하는 나라를 환국이라 하였다고 역사서는 증거하고 있는 것이고, 그 나라의 백성이 사용한 문자는 환자였기에 환자 역시 모두가 羊이신 그분에 대해 증거하는 것이고, 그분의 아들이 세운 나라를 朝鮮이라 하였고, 三韓이라 하여, 일러 大韓이라고 한 이유이다. 성경은 또한 이를 한 치의 오차도 없이 더하여 증명한다. 韋, "다룸 가죽위"자다. 소(牛)와 양(羊)의 가죽을 다룸 질하여 곱게 차려입었다. 그래서 환하고 밝다(日). 그래서 "삼한"이요 "大韓"이다. 선악과를 먹은 아담과 하와가 하나님께 祭拜 하고 祈禱 한 후 입었던 가죽옷이 바로 그 옷이다. 그 가죽 옷이 바로 희생의 제물이 되어 십자가에서 죽은 양이신 그리스도의 옷인 것이고, 비유하여 그분의 말씀을 옷에 비유하신 것이다. 말씀으로 거듭나야 하는 이유이다. 양이신 그리스도의 옷인 예복을 입지 아니하고서는 그 누구도 하늘나라 예식 잔치에 참여할 수 없고, 천국에 들어갈 수 없다고 성경은 분명히 기록하고 있는 것이고, 모두가 그리스도이신 여자의 후손, 정 도령에 대해 증거하고 있는 것이다. 그러기에 참 예언이라는 것이다. 그렇지 않다면 그것은 앞서 말한 대로 가짜이다. 참 예언이기에 정감록에서 실제 예언된 일들이 임진왜란과 병자호란을 통해 정확히 성취되었고 그 이루어진 일을 보고 그 예언이 가짜가 아니라 사실임을 믿어 반드시 구원을 받으라는 하나님의 말씀인 것이다.

구약의 모든 내용과 사건들이 예수 그리스도를 증거하기 위한 이유는 생명나무로 나아가는 길을 막으신 그 길을 여시기 위한 하나님의 절대적 역사 노정이기에 역사의 종결도 생명나무로 나아가는 길을 성취하는 것이어야지 참 예언이요, 참 진리이지 그렇지 않다면 모두 거짓인 것이다.

예언에 앞서 정 도령은 어떤 모습으로 우리에게 나타날까?

青衣自南來 似僧則非僧 百家幷一牛 十女奉一夫
(푸른 옷을 입은 자가 남쪽으로부터 오니 중 같으나 중이 아니고 뭇 군중이 한 마리 소와 함께 어우르니 열 여자가 한 신랑을 따르리라)

여러 예언 중 그래도 정 도령(酉大阝人, 유대 나라 사람= 鄭)의 모습을 그나마 적절히 언급한 구절이라 하겠다. 靑衣란 깨끗한 옷, 죄가 없어 흠 없는 깨끗한 가죽 옷(韓)을 말하고 그 옷은 말씀이라고 앞서 말하였다. 그 말씀이 남쪽에서 왔으니 북쪽과 대비되는 대륙세력이 아닌 해양세력인 서양을 말하고, 기독교를 말하는 것이다.

似僧則非僧 자신들의 종교적 신념에 따라 환국을 '제석야'라고 표현했던 것과 같다. 종교를 믿는 수도하는 사람이긴 분명한데 석가를 믿는 중은 분명히 아니라고 말하고 있는 것은 당시 기독교를 몰랐던 입장에서 환국을 '제석야'라고 말한 것과 같은 입장이고 나아가 불교가 참 종교가 아님을 간접적으로 증명한다고 할 수 있겠다.

百家는 十女와 같은 군중이요, 성도요, 무리요, 신부이며, 一牛는 一夫와 같은 신랑이신 그리스도를 말하는 것으로써 犧에서와 같이 희생의 제물이 되신 정결한 양과 소를 말하는 것이다.(義善美鮮: 공통어는

'羊'이고 희생의 제물인 양과 소를 말함) 소 울음소리를 들어야 정 도령을 볼 수 있다고 하였다. 그 소가 바로 아담과 하와의 죄를 대신하여 죽은 에덴동산의 소와 양이다. 그들은 양과 소를 죽이고 제천의 예배를 드린 후 그들의 가죽으로 옷(韋)을 해 입고 韓하여 百家幷一牛라 기록한 것이고 十女奉一夫라고 기록한 것인데 성경은 이를 이렇게 증거하고 있다.

그때에 천국은 마치 등을 들고 신랑을 맞으러 나간 열 처녀와 같다 하리니 그중에 다섯은 미련하고 다섯은 슬기 있는지라 미련한 자들은 등을 가지되 기름을 가지지 아니하고 슬기 있는 자들은 그릇에 기름을 담아 등과 함께 가져갔더니 신랑이 더디 오므로 다 졸며 잘 새 밤중에 소리가 나되 보라 신랑이로다! 맞으러 나오라 하매 이에 그 처녀들이 다 일어나 등을 준비할 새 미련한 자들이 슬기 있는 자들에게 이르되 우리 등불이 꺼져가니 너희 기름을 좀 나눠 달라 하거늘 슬기 있는 자들이 대답하여 가로되 우리와 너희의 쓰기에 다 부족할까 하노니 차라리 파는 자들에게 가서 너희 쓸 것을 사라 하니 저희가 사러 간 동안에 신랑이 오므로 예비하였던 자들은 함께 혼인 잔치에 들어가고 문은 닫힌지라 그 후에 남은 처녀들이 와서 가로되 주여 주여 우리에게 열어 주소서 대답하여 가로되 진실로 너희에게 이르노니 내가 너희를 알지 못하노라 하였느니라. 그런즉 깨어 있으라. 너희는 그날과 그 시를 알지 못하느니라. (마 25장 1~13절)

(해설)

이 비유는 유대인의 결혼 풍습을 알아야 이해가 되는 비유입니다.

유대인들의 결혼 절차는 참 특이합니다. 먼저 정혼을 하고 신랑이 신부를 위해 지참금을 지불하고 나서 일단 신부를 떠나 아버지 집으로 가서 신부와 살게 될 처소(집)를 준비합니다. 신랑은 신부를 떠나기 전, 자신과의 결혼을 승낙해 준 신부에게 감사의 표시로, 또는 잠시 처소를 예비할 동안 그 마음 변치 않고 기다리라는 의미에서……. 신부에게 선물(성령)을 주고 떠난다고 합니다(약 1년 정도). 결혼을 위한 모든 준비를 마치고 나면 다시 신랑은 신부를 데리러 옵니다. 신부를 데리러 오는 날짜는 미리 알려주지 않고 신랑의 아버지가 정하여 신부를 불시에 데려오도록 합니다. 이렇게 하는 이유는 신부의 정설과 순결을 확인하기 위함입니다. 신부를 데리고 아버지 집으로 오면 그제야 하객들을 모아 혼인예식을 치르게 되는 것입니다. 예수님께서는 이러한 유대인의 결혼 풍습의 절차대로 구원사역을 이루셨습니다. 온 세상 모든 사람들을 신부로 초청하셨습니다. 하나님의 구원에는 차별이 없고 모든 사람이 구원받기를 원하셨기 때문입니다. 그리고 십자가 희생이라는 어마어마한 지참금(신부를 데려가시기 위한 몸값)을 지불하셨습니다. 그리고 부활하셔서 신부 된 교회를 떠나 천국 처소를 마련한 후에 다시 오겠다고 하셨습니다. 떠나시기 전에 보혜사 성령님을 선물로 주셨고 예수님 다시 오실 그날까지 성령을 붙잡고 신앙의 정절을 지킬 것을 요구하셨습니다. 다시 신부를 데리러 오시는 공중 강림하시는 그날에 신부들을 공중으로 끌어올려 천국 혼인잔치에 들어가도록 이끄실 것입니다. 이때에 세상에 푹 빠져서 간음하듯 육신의 소욕을 따라 살아가던 모든 사람들은 천국 혼인잔치에 들어가지 못하고 문밖 어두운 곳(7년 대환란)에 남겨지게 될 것입니다. 대환란 속에서 혹독한 값을 치르고 (기름을 사서) 난 후에야 그들 역시 혼인잔치에 동참하게 되는 것입니다.

[출처]열 처녀 비유와 달란트 비유의 핵심 - 주님과의 친밀한 관계 (마 25:1-30)|

이상에서 우리는 정 도령이 어디서, 어떤 모습으로, 어떻게 나타나는지 대해 알아보았고 그 말씀과 같이 근대에 기독교는 외국 선교사를 통하여 오셨다. 이름이 '정 도령'이라 하였으니 환자를 통해 **'유대 나라 사람'**이라고 정확히 밝히고 있고 '百家幷一牛 十女奉一夫'이라 성경과 한 치의 오차 없이 정확히 정의하고 있다. 다음에 예언된 마지막 환란 날에 대한 예언을 풀어보도록 하겠다.

小頭無足　　　鬼(神)不知

임진왜란과 병자호란의 예언서에 殺我者誰와 活我者誰의 대구를 사용하여 기록함과 같이 말세 역시 똑같은 기법으로 기록된바 나를 죽이는 것이 小頭無足 鬼(神)不知: 머리는 적은데 다리는 없고 귀신인지를 모른다. 라고 기록하고 있다. 환문 생성의 원리가 성경과 밀접한 연관성이 있고, 역사가 창조주에 의해 처음 시작함에 원인과 이유를 밝혔고 목적도 분명히 밝혔다. 따라서 역사 목적이 성취되는 그 때. 다시 말해 환자가 가지는 역사의 정의에 따라 생명나무로 나아가 생명과를 먹고 영생하여 창조목적을 실현하는 것이 역사의 종말이라 함에 환문으로 기록된 정감록의 말세 예언 역시, 성경을 대입하지 아니하고서는 도저히 해석할 수도 없는 것이다. 이는 처음과 끝이 동일한 창조주이시기에 가능한 것이고, 그분이 아니고서는 도저히 억지로라도 만들 수도 없는 것이다.

이것을 해석하려면 1부에서 말한 창세기의 인류 타락 사건인 에덴동산으로 돌아가야 한다.

창세기의 사건에서 풀이했듯이 에덴동산(田)에서 생명 있는 것(丿) 또는 선악과(田)에 생명 있는 것(丿)은 由(귀신 머리 불, 바알) 귀신, 곧 뱀이며 사탄이라고 했다. 하나님은 동산 중앙에 선악나무(木)와 생명나무(木)를 두시고 인류(儿)에게 선악을 알게 하는 나무의 열매(果)를 먹지 말라 하시며 먹는 날에는 반드시 죽는다 하셨다. 그러나 하나님의 계획을 알고 있던 영장류 뱀(由)은 여자에게(儿) 다가와 죽지 않는다고 영혼에 대해(魂=由+儿+厶+云) 얘기하매(云) 여자가 보매 탐스러운 지라(婪) 손을 들어 선악과를 먹고 '鬼'가 되어버린 것이다. 그 자가 바로 성경에서 말하는 사탄(由)이고 정감록에서 말하는 鬼의 소두무족인 뱀(由), 바알이라 정확히 기록하고 있는 것이다.

小頭無足 鬼(神) 不知? **鬼**는 성령으로 탄생한 인류(儿)가 사탄 불(由)과 함께하여 이루어진 글자이다. 그 반대의 글자가 **祝**이다. 하나님을 나타내는 示와, 인간의 몸을 나타내는 口와 성령으로 탄생한 인류(儿)가 함께 있는 모습을 祝이라 하였다. 祝福이라는 문자 유전자 속에 하나님과 내가 동행하여 잃어버린 에덴동산을 다시 찾아 준다는 뜻이 내포되어있다. 그러나 **鬼**는 어떠한가? 동행하는 것이 아니라 사탄인 由(불, 바알)의 아래에 있다. 사탄의 노예요, 종이 됨을 환자는 정확히 보여주고 있고, 성경 역시 이를 정확히 죄의 종이라고 기록하고 있다.

그 자가 누구인가. 사탄, 곧 뱀인 바알(由)이라 정감록은 정확히 성경에 근거하여 정의하고 있는 것이다.

우리가 알거니와 우리 옛사람이 예수와 함께 십자가에 못 박힌 것은 죄의 몸이 멸하여 다시는 우리(儿)가 죄(由)에게 종(鬼) 노릇 하지 아니하려 함이니. (롬 6장 6절)

상기 내용을 정리하면 나를 죽이는 것은 由(불, 바알) 그것이 由(불, 바알) 사탄(귀신)인지 모른다는 뜻이다. 에덴동산에서 사탄(뱀)이 인류를 유혹하여 인류를 죽게 만들었지만 계시록에서 사탄이 어떻게 인간을 죽이는지 그리고 그의 최후가 어떻게 예언되어 있는지 알아보기로 하자.

이는 그날들이 환란의 날이 되겠음이라 하나님께서 창조하신 시초부터 지금까지 이런 환란이 없었고 후에도 없으리라 만일 주께서 그날을 감하지 아니하였더라면 모든 육체가 구원을 얻지 못할 것이거늘 자기가 택하신 자들을 위하여 그날을 감하 셨느니라. (막 13장 19~20절)

이는 말세의 징후에 대해 예수님이 당시 제자들에게 경고했던 내용이다. 창조는 창조주 하나님에 의해 모든 피조물이 창조되었기에 세상에 존재하는 모든 피조물은 예외가 될 수 없는 것이고, 어느 누구, 어느 민족 할 것 없이 모두에게 적용되는 일이다. 이 말씀이 사실이고 진리라고 한다면 그리고 환자가 하나님에 의해서 창조가 되었다고 한다면 하나님은 어떠한 방법으로든 그 비밀의 말씀을 환문 속에 숨겨 놓아야 한다고 앞서 말하였다. 그것이 어떠한 방법으로 기록이 되었든 그것은 문제가 될 수 없는 것이다. 동물을 통해, 또는 돌들을 통해 하나님은 어떠한 방법이든 인간에게 내보이신다고 기록하고 있다. 따라서 앞서 언급한 첫 번째 환란(임진왜란)이 사람이고(倭), 두 번째 환란이 하늘(雪)에 의한 것이라면 말씀대로 마지막 환란은 귀(신)인 사탄由에 의한 것이라고 예언하였고, 성서에서는 창조 이후 일찍이 이러한 환란은 없을 것이라고 예언하심은 역사의 종결이기에 그렇다는 것이고, 어느 피조물 할 것 없이 예외 없이 모두에게 적용된다는 뜻이며 동시에 택하신 자들을 살리시기에 그날을 감하였다고 예언하고 있는 것이다. 그 택하신 자들이 누구인가?

> **내가 또 들으니 하늘에 큰 음성이 있어 이르되 이제 우리 하나님의 구원과 능력과 나라와 또 그의 그리스도의 권세가 나타났으니 우리 형제들을 참소하던 자가 쫓겨났고 또 우리 형제들이 어린 양의 피와 자기들이 증언하는 말씀으로써 그를 이겼으니 그들은 죽기까지 자기들의 생명을 아끼지 아니하였도다. 그러므로 하늘과 그 가운데에 거하는 자들은 즐거워하라 그러나 땅과 바다는 화 있을 진저 이는 마귀(불由)가 자기의 때가 얼마 남지 않은 줄을 알므로 크게 분 내어 너희에게 내려갔음이라 하더라 용(불由)이 자기가 땅으로 내쫓긴 것을 보고 남자를 낳은 여자를 박해하는지라 그 여자가 큰 독수리의 두 날개를 받아 광야 자기 곳으로 내려가 거기서 그 뱀의 낯을 피하여 한 때와 두 때와 반 때를 양육 받**

으매 여자의 뒤에서 뱀이 그의 입으로 물을 강같이 토하여 여자를 물에 떠내려가게 하려 하되 땅이 여자를 도와 그 입을 벌려 용의 입에서 토한 강물을 삼키니 용이 여자에게 분노하여 돌아가서 그 여자의 남은 자손 곧 하나님의 계명을 지키며 예수의 증거를 가진 자들과 더불어 싸우려고 바다 모래 위에 서 있더라. (계 12장 10~16절)

예수님의 십자가 사역 후 사탄(뱀, 由)은 하늘에서 쫓겨나 우리가 사는 이곳으로 내 쫓김을 받았다. 우리가 살고 있는 이 땅은 사탄과 하나님을 믿는, 여자의 남은 자손과의 싸움이 지속되고 있는 중이다. 여자는 그리스도를 낳은 이스라엘을, 여자의 남은 후손은 그에 의해 통치되는 오늘날의 교회, 그리고 그리스도로 믿는 성도를 말한다. 인류 창조 전 하나님은 천사장 루시퍼를 지으시고 그에게 자율권을 주었지만, 그는 자기의 처소를 떠나 자신의 피조 본연의 목적을 잃어버리고 하나님을 배반하여 대적하는 자가 되었다. 하늘에서 죄악에 빠진 우리를 참소하던 자는 사탄(由)이었는데 예수의 십자가 사역으로 우리의 죗값을 사탄에게 지불하였기에 창세기에서 예언하심과 같이 그를 하늘에서 내 쫓으신 것이 바로 하나님은 공의이시다. 인류의 죗값을 모두 지불하자 그는 더 이상 하늘에 있을 수 없어 우리가 사는 이 세상에 쫓겨났다는 이야기다. 그리고 그는 자기의 때가 얼마 남지 않는 걸 알고 남자를 낳은 여자 곧 이스라엘을 핍박을 하나 결국 땅이 이스라엘을 도와 이스라엘이 승리를 함에 사탄이 더욱더 분노하여 여자의 남은 자손 곧 예수를 믿는 성도들과 싸우려고 모래 위에 서있다고 예언하고 있는 것이다. 여기에서 이스라엘의 이천 년간의 나라 없이 방랑한 것과 히틀러의 핍박 그리고 이스라엘 독립이 예언된 내용이기도 하며 역사의 종말이 얼마 남지 않았다는 것을 간접적으로 보여준다 하겠다. 어린 양의 피와 그의 피로 깨끗함을 입고(鬼–〉酉 匹) 자신의 생명을 바쳐 신앙을 끝까지 지켜낸 자들을 祝이라 말하는 것이다. 우리의 고대사, 근대사와 현대사가 에덴동산의 연장된 역사이다. 인류가 죄를 범하여 하나님을 떠나 에덴동산에서 쫓겨남에 역사가 시작함과 같이 그 목적을 달성하기 위해 반복의 역사를 거쳐 온 것이다. 鬼가 酉나 匹 과같이 거듭나지 아니하고서는 천국에 들어길 수 없다고 분명히 말씀하셨다.

요한 계시록 13장 1~3절

내가 보니 바다에서 한 짐승이 나오는데 뿔이 열이요 머리가 일곱이더라. 그 뿔에는 열 왕관이 있고 그 머리들에는 신성 모독하는 이름들이 있더라. 내가 본 짐승은 표범과 비슷하고 그 발은 곰의 발 같고 그 입은 사자의 입 같은데 용이(由) 자기의 능력과 보좌와 큰 권세를 그에게(鬼) 주었더라.

인류의 역사는 선악과를 먹은 인류, 다시 말해 사탄을 믿는 인류를 다시 하나님을 믿는 인류로 빼앗아 오고자 함의 투쟁의 역사이다. 아담과 하와의, 가인과 아벨의 제천 의식이 그러하였고 그리스도의 십자가 사역이 그러한 것이다. 사탄은(由) 하와를 유혹했듯이, 가인을 유혹했고, 사람들을 유혹하여 자신의 대리인으로(鬼) 더러는 종으로 세우고 하나님의 일을 방해하는 것이다. 由--〉 鬼 바로가, 네로가, 더러는 교황이, 마르크스가, 레닌이, 모택동이, 히로히토가, 다윈이, 히틀러가, 김일성이, 김정일이, 나아가 거짓 그리스도와 적 그리스도, 이단 종파가 다 그런 것이고, 모두 다 사탄 불(虫바알)의 하수인인 鬼라고 성경과 환문은 정확히 형상화하여 말하고 있는 것이다. 다시 말해 에덴동산의 뱀(불(虫) 또는 바알)이 그들에게(儿) 큰 권세를 주어 인간 세상을 통치하는데 그것을 환문에서는 **鬼**라 하고 있는 것이다.

> **용(虫)이 짐승에게(鬼) 권세를 주므로 용(虫)에게 경배하며 짐승에게(鬼) 경배하여 이르되 누가 이 짐승과 같으냐? 누가 능히 이와 더불어 싸우리오. 하더라. 또 짐승이 과장되고 신성 모독을 말하는 입을 받고 또 마흔두 달 동안 일할 권세를 받으니라 짐승이 입을 벌려 하나님을 향하여 비방하되 그의 이름과 그의 장막 곧 하늘에 사는 자들을 비방하더라. 또 권세를 받아서 성도들과 싸워 이기게 되고 각 족속과 백성과 방언과 나라를 다스리는 권세를 받으니 죽임을 당한 어린 양의 생명책에 창세 이후로 이름이 기록되지 못하고 이 땅에 사는 자들은 다 그 짐승에게 경배하리라. 누구든지 귀가 있거든 들을지어다. 사로잡힐 자는 사로잡혀 갈 것이요 칼에 죽을 자는 마땅히 칼에 죽을 것이니 성도들의 인내와 믿음이 여기 있느니라.(계 13장 4절)**

창세기 선악과 사건의 연장된 예언이다. 하와는 사탄과 인간의 영혼에 대해서 얘기했다. 선악과를 먹으면 영혼이 죽는 것이다. 사탄은 강제적 방법을 통해 할 수만 있다면 믿는 자들을 유혹하여 하나님께 나아가는 길을 막는 것이다. 비록 우리의 육신이 죽는다 할지라도 영혼을 죽이는 선악과를 먹어선 안 된다고 성경은 분명히 경고하고 있는 것이다. 사탄께(由) 경배한다는 짐승(鬼)은 생명과(林-〉田田)를 거부하고 선악과(果-〉由)를 먹는다는 것이다. 그들은 다 그 짐승에게 경배한다고 하였다. 그들이 누구인가? 신사참배가 무엇을 의미한지를 보여주는 것이라 하겠다.

몸은 죽여도 영혼은 능히 죽이지 못하는 자들을 두려워하지 말고 오직 몸과 영혼을 능히 지옥에 멸하실 수 있는 이들 두려워하라 (마 10장 28절)

창세기 환문을 살펴보았듯이 媿, 魔, 髁가 되어서는 아니 되는 것이고 義가 되어야 하는 것이다.

네가 보던 열 뿔은 열 왕이니 아직 나라를 얻지 못하였으나 다만 짐승과 더불어 임금처럼 한동안 권세를 받으리라. 그들이(由) 한뜻을 가지고 자기의 능력과 권세를 짐승에게(鬼) 주더라 그들이(酉, 四) 어린 양과(羊) 더불어 싸우려니와 어린 양은 만주의 주시오 만왕의 왕이므로 그들을(鬼) 이기실 터이요 또 그와 함께 있는 자들 곧 부르심을 받고 택하심을 받은 진실한 자들도 이기리로다. 또 천사가 내게 말하되 네가 본 바 음녀가(鬼) 앉아 있는 물은 백성과 무리와 열국과 방언들이니라. 네가 본 바 이 열 뿔과 짐승은(由) 음녀를(鬼) 미워하여 망하게 하고 벌거벗게 하고 그의 살을 먹고 불로 아주 사르리라 이는 하나님이 자기 뜻대로 할 마음

을 그들에게(由) 주사 한뜻을 이루게 하시고 그들의 나라를 그 짐승에게 주게 하시되 하나님의 말씀이 응하기까지 하심이라(제 17장 12~17절)

여기서 음녀란 선악과를 먹은 아담과 하와를 말하기도 하지만 사탄由에게 권세를 부여받아 통치하는 자, 우상숭배 시킨 사탄의 하수인 곧 鬼를 말하는 것으로 적그리스도, 거짓 선지자 등을 말한다. 굳이 예를 든다면 네로, 중세 면죄부 판매한 교황, 진화론의 다윈, 공산주의의 마르크스, 히틀러, 2 차 대전의 신사참배의 히로히토, 레닌, 김일성의 부자 손, 거짓 그리스도 등등으로 추정해 볼 수 있겠다. 그러나 그들 역시 그리스도와 그의 백성에 의해 패하게 될 것이고 – 역사가 실제로 그렇게 되어 왔음– 그리고 그 하수인인 종(鬼)을 잃은 그 사탄 불(由 바알)은 자신의 하수인인 음녀를(鬼) 이용할 때로 이용해 먹다가 가치가 없으니까 "**미워하여 망하게 하고 벌거벗게 하고 그의 살을 먹고 아주 불사른다.**"라고 예언하고 있는 것이다. 스위스에서 유학한 김정은이 진리를 알고, 자신이 앞으로 어떻게 죽는지 이미 예언된 그 사실을 깨닫는다면 빨리 인민을 해방하고 하나님께 사죄하고 회개하여야 한다.

이것이 하나님과 사탄의 차이다. 인류가 죄를 지었지만 대속 물로 소와 양을 犧생 시킴으로써 그들을 살리셨으며, 마지막에는 결국 당신께서 그 문제를 해결하고 져, 홀로 십자가의 가시밭길을 감으로써 생명나무로 나아가는 길을 열어 우리를 살렸다. 그러나 사탄은 자기가 이용하다 이용 가치가 없으면 결국은 미워하여 망하게 하고 벌거벗게 하고 그의 살을 먹고 아주 불사른다고 예언하고 있다. 그것이 뱀, 바알(由) 사탄의 정체이다. 사탄을 찬양하는 음녀를 환문은 媿라고 잘 표현하고 있고, 그것을 정감록에서는 **小頭無足 鬼(神)不知**라고 뱀, 바알(由)이라 분명히 말하고 있는 것이다. 환자는 鬼에 다리가 없고 머리가 작은 것은 에덴동산(田) 또는 선악나무(木)의 선악과(果—>田)에 생명(ノ) 있는 뱀인 불, 바알(由)이라 함에 한 치의 오차도 없이 정확히 지적하여 가리키고 있는 것이다.

인자가 온 것은 섬김을 받으려 함이 아니라 도리어 섬기려 하고 자기 목숨을 많은 사람의 대속 물로 주려 함이니라. (막 10장 45절)

그렇다. 하나님은 사랑인 것이다. 그것이 사탄과의 차이이다. 그래서 鬼의 반대말 祝이고 儿이 아래에 있지 않고 옆에 있는 이유임은 지극히 성경적인 표현이라 아니할 수 없겠다.

그렇다면 반대로 나를 살리는 것은 무엇인가?

活我者誰 寺畓七斗落 浮金冷金從金 奄宅曲阜
三人一夕 利在田田 道下止 하라

내가 본 것은 내 오른손의 일곱별의 비밀과 또 일곱 금 촛대라 일곱별은 일곱 교회의 사자요 일곱 촛대는 일곱 교회니라 에베소 교회의 사자에게 편지하라 오른손에 있는 일곱 별을 붙잡고 일곱 금 촛대 사이를 거니시는 이가 이르시되 (계 1장 20절~2장 1절)

앞서 두 환란을 예언함으로써 일이 일어난 후에 그 일로 하여금 믿게 하려 함이라고 말씀하셨기에 볼 수 있는, 들을 수 있는 계시를 주심은 명약관화한 일이다. 계시를 주시지 않는다면 그것은 위서요, 아무짝에도 쓸모없는 가치도 없는 것이다. 그러나 하나님은 歷史 속에 역사하신다. 노아에게 홍수의 사건을, 아브라함에게 소돔과 고모라의 사건을 이사야에게 그리스도의 출현과 에덴동산을 회복하신다고 말씀하였듯이 하나님은 하나님이 하시는 일을 그의 종에게 먼지 보이시고 일을 행하신다고 하셨다.

병자호란에서는 *浮土*였다. 엄동설한의 추위에 온돌방이었다면 마지막 환란 날은 *浮金*이기에 *從金* 하라고 하였고, **寺畓七斗洛** 함에 완성 수 7수요 일곱 금 촛대는 일곱 교회라고 분명히 말하고 있다. **十勝地**가 어디인가? 핵폭탄이 있고, 미사일이 미치지 않는 곳이 없는데 유치하게 거짓말 그만해라! 지명이 아니라 십자가의 승리가 있는 곳, 사망 권세를 이긴 곳, 예수가 있는 교회를 말하는 것이다. 문자 그대로 해석하면 되는 것을 무슨 큰 깨달음을 알았다고 ....모두 그리스도에 대해 한결 증거하고 있는 것이다.

奄宅曲阜

주공(周公)이 큰 공(功)이 있는 고로, 백금(伯禽)을 노(魯:曲阜) 나라에 봉건(封建)한 후(後) 곡부(曲阜)에다 궁전(宮殿)을 세움. **모든 권세와 능력을 멸하시고(田) 나라를 아버지 하나님께 바칠 때라**

그리스도께서 생명나무로 나가는 길을 여셨기에 큰 공이 있는 고로 이 세상의 심판을 하나님께서 그리스도에게 맡기셨음을 환문 문화권의 문화에 맞추어 주공(周公)에 비유하여 말한 것이다.

"아버지께서 아무도 심판하지 아니하시고 심판을 다 아들에게 맡기셨으니." (요 5 장 22 절)

三人一夕

앞서 말했듯이 성부 성자 성령이 하나인 삼신상제, 다시 말해 삼위일체 하나님을 말하는 것이다. 언어의 보편, 타당성에 해당하는 예이며, 이는 인류에게 공통되는 사안이며 3수 하나님의 속성이 그대로 전개된 결과물이고 앞서 언급하였듯이 3과 4의 전개 수가 7수요 완성 수이기에. 천지창조가 안식일을 포함에 7수요, 무지개가 7수요, **손의 일곱 별의 비밀과 또 일곱 금 촛대라 일곱 별은 일곱 교회**라 함은 모두 완성 수인 7수에 의거함이요, 이는 만유는 한 분이 창조하였기에 공통성을 지니는 이유이고, 정감록에서도 한 치의 오차도 없이 三人一夕이라고 말함에 위서가 아님을 뒷받침하는 증거라 할 수 있겠다.

利在田田

창세기의 사건을 알아야 풀리는 예언이다. 나를 죽이는 것은 소두무족 즉 선악과(果)의 열매인 田에 생명인 ノ이 있어 뱀, 바알

(由)이었지만 나를 살리는 것은 田田이다. 田은 무엇인가? 첫 번째 나무의 열매 다시 말해 선악나무(木)의 열매(果)가 田이라 한다면 두 번째 나무(林) 곧 생명나무(林)에서 열리는 열매, 생명과(果果)는 **田田**인 것이다. 다시 말해 선악나무(木)에 열리는 果일을 '田'이라 하였고 그곳에 생명(ノ) 있는 존재는 뱀, 바알(由)이라 하였지만, 두 번째 나무인 생명나무(林)에 열리는 과일(果果)을 '田田'이라 말하고 대구를 사용하여 더한층 강조한다. 그분이 바로 나는 길이요, 진리요, 생명이라고 말씀하신 예수 그리스도인 것이고 환문으로는 유대(酉大) 나라(阝) 사람(人)인 **鄭(人+酉大+阝)** 도령이라고 정감록은 회자를 사용하여 정확히 일치하여 예언하고 있는 것이다.

성경은 마지막 날에 살리는 것과 죽이는 것에 대해 정감록에서 말하고 있는 것과 똑같이 정확히 밝히고 있는 것이다. 정 도령을 보려면 소 울음소리를 들어야 한다고 하였다. 소 울음소리가 무엇인가? **犧** 자에서 보듯 羊과 소(牛)이다. 아담과 하와의 죄를 대신해 죽은 양과 소이다. 그들은 죄 없고 흠(秀) 없는 양과 소를 창(戈)으로 죽일 때, 그들의 울부짖는 소리를 들어야 했다. 그들의 피로 죄를 씻고, 가죽 옷을 입어야 했다. 그래서 義요, 美요, 善이요, 鮮이요, 韓이다. 아벨도, 노아도, 아브라함도, 환웅 서자도, 단군왕검도, 박 혁거세도 죄 없고 흠 없는 양과 소를 죽여야 했고, 그들의 울부짖는 소리를 들어야 했다. 그랬다. 그러나 카인은 그러지 않았다. 십자가 메고 골고다 언덕을 걸어갈 때 유대인들은 카인과 같이 소(양) 울음소리를 듣지 않았다. 정 도령이 오실 때 그들 역시 카인과 같이 소(양) 울음소리를 듣지 않았다. 소(양) 울음소리는 바로 십자가에서 희생의 제물이 되어 우리의 죄를 씻어주며, 나는 길(道)이요, 진리요, 생명이니, 나를 통하지 아니하고 아버지께 나아갈 수 없노라고 선언하신 정 도령, 유대 나라(酉大阝人) 사람인 예수그리스도의 울 부름이었다.

따라서 선악나무는 사탄이고, 생명나무는 하나님인 것을 나무에 비유한 것이고, "**하나님의 말씀을 먹었더니 꿀같이 달다**."라고 성경은 하나님의 말씀에 비유하여 기록하고 있는 것이다. 인류가 먹은 선악과 곧 田은 사탄의 말씀에 순종한 것이고, 생명나무의 생명과는 田田인데 하나님의 말씀을 믿고 순종하는 것을 과일에 비유하여 먹었다고 기록한 것이다. 그러기에 그 말씀이 하나님과 함께 있었다 하고, 그 말씀 안에 거하면 이루지 못할 일이 없다고 성경은 더하여 말하고 있는 것이다.

통일교와 JMS와 일부 유사 이단 종파에서는 선악과를 '하와의 성'이라 하고 선악과를 먹음은 아담과 하와가 간음을 하였다고 하는데, 언어적 모순이다. 간음은 홀로 할 수 있는 것이 아니고, 인류는 생명과를 먹을 수 없어 困과 棘이 되어 죽게 되었다고 성경에 분명히 기록하고 있음에 그러한 유사종교는 사탄의 종교 곧 鬼인 것이다. 정감록에서도 나를 죽이는 것은 선악과인 田에 생명 있는 것 곧 뱀, 바알(由)이요 나를 살리는 것은 생명과인 '田田'인데 그분이 곧 예수 그리스도요, 鄭도령임을 환자는 회자를 이용하여 가차로 사용하였던 것이고, 성경에서는 그분을 생명과에 비유하여 잠자는 자 곧 선악과를 먹은 죽은 자들 중 사신 첫 열매가 되셨다고 열매에 비유하여 말씀하고 있는 것이다.

20 그러나 이제 그리스도께서 죽은 자(田) 가운데서 다시
살아 나사 잠자는 자들의 첫 열매(田田)가 되셨도다 21 사
망(田)이 한 사람으로 말미암았으니 죽은 자의 부활도 한 사
람(田田)으로 말미 암는도다 22 아담(田) 안에서 모든 사람
이 죽은 것 같이 그리스도(田田) 안에서 모든 사람이 삶을
얻으리라 23 그러나 각각 자기 차례대로 되리니 먼저는 첫
열매인 그리스도요(田田) 다음에는 그가 강림하실 때에 그리
스도에게 속한 자요(田田) 24 그 후에는 마지막이니 그가
모든 통치와 모든 권세와 능력을 멸하시고(田) 나라를 아버
지 하나님께 바칠 때라 25 그가 모든 원수를 그 발아래에
둘 때까지 반드시 왕 노릇 하시리니 26 맨 나중에 멸망 받
을 원수는 사망(田)이니라 27 만물을 그의 발아래에 두셨다
하셨으니 만물을 아래에 둔다 말씀하실 때에 만물을 그의
아래에 두신 이가 그중에 들지 아니한 것이 분명하도다 28
만물을 그에게 복종하게 하실 때에는 아들 자신도 그때에
만물을 자기에게 복종하게 하신 이에게 복종하게 되리니 이
는 하나님이 만유의 주로서 만유 안에 계시려 하심이라. 아
멘(고전 15장 20~28절)

한반도 (긴 것, pen)

길고 마음 전할 수 있어
내가 좋아하는 pen과 pencil 주1)

길게 튀어나와 들어가 생명 낳을 수 있어
여자들이 좋아하는 penis

색시 품
엄마 품같이
젖과 꿀 흘러 모두가 좋아하는 Peninsula

빨갱이 태평양 넘고
제국 침략자 대륙 넘으려

쌈박질하다 입속에 넣곤
뺏기지 아니하려 금 그어 놓은 Korea Peninsula

해양 대륙 사 팔방 열려있어
믿기지 않는 온갖 시련 가슴에 쓰러 담고
흐르는 동서 생명수에 검은 죄악 맑게 씻어 곱디.
고은 朝鮮 주2)

희생(犧)의 대속 제물(祭) 예배(拜)와 기도(祈禱) 있어
샛 하얀 두루마기(韋) 눈부시기 차려입은 白衣 大韓

샤론 꽃 곱게 늘어뜨리고 주3)

천지에서 땅 끝까지 홍익인간, 광명이세

반만년 모진 세월
기다림에 슬픈 情恨 아리랑에 고이 담아
님 향한 고진(苦盡) 사랑 순결타 눈물겨워 가슴 아파라

<도움말>

주1) pen의 어원: 길게 돌출해 메달은 상태의 모양 pen, pencil, penis, peninsula, penna, pennant, pending, suspend.......에서 파생.

주2) 조선(朝鮮) : 나(魚) 와 양(羊)이 함께하니 고아(鮮) 밝다(明)
한(韓) : 가죽옷(韋) 입은 나는 훤하고 밝다(日)
양과 가죽 옷은 십자가에서 제물 되신 예수 그리스도를 나타냅니다.

주3) 사론 꽃 : 우리나라 무궁화는 이스라엘의 샤론 꽃이며 성경에서는 예수 그리스도를 상징

주4) 한(韓) : 가죽옷(韋) 입은 나는 훤하고 밝다(日), 백의민족 등 우리나라를 지칭하는 말이면서 옛 조선의 국호임과 동시 삼한 조선, 나아가 대한은 오늘날 우리나라의 국호입니다. 우리 국호의 글자 유전자 속에 우리 민족이 하나님의 후손, 적장자이며 초기 기독교의 원시 제형 문화를 그대로 간직했다는 증거입니다. 부족국가의 제천의식은 세계 역사상 유래를 찾아볼 수 없는 유대의 예배의식과 동일한 것이며 이는 조선의 제천의식을 이어받은 것입니다. 유적으로는 고인돌과 환자의 제천문화와 국호에 이미 기록되어 있으며 가죽 옷은 소와 양을 죽여 예배(拜) 후에 입었던 것으로 그리스도의 옷을 상징하는 것으로 그리스도의 말씀으로 정결케 된 우리의 몸을 말하는 것입니다. 기독교는 외래 종교가 아니라 우리 한민족 고유의 종교이며, 예언서와 환자는 이를 더하여 증명하고 있습니다.

역사의 존엄성과 생명의식의 양상樣相

- 함영달의 「그가 남긴 흔적」의 합리성

엄 창 섭(가톨릭관동대 명예교수, 김동명학회 회장)

그 어느 시간대보다 온통 대립과 갈등의 이분법二分法으로 치닫는 우리네 사회현상 앞에서 이 땅의 정신작업에 종사하는 문인들도 최소한 부끄럽고 수치스런 삶의 흔적에 대한 뼈아픈 자성自省이 거듭 요청되기에, 한 작가의 문학작품에 수용된 의식 또한 다채로운 양상樣相을 지니는 경향이지만 가시적인 모든 현상은 본질적으로 언어학적인 검증의 통로를 걸치고 또 비교종교학적인 현상에서 그 추이推移는 점차 폭넓고도 다양한 심층적인 연구로 이행移行 되어야 할 것이다.

이 점에 있어 혼돈과 격랑의 시간대에 저자인 함영달 시인이 모처럼 간행한 『그가 남긴 흔적』(홍익출판사, 2019)의 글머리에서 "구하라기에 구했고, 찾으라기에 찾았고, 두드리라기에 두드렸다. 열렸다. 우리가 알 수 있는 것은 broken image(깨어진 현상)라 말했다. …줄임… 지금 비록 눈 내리고 암흑의 혼돈의 시대를 살아가지만, 봄이 오면 기록된 예언이 모두 이루어질 것을 확신함에 '그가 남긴 흔적'이라는 제목으로 그분의 발자취를 찾고자 하였다. 모쪼록 이 책에서 우리가 기존에 알고 있었던 지식과 진리에 진위를 분별해 인생에 올바른 진리를 찾아 절대 선을 만나시길 간절히 소망하는 바이다."

보편적으로 최소한 시인이라면 암울한 현상에서도 '생선 싼 종이에서는 비린내가 나고 향을 싼 종이에서는 향 내음이 나아야 하듯이', 담백한 시격詩格을 지닌 정신작업의 종사자에게서, 내면의 체취體臭는 풀꽃향이거나 모과 향이어야 한다. 평자가 그 나름으로 삶의 일상에서 주장해 왔듯 '우리의 소중한 삶에 있어 특정한 누군가와의 만남이 때로는 운명적이다.' 그렇게 청송의 캠퍼스에서 사제 간의 끈질긴 인연도 맺어졌지만, 저자인 함영달 시인과는 뒷날인 2014년 월간『모던포엠』의 신인상 심사 과정에서의 〈기쁜 날〉을 포함한 시편과 오늘의 〈하슬라〉 동인지를 통해 소중한 그와의 관계가 유지되고 있다. 한편 소외된 이웃에 대한 연민의 정을 거부할 때, 자신의 어두운 측면(shadow)을 상대방에게 상호투시하게 되기에, 윌리엄 헨리가 '나는 영혼의 선장이며, 내 인생의 주인이다.'라는 역설처럼 삶의 역경에서 쉽게 추구하는 바를 체념하지 않고, 생명외경의 존엄성을 새삼 인식한 영문학을 전공한 그의 인생여정은 헛된 휴식의 낌새를 허락하지 아니한다.

여기서 비교적 담백한 그의 시정신은 푸른 식물성언어로 직조된 전율 같은 가슴 떨림인 동시에 지극히 서정적 황홀함에 의해 더없이 눈부시다. 비록 삶의 일상에서 접하는 물상의 실체를 적확하게 파악할 수는 없을지라도 '이 세상의 모든 것은 오직 마음이 창조한 것이라'는 일체유심조一切唯心造로 인식하고 생명의 꽃을 눈부시게 피워내는 따뜻한 감성적 존재로, 불안과 조급함에 익숙한 대다수 이 땅의 문인들에 비해 모남 없이 맑은 영혼이 바람처럼 자유로운 현재성에 닿아있는 정직한 그의 행보行步는 내면의 미학을 추구하는 심적 탐색을 지향하고 있다.

특이하게도 저작물의 편집에 적절한 시편을 접목시켜 일상의 삶에서 개아個我의 서정성을 작동시켜 "생명나무 형틀 지고/ 십자가 그늘 아래 철철철 피 흘리며/ 역사를 나누심이// 최후의 죽음 결코 끝이 아니기에/ 죽어서 조차 사랑할 수밖에 없는// 말로 다 다함없는 부활의 환희였음을/ 난 정말 몰랐어요!(몰랐어요!)"를 종종 시적 정조情調로 읊어내며, 글의 편집구성이 "제1부 잃어버린 환한 님 나라 삼신 환국(1. 나(我)는 누구이며 무엇인가?−16. 바벨탑 사건), 제2부 잃어버린 환한 님 나라 삼한 조선(1. 과학과 종교−8. 환국과 조선은 왜 망했는가?), 제3부 다시 찾은 환한 님 나라, 조선 대한(1. 다시 찾은 잃어버린 역사(歷史)−15. 대한민국이 나아갈 길), 그리고 〈부록〉 요한 계시록과 정감록 비교해설, 맺는말의 보기처럼 견고한 성채城砦로 쌓여진 그의 소설은 한층 이채로워 충직한 독자들의 지대한 관심사關心事에 해당한다.

한편 "하나님에 대한 정의이다. 한 분이라서 또는 큰 이란 '한' 이란 것에서 왔다고도 하고 모 종교에서는 하느님이라고도 한다. 솔이 소나무가 되었듯이 하늘이라는 보통명사에 님을 붙여 대명사 화함에 'ㄹ'이 탈락하여 하느님이 된 것이다. 무소불위의 하나님이시다. 하늘에 국한한다는 것은 신의 전지전능성을 무시한 언어적 모순이다. 정확히 정의한다면 태초에 하나님은 말씀과 함께 계셨고 그 말씀은 "빛이 있으라." 였다. 그 말씀에 따라 우주가 창조되었다. 현대과학에서 밝히는 우주 대폭발, 즉 빅뱅이다."와 같은 이론의 전개를 통해서 「역사의 존엄성과 생명의식의 양상」을 체계적으로 다루고 있다.

까닭에 이 책의 저술 목적과 방법을 다양하고 깊이 있는 학제 간學制間의 연구를 통한 끝에 오랜 날, 그 자신의 집념과 체험을 골격으로 하여 "There is surely God. Therefore listen to the His story.(신은 분명히 존재한다. 그러니 그의 이야기를 들어라)의 일관된 확신 끝에 '1) 언어를 통해 신의 존재를, 2) 역사와 예언 속에서, 3) 성취되지 않은 앞으로 일어날 예언과 인류 역사의 종말을 재조명함으로써 진리구명究明'에 신선한 충동을 안겨주며 가끔은 미국의 국민시인인 휘트만(Walt Whitman)의 「풀잎」을 언급하며, 따뜻한 감성의 시선視線으로 '천지를 지으신 창조주創造主'에 그 초점을 맞춰(창세로부터 그의 보이지 아니한 것들 곧 그의 영원하신 능력과 신성이 그가 만드신 만물에 분명히 보여 알려졌나니 그러므로 그들이 핑계하지 못할지니라. 로마서 1:20) 진술함으로 지극히 생명적이고도 긍정적 사유思惟를 인문학적인 이론의 체계로 온전하게 일깨워주고 있다.

무엇보다도 저자가 앞서 구체적으로 논의하였듯이 '혼과 영을 파자하면 **魂**은 인류(儿)가 귀신(由, 불, 바알)과 함께하여 생과 사에 관해 말한 것(云) (魂=由 불+儿 인+厶 사+云 운)이라고 정의하고 있으며 **靈**은 하늘에서 내려오는(雨) 삼 신(口口口)과 두 사람(人人 곧 아담과 하와)를 연결해 주는 것(**雨+口口口+人人+工**)이라 환자는 숫자까지 정확히 하여 가리키고 있다. 우리 조상들은 삼위일체의 하나님을 靈이라는 환자 유전자 속에 그대로 각인시켰고, 환자로는 "三神上帝"라.' 지적도 비교종교학적인 시각에서 비중 있게 검토해볼 사항이다. 이와 같이 저자인 함영달 시인은 정신작업에 종사하는 맑은 영혼의 소유자로서, 인류역사상 최고最古의 경전經傳인 「天符經」을 소유한 민족의 상고사上古史와 촛불혁명에 이른 작금의 현대사를 방대한 자료와 고증考證을 걸친 비교 검토는 물론이거니와 '인류역사상 가장 위대한 문화요, 역사요, 진정한 얼(혼)인 한글'을 통한 문자적 해석은 일상적 감동의 회복을 넘은 각고의 정신적 결과물로 합리적이다.

차지에 오염된 바다를 2%의 염분이 정화시키듯이, '진정한 극소수의 창조자로서 시대적 소임을 엄숙하게 수행'하며 '대륙의 심장心臟'에 깊이 간직할 민족의 경건한 자존自存이며 좌표로 '해방과 분립 심판, 촛불 혁명'에 잇닿아, 「16. 대한민국이 나아갈 길」을 문제를, 보다 객관적이며 통시적으로 '하나님의 역사 목적이 어디 있는가를 적확하게 깨닫고 인지하여 실천궁행할 것을 역설한 명백한 제시는 더없이 감사할 따름이다.

또 하나 A · 하우저는 "작가는 올바른 질문을 제기하는 것만으로 만족할지 모르지만 자기 시대의 주인 노릇을 하려면 올바른 해답을 제시해야 한다." 라고 언급한 바 있다. 보편적으로 예술은 본질적으로 환경생태학적인 연고에 기인起因하기에, 예술의 다양성을 자연회귀로 확산시켜 불건전한 의식을 내적 충만으로 변전시켜야 할 것이기에, 자연의 원대한 섭리, 즉 16세기 화란의 생태학자 스피노자가 범신론적인 '신(자연)에의 이성적 사랑'이라 칭한 것을 상기할 합리성이 주어진다.

결론적으로 비록 함영달 시인이 오랜 날의 고뇌 끝에 모처럼 묶어낸 『그가 남긴 흔적』(홍익출판사, 2019)은 상상력을 동원한 한편의 소설이기에 앞서, 깊이 있는 인문학 연구물로 그 자신이 몸담은 장소성場所性 또한 단순한 공간이 아니라, '한국적인 자연과 정서'로서 그것은 간절하고도 절박한 그리움의 표징으로 해명된다. 까닭에 작자가 처한 당시의 시의식과 정신기후가 분단된 조국의 상실감, 민족적 불행으로 연관되고, 강렬한 겨레 사랑의 올곧은 심성과 '눈부신 존재의 꽃'으로 형사形似되어 한층 더 날刃 푸르게 빛나고 있다.

추천사

심 동 명*

함영달 시인이 천착해 온 독특한 역사 연구가 드디어 책으로 엮여 햇빛을 보게 되었다니 설레는 마음으로 우선 축하의 말씀을 전합니다.

대중들이 받아들이기에는 다소 난해함을 피할 수 없는 부분도 있겠으나 본디 진리는 혼탁한 세상에서는 어색하게 느껴지는 법, 목전의 어색함은 세월이 차츰 해결해나가리라 믿습니다.

함시인의 저간의 노고를 돌아보면 예수님이 진리를 설파하실 때 유대땅의 무지한 사람들은 오히려 예수님을 이단으로 매도하고 한사코 진리를 외면했다는 사실을 새삼 떠올리게 됩니다. 긴 시간에 거쳐 덮여 있거나 외면 받았던 우리의 역사와 동아시아의 역사, 나아가 인류의 역사에 대한 그의 예리한 통찰이 진리의 본색을 띄며 이제 막 빛을 보고 싹을 틔웠으니, 독자 여러분의 애정으로 줄기가 튼실해지고 뿌리를 굳건히 내릴 수 있게 되기를 소망합니다. 우리의 역사에 대한 이러한 유의 신선한 접근은 단재 신채호 선생이나 씨알 함석헌 선생에게서 그 본류를 찾을 수 있습니다. 두 어른은 역사학계의 지지를 얻은 메인 스트림이 되지는 못 하셨지만 그 서슬 퍼런 정신만큼은 오히려 제도권 사학자들을 부끄럽게 하고 있습니다. 특히 함석헌 선생의 '뜻으로 본

---

* 전) 서울 동북고/ 해성여고 교사, 강북비타에듀 대표강사,
강남비타에듀 입시전략연구소장, (주)교육과세상 연구소장, 비타에듀콘 원장
현) 줄탁학원 원장

한국역사'에서 강조했던 바, "새 프로테스탄트가 나와야 한다. 종교개혁이 다시 나와야 한다. (중략) 그들을 내쫓고 새 말씀을 외쳐야 한다. 그러기 위하여 새 역사 이해를 가져야 한다."라는 외침이 함시인을 통해 고스란히 전수되어 이제 《그가 남긴 흔적》이라는 이 저서를 통해 맥을 이어가게 되었으니 참으로 다행이라 아니 할 수 없습니다. 함시인의 펜 끝이 우선은 역사의 고증에 그 초점이 맞추어져 있으나 그와 나눈 뜨거운 대화와 토론을 통해 미루어 짐작건대 궁극은 이 땅의 종교, 특히 기독교를 날카롭게 가늠할 것으로 보입니다. 요즘 창조과학 세미나로 유명한 김명현 교수의 강좌가 유튜브를 통해 널리 젊은이들에게 퍼져 나가고 있는데, 김명현 교수도 한자의 뜻을 헤아리는 과정에서 성서의 진리를 헤아려 나갔던 바, 좋은 날 함시인과 김교수 두 분이 만나 서로 진리로 함께 대동단결하시면 어떨까 하는 생각도 어쭙잖게 해 봅니다.

그 추운 겨울 어느 날, 작은 강의실에서 역사에는 문외한이나 다름없는 교사 한 명을 대상으로 칠판 가득 힘 있는 필체로 진리를 전하던 함시인이 많이 그립습니다. 함시인의 저작이 지금은 작은 나비의 날개짓에 불과할지도 모르지만, 진리에 목 마른 이들이 그 미동에 반응하기 시작하여 큰 반향으로 온 세상에 울려퍼지기를 기대하며 이것으로 추천의 말씀에 갈음합니다.

맺는말

젊은 날 성경 말씀들이 믿어지지 않았다. 특히 죽은 사람이 다시 산다는 것은 더욱더 믿기지 않아, 나에게도 보여 달라고 간청함에 응답이 없어 하나님은 없다 하고 성경을 무시하고 예수 믿는 자들을 더러는 핍박하였다. 그러던 어느 날 환난 날에 내가 너를 반듯이 구할 것이라는 말씀이 임함에, 주님을 만났고, 성령님이 믿기지 않던 성경의 사실들을 하나 하나 모두 깨우쳐 가르쳐주셨다. 성경의 모든 말씀들이 한눈에 들어오던 순간 십자가의 놀라운 은혜를 체험하였고, 이 세상에 이렇게 아름다운 사랑이 있는 줄 정말 몰랐다. 예수님을 세 번 씩 부정하던 베드로도 성령체험 후, 그리고 죽으면서까지 그분을 증거하던 수많은 순교자들이 그렇게 죽어감에 감사한 마음으로 죽어 갈 수 있었던 것을 체험하게 되었으니 이 얼마나 감사하랴! 한없이 쏟아주시는 성령님의 은혜로 매일매일 눈물로 지새우며 십자가만 보면 저절로 눈물이 난다. 고난주일. 부활절을 며칠 앞두고 세월호의 환상을 보았다. 이 미천한 죄인을 어디에 쓰시려고........ 그리고 그해 6월 모던포엠에 세월호의 죽음을 승화한 '기쁜 날'이라는 시로 등단함에 당선 소감을 옮긴다.

사랑하는 사람을 멀리 떠나보내야 할 때, 그들이 할 수 있는 것이라고는 아무것도 할 수 없던 것과 같이 이 세상에 아무리 최고의 권력과 부를 가진 자라도 주검 앞에서 우리 모두는 손을 놓은 채 아무것도 할 수 없다는 것이다. 그렇게 맥 놓고 울고만 있을 때, 님께서 말씀하신다.

"날 위해 울지 말라" 그리고

"사망이 쏘는 것은 죄요 죄의 권능은 율법이지만 이 죽을 것이 죽지 아니함을 입을 때 사망을 삼키고 이기리라고 기록된 말씀을 이루리라고, 죄의 삶은 사망이지만 믿음의 삶은 부활이라고 때가 가까이 왔으니 생명이 다하기 전 義롭게 여김 받아 반드시 구원 받으라고 예언의 나팔을 불라고......"

달란트 묻어놓고 게으른 종이라 경 맞을까 망설였는데, 글로 주님의 증인이 될 것을 약속함에 5년이 지나 '그가 남긴 흔적'을 발행하게 되었다. 칭기즈칸이 세계를 정복하고, 일 제국주의가 동양을 정복했다 하더라도 그들의 나라가 오래갈 수 없었던 것은 칼로 일어났기에 칼로 망한다는 예수님의 말씀을 응하게 하려 함이 아니겠는가? 인류 시원 문명을 가지고 있던 환국과 조선이 이천 년의 긴 시간 속에서 존속할 수 있었던 것은 제천의 예배 문화와 경천애인과 홍익인간이라는 박애 평화주의가 있었기에 가능한 것이었다. 기독교가 이천 년간 세계 문명을 인도한 것과 같이..........

역사는 말한다. 환국과 조선이 제천의 예배를 드리는 민족일 때는 동방의, 세계의 밝은 등불이었지만, 우리가 우리의 종교를 잃고 우상에 심취하였을 때, 사탄의 종이 되어 鬼되고 魏되었다. 성령이 사도 바울더러 아시아가 아니라 유럽을 가라 하심은 수메르 문명의 이슬람을 복음화하기 위해 아브라함 백성이 아니라 환국백성을 이용하려하심이 아니었을까? 유럽을 개화하고, 신대륙을 개화하고 그리고 단군조선이 망한 후 이천 년이 되어 이 땅에 다시 오시었다. 아리랑 하지 말라고, 하나님을 떠나 아무것도 할 수 없음을 너희가 역사 속에서 보지 않았냐고, 그리고 그것은 남의 종교가 아니라 본래 너희 조상의 고유 종교인 환웅 서자의 종교였노라고……..시성과 예언서와 많은 기독교 성령 사역자들이 말한다. 한국에서 새 사상이 나와 남으로는 우상의 나라 일본과 동남아와 인도 등으로 그리고 북으로는 신이 없다고 하는 공산주의 북한과 중국과 시베리아, 중동, 땅 끝까지 이르러 예수의 증인이 되어 사명을 다하라고, 다시 한 번 불 밝히는 날 동방, 아니 인류의 밝은 빛 되리라는 예언 성취의 사명을 다하라고…….

10일조를 강조하기에 10에 9조를 한다고 했다. 내 것이 주의 것인데

십일조는 본 서적 발행, 번역(중, 일본, 영어 등) 광고와 성령 받은 교회에
십이조는 섬기는 교회와 금식기도원에
십삼조는 기독교 복음 방송에
십사조는 북한 복음화에
십오조는 중국, 일본 복음화에
십육조는 세계 복음화 사업에
십칠조는 구제 사업에
십팔조는 선교 사업에
십구조는 영동지역 설악산과 바다가 보이는 곳에 바이블 랜드 조성비에

세월 호 희생 유가족 중 아직도 하나님을 모르고 살아가는 많은 분들이 있을 것이다. 그들에게 필자의 '기쁜 날'과 본지 서장의 '몰랐어요? 라는 시를 받치며, 이 글이 주님을 증거하는 도구로 사용되기를 간절히 고대하며, 독자님들의 많은 사랑을 바란다.

인류의 역사와 종교를 한 권으로 책으로 요약하려 함에 많은 노력이 이었음에도 불구하고 오류가 있으리라 사료된다. 특히 역사부분에서 성경과 환문이라는 문자와 예언을 해석함에 많은 연구와 검증이 필요하다고 하겠으며, 본 서적이 출판할 수 있도록 많은 도움을 주신 카톨릭 관동대학교 명예교수 엄창섭 교수님, 본교 현대 시창작반 심은섭 지도교수님과 영감을 주신 함석헌 선생님과 김명현 창조과학 교수님, 모던포엠 발행인 전형철 사장님, 저의 시를 날카롭게 지적해주셨던 전 강원도민일보 논설위원이시며 후조문학 회장이신 이광식 회장님과 문학평론가이신 남진원 사무국장님, 조언을 아끼지 아니하시며 추천서를 기고하신 전 대치일타 심동명 원장님, 작품 활동에 동기를 부여해주신 전 양양문인협회 회장 김동선 시인님과 강원 펜문학 상임이사 주재남 시인님, 국사와 한국사의 정의를 논하며 역사를 재조명하게 격려해 주신 양양중학교 정대용 역사 선생님과 창조와 진화론에 대해 열띤 토론을 벌인 거진중학교 김한주 과학 선생님, 역사 교과서 왜곡에 대해 호소 할 때 많은 격려를 해주신 강원도 각 학교 역사 선생님들과 한국타이어 직원들........본 작품 출품을 위해 음양으로 응원해주신 속초 성광감리교회 한중열 목사님과 교우들, 일본 어딘가에 있을 심효순, 문인자 자매님과 권준철 평택 장로교회 목사님과 저를 아는 모든 사람들에게 감사를 드리며, 끝으로

이 책이 편찬될 수 있도록 한없는 성령을 부어주신 하나님께 모든 영광을 드립니다.

귀하의 후원이 한 영혼과 이 민족과 세계를 구합니다.
〈계좌번호 302-0520-8396-61 농협 함영달〉

그가 남긴 흔적

인쇄 2019년 8월 1일
발행 2019년 8월 10일

지은이 함 영 달
퍼낸이 김 창 석
퍼낸곳 홍익출판사

주소 / 대구시 중구 명륜로23길 38-4
전화 / 053) 421-6700, 427-3627
팩스 / 053) 423-5965
등록번호 / 1987년 11월 26일 제1-107호
E-mail / hongick88@hanmail.net

정가 20,000원

ISBN 978-89-7826-298-9 03130

• 잘못 만들어진 책은 교환해 드립니다.

이 도서의 국립중앙도서관 출판시도서목록(CIP)은 서지정보유통지원시스템 홈페이지(http://seoji.nl.go.kr)와 국가자료공동목록시스템(http://www.nl.go.kr/kolisnet)에서 이용하실 수 있습니다. (CIP제어번호 : CIP 2019030000)